重庆学
CHONGQINGXUE

孟东方 等著

中国财经出版传媒集团

经济科学出版社

Economic Science Press

图书在版编目（CIP）数据

重庆学／孟东方等著 .—北京：经济科学出版社，2019.4
　　ISBN 978-7-5218-0478-2

　　Ⅰ.①重… Ⅱ.①孟… Ⅲ.①重庆-概况 Ⅳ.①K927.19

中国版本图书馆 CIP 数据核字（2019）第 076317 号

责任编辑：杜　鹏　张　力
责任校对：蒋子明
责任印制：邱　天

重庆学

孟东方　等著

经济科学出版社出版、发行　新华书店经销
社址：北京市海淀区阜成路甲 28 号　邮编：100142
编辑部电话：010-88191441　发行部电话：010-88191522
网址：www.esp.com.cn
电子邮件：esp_bj@163.com
天猫网店：经济科学出版社旗舰店
网址：http://jjkxcbs.tmall.com
固安华明印业有限公司印装
710×1000　16 开　29.5 印张　350000 字
2019 年 5 月第 1 版　2019 年 5 月第 1 次印刷
ISBN 978-7-5218-0478-2　定价：118.00 元
(图书出现印装问题，本社负责调换。电话：010-88191510)
(版权所有　侵权必究　打击盗版　举报热线：010-88191661
　QQ：2242791300　营销中心电话：010-88191537
　电子邮箱：dbts@esp.com.cn)

重庆市重大决策咨询研究课题
构建重庆学理论体系与实践研究

课 题 组 组 长：孟东方
课题组副组长：吴大兵　朱勋春　王资博　邓龙奎
课 题 组 成 员（以姓氏笔画为序）：
　　　　　　　　马玉姣　王妙志　石　峰　李　玲
　　　　　　　　李思雨　邹　奇　孟　翔　周　琴
　　　　　　　　昝亚青　黄意武　韩君平

目 录

绪论 ………………………………………………………… 1
  一、构建《重庆学》的科学性 ……………………………… 2
  二、构建《重庆学》的理论框架 …………………………… 3
  三、构建《重庆学》的价值 ………………………………… 13

第一章 时代呼唤重庆学 …………………………………… 15
  第一节 创建重庆学的重要性 ……………………………… 15
    一、认识重庆的需要 ……………………………………… 15
    二、总结重庆的需要 ……………………………………… 16
    三、研究重庆的需要 ……………………………………… 17
    四、规划重庆的需要 ……………………………………… 17
  第二节 创建重庆学的必要性 ……………………………… 18
    一、重庆"史"需要理性审视 …………………………… 18
    二、重庆"人"需要理性审视 …………………………… 19
    三、重庆"事"需要理性审视 …………………………… 22
  第三节 创建重庆学的可能性 ……………………………… 24
    一、中国发展学的指导 …………………………………… 24
    二、厚重历史文化的成就 ………………………………… 30

三、各地城市学的启迪……………………………………………… 32
　　四、扎实的成果匹配…………………………………………………… 34
　　五、相关学科的支撑…………………………………………………… 34

第二章　重庆学是一门学科…………………………………………………… 36
　第一节　重庆学的构建符合学科的规律…………………………………… 36
　　一、重庆学的含义……………………………………………………… 36
　　二、重庆学是一门科学………………………………………………… 37
　　三、重庆学的基本特性………………………………………………… 42
　第二节　重庆学研究的内涵………………………………………………… 44
　　一、独有的地域环境…………………………………………………… 44
　　二、独具的历史文化…………………………………………………… 45
　　三、独自的发展规律…………………………………………………… 45
　　四、独特的城市形象…………………………………………………… 46
　第三节　研究重庆学的任务、思路和方法………………………………… 46
　　一、研究的任务………………………………………………………… 47
　　二、研究的思路………………………………………………………… 47
　　三、研究的方法………………………………………………………… 49

第三章　重庆的历史发展……………………………………………………… 52
　第一节　从古代军事重镇到商业城市时期………………………………… 52
　　一、巴国故都…………………………………………………………… 53
　　二、商业重镇…………………………………………………………… 57
　第二节　重庆开埠与内陆城市的崛起时期………………………………… 62
　　一、重庆开埠…………………………………………………………… 62
　　二、内陆城市的崛起…………………………………………………… 66
　第三节　从抗战的战时首都到西南大区时期……………………………… 70

一、战时首都时期……………………………………… 71
二、西南大区时期……………………………………… 73
第四节 从省辖市到中央直辖市……………………………… 77
一、省辖市时期………………………………………… 78
二、计划单列市时期…………………………………… 82
三、中央直辖市时期…………………………………… 84

第四章 重庆的城市精神……………………………………… 89
第一节 重庆城市精神的发展与嬗变……………………… 89
一、古代巴渝地区重庆人的精神内涵………………… 90
二、近现代时期重庆人的精神发展…………………… 94
三、社会主义时期重庆人的精神新发展……………… 100
四、新时代对重庆城市精神的深刻揭示……………… 112
第二节 重庆城市精神的学理研究………………………… 113
一、重庆精神研究的情况……………………………… 113
二、重庆精神的基本内涵……………………………… 115
三、重庆精神当前的研究……………………………… 122
第三节 培育和践行重庆城市精神的路径………………… 124
一、遵循原则…………………………………………… 124
二、明确内涵…………………………………………… 125
三、掌握方法…………………………………………… 126
四、注重转化…………………………………………… 127
五、处理好各种关系…………………………………… 127

第五章 重庆人的特征………………………………………… 129
第一节 重庆人的性格……………………………………… 129
一、性格及其特征……………………………………… 129

二、重庆人独特的性格 ……………………………………… 131
　　三、重庆人性格的典型表现 …………………………………… 136
第二节　重庆人的思维 …………………………………………… 143
　　一、从"近视"型思维趋向"长远"型思维 ………………… 144
　　二、从"峡谷"型思维走向"海洋"型思维 ………………… 147
　　三、从"半岛"型思维走向"航母"型思维 ………………… 150
第三节　重庆人的素质 …………………………………………… 154
　　一、重庆人身体素质的发展 …………………………………… 155
　　二、重庆人人文素质的发展 …………………………………… 157
　　三、重庆人创新能力的发展 …………………………………… 160

第六章　重庆的政制发展 ………………………………………… 163

第一节　历史上重庆的政制演进 ………………………………… 163
　　一、分封制时期的巴国政制 …………………………………… 164
　　二、中央集权制下的地方政制 ………………………………… 165
　　三、陪都时期的战时政制 ……………………………………… 166
第二节　新中国成立以来重庆的政制发展 ……………………… 169
　　一、西南大区时期的政制 ……………………………………… 170
　　二、省辖市时期的政制 ………………………………………… 171
　　三、计划单列市时期的政制 …………………………………… 172
第三节　中央直辖以来重庆的政制建设 ………………………… 173
　　一、直辖体制 …………………………………………………… 173
　　二、基层民主发展 ……………………………………………… 177
　　三、法治建设 …………………………………………………… 182
第四节　中国共产党与重庆的发展 ……………………………… 187
　　一、开辟重庆历史新天地 ……………………………………… 187
　　二、建设社会主义新重庆 ……………………………………… 192

三、推进改革开放新发展 …………………………… 194
　　四、开启直辖发展新征程 …………………………… 197

第七章　重庆的经济发展 ………………………………… 199
第一节　重庆自然经济的建立与变化 …………………… 199
　　一、重庆自然经济的发展过程 ……………………… 199
　　二、重庆自然经济的基本特点 ……………………… 207
　　三、重庆自然经济的解体原因 ……………………… 208
第二节　重庆计划经济的奠基与贡献 …………………… 210
　　一、重庆计划经济的形成与发展 …………………… 210
　　二、重庆计划经济的历史贡献 ……………………… 216
　　三、重庆计划经济的遗留问题 ……………………… 217
第三节　重庆市场经济的成就与发展 …………………… 218
　　一、重庆市场经济的形成与发展 …………………… 219
　　二、重庆市场经济发展取得的成就 ………………… 225
　　三、重庆在市场经济发展中的新探索 ……………… 229

第八章　重庆的文化发展 ………………………………… 235
第一节　重庆的文化资源 ………………………………… 235
　　一、重庆文化资源概述 ……………………………… 235
　　二、重庆文化资源的内容和特征 …………………… 236
　　三、优化重庆文化资源 ……………………………… 242
第二节　重庆的非物质文化遗产 ………………………… 245
　　一、非物质文化遗产的内涵及其价值 ……………… 245
　　二、重庆非物质文化遗产的特征 …………………… 246
　　三、重庆非物质文化遗产保护传承面临的危机 …… 248
　　四、重庆非物质文化遗产保护传承面临的不足 …… 249

五、重庆非物质文化遗产保护传承工作的成效 ………… 251
　第三节　重庆文化事业的建设 …………………………… 253
　　一、中央直辖以前重庆文化事业的发展 ………………… 253
　　二、中央直辖以后重庆文化事业发展的成就 …………… 259
　　三、优化重庆文化事业的思考 …………………………… 264
　第四节　重庆文化产业的发展 …………………………… 269
　　一、中央直辖以前重庆文化产业的发展 ………………… 269
　　二、中央直辖以后重庆文化产业发展的成就 …………… 270
　　三、推进重庆文化管理体制的改革 ……………………… 271
　　四、增强重庆文化产业竞争力 …………………………… 278

第九章　重庆的社会治理 …………………………………… 284
　第一节　历史上的地方属地式管制 ……………………… 284
　　一、地方属地式管理原因 ………………………………… 285
　　二、地方属地式管理内容 ………………………………… 289
　　三、地方属地式管理特点 ………………………………… 294
　第二节　中华人民共和国成立以来的政府包办式管理 …… 297
　　一、政府包办式管理的内涵 ……………………………… 297
　　二、政府包办式管理的特点 ……………………………… 302
　　三、政府包办式管理的缺陷 ……………………………… 303
　第三节　中央直辖以来走向善治式的管理 ……………… 306
　　一、治理理念的发展 ……………………………………… 306
　　二、基本做法与实效 ……………………………………… 308
　　三、主要经验与启示 ……………………………………… 310

第十章　重庆的生态建设 …………………………………… 315
　第一节　历史上重庆人对生态的保护 …………………… 315

一、重庆先民对生态保护的认识和实践 …………………… 315
　　二、中华人民共和国成立以来重庆人民保护生态的做法…… 318
　　三、中华人民共和国成立以来重庆人民保护生态的启示…… 323
　第二节　中央直辖以来生态文明建设新探索 ………………… 326
　　一、中央直辖以来推进生态文明建设的做法 ………………… 326
　　二、中央直辖以来推进生态文明建设的成效 ………………… 332
　　三、生态文明建设任务仍然艰巨 ……………………………… 335
　第三节　重庆的地理环境与自然资源 ………………………… 338
　　一、重庆的地理环境 …………………………………………… 338
　　二、重庆的人口和资源 ………………………………………… 339
　　三、重庆的资源透视 …………………………………………… 342

第十一章　重庆的城市品质 ……………………………………… 343
　第一节　重庆城市品质的建设 ………………………………… 343
　　一、城市品质的含义 …………………………………………… 343
　　二、优化重庆城市品质的背景 ………………………………… 345
　　三、优化重庆城市品质的实践基础 …………………………… 349
　第二节　"五名"打造是优化重庆城市品质的路径 ……… 351
　　一、"五名"的基本内涵 ……………………………………… 351
　　二、"五名"助推重庆城市发展 ……………………………… 357
　　三、"五名"优化重庆城市品质 ……………………………… 370
　第三节　优化重庆城市品质的对策 …………………………… 382
　　一、加快转变重庆城市品质发展方式 ………………………… 382
　　二、优化重庆城市品质的思考 ………………………………… 387

第十二章　走向世界的重庆 ……………………………………… 407
　第一节　科学的顶层设计 ……………………………………… 407

一、高端定位 ·················· 408
　　二、体制优势 ·················· 417
　　三、政策优势 ·················· 420
　第二节　系统的战略推进 ·············· 427
　　一、系列的载体平台支撑 ············· 428
　　二、因地制宜的区县谋划 ············· 435
　第三节　重庆人的务实创新 ············· 436
　　一、脚踏实地 ·················· 437
　　二、团结奋进 ·················· 438
　　三、开拓开放 ·················· 440

参考文献 ······················ 444
后记 ························ 450

Contents

Introduction ··· 1

1. The scientific for construction of Chongqing study ················ 2
2. The theoretical framework for construction of Chongqing study ··· 3
3. The value for construction of Chongqing study ····················· 13

Chapter I   Times need of the construction of Chongqing study ··· 15

    Section 1   Importance of constructing Chongqing study ········· 15
        1. The necessity for understanding Chongqing ················ 15
        2. The necessity for summarizing the development ············ 16
        3. The necessity for studying Chongqing ······················ 17
        4. The necessity for programming Chongqing ·················· 17
    Section 2   Necessities for the construction ···························· 18
        1. Based on Chongqing history ·································· 18
        2. Based on Chongqing people's needs ························ 19
        3. Based on Chongqing events ·································· 22
    Section 3   Possibilities ·· 24
        1. Based on the development of China ·························· 24
        2. Based on the dignified history ································ 30

3. Based on the other urban studies ········· 32

4. Based on the successful research results ········· 34

5. Based on the relative disciplines ········· 34

Chapter II　Chongqing study as a discipline ········· 36

Section 1　Consistent with the disciplinary law ········· 36

1. The immplication ········· 36

2. Scientific discipline ········· 37

3. The basic characteristics ········· 42

Section 2　Connotation for its study ········· 44

1. Unique geographical environmentt ········· 44

2. Special historical culture ········· 45

3. Individual development ········· 45

4. Distinctive city image ········· 46

Section 3　Tasks, thoughts and methods ········· 46

1. Tasks ········· 47

2. Thoughts ········· 47

3. Methods ········· 49

Chapter III　Chongqing historical development ········· 52

Section 1　Period from ancient military town to commercial city ········· 52

1. The ancient capital city of Ba ········· 53

2. The business center ········· 57

Section 2　Period of Chongqing opening up and rise of inland cities ········· 62

1. The Chongqing's opening up ········· 62

2. The rise of inland cities ········· 66

Section 3 Period from wartime capital during the Anti Japanese War to the great southwest region ·················· 70

1. Wartime capital period ··································· 71

2. Southwest region period ································· 73

Section 4 Period from provincial city to municipal city ······ 77

1. The provincial city period ······························· 78

2. The period of specifically designated city plan ············· 82

3. Municipal city period ··································· 84

Chapter Ⅳ Chongqing city spirit ································ 89

Section 1 The development and evolution of Chongqing city spirit ··· 89

1. The spiritual connotation of Chongqing people in ancientperiod ··· 90

2. The spiritual development in modern times ················ 94

3. The new spirit in socialist development period ············ 100

4. The new era profoundly reveals Chongqing's city spirit ······ 112

Section 2 The Scientific Research on Chongqing city spirit ··· 113

1. Chongqing spirit research ································ 113

2. Basic Connotation ····································· 115

3. Current research and interpretation of Chongqing spirit ······ 122

Section 3 Ways for cultivating and practicing Chongqing city spirit ··· 124

1. Principles to follow ···································· 124

2. Connotation to be clear ································· 125

3. Methods to be known ·································· 126

  4. Transformation to be focused ……………………………… 127

  5. Relationships to be handled ……………………………… 127

Chapter V Chongqing people's characteristics …………… 129

 Section 1 Chongqing people's character …………………… 129

  1. Character ……………………………………………………… 129

  2. Chongqing people's Distinctive disposition ……………… 131

  3. Typical performance ………………………………………… 136

 Section 2 Chongqing people's thinking …………………… 143

  1. From "short-term" thinking to "long-term" thinking …… 144

  2. From "narrow" thinking to "wide" thinking …………… 147

  3. From "part" thinking to "integration" thinking ………… 150

 Section 3 Chongqing people's quality ……………………… 154

  1. Development of physical quality …………………………… 155

  2. Development of humanistic quality ……………………… 157

  3. Development of innovation ability ………………………… 160

Chapter VI Chongqing political system development ……… 163

 Section 1 The evolution of political system ………………… 163

  1. Political system during enfeoffment system period ……… 164

  2. Local political system under the centralized system ……… 165

  3. Wartime political system during the provisional capital period ……………………………………………………… 166

 Section 2 The evolution of political system since liberation ……………………………………………… 169

  1. Great southwest region period ……………………………… 170

  2. Provincial city period ………………………………………… 171

    3. The city specifically designated in the state plan period 172

  Section 3 The construction of political system since municipality 173

    1. System of municipality 173

    2. Democratic development 177

    3. Legal system construction 182

  Section 4 The Chinese Communist Party with Chongqing development 187

    1. Opening up a new historical Chongqing 187

    2. Building a new socialist Chongqing 192

    3. Promoting the new development of reform and opening up 194

    4. Expanding a new path of municipality 197

Chapter VII Chongqing economic development 199

  Section 1 Establishment and development of Chongqing naturaleconomy 199

    1. Developing process 199

    2. Basic characteristics 207

    3. Disintegration reasons 208

  Section 2 Foundation and contribution of Chongqing's planned economy 210

    1. Formation and development 210

    2. Historical contribution 216

    3. Remaining problems 217

Section 3　Achievement and development of Chongqing market economy ················ 218

　1. Formation and development ················ 219

　2. Achievements ················ 225

　3. New exploration ················ 229

Chapter Ⅷ　Chongqing Cultural development ················ 235

Section 1　Chongqing cultural resources ················ 235

　1. Summary ················ 235

　2. Content and features ················ 236

　3. Optimization ················ 242

Section 2　Chongqing intangible cultural heritage ················ 245

　1. Connotation and value ················ 245

　2. Features ················ 246

　3. The crisis in the process of protection and inheritance ······ 248

　4. The problems of Chongqing intangible cultural heritage protection and inheritance ················ 249

　5. The results for the protection and inheritance ················ 251

Section 3　Chongqing cultural construction ················ 253

　1. Before municipality ················ 253

　2. After municipality ················ 259

　3. Thoughts on optimizing Chongqing cultural works ·········· 264

Section 4　The development of Chongqing cultural industry ················ 269

　1. Before municipality ················ 269

　2. After municipality ················ 270

    3. Promoting the reform of Chongqing cultural management system 271

    4. Enhancing industrial competitiveness of Chongqing culture 278

Chapter IX   Chongqing social governance 284

  Section 1   The territorial control in history 284

    1. Reasons 285

    2. Contents 289

    3. Characteristics 294

  Section 2   Government arranged management since the establishment of the PRC 297

    1. Connotation 297

    2. Characteristic 302

    3. Defects 303

  Section 3   Good governance since municipality 306

    1. Development of governance concept 306

    2. Basic practice and effectiveness 308

    3. Main experience and Enlightenment 310

Chapter X   Chongqing Ecological construction 315

  Section 1   The contribution of Chongqing people's ecological protection in history 315

    1. Understanding and practice of Chongqing ancient people's ecological protection 315

    2. Practice of ecological protection since liberation 318

    3. Enlightenment of ecological protection since liberation 323

Section 2　New exploration of ecological civilization construction since municipality …… 326
　1. Practices …… 326
　2. Effects …… 332
　3. The arduous task of building ecological civilization …… 335
Section 3　Geographical environment and natural resources in Chongqing …… 338
　1. Geographical environment …… 338
　2. Population and resources in Chongqing …… 339
　3. Perspective of Chongqing resources …… 342

Chapter XI　Chongqing city quality …… 343

Section 1　Construction of city quality in Chongqing …… 343
　1. Connotation of city quality …… 343
　2. The background of optimizing Chongqing city quality …… 345
　3. The practical basis for optimizing Chongqing city quality …… 349
Section 2　"Five brands" path to build up Chongqing city quality …… 351
　1. Basic connotation of five brands …… 351
　2. Five brands boosting the development of Chongqing city …… 357
　3. Five brands optimizing the Chongqing city quality …… 370
Section 3　Countermeasures to optimize the Chongqing city quality …… 382
　1. Speeding up the transformation of the development of the Chongqing city quality …… 382

  2. Thoughts on optimizing the Chongqing city quality ·········· 387
Chapter XII Worldwide Chongqing ···························· 407
 Section 1 The scientific top-level design ····················· 407
  1. High positioning ·· 408
  2. Institutional advantage ······································· 417
  3. Policy advantage ··· 420
 Section 2 Systematic strategies ······························ 427
  1. A series of platform support ································ 428
  2. District Planning ··· 435
 Section 3 Chongqing people's pragmatic innovation ·········· 436
  1. Practical ··· 437
  2. Forging ahead ·· 438
  3. Pioneering and opening ······································ 440

Main references ·· 444
Postscript ·· 450

绪　　论

2016年5月17日，习近平总书记在哲学社会科学工作座谈会上的讲话强调，一切有理想、有抱负的哲学社会科学工作者都应该立时代之潮头、通古今之变化、发思想之先声，积极为党和人民述学立论、建言献策，担负起历史赋予的光荣使命。2017年2月23日至24日，习近平总书记在首都考察城市规划建设工作时强调，要坚持人民城市为人民，体现城市精神、展现城市特色、提升城市魅力。对于重庆来说，最鼓舞人心的是，习近平总书记对重庆提出的"两点"定位、"两地""两高"目标和"四个扎实"要求①，高瞻远瞩、统揽全局，是做好重庆各方面工作最切实的行动指南。

深入贯彻习近平新时代中国特色社会主义思想，深化落实习近平总书记对重庆提出的"两点"定位、"两地""两高"目标和"四个扎实"要求，《重庆学》的出版，无疑是哲学社会科学工作者关注区域经济社会协调发展的一个例证，特别是在统筹推进"五位一体"总体布局和协调推进"四个全面"战略布局及贯彻落实新发展理念条件下，加强当代中国城市学和地方学研究的一件好事，是坚持理论与实际紧密结合的体现。目前，城市学和地

---

① "两点"定位：西部大开发的重要战略支点，"一带一路"和长江经济带的联结点。"两地""两高"目标：加快建设内陆开放高地、山清水秀美丽之地，努力推动高质量发展、创造高品质生活。"四个扎实"要求：扎实贯彻新的发展理念、扎实做好保障和改善民生工作、扎实做好深化改革工作以及扎实落实"三严三实"要求。

方学的研究已经成为世界哲学社会科学研究和中国哲学社会科学研究的时代之声,越是现代化的城市,对城市学的重视程度就越高,对地方学研究的深度和广度就越明显。

笔者于 2007 年 6 月 18 日,首倡创建重庆学以来,对重庆、重庆城市和重庆发展问题的研究日趋深入。尽管目前研究重庆的论著不少,但是像《重庆学》这样一本将重庆进行整体研究,运用多学科系统研究的专著还不多见。

一、构建《重庆学》的科学性

第一,重庆学的学科构建具有科学价值。本研究以创建重庆学科学体系为前提,通过多学科视角——以马克思主义社会发展理论为基础,创新城市学、地方学,并涉及哲学、历史学、政治学、文化学、社会学、经济学、管理学等多门学科来研究重庆。重庆学不是指一般的知识和学问,而是指学科分类或研究领域,它是一门研究重庆发展现象和发展规律之综合学科。本研究探讨了重庆学的基本元素和领域,揭示了重庆学的感性认识与理性认识。

第二,重庆学的学科体系具有科学价值。对重庆的研究,目前集中在重庆宏观经济与微观经济、城镇化建设、地方各行业发展等方面,并形成了专题研究、蓝皮书报告等一些论著。这些论著对重庆学现象的研究具有重要的意义,但论点分散,缺乏应有的完整性。《重庆学》依据人类知识对创建一门新的学科的要求,提出创建重庆学学科体系,以研究重庆的人、重庆的事、重庆的物以及重庆的经济文化、社会生活、社会现象为出发点,进而聚焦框架依次展开,使《重庆学》体系完整,内容清楚,资料丰富,科学性强。

第三,重庆学的研究思维和研究方法具有科学价值。随着人类的发展,科学研究的思维和研究的方法由单一向综合、由局部向整体、由理论向实践渗透。重庆学作为一门综合性强的学科,并没有简单地堆积有关重庆的理论与知识,而是按照部分之和大于整体的原则,以重庆—重庆发展—重庆学为创建学科体系的核心,运用人类创造的知识财富来进一步充实、填补重庆学科体系的内容。本研究通过运用自然科学、社会科学、人文科学、系统科学、管理科学、交叉学科和综合学科等不同学科理论与方法,对涉及重庆独有的地域环境、独具的历史文化、独自的发展规律、独特的城市形象等进行理论研究,形成重庆特有的"学"。正因为研究思维和研究方法的科学性,才使本研究建构起重庆学理论体系的雏形。

二、构建《重庆学》的理论框架

重庆学以马列主义、毛泽东思想、邓小平理论、"三个代表"重要思想、科学发展观、习近平新时代中国特色社会主义思想为指导,深化落实习近平总书记对重庆提出的"两点"定位、"两地""两高"目标和"四个扎实"要求,着力创新城市学、地方学的理论和方法,透视重庆的各种现象,去研究和探索重庆规律。《重庆学》是一个完整的框架体系(见图0-1)。

(一)重庆学之"元"

第一部分,由两章构成,分别侧重研究重庆学的重要性与科学性。

1. 时代呼唤重庆学

从重庆学的"初心"角度彰显其重要性,在学术界提出了创建重庆学既是历史的积淀,也是现实的驱动,还是理论的必然,

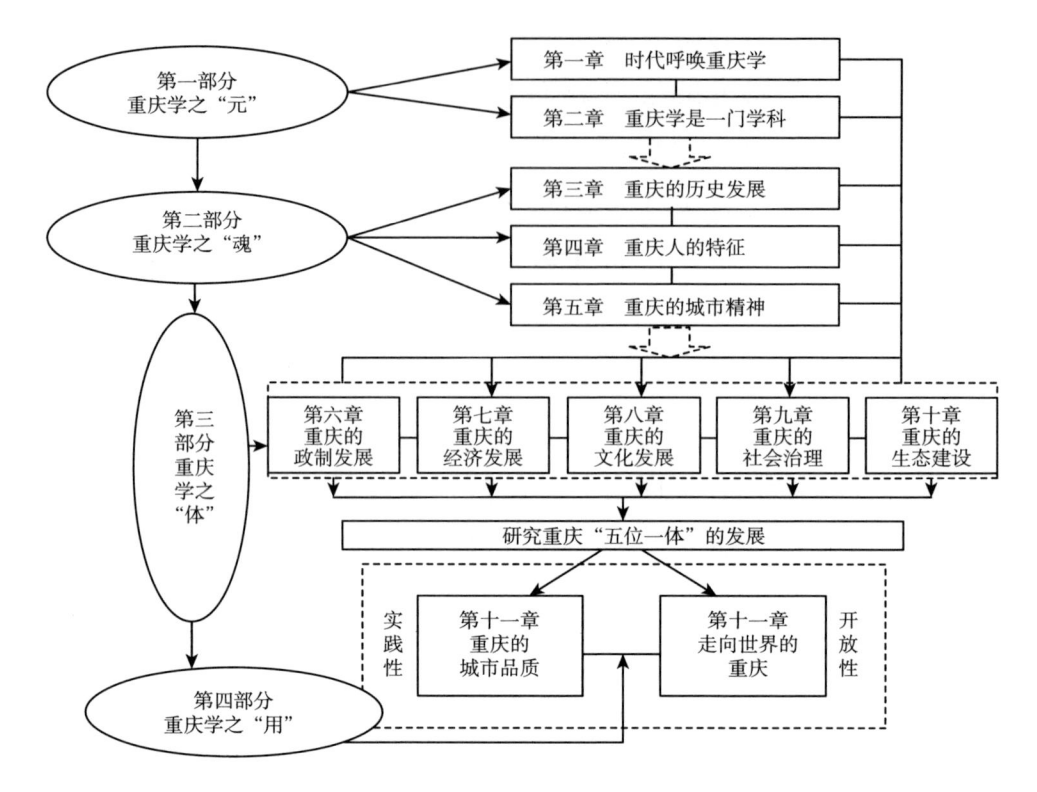

图 0-1 《重庆学》的结构

又是实践的需要，更是研究的结晶。

第一，在重要性上，创建重庆学是为了深入贯彻习近平新时代中国特色社会主义思想，深化落实习近平总书记对重庆提出的"两点"定位、"两地""两高"目标和"四个扎实"要求，认识重庆、总结重庆、研究重庆、规划重庆、落实重庆战略的需要。

第二，在必要性上，时代的发展呼唤重庆学，市民的需要渴求重庆学，重庆的未来引领重庆学。

第三，在可能性上，重庆具有厚重的历史、与重庆相关的研究成果，再加上各地城市学的兴起和相关学科的支撑，在中国发展学的指导下使创建重庆学成为可能。

2. 重庆学是一门学科

第一，从重庆学的"学科"角度彰显其科学性，在学术界提出了重庆学不是指一般的知识和学问，而是指学科分类或研究领域，它是一门研究重庆发展现象和发展规律的综合学科。本研究揭示了重庆学具有特定的研究对象、系统的理论体系、独特的内在规律、成型的研究方法和重要的现实效应，符合一门学科成立的基本条件。

第二，每一地方学的研究对象均有其特定的内涵指向。重庆学也如此，集中起来说，它的研究对象主要包括以下四个方面：独有的地域环境、独具的历史文化、独自的发展规律、独特的城市形象。作为对重庆政治、经济、文化、社会、生态文明等现象进行研究，揭示重庆形成和发展独特规律的一门新兴学科，特定的研究任务是重庆学创建的首要条件，科学的研究思路是研究重庆学的基本前提，成型的研究方法是研究重庆学的重要手段。

（二）重庆学之"魂"

第二部分由三章构成，分别侧重研究重庆学的历史性、主体性与地域性。

1. 重庆的历史发展

从重庆学的"客体"角度彰显其历史性，在学术界提出的重庆悠久的历史文化，以及中央直辖以来的跨越式发展，其经验需要总结。重庆城市的形成与发展可谓源远流长，当代的重庆为国家的现代化建设和繁荣富强铸就着新的辉煌。

第一，从古代军事重镇到商业城市时期。重庆既是东西、南北交通交汇的要冲，大西南的门户，又是顺江而下夺取东南的关键；既是中原向长江以南推进的要枢，又是长江流域乃至全国军事战略的命脉。正因为重庆在军事上的重要地位，历朝历代的统治者都把重庆作为军事重镇。秦汉以来，随着巴渝地区的开发和社会经济的发展，重庆城市的区域经济中心功能得到提升，逐渐成为整个四川乃至西南地区的商业重镇。

第二，重庆开埠与内陆城市的崛起时期。重庆以"约开"的形式被迫向英国开放通商。重庆开埠推动了商品流通渠道的打开以及近代工商业、交通业、金融业的产生与发展，极大地促进了重庆城市的近代化发展，使重庆的政治和经济地位日益重要。

第三，从抗战的战时首都到西南大区时期。抗战时期，重庆由一座古老的内陆商埠城市一跃而成为全国政治、经济、军事、文化、外交、社会活动中心，在整个国家的政治事务中发挥着首脑、枢纽和灵魂的重要作用。西南大区时期，重庆因其特殊的历史地位而成为中华人民共和国成立初期西南地区唯一的中央直辖市和西南地区党政军首脑机关驻地，在国民经济、文化教育事业及市政设施建设恢复等方面取得显著成绩，成为西南地区的政治、经济、文化中心。

第四，从省辖市到中央直辖时期。重庆从省辖市到全国计划单列市，在全国大城市中率先进行经济体制综合改革试点，将重庆推向改革前沿；从计划单列市再到中国最年轻的中央直辖市，重庆的行政管理体制改革取得突破，经济社会发展和城市现代化建设获得快速发展，长江上游地区经济中心和国家中心城市功能凸显，催生了重庆的大城崛起。在浩荡的历史长河中，重庆产生了巨大的凝聚力和辐射力。重庆是历史的，也是现实的，历史的重庆是现实的重庆之本底。

2. 重庆的城市精神

重庆城市精神是随着历史的发展不断积淀。

第一，古代巴渝地区重庆人的精神内涵包括精忠报国的情怀、劲勇刚烈的本性、质直好义的品格、团结协作的风范、百折不挠的气概五个方面。

第二,近现代时期重庆人的精神内涵包括开埠时期奋勇争先、开拓创新,志学图强、开放求变的近现代人文精神;抗战时期无畏自强、愈炸愈勇,共度危局、互助友爱,爱国尽责、毁家纾难的抗战精神;抗战时期和解放时期舍己利人、严格自律,百折不挠、自强不息,团结友爱、民主平等,艰苦奋斗、吃苦耐劳的红岩精神。

第三,社会主义建设时期,"三线建设"精神内涵包括服从大局、勇于牺牲的奉献精神,自强不息、艰苦创业的开拓精神,顽强负重、迎难而上的拼搏精神,兼容开放、兼收并蓄的接纳情怀;三峡移民精神内涵包括顾全大局的爱国精神,舍己为公的奉献精神,万众一心的协作精神,艰苦创业的拼搏精神,开拓开放的创新精神;黔江精神内涵包括解放思想、开拓创新,自力更生、艰苦创业,求实务实、苦干实干,团结进取、敬业奉献等。

第四,从重庆学的"城市精神"角度彰显其地域性,2008年,笔者提出了当代重庆城市精神为:爱国自强、耿直豪爽、兼容开放、创新时尚。立足实际,面向未来,尤其需要培育和弘扬当代重庆城市精神。

重庆城市精神的发展与嬗变表明,重庆城市精神是重庆这座城市的心与魂,是重庆这座城市文明素养、道德观念、价值追求的综合反映。在实践中培育与弘扬重庆精神,不仅需要遵循原则,明确重庆精神的内涵,掌握培养和弘扬重庆精神的基本方法,更要不断在实践中把其内涵转化为人们的思想观念、道德规范和行为准则。

2018年3月10日,习近平总书记在参加十三届全国人大一次会议重庆代表团审议时，对重庆悠久的历史文化传统和优秀的人文精神积淀给予了高度评价，对重庆人"坚韧顽强、开放包容、豪爽耿直"的个性和文化给予充分肯定。

3. 重庆人的特征

第一，从重庆学的"主体"角度彰显其主体性，在学术界提出要使城市经济社会得到快速健康发展，提高人的素质是一个重要前提和基础。重庆人的素质是遗传与传承、城市环境与市民积极能动性三个因素共同作用下形成和发展的。

第二，思维方式对于一个民族或地区的人的社会实践及经济文化活动具有决定性的影响。不同民族、地区的人的思维方式各有特点，重庆人的典型思维方式具有前瞻性、开拓性、创新性和敏捷性等特点，并且通过精神上、语言上、饮食上、人文风貌上和基础设施建设上体现出来。耿直、务实、适应的性格特征是重庆人民进行城市建设和发展社会主义事业的可贵品质，"兼容、融通"的创新思维，更是围绕发展目标，营造良好发展氛围，充分保护、调动全市人民干事创业的积极性、主动性和创造性的重要保障。

第三，独具特色的重庆山水风光共同孕育了独特的重庆人的性格特色和思维方式。而重庆人从"近视"型思维向"长远"型思维、从"峡谷"型思维向"海洋"型思维、从"半岛"型思维向"航母"型思维的转变，也体现出重庆人思维方式朝向更为兼容、活跃、多元化的视角不断发展。

（三）重庆学之"体"

第三部分由五章构成，分别侧重研究重庆发展的递进性、先进性、文明性、和谐性与持续性。

1. 重庆的政制发展

从"制度"角度研究重庆发展的递进性。制度文明是一个社会政治文明的基本载体，重庆的政制演进为其发展提供了制度保障。具有3000多年历史的重庆，其政制的发展，历经先秦时期的分封政制、从秦至清长达2000多年的中央集权下的地方政制。现代以来，特别是抗战时期作为陪都的重庆，又使重庆的地方政制呈现时代特色。但真正算得上政制驶向现代文明之轨，无疑是始于中华人民共和国的成立和重庆的解放。在后续60多年里，在中国共产党的坚强领导下，重庆的政制演进经历了西南大区时期的政制、省辖市时期的政制、计划单列市时期的政制、中央直辖以来重庆的政制建设。改革开放以后，伴随着我国社会主义民主政治的发展，重庆的政制发展取得了巨大成就，特别是1997年以来的重庆直辖市，更是值得大书特书的一页。

2. 重庆的经济发展

从"物质"角度研究重庆发展的先进性。物华天宝，物阜民丰。风光秀丽、物产丰富的巴渝之地养育了代代重庆子民。从自然经济的勤耕苦作，到计划经济的艰苦卓越，再到市场经济的开拓奋进，重庆人民创造了和创造着巨大的物质财富。特别是中央直辖以来，面对复杂多变的国际国内形势，在党中央、国务院正确领导下，全市各族人民紧紧抓住设立直辖市、三峡库区开发建设、实施西部大开发等历史机遇，克服困难，开拓进取，实现一、二、三产业的协调发展；完成了"三峡库区百万移民，探索大城市带大农村、解决近400万贫困人口问题，加快国有企业改造、焕发老工业基地活力，加快生态环境建设和保护"四件大事的主体任务；转变了经济管理的方法和手段，逐步实现了市场在资源配置中的决定性作用。在探索市场经济体制下区域经济发展路径的过程中，重庆根据自身实际，统筹推进创新发展、协调发展、绿色发展、开放发展、共享发展，大力实施区域经济发展战略，找到了适合自己的发展方式,在发展方式创新、机制制度创新、科技创新等方面取得了新的进展,重庆经济建设已基本形成大农业、大工业、大交通、大流通并存的格局,成为西南地区和长江上游最大的经济中心城市和重要的交通枢纽,国民经济和社会发展取得了巨大成就。如今,重庆坚定不移地用新发展理念引领高质量发展,深入推进供给侧结构性改革和大数据智能化创新,加快构建现代化经济体系。

3. 重庆的文化发展

从"精神"角度研究重庆发展的文明性。经历了3000多年的风云变幻、历史积淀,巍巍巴山之中、浩浩渝水之畔的重庆形成了独具特色的地域文化。这些文化潜移默化地滋养着一代又一代的重庆人。由于地理环境、政治、人口迁移等因素,重庆地域文化资源丰富,集"特""异""雅""俗""优""野"于一身,充满多样性、地域性和发展性。重庆文化源远流长,其发展建设成果丰硕,中央直辖以前的重庆文化建设积淀丰厚,名人辈出、名作繁荣、名品兴盛、名景不衰。中央直辖以来的重庆文化建设新探索成效显著,文化事业繁荣发展、文化产业效益良好,文化体制改革锐意创新,这为实现"富民兴渝",将重庆打造成历史文化名城、中国重要中心城市、世界知名旅游目的地等等,提供了强大的软实力。

4. 重庆的社会治理

从"治理"角度研究重庆发展的和谐性。重庆具有3000多年的文明历史,古时廪君建国,结束了巴人的原始时代,开启了巴人的奴隶制生活;巴人协助周武王伐纣,取得大捷,被封为巴子国;秦灭巴子国,开启了巴国的封建时代……每一次社会变迁,每一次朝代更替,重庆的社会治理模式都发生着显著的变化。重庆在不同的历史时期也有相应的属地式管理体制，经历了分封制、郡县制、三省六部制等诸多具体形式，它们各有各的特点，其共有的特点主要为：维护中央地位、推行地方自治、松散式的管制。但真正开始走向善治则是始于中华人民共和国成立之后，即重庆的解放之后。改革开放以来更是取得了长足的进步和发展，重庆由中华人民共和国成立以后的政府包办式管理向中央直辖以来善治式的管理转变。政府包办式管理的特点主要体现在政府的主导性和政府的全能性，但是它的缺陷不容忽视，在很大程度上挫伤了社会积极性和创造性，制约了社会资源的高效配置，影响了人们的生活。而重庆由中央直辖之后不断推进社会治理的理念创新、内容创新和方式创新，由国家本位转向社会本位，由重经济转向重全面，由管制型转向服务型，社会治理日益走向善治。重庆由中央直辖之后所推行的一系列举措，使重庆的社会治理凸显鲜明的地方特色。

5. 重庆的生态建设

从"绿色"角度研究重庆发展的持续性。生态兴则文明兴。巴山渝水养育了代代巴渝人民，热爱自然、保护自然也一直是巴渝人民良好的传统。重庆3000多年的社会历史文明过程也是生态文明建设的过程。重庆先民即崇尚"同胞无语"、追求"天人合一"。重庆先民的"天人合一""和谐共生""和天时地脉物性之宜"的生态保护理念，强调保护自然的生态法规，体现地域特色的传统民居和永续发展意识。中华人民共和国成立以后重庆人民在保护生态方面更是与时俱进着力整治环境优生活、优化布局促发展、因地制宜兴产业，充分体现了重庆人民敬畏自然、协调发展和厚重的人文情怀。中华人民共和国成立以来，特别是重庆由中央直辖以来，中共重庆市委、重庆市政府高度重视生态文明建设和生态环境保护工作，牢固树立保护生态环境就是保护生产力、改善生态环境就是发展生产力的理念，坚持把加强生态文明建设摆在更加突出位置，深入实施五大环保行动，环境质量持续改善，生态安全得到有效保障，生态文明建设从认识到实践发生深刻变化。如今，重庆深入贯彻习近平总书记重要指示要求，坚决落实"共抓大保护、不搞大开发"方针，坚定不移走生态优先、绿色发展之路，加快建设山清水秀美丽之地，筑牢长江上游重要生态屏障。

（四）重庆学之"用"

第四部分由两章构成，分别侧重研究重庆学的实践性与开放性。

1. 重庆的城市品质

从重庆学的"地气"角度彰显其实践性。重庆具有3000多年的悠久历史和光荣的革命传统，是中国著名的历史文化名城。厚重的历史成就重庆城市品质底蕴，辉煌的发展历程为重庆城市品质的提升奠定了坚实的基础。重庆城市品质的打造要结合重庆市独特的人文、地貌、历史、产业、产品、节会展等资源，重点突出"名城、名人、名景、名品、名节"等亮点，以"五名"为抓手，使"名城"成为优化重庆城市品质的重要基础，"名人"成为优化重庆城市品质的重要节点，"名景"成为优化重庆城市品质的重要空间，"名品"成为优化重庆城市品质的重要手段，"名节"成为优化重庆城市品质的重要方式，从而助推重庆城市可持续发展，助推重庆城市产业发展，助推重庆城市文化发展，塑造重庆城市形象，塑造重庆文化形象，打造"厚重大气，特色鲜明"的城市文化风貌，进一步提升和优化重庆城市的知名度、美誉度和影响力，促进重庆成为世界性、现代性、民族性的东方名城。在重庆经济社会发展的历史进程中，重庆的城市品质得到了不断提升和优化，这是重庆历史发展的必然趋势和推动重庆经济社会健康发展的现实反映。如今，重庆坚持尊重城市发展规律，提高城市治理能力，全面提升城市品质，着力建设现代化大都市，让近者悦、远者来，让市民生活更美好。

2. 走向世界的重庆

从重庆学的"发展"角度彰显其开放性。改革开放以来，尤其是重庆直辖以来，面对复杂多变的宏观环境和艰巨繁重的改革发展任务，在党中央坚强领导下，全面落实中央决策部署，紧密结合重庆实际，科学谋划和大力实施重庆经济社会发展战略，坚持发展第一要务、民生第一目标、稳定第一责任，统筹推进新型工业化、信息化、城镇化、农业现代化，全面加强经济建设、政治建设、文化建设、社会建设、生态文明建设和党的建设，改革发展稳定各项事业取得新进展。从全国区域发展大格局看，迫切需要重庆这样的经济中心城市在西部内陆地区带头开放、带动开放，从而推动形成全面开放新格局。当前的重庆正阔步迈上内陆开放高地建设新阶段，走向世界。

三、构建《重庆学》的价值

《重庆学》的出版，将对中国的城市科学特别是地方学、发展学的学科建设，对提高市民哲学社会科学素质乃至综合素质，致力建设新重庆，以改革破难题、以开放添动力、奋力开拓重庆市创新驱动发展新局面有所裨益。

第一，从整体性视角来研究，使命光荣。自从有了城市，就有了对城市、城市现象和城市的发展问题的研究，古今中外的思想家、理论家、学者都重视对这些问题的研究。目前研究城市、城市现象和城市的发展问题的单一学科比较多，但把重庆和重庆城市发展作为一门独立的、综合性、运用性学科来进行整体研究的，在学术界还没有。《重庆学》正是把重庆当作一门科学，以"第一个吃螃蟹"的科学研究勇气，大胆构建重庆学的学科体系，并努力形成了一个较为完整、合理的科学结构。

第二，从多学科方法来研究，责任重大。重庆学的研究坚持以马克思主义为指导。马克思主义理论是重庆学学科构建之根基。重庆学不是一个"大杂烩"，而是在马克思主义理论的指导下，创新城市学、地方学、发展学研究的理论与方法，涉及运用多学科理论来系统研究重庆各个方面发展的。多学科在重庆各个方面的发展研究中，绝不等于各门相关学科或各个方面发展研究的简单"累加"，而是在各门相关学科或各个方面发展研究中找到最佳接合部，这个接合部的内在联系是最重要的，要体现出系统性与综合性。

第三，从学理性凝练来研究，担当在肩。研究理论的目的是为了指导实践，有的研究的相关理论缺乏说服力，其原因就在于研究的理论同具体实践结合不紧密。《重庆学》遵循"实践、认识，再实践、再认识，循环往复以至无穷"的辩证的规律，从而进一步促进重庆学理论更趋于完善，推动重庆发展更加深入，促进重庆城市建设的成效更加显著。在研究中，尤其注重了理论联系实际，既将地方发展重点、热点、难点问题及相关经验总结上升到学科理论，又从学科学理支撑和转化应用上强化对策探讨，以此贡献出我们的执着、心血和智慧。

第一章 时代呼唤重庆学

重庆是一座具有3000多年悠久历史的文化名城、巴渝文化的发源地，勤劳善良的重庆人民创造了和创造着辉煌灿烂的文化。中华人民共和国成立以后特别是改革开放以来，及至重庆由中央直辖至今，更是奠定了重庆持续发展的良好基础。重庆学的创建不仅具有理论价值，而且是重庆发展的现实需要。① 因此，构建重庆学，是时代的呼唤与理论发展之必然，是深入贯彻习近平新时代中国特色社会主义思想，深化落实习近平总书记对重庆提出的"两点"定位、"两地""两高"目标和"四个扎实"要求的体现。

第一节 创建重庆学的重要性

创建重庆学是认识重庆的需要，是总结重庆的需要，是研究重庆的需要，是规划重庆的需要，是落实重庆战略的需要。

一、认识重庆的需要

重庆学是通过对重庆的综合研究，让世界了解重庆，让重庆走向世界。

一方面，通过重庆学研究能激发重庆人的归属感和自豪感，

---

① 参见孟东方：《关于创设重庆学的建议》，载于《领导参阅》2007年第10期（2007年6月）；《有必要创立重庆学》，载于《重庆日报》2007年8月20日。

使重庆市民更加热爱重庆，为重庆的发展做出更大的贡献。2016年1月2日，习近平总书记在重庆调研时指出，重庆是西部大开发的重要战略支点，处在"一带一路"和长江经济带的联结点上。2018年3月10日，习近平总书记参加重庆人大代表团审议，要求重庆加快建设内陆开放高地、山清水秀美丽之地，努力推动高质量发展、创造高品质生活。"两点"定位，着眼全国大局，为重庆发展指明了方向路径、提供了根本遵循，充分体现了习近平总书记对重庆的深切关怀、殷切期望。"两地"充分贯穿了习近平新时代中国特色社会主义思想中关于形成全面开放新格局和走向生态文明新时代的重要内容，高水平的开放和高质量的生态，都是落实新发展理念的必然要求，通过加快"两地"建设，使重庆因山清水秀而"颜值"更高，因开放开明而"气质"更佳。"两高"充分贯穿了习近平新时代中国特色社会主义思想中关于高质量发展和坚持以人民为中心的重要内容。

另一方面，能扩大重庆的影响力，在加强同国内外交流和合作的同时，为重庆的建设和发展提供参考和借鉴。重庆学需要在整合相关研究机构和研究人员的基础上，统一规划，形成规模，借鉴国内外城市的经验，挖掘其内涵，提升重庆形象，宣传重庆，塑造城市品牌，尤其要唱响"山水之城·美丽之地"，推介"行千里·致广大"，提高重庆的知名度。

二、总结重庆的需要

重庆学要总结过去发展的经验，审视现在发展的优劣势，揭示未来发展的趋势。重庆悠久的历史文化，尤其是直辖以来的发展经验需要总结，现状需要正视；要剖析发展中的难点、制约发展的"瓶颈"，为规划未来发展目标提供理论支撑。要从全国发展的大局中、从重庆自身发展的优势条件中、从人民群众对美好生活的向往中，看到发展机遇，增强发展责任，提升发展信心。

三、研究重庆的需要

重庆城市的发展是一个大系统，涉及经济、政治、文化、社会、生态、交通、能源、信息、城乡、社区、阶层、民族、教育、家庭、交往等子系统，在这个系统中各种因素是互相渗透、相互依存的，构成重庆城市运行和发展的基本要素，这些子系统的建设、发展和最佳运行需要理论的支撑。重庆学的应运而生为加快重庆发展理论的建设提供了良好的平台。

四、规划重庆的需要

重庆作为一个飞速发展的大都市，科学规划城市的未来是城市现代化管理的需要，但要清醒认识重庆的发展阶段和面临的形势。重庆综合实力还不强，工业化、城镇化、农业现代化水平还不高，人民生活还不富裕；经济增长方式有待进一步优化，科技创新能力较弱，资源能源环境约束趋紧，社会安全稳定任务仍较艰巨，发展不全面、不协调、不可持续的问题仍然存在；党的建设任务仍很繁重。总体上看，重庆仍然处在欠发达阶段，仍然属于欠发达地区，离习近平总书记对重庆提出的"两点"定位、"两地""两高"目标和"四个扎实"要求与人民群众的期望还有差距，实现现代化发展任重道远。科学规划的实施需要上升到城市学的层面来进行研究和思考，重庆学要描述重庆客观存在的各种现象或问题，揭示这些现象和问题形成的原因、发展变化的机制、相互之间的关系、所反映问题的实质，这有助于将研究的成果运用到未来发展的科学规划中。着眼当前，面向未来，"两点"定位、"两地""两高"目标和"四个扎实"要求,是中央直辖以来丰富实践的凝炼和升华,是当前和今后一个时期必须牢牢把握并努力完成的使命。

第二节 创建重庆学的必要性

伟大的实践,激发理论的探索,推动理论的进步。在新时期、新阶段重庆经济社会发展需要创新的理论作指导。越是高速发展的城市,城市发展的各种决策就更要注重科学性、创造性和可行性,理论发挥的作用就越大。促成重庆学的发展具有多重原因,最根本的原因在于重庆经济社会的发展为其奠定了坚实的基础。

一、重庆"史"需要理性审视

重庆历经解放、改革、直辖,在各方面都发生了翻天覆地的变化,呈现出一派生机勃勃的景象。它从一个相对封闭的地区,发展成为开放的、连接我国中西部的战略枢纽。

特别是经过中央直辖后的不懈努力,重庆总体完成了"打基础、建平台、增后劲"的艰巨任务,迈出了"求突破、上台阶、大发展"的坚实步伐。中央直辖以来,成功探索适合重庆特殊市情的行政管理新路子,基本构建起规范高效的直辖市管理体制;突出抓好发展第一要务,经济实力显著增强;全力做好三峡库区移民工作,圆满完成百万移民搬迁历史性任务;大力推进国有企业改革和非公有制经济发展,老工业基地焕发生机活力;加快建设交通、通信、能源、水利等基础设施,综合交通运输服务能力明显提升;着力统筹城乡改革发展,城镇化和新农村建设步伐明显加快;积极扩大开放,内陆开放格局基本形成;切实保障和改善民生，人民生活水平显著提高。

重庆发展的突出成效及其鲜明的典型性、示范性和代表性特征，聚焦了世界的目光。重庆发展的实践和成就，需要我们尽快地创建重庆学，加强对重庆的历史、现状和未来的研究，探索和把握发展规律，指导重庆未来的实践。

重庆作为一个新兴的直辖市，市情非常特殊，集大城市、大农村、大山区、大库区于一体，城乡区域差异很大，集合和叠加了中国东部现象与西部现象。目前，研究重庆经济社会发展问题的专家学者有不少，但大多是从各自专业和学科背景出发的。当前的学科设置条块分割，各类研究呈现自发状态，研究对象缺乏系统性，未建立一支专业队伍。现实中表现出对重庆问题和重庆现象的研究往往具有单一性。如对城市建设的研究以城建学科为主，重庆经济发展以运用经济学科为主。因此，加强对重庆发展的热点问题的研究，整合各学科的力量，发挥各自的优势，加强应用性研究，服务重庆发展成为创建重庆学的现实需要。

重庆发展尤其需要重视补短板，有效化解发展中的困难是使命和担当所在。要清醒认识重庆的发展阶段和面临的形势。重庆综合实力还不强，工业化、城镇化、农业现代化水平还不高，人民生活还不富裕；经济增长方式相对比较粗放，科技创新能力较弱等。总体上看，重庆仍然处在欠发达阶段，仍然属于欠发达地区，离人民群众的期望还有较大差距，实现创新、协调、绿色、开放、共享的发展任重道远。有效化解发展中的困难，需要上升到城市学的层面来进行研究和思考。

二、重庆"人"需要理性审视

从重庆市民的精神变迁上说，重庆精神文化资源是现代文明建设的思想源泉。重庆的精神文化资源博大精深，是近现代文化的思想库，光彩夺目：先贤的文化资源理念，有爱国主义、天下为公的精神，博爱大同的理念，其中的民族历史文化带有明显的重庆地域文化和历史烙印，是一个民族生命力的传承与延续，智慧和传统文化的积淀和结晶，是国家统一，民族团结的精神支柱。自宋末文天祥留下"人生自古谁无死，留取丹心照汗青"之千古名句，爱国主义精神得以传承与弘扬。榜样的力量，思想的引导，精神的鞭策，可以增强民族自豪感和自信心，诚可为重庆的腾飞，增添强大的驱动力。

"勇锐、重义、推诚、淳朴、刚烈"的巴渝文化精神成为巴渝高雅文化中的亮点。以"爱国、奋斗、团结、奉献"为主要内涵的、厚重的"红岩精神"，更说明了重庆精神的先进性。

大山大江造就的重庆人，自古以来就是性格豪爽、耿直重义、自强不息。据《华阳国志》载，巴地"其民质直好义，土风敦厚，有先民之流"。晋人常璩称赞"……风淳俗厚，……观其俗而知其敦壹也"。重庆人的耿直于骨子里揭示了重庆人内心的善良和诚信。巴蔓子"乃自刎以头授楚使"既是爱国的象征也是巴人重诺守信的体现。隋唐对巴人亦有这样的评价："质朴无文，不甚趋利。"在重庆人张扬耿直豪爽个性的背后，是重庆人对生活的向往和热爱，蕴含着重庆人的厚道、仗义和舍得。从行动中你可以看到重庆人端着大碗喝酒，甩着膀子走路，可以听到豪亮的山歌，从内在的心地上你可以感受到重庆人的真诚与热情，实实在在做出力所能及的付出。今天的重庆人依然耿直，但耿直并不轻率；依然豪爽，但豪爽并不粗鲁；依然热情，但又不失尊重；依然厚道，不掺虚假；依然舍得，但无所求。

当代城市精神是城市的根与魂，是城市文明的核心，是城市市民认同的精神价值与共同追求，是经济发展、社会进步的"内动力""软实力"。总结、弘扬城市精神已经成为各地精神文明建设、文化软实力建设的重要抓手和生动载体。

重庆精神是重庆这座城市的根与魂，是重庆这座城市文明素养、道德观念、价值追求的综合反映。重庆有着深厚的文化底蕴，是巴渝文化与抗战文化、三峡文化、移民文化、红岩文化的结合体。重庆又是一个年轻的直辖市。作为一个青春时尚的个性城市，重庆的发展不仅需要跑步向前，还需要发扬翻山越岭、逢山开路、遇水架桥、自强不息、开拓开放的精神。中华民族5000年光辉灿烂的文化是重庆精神之基础，3000多年的巴渝文化积淀是重庆精神形成的基因，江山之城的自然资源彰显着重庆独具的地域特质，经济社会的发展和重庆人民群众的艰苦创业，造就了和造就着重庆这座城市不同时期的时代精神，自然赋予重庆人的鲜明个性又从另一方面丰富了新重庆精神的内涵。应加快推出重庆城市精神，以之熏陶重庆人、激励重庆人、培育重庆人，推进重庆高质量发展的精神支柱。

以人为本是地方学核心的价值诉求。开展重庆学研究就是要真切实现重庆市民的诉求。一方面，有利于提高广大市民对重庆市情的正确认识，推进各项建设的科学化。当今国内外经济形势依然错综复杂，社会矛盾日益凸显，要从当前重庆发展与市情不相符合的一些实际表现入手，解决若干具体的认识问题，把广大市民的思想统一到实事求是、一切从实际出发上来。另一方面，有利于发现、分析和解决有违"五大发展理念"的问题，有利于市民创业创新。与时俱进地查找工作中的新问题，重点解决对"五大发展理念"认识不够到位、思想不够解放、作风不够扎实、工作不够务实、有利于解决"五大发展理念"的体制机制不够完善等问题，切实改进工作。

三、重庆"事"需要理性审视

规律是事物内在的、固有的、本质的、必然的联系，它是客观存在的，对事物发展起着决定性的支配作用。规律的客观性和支配性，是不以人们的意志为转移的，并一直支配和制约着事物的发展。人们既不能创造规律，也不能违背规律，只能认识规律，遵循规律，按规律办事。而重庆发展的客观规律就是重庆学的重要内核。

重庆学的内在规律融入了重庆发展涉及的各个层次、各个阶段、各个方面，也体现在重庆城市建设的各个环节。重庆学的客观规律对重庆发展有着深刻而广泛的影响。

在重庆发展的客观规律揭示上，重庆学既要从时间上研究形成重庆的过去、跨越式发展的现在，以及重庆美好未来的发展规律；又要研究重庆从空间上，形成山城、江城和桥都的过程；更要研究重庆人同自然与社会相互作用的必然，在揭示重庆形成与发展过程中，注重对其进行规律性的总结，整合各种学科和研究资源，为现阶段和未来重庆的发展献计献策。

重庆的未来充满了机遇。世界和平发展合作仍是时代主流，我国仍处在重要战略机遇期，为重庆发展创造了良好外部环境；中央深入实施西部大开发战略，给予重庆一系列政策支持，为重庆发展提供了重要支撑；直辖市的建设，为重庆发展奠定了良好基础；3300万勤劳智慧的各族人民，为重庆发展集聚了不竭动力。站在新的发展起点，深入贯彻习近平新时代中国特色社会主义思想，深入落实习近平总书记对重庆提出的"两点"定位、"两地""两高"目标和"四个扎实"要求，大有可为。重庆未来的发展需要我们有更多理性的思考，为实际做好理论支撑的准备。同时，重庆未来发展丰富和深化了重庆学研究的内涵和关注的领域。

第一，坚定发展道路自信。深化重庆学研究，梳理重庆发展轨迹，有利于坚定中国特色社会主义发展道路自信。中华人民共和国成立以来，党和国家领导人对重庆的建设和发展寄予了厚望。毛泽东就勾画了"高峡出平湖"的宏伟蓝图，邓小平提出了建立重庆直辖市的设想。重庆由中央直辖以后，鉴于重庆的战略地位和特殊区位，江泽民同志强调重庆地位的重要性并交办重庆"四件大事"，胡锦涛同志作出了"314"总体部署。习近平总书记对重庆提出的"两点"定位、"两地""两高"目标和"四个扎实"要求，既有指导思想，又有工作部署，既有目标要求，又有路径举措，既是认识论，也是方法论，为重庆各项事业发展指明了前进方向、提供了根本遵循。

第二，激发重庆市民创造。马克思在《〈黑格尔法哲学批判〉导言》中指出："理论一经掌握群众，也会变成物质力量。理论只要说服人，就能掌握群众；而理论只要彻底，就能说服人。所谓彻底，就是抓住事物的根本。但是，人的根本就是人本身。"[①] 同时，马克思还指出："理论在一个国家的实现的程度，总是决定于理论满足这个国家的需要的程度。"[②] 就重庆学而言，它不仅关切重庆发展的历史轨迹、现实的客观存在，更是以一种科学的态度和精神前瞻未来的发展走向。因而带给人的是一种历史沉淀的自信、现实客观存在的坦然和面向未来的向往。也正是在这样的基础上，深化重庆学研究，有利于激发市民的积极性、主动性

---

① 《马克思恩格斯选集》第 1 卷，人民出版社 1995 年版，第 9 页。
② 《马克思恩格斯选集》第 1 卷，人民出版社 1995 年版，第 11 页。

特别是创造性,有利于增强信心和战斗力,开创大众创业、万众创新的新局面。显然,推动重庆的实践更加符合中央的大政方针和决策部署,更加符合社会发展的客观规律,更加符合各区县、各部门、各单位的发展实际,增进共识、提振信心、促进落实,在中央坚强领导下办好重庆的事情,这些都对重庆学的研究提出更高的要求。

第三,促进重庆发展更优。重庆发展的实践,需要尽快地深化拓展重庆学,加强对重庆的全程式研究,不断瞻望未来,指导重庆未来的实践。重庆从经济基础相对薄弱和滞后、经济发展刚刚起步的地区,发展成为今天长江上游地区的经济中心、开放高地、文化中心等;从我国一个普通的中等城市,发展成为立足中国内陆、面向世界各洲的重要城市。中央直辖以来的建设,为重庆发展奠定了良好基础。在这样的基础上,深化重庆学研究,有利于促进重庆更优发展。

第三节　创建重庆学的可能性

重庆具有厚重的历史、与重庆相关的扎实的研究成果,再加上各地城市学的兴起和相关学科的支撑,使创建重庆学成为可能。

一、中国发展学的指导

学科建设无疑是理论发展的直接承载方式和实践深化的直接推动方式之一。伴随着中国特色社会主义事业发展,中国发展学就其本身已应运而生为新兴的学科体系。在全国所有地方学、城市学研究中,中国发展学具有全局性和统摄性。

任何一门地方学的构建都必须遵循以中国发展学为引领。随着现代科学的进步，人类对城市发展的现象和历史格外关注，区域性文化的研究越来越多。区域性文化是在该区域社会物质生产发展的历史连续性的基础上反映出来的现象，它集中反映了这一特定区域的社会政治和经济，是特定的社会历史现象。在中国发展学的引领下，重庆学是在对重庆的现象、问题，优劣势分析的基础上，将其升华为自然、社会和思维的知识体系，是实践经验的结晶。任何一门科学都是对某一现象具有的特殊矛盾性和规律性的研究，重庆学研究的是具有重庆特色的带有规律性的现象。但它在内涵逻辑和地位作用上则是始终统摄于中国发展学之下，从而构成中国发展学的重要组成部分。

（一）中国发展学的概念

党的十九大进一步强调推进马克思主义中国化、时代化、大众化，并指出中国特色社会主义理论体系是行动指南，提出全党要坚定这样的道路自信、理论自信、制度自信和文化自信。发展是当今世界的主题，是当代中国的第一要务。适应时代要求和当代中国发展实际，聚焦中国发展问题，创建中国发展学，为推进中国经济社会发展提供重要学理支撑，是当代中国经济社会发展实践的现实需要，是学科建设的必然要求。

中国发展学是以马克思主义为指导，以系统科学的理论和方法深入研究中国发展问题和现象，揭示中国发展规律的一门新兴学科。中国发展学的研究涵盖"中国人的发展""中国经济发展、政治发展、文化发展、社会发展、生态发展""中国共产党发展"的现象与规律，涉及自然界、人类社会和人的发展等各个方面，因而在学科范畴上不仅涉及哲学，更广泛涉及经济、政治、文化和社会各个领域的具体学科。这些内涵范畴将从不同的学科视野拓开，由此分解为各门具体的学科，从而形成完整的学科体系。

因此，中国发展学是聚焦中国发展、自成理论体系、内蕴独特规律、饱含科学方法、面向实践需要的有机统一。

（二）中国发展学的内容

在《创建中国发展学的初步思考》中，笔者将中国发展学的研究内容概括表述为"1+5+1"[①]。前面的"1"是指中国发展学的"目标论"，紧紧围绕"人的发展"（目的），研究人的生存、人的发展，揭示人生价值，中国发展的出发点和归宿是为了促进中国人的全面发展，实现人民幸福。中间的"5"是指中国发展学的"结构论"，具体涵盖"中国经济发展"（中心）、"中国政治发展"（方向）、"中国文化发展"（灵魂）、"中国社会发展"（关键）、"中国生态发展"（依托）五大内容，旨在全面深入揭示各自的地位与作用、蕴涵与特征、质量与成效、经验与启示、机理与规律。后面的"1"是指中国发展学的"保障论"，"中国问题的关键在于党"，因而归结到"党的发展"（保证），研究中国共产党的建设科学化发展的内容、环境、经验、原则、思路、方法、途径、机制和规律等。

1. 中国发展学研究的对象是中国

在研究对象上，社会主义中国既是一种价值取向，也是一种目标要求，它关注的是最大多数人的利益，中国特色社会主义更是在形式和内容上都大大有别于传统社会主义模式的新的社会主义实践模式，为凝聚全国各族人民团结奋斗提供了共同的理想、信念。社会主义中国已经成为一个具有独立特征的研究对象。

2. 中国发展学揭示的是普遍规律

在揭示普遍规律上，中国发展学就是要科学地回答中国经济

[①] 孟东方：《创建中国发展学的初步思考》，载于《人民日报》2014年11月30日。

社会发展的各项规律。

第一,战略谋划规律。中国发展是包含经济、政治、文化、社会和生态等一系列社会存在的总体发展。在中国发展的过程中,将面临许多重大决策,制定众多重大发展战略,这就需要通过科学的谋划来制定有序的思路、战略和对策。在科学发展思想的导向下,努力实现经济社会发展的各项目标,其核心任务之一,就是要建立和完善科学的战略谋划机制。

第二,各项发展规律。需要更好地认识和遵循社会主义经济发展、政治发展、文化发展、社会发展、生态发展和中国共产党的发展各自的规律等,推动经济社会又好又快地发展,最终促进人的全面发展。

第三,内部要素整合规律。即深入揭示中国发展过程中人口、经济、政治、文化、社会、资源、环境各要素相互制约、整合共进的规律。发展是运动的指向,而整合就是对这种指向行为有益的规定和约束,强调的是综合性、内在性和整体性的要素聚合,不是单个系统的"增长"而是多个系统在"整合"的规定和约束下全面、综合的发展。

第四,外部环境优化规律。在全球化迅速蔓延,世界联系日益紧密的今天,一个国家的发展已经难以脱离国际环境而独立进行,中国的发展,应置于全球的大环境之中,深刻考察影响发展的国外变量,积极研究国际关系中的复杂问题,采取积极的应对措施,才能实现真正的科学发展。

第五,改革、发展、稳定辩证统一规律。中国改革发展的运行,应密切注意各种破坏其稳定性的内外部因素,要及时纠正,避免造成重大动荡。

第六,人的全面发展规律。中国发展学这一新兴学科体系就在于实现人的全面发展，即在人的发展实践上，激发主体能量，提升人的素质，实现人生价值。

（三）重庆学是中国发展学的分支

重庆学是一个完整的理论体系，从整体上研究重庆独有的地域环境、独具的历史文化、独自的发展规律、独特的城市形象以及市民的综合素质，这就构成了重庆学研究的基本内容。

从全国视野来看，重庆学是中国发展学的地方呈现。

第一，重庆学的研究对象是中国发展学的个案。重庆学是以马克思主义为指导，遵循中国发展的一般规律，根据重庆市历史文化、基本市情，通过对重庆政治、经济、文化、社会等现象的研究，揭示重庆发展独特规律的学科群，并因其厚重的历史基础和现实发展为它的进一步发展与完善提供了强大的支撑。重庆学不仅有其特定的研究对象、学科体系，还有其合理的研究方法，从这个意义上说，重庆学的研究对象是中国发展学的个案，具有特殊性。

第二，重庆学反映着中国发展学的普遍规律。从具体研究对象来说，重庆学要研究重庆的硬件建设、软件建设和活件建设。硬件建设是基础，软件建设是关键，活件建设是根本，三者是有机的组合。从这个意义上说，重庆学反映着中国发展学的普遍规律。

第三，重庆学也揭示地方发展的特色性。重庆学的研究实际上是对重庆的人、重庆的事、重庆的物以及重庆的经济文化、社会生活、社会现象进行研究；它是认识重庆、研究重庆、服务重庆的学科。重庆学要总结重庆起源、发展的过程和经验，对重庆发展的一系列根本问题作出科学的回答，指出重庆发展的方向、途径和步骤。从这个意义上说，重庆学也揭示了地方发展的特色性。

在研究任务上，重庆学是研究用马克思主义理论指导重庆社会发展的实践，即立足重庆的实际来从事重庆学的研究。这一中国"个案"的研究须臾不离中国特色社会主义实践的发展。因此，其成果不但为中国发展学提供了理论素材，也将为中国发展学提供实践素材。

第一，重庆学为中国发展学提供理论素材。一方面，近年来有关研究重庆现象和重庆问题的理论专家与理论著作已经有不少，重庆的高等院校和科研院所的专家、学者以及广大的实际工作者发表了大量的关于重庆历史文化、经济建设和社会发展的论著，这些都成为重庆学研究的组成部分。如中国期刊网、中国国家图书馆等相关资料丰富。另一方面，应该看到这些基于实践基础上的理论成果，实际也是中国特色社会主义理论在重庆的具体化及其延伸和发展。作为一个开放发展的理论体系，中国发展学仍然需要不断汲取养分、不断丰富和发展。因此，研究重庆学，揭示重庆发展的内在机理和规律，对于充实和丰富中国发展学，将做出一定的贡献。

第二，重庆学为中国发展学提供实践素材。重庆学不同于重庆文化，重庆学不仅仅研究重庆文化现象，更重要的是结合重庆发展现状进行全面研究；重庆学不同于重庆志，志是记录自然和社会的现象，学是理论上的概括、分析和升华；重庆学不同于重庆史，史是记载过去的发展，重庆学不是对重庆历史、文化的简单介绍和资料的汇集，而是要通过现象挖掘重庆发展的内在必然性。重庆学关于重庆发展实践的研究，就是在努力探索区域统筹城乡科学发展的目标、方向、策略和路径问题，就是中国共产党在不断探索执政规律、社会发展规律和中国特色社会主义建设规律而聚焦在区域的一个案例。比如，研究和探讨重庆"五大发展理念"实践特别是重庆区域经济创新驱动发展实践,揭示其示范性、典型性和代表性特征,可以为当前我国经济社会的"五大发展理念"提供一些目标性、过程性、成效性的实践启示。事实上,重庆学在实践中所产生的新观念、新思路、新内容、新途径和新方法等,都将为中国发展学提供实践素材。

二、厚重历史文化的成就

地方学的重要使命在于总结过去发展的经验,审视现在发展的优劣势,揭示未来发展的趋势。重庆学亦如此。重庆悠久的历史文化,以及中央直辖以来的跨越式发展,其经验需要总结,现状需要正视;要剖析发展中的难点、制约发展的"瓶颈",为规划未来发展目标提供理论支撑。

重庆是一座具有3000多年悠久历史的城市,又是一座具有光荣革命传统的城市。重庆历史上曾3次建都(巴国首都、夏国国都、抗战陪都),1929年正式设市,3次设为直辖市(1939年5月5日、1953年3月、1997年3月14日),是我国西部最大的工商业重镇,地处西南,又位于长江经济带,抗战时期和三线建设时期都是战略大后方。重庆是西部最早对外开放的城市,其工业文化在长江上游地区始终处于领先地位;抗日战争时期,重庆成为大后方乃至全国抗战文化的中心;以"红岩文化"为代表的革命文化,在西南地区及全国有重大影响。

勤劳智慧的巴渝儿女在这片热土上创造了灿烂的巴渝文化,独特的巴渝文化铸就了重庆深厚的文化底蕴、丰富的文化资源。历史文脉被誉为"活化石""记忆的背影",涉及以下内容:口头传统,包括作为文化载体的语言,如民间故事、谚语等;传统表演艺术,如传统音乐、舞蹈、戏剧、曲艺、杂技等;民俗活动、礼仪、节庆，如腊八节、婚俗等；有关自然界和宇宙的民间传统知识和实践；传统手工艺技能，如涪陵榨菜传统手工制作技艺、荣昌夏布制作技艺等；与上述表现形式相关的文化空间等。[①] 大禹"三过其门而不入"的涂山旧痕、"上帝折鞭之处"的合川钓鱼城古迹、长江三峡、大足石刻等都证明重庆的历史文化极为"高雅"。但重庆的一些历史文化资源并没有得到很好的升华，反而沉寂起来了，这是一笔财富的损失。应把重庆3000多年历史文化资源从头到尾梳理一遍，重新提升，以适应现在社会发展的文化需求。

历史文脉是现代文明的"老本"。如果要让历史文脉转化为现代文明的资本，那么，"老本"的酵母功用当不可估量。撩人的"羽人舞"、江南的"盾牌舞"、土家族的"摆手舞"，以及川东的"踢踏舞"竹枝词，双重喜庆的文化渊源、码头遗址、棒棒文化等，揭示了重庆丰厚的文化资源，它们已经成为宣传重庆的历史名片，这种独特是历史长河的时间结晶，历史壮阔画面留下的人文资源，形成了别处不存在的价值，展示了重庆先辈们生存环境和状态，这些"老本"，乃重庆的自豪和骄傲。

中华人民共和国成立以来，党和国家领导人对重庆的建设和发展寄予了厚望。早在20世纪50年代，毛泽东就勾画了"高峡出平湖"的宏伟蓝图。20世纪80年代后期，邓小平提出了要考虑两个大局、成立重庆直辖市的设想。鉴于重庆的战略地位和特殊区位，中央设立直辖市不仅是为了重庆自身的发展，完成三峡工程百万移民、库区生态保护、振兴老工业基地和深化国企改革，

[①] 章尚正、张睿：《非物质文化遗产的旅游利用模式与原真态保护》，载于《宿州学院学报》2010年第10期。

还希望重庆肩负起承东启西、振兴西部尤其是长江上游的经济，带活一条线（长江上游）、辐射一大片（西部地区尤其是西南地区）的时代使命，在西部大开发中发挥巨大作用。1998年3月，江泽民强调重庆地位的重要性并交办重庆集中精力按期完成百万库区移民、振兴老工业基地、加快农村经济发展、加强生态环境保护和建设等大事（简称"四件大事"）。2007年3月，胡锦涛作出了"314"总体部署，为重庆发展定向导航。中国特色社会主义进入了新时代，习近平总书记对重庆提出了"两点"定位、"两地""两高"目标和"四个扎实"要求。历史赋予了重庆发展的机遇，也让重庆担负了更多的责任，厚重的历史成就了重庆学的创建。

三、各地城市学的启迪

随着现代科技的发展，信息高速公路的完善，人与人交往半径的扩大、地球村的形成，使世界逐步变成平的。改革开放的推进，经济建设和社会的发展，全面建设小康社会目标的确立，特别是构建社会主义和谐社会战略的实施，使中国的城市化进程日益提速，各地区的城市建设质量和规模都在不断加快。以城市为主要研究对象的地方学在悄然兴起，一些有着深厚的历史积淀、经济发展较好的城市提出建立各地的城市学，有的城市建立起了相应的城市学，有专门机构和载体，受到当地党委和政府的高度重视。如北京学、上海学、深圳学、武汉学、成都学、温州学、泉州学、西安学、澳门学、香港学等，国外的有汉城学、东京学、美国学等，国内也有专门对地域文化的研究，如敦煌学、徽学等。北京学的研究内容包括北京人本身、北京自然、北京文化、北京的现实、北京作为六朝古都存在与发展的规律。① 武汉学的研究宗旨是："研究武汉历史文化，研究武汉人和武汉城市精神，研究武汉文化与经济互动发展，揭示武汉经济和社会发展的内在规律，用文化来挖掘、彰显武汉的个性魅力，寻武汉之根，立武汉之魂，铸武汉之基，扬武汉之韵。"② 温州学是一门主要研究温州文化，研究温州人和温州人精神，研究温州文化与温州经济互动发展，揭示温州经济和社会发展内在规律的综合性的地方学科。③ 尽管大多数的地方学研究才起步，绝大多数城市还没有创建具有自己特色的学科体系，但地方学以其在社会经济发展中的突出作用而为人们所青睐。

从世界的角度来看，全球的著名大都市正在逐步拥有自己的城市学说，它通过比较完善的学科体系，系统研究大城市如何发展。北京、温州、泉州等已建立较为完善的城市学体系，为综合研究其城市的经济、政治、文化、社会等做出了积极贡献。通过对城市学的相关资料的查询，不难看出，建立城市学的地区或是经济发达的城市或是历史文化较悠久的城市。重庆经济已较发达且有悠久的历史文化沉淀，有较为完备的学科资料，应该且必须拥有自己的城市学。当然创建重庆学的过程是逐步完善的过程，在国内外相关城市学理论的基础上，结合重庆自身发展的特殊性，创建重庆学是万事俱备了。

---

① 周小翔：《北京学基础理论探索》，载于《北京联合大学学报》2003年第1期。

② 涂文学、邓正兵：《打造具有武汉特色的野"武汉学"》，载于《江汉大学学报》2005年第1期。

③ 苏北春、刘文卿：《从"温州学"角度审视温州旅游文化》，载于《温州职业技术学院学报》2004年第2期。

四、扎实的成果匹配

对重庆学研究已初步形成了有一定规模的研究力量,并取得了相当的研究成果,研究重庆现象和重庆问题的专家和论著已经有不少,重庆的高等院校和科研院所的专家、学者以及广大的实际工作者发表了大量的关于重庆历史文化、经济建设和社会发展的论著,这些成为重庆学研究的组成部分。如中国期刊网上,从1980年到2018年7月底,发表了以重庆为篇名的学术论文101840篇,硕士、博士论文4906篇,中国国家数字图书馆中以重庆为索引的图书有8600本;还有《重庆年鉴》《重庆统计年鉴》《重庆经济年鉴》《重庆蓝皮书》等专门研究重庆现象和重庆问题的著作,这些都为重庆学的研究奠定了扎实的基础。

五、相关学科的支撑

由于重庆学是一门新学科的创建,这就不能忽视多学科在重庆学研究中的作用。从重庆学的构建来看,无论是基础学科理论、相关学科理论,还是新兴学科理论均起着重要的支撑作用。

支撑重庆学构建的基础学科是与重庆学发展密切相关的学科理论,在支撑重庆学构建中起着主要作用,主要包括城市学、地域文化学、发展学等学科理论。

各学科之间相互渗透的趋势日益增强。重庆学理论的构建与发展不能与相关学科理论方法相脱节。相关科学如经济学、社会学、生态学、人学等对重庆学的渗透具有灵活性、适应性和拓展性,它们为重庆学的发展提供了多元的理论方法支撑。其中,社会学是从社会整体概论出发,通过社会关系和社会行为来研究社会的结构、功能、发生、发展规律的综合性学科,重庆学研究离不开社会学的理论支撑。

另外,如新兴学科包括信息科学、协同学等的基本理论、基本知识和基本方法都将为重庆学提供一定的理论基础和工作方法,在一定意义上,它们延伸了重庆学研究的脑、嘴、眼、耳、手、脚等。

第二章　重庆学是一门学科

重庆学的产生和发展是重庆经济社会发展的使然，是建设新重庆的需要。重庆学不是指一般的知识和学问，而是指学科分类或研究领域，它是一门研究重庆发展现象和发展规律的学科。

第一节　重庆学的构建符合学科的规律

重庆学是研究重庆发展现象和发展规律的区域性的综合性学科，它具有特定的研究对象、系统的理论体系、独特的内在规律、成型的研究方法和重要的现实效应，符合一门学科成立的基本条件。同时，由于重庆学以马克思主义发展理论为基础，涉及哲学、历史学、政治学、文化学、社会学、经济学、管理学等多门学科，所涉及学科相互交叉、相互联系，共同对重庆发展现象和发展规律进行研究，对重庆经济社会的健康发展提供理论指导和决策建议。因此，重庆学的构建是推动重庆经济社会发展实践的现实需要，是学科建设的必然，符合学科建设的内在规律。

一、重庆学的含义

"学"字在近代的用法大多来自英文的 - ology 一词，根据 Webster 大字典的定义，- ology 是指一个学科、一门科学或一种知识，一般多用于指某一特定学科，如社会学（Sociology）、人类学（Anthropology）等，但也指专门研究某一地方，或某一特定人物、事物的知识与学问。在中文里"学"的意义更广，《汉语大辞典》认为，"学"字除一般所指的学习外，还指学科、学问、学说与学派等。作为接尾词的"学"，较常用的是指一门学科，也指专门研究某一特定人物、事物，或某一特定城市的学问，甚至一本书，所以有"孔子学""中国学""美国学""汉学""红学""敦煌学""人的科学""未来学"等。

重庆学关键在一个"学"字。这里的"学"，不是指一般的知识学问，而是指一种学术分类或一定的科学领域，是指综合学科、是一个学科群。前面冠以"重庆"两字，限定这是一门专门研究重庆现象和发展规律的区域性学科群；重庆学实质上就是对重庆的人、重庆的事、重庆的物以及重庆的经济文化、社会生活、社会现象进行研究的学问。

"重庆学"（Chongqing Studies）亦称研究重庆的学科，或重庆研究的科学，是一门以立足重庆市情，基于重庆人文，通过对重庆政治、经济、文化、社会等现象的研究，揭示重庆形成和发展独特规律为宗旨的学科。它是由研究重庆某一方面（属性）的各门具体科学以及由此组成的学科群，即通过运用自然科学、社会科学、人文学科、系统科学、管理科学、交叉学科和综合学科等不同学科理论和方法，对涉及重庆独有的地域环境、独具的历史文化、独自的发展规律、独特的城市形象等进行理论研究，形成重庆特有的"学"。

二、重庆学是一门科学

随着现代科学的进步，人类对城市发展的现象和历史格外关注，区域性文化的研究越来越多。区域性文化是在该区域社会物质生产发展的历史连续性的基础上反映出来的现象，它集中反映了社会政治和经济，是特定的社会历史现象。而重庆学是在对重庆的现象、问题、优劣势分析的基础上，将其升华为自然、社会和思维的知识体系，是实践经验的结晶。任何一门科学都是对某一现象具有的特殊矛盾性和规律性的研究，重庆学研究的是具有重庆特色的带有规律性的现象，而不是包罗万象的。

就学界来说，以重庆为研究对象的成果不少，从气候、土壤到自然资源，从风土人情、历史文化到经济社会发展等，均包含其中。那么重庆学的研究对象是什么呢？从地方学视角来看，重庆学应具有独特的研究对象。不能把重庆学理解为是对分散在其他研究重庆内容的综合，而是应从一门独立的学科视角予以审视和观察，尤其是要通过对重庆现象的剖析升华到重庆发展规律的研究。因此，重庆学的研究不同于对重庆所有现象和问题的研究，而是集中研究重庆发展的现象及发展规律的科学。尽管目前对重庆研究的论文有不少，但从地方学视角，从重庆学这一视角进行系统研究重庆现象和发展规律的还没有。

（一）重庆学是一门学科

对一门学科是否是科学的研究，是属于科学学研究的范畴。科学家对4000多门自然科学进行研究后认为，一门学科是否科学要有三个条件：其一，每门学科都有自己特定的研究对象；其二，每门学科都是对不同物质层次的研究；其三，每门学科都是对特定研究对象及其互相关系的研究。[①]

笔者在1996年就提出：一门新学科是否能够成立，主要看它有没有独立的或特有的研究对象；有没有完整的理论体系；有没有独特的研究规律；有没有成型的研究方法。[②] 2016年，笔者在

---

① 孟东方等：《人生科学概论》，重庆大学出版社1998年版，第11页。
② 孟东方：《大学生工作学探索》，西南师范大学出版社1996年版。

《大学工作学》中将一门新学科是否能够成立的条件概括为五个方面，在原来的四个条件的基础上增加了"有没有重要的现实效应"[①]。重庆学之所以成为一门独立的学科，是因为它已经具备上述五个条件。

第一，重庆学具有独特的研究对象。重庆学的研究不同于对重庆所有现象和问题的研究，重庆学是研究重庆形成的现象及发展规律的科学。尽管目前对重庆研究的论文有不少，但系统地研究重庆形成和发展规律的还没有。重庆学的创建不是对分散在其他研究重庆内容的综合，而是从一门独立的学科中，通过对重庆现象的剖析升华到重庆发展规律的研究。

第二，重庆学是一个完整的理论体系。重庆学要从整体上研究重庆独有的地域环境、独具的历史文化、独自的发展规律、独特的城市形象以及市民的综合素质，这就构成了重庆学研究的基本内容。

第三，重庆学具有自己独特的研究规律。重庆学既要从时间上研究形成重庆的过去，跨越式发展的现在，以及重庆美好未来的发展规律；又要研究重庆从空间上，形成山城、江城和桥都的过程；更要研究重庆人同自然与社会相互作用的必然，在揭示重庆形成与发展过程中，注重对其进行规律性的总结，整合各种学科和研究资源，为重庆的发展献计献策。

第四，重庆学具有成型的研究方法。重庆学既要以辩证唯物主义为指导，又要以系统思想为研究思路，更要注重定性和定量相结合的研究方法。

第五，重庆学具有重要的现实效应。重庆作为我国中西部地

[①] 孟东方等：《大学工作学》，人民出版社2016年版，第5页。

区唯一的直辖市，区位优势突出，战略地位重要，是西部大开发的重要战略支点，处在"一带一路"和长江经济带的联结点上，在国家区域发展和对外开放格局中具有独特而重要的作用。作为系统研究重庆形成的现象及发展规律的科学，重庆学的创建具有重要的现实效应，可以为重庆经济社会的发展提供学理支撑。

（二）重庆学的理论体系

重庆学是一门理论科学，是关于重庆这座城市的科学理论系统。重庆学是研究重庆发展问题，揭示重庆发展规律的一门新兴学科。它的研究内容涵盖重庆的经济、政治、文化、社会、生态等领域，构成了一个科学的理论体系。

1. 重庆学的基本理论

重庆学是通过对重庆的深入研究所架构的理论体系，是反映重庆城市本质和发展规律的科学。在内涵上，重庆学主要体现了"重庆人""重庆历史文化""重庆发展与建设"等作为一门"学"的含义。在外延上，重庆学的基本框架由重庆城市精神、重庆发展的结构、重庆建设的开放性等方面构成。重庆学的基本理论，注重整体性、总体性研究，着眼于一般特征和基本规律的研究，旨在从总体上研究和透视重庆，并运用马克思主义立场、观点、方法来分析和认识重庆历史发展、社会现实和未来展望。

2. 重庆学的发展历史

重庆学的发展历史，是重庆学理论及其科学体系形成、发展和传播的历史。重庆学的发展历史梳理，旨在系统地研究重庆学相关理论产生的时代背景和历史必然性，考察重庆学发展的历史过程及其主要历史阶段，总结历史经验，揭示历史规律，凸显重庆学的科学精神及其当代意义。其侧重于思想史、学说史的研究角度，包括思想来源、理论传播、形成和发展过程等，其揭示重庆学学科要适应时代和实践发展的需求。

3. 重庆发展的建设理论

理论的缺失是当前一些城市发展建设滞后的主要根源之一，因而笔者以敢于"第一个吃螃蟹"的科学探索勇气，大胆地提出建构重庆学，并长期开展系列课题研究，提出要运用系统科学的方法推动解决重庆发展问题。重庆发展的建设理论涵盖重庆人的发展理论、重庆政制发展的理论、重庆经济发展的理论、重庆文化发展的理论、重庆社会治理的理论、重庆生态建设的理论等。

4. 重庆发展的方法理论

马克思主义认为，方法是人们认识世界和改造世界的工具和手段，是人们对事物的本质和规律的自觉运用。重庆学的研究者是长期从事实际工作和理论研究工作的，与重庆融为一体，加上善于思考、勤于动笔，致力于重庆发展的方法理论研究，从而更具活力，使重庆学具有重要的实践指导价值。

5. 重庆学的逻辑体系

重庆学是一个完整的理论体系。重庆学要从整体上研究重庆独有的地域环境、独具的历史文化、独自的发展规律、独特的城市形象以及市民的综合素质，这就构成了重庆学研究的基本内容。

重庆学是以马克思主义为指导，深入贯彻落实习近平总书记系列重要讲话精神，全面落实科学发展观，遵循中国发展的一般规律，根据重庆市基本市情，通过对重庆政治、经济、文化、社会、生态等现象的研究，揭示重庆形成和发展独特规律的学科群。重庆学要总结重庆城市发生、发展的过程和经验，对重庆发展的一系列根本问题作出科学的回答，指出重庆发展的方向、途径和步骤。重庆学的研究实际上是对重庆的人、重庆的事、重庆的物以及重庆的经济文化、社会生活、社会现象进行研究；它是认识重庆、研究重庆、服务重庆的学科。

三、重庆学的基本特性

重庆发展是历史的、也是现实的、更是未来的，它是在深刻总结重庆经济社会发展历史经验，充分吸收和借鉴中国其他地区发展道路，以及其他国家或地区发展经验教训的基础上推进和实现的。重庆学作为对这一现象的反映和规律的揭示的学科，不可能由单一学科来完成，需要多门学科知识的综合，才能对重庆发展现象和发展规律进行完整和深入的研究。因此，从其学科特点来看，作为置于中国特色社会主义理论学科体系指导下的一门新兴学科，重庆学是一门学科。

（一）思想性

不同的世界观和方法论，决定和影响着不同理论的构建。作为中国特色社会主义发展理论中的重要元素，重庆学是研究用马列主义、毛泽东思想和中国特色社会主义理论体系来指导重庆发展和重庆实践的一门科学。因此重庆学的研究，必须坚持正确的指导思想，必须有坚定的政治立场和观点。

（二）实践性

重庆学是对重庆发展的概括和总结，它来源于实践，又服务于实践，它是实践的结晶，又指导实践。重庆学的理论只有在重庆发展实践中才能得到进一步的检验、修正、补充、提高、丰富和完善。重庆学是在重庆发展实践中产生并发展起来的，它经过长期实践的积累，科学的抽象，才上升到理论，逐步形成自己的学科理论体系。

（三）交叉性

重庆学这门学科的交叉性是由当代科学研究本身发展的交叉

性、研究对象——重庆发展、重庆地域文化等本身以及影响重庆发展的因素和客观环境的复杂性所决定的。由于当代科学发展，文理渗透的趋势越来越显著，而自然科学和社会科学的交叉又形成新的热点，产生了不少的新观点、新方法、新范畴、新结构、新理论、新技术和新学科，这一科学发展的趋势必须规定作为研究掌握这一新学科的主体——重庆学的交叉性。重庆学研究的内容、规律和环境也是复杂的，更加决定了我们要运用交叉学科的方法来研究重庆学。

（四）整体性

重庆学作为多学科、跨学科交叉的有机统一体，其本质特征就是它的整体性。整体并不是简单的部分相加，整体可以出现部分没有的新功能，整体功能大于部分功能之和。重庆学的研究必须运用多学科的理论和方法从整体上把握重庆的各方面特征，把重庆置于多重属性普遍联系的网络之中，才能够取得多学科的整体效应，达到超越单学科、跨学科的研究水平，获得对重庆完整的科学认识和对重庆发展规律的系统揭示，进而指导重庆的全面发展。

（五）综合性

重庆是多学科研究的对象，各学科以重庆为研究对象的成果，对于探索重庆发展实践、重庆历史文化的内在必然性都具有十分重要的参考意义。因此，重庆学的一个重要特色，就是博采众长，自成一体，通过积极汲取各有关学科的研究成果，然后融会贯通、综合运用于重庆发展之中。重庆学的学科知识结构是一个多学科的综合体。重庆学的研究是学科群的，重庆学既是综合运用学科，又是关于重庆研究的最高层次的学科。

在古代，亚里士多德曾提出：整体大于各孤立部分的总和，部分的量变会引起整体的质变。恩格斯在《反杜林论》中指出："许多人协作，许多力量结合为一个总的力量，用马克思的话来说，就造成'新的力量'，这种力量和它的一个个力量的总和有本质的差别。"① 用中国典型的模式就是：一个和尚挑水吃，两个和尚抬水吃，三个和尚没水吃。关键是没有找到部分与整体的联系。系统科学理论使人们更加清楚地认识到部分与整体之间内在联系的重要。同理，重庆学研究的各个部分一般都能发挥好自己的功能，关键是如何使各个部分相结合，形成整体功能；重庆学学科群就是努力来探索研究重庆各门学科之间的结合部，找到这个结合点的内在联系的。

第二节　重庆学研究的内涵

每一地方学的研究对象均有其特定的内涵指向。重庆学也如此，集中起来说，它的研究对象主要包括以下四个方面。

一、独有的地域环境

重庆学主要围绕重庆的区域环境进行研究。重庆有着特殊的自然环境，是集山城、江城、历史文化名城于一身的现代化都市，其地貌结构复杂，形成了得天独厚的三峡、山城、温泉等自然环境，山城使城市增添独有的魅力，著名桥都使天堑变通途，长江、嘉陵江使山城增添活力，独有的地域环境造就了独特的山城文化和重庆人独特的人文性格。重庆之美，美在神奇自然风光，美在多彩民俗风情，美在丰富特色风物，美在厚重人文风韵，美在秀

---

① 《马克思恩格斯选集》第3卷，人民出版社1995年版，第469页。

丽城乡风貌。重庆学要结合重庆的地域环境特点研究重庆在空间上的变化，特别要研究如何打破地域制约，形成"不同地域独具发展"的经济发展态势，努力建设成为长江上游的经济中心。

二、独具的历史文化

重庆这座诞生在大山大江的怀抱和历代巴人创造之中的城市，拥有3000多年悠久的巴渝文化和深厚的历史积淀。雄浑、绚丽的长江三峡、大足石刻等自然景观，大义凛然、功照日月的巴蔓子、秦良玉将军，坚定信念、刚烈忠勇的红岩精神，以及"宁愿苦干、不愿苦熬"的黔江精神，"舍小家、顾大家"的百万移民情怀，"自强不息、开拓开放"的重庆人文精神，深深地融进重庆人的血液，激励着人们不断开拓进取，创造文明，推动社会进步。2018年3月10日，习近平总书记在参加十三届全国人大一次会议重庆代表团审议时，对重庆悠久的历史文化传统和优秀的人文精神积淀给予了高度评价，对重庆人坚韧顽强、开放包容、豪爽耿直的个性和文化给予充分肯定。重庆学要结合重庆发展的历史阶段，深入探讨城市与人的互动，总结城市发展的动力和源泉，归纳重庆文化的本质特征。

三、独自的发展规律

重庆作为我国西部最大的工商业重镇，是东西部地区的结合点、桥头堡，具有独特的区位优势。从四川的省辖市到中央直辖市，"世界最大的城市叫重庆"（《星期日法兰克福汇报》语），它形象地描述了重庆地域之大、人口之多，从农业大市转为西部的经济大市，怎样消除山城自然的屏障和人的思想观念的束缚，怎样根据重庆市的特殊市情，探讨城乡统筹的发展规律；怎样在西部地区保持其"龙头""窗口"和辐射作用,根据山城的特点如何加快重庆交通建设。"重庆:三个月必须更换地图的城市",这句话充分概括了重庆翻天覆地、日新月异的巨变。

重庆学要研究重庆特有的管理方式,创新行政体制改革和公共服务型政府建设的路子,利用重庆行政成本低、管理层级少的体制,摸索出一条重庆独有的管理发展模式;研究重庆如何成为"城乡统筹的范本"。同时,重庆学还要研究独特的形象营销,重庆直辖的发展,已形成了"重庆名片""直辖牌""库区牌""人比GDP重要""火凤凰""人人重庆""重庆非去不可""山水之城·美丽之地""行千里·致广大"等营销手段,从不同角度加大了宣传推销重庆的力度。

四、独特的城市形象

重庆城市的形象是重庆城市精神的集中概括,包括城市特色和市民素质。城市特色包括城市的硬件建设状况和发展过程中的城市精神,以及"网红景点"等。城市的硬件建设状况,是指对城市的整体规划,城市基础设施建设,旧城改造,城市的交通,如何把重庆建设成为现代化国际都市等;城市发展过程中的城市精神是指城市硬件所形成的形象、对重庆城市的定位和作用,等等。市民素质包括重庆人的文化素质、性格特点,在此基础上形成的重庆市民素质和重庆人文精神。

第三节 研究重庆学的任务、思路和方法

作为对重庆经济、文化、社会等现象进行研究,揭示重庆形成和发展独特规律的一门新兴学科,特定的研究任务是重庆学创

建的首要条件，科学的研究思路是研究重庆学的基本前提，成型的研究方法是研究重庆学的重要手段。

一、研究的任务

重庆学是以马克思主义为指导，遵循中国发展的一般规律，根据重庆市基本市情，通过对重庆政治、经济、文化、社会等现象的研究，揭示重庆形成和发展独特规律的学科群。重庆学要总结重庆城市发生、发展的过程和经验，对重庆发展的一系列根本问题作出科学的回答，指出重庆发展的方向、途径和步骤。重庆学要借助综合性和系统性强的、跨多学科的基本理论、基本知识和基本方法。重庆学不是一个"大杂烩"，而是以地方学为基础，运用多学科理论系统研究重庆各个方面发展的。多学科在重庆各个方面的发展研究中，绝不等于各门相关学科或各个方面的发展研究的简单"累加"，而是在各门相关学科或各个方面发展研究中找到最佳结合部，这个结合部的内在联系是最重要的，要形成系统性。

二、研究的思路

在研究思路上，从系统科学的角度来看，第一，要树立"整""分""合"的观念，把重庆作为一个整体，分析重庆不同结构的要素，综合各部门研究力量来进行。第二，要确立"你中有我，我中有你；你就是我，我就是你"的观念。在重庆研究中，同一结构的要素，是相互包含的。第三，坚持目的性原则，加强重庆研究的目标管理，要重视决策研究。第四，坚持最优化原则，制订重庆研究的最佳方案。要"知上""知下"和"知己"："知上"——就要了解上级有关部门的方针政策，工作的重点和要求;"知下"——就要了解重庆的现状;"知己"——研究者就要了解自己的工作情况、工作的任务和工作能达到的程度。要通过深入的调查研究,进而系统分析、综合评价,采取有效的措施,确保最佳方案的实施。

(一) 坚持以马克思主义为指导

马克思主义是科学的世界观和方法论,是反映客观世界特别是人类社会本质和发展规律的科学。如要运用普遍联系和发展的观点指导重庆学研究。重庆城市建设与政治、经济、文化、社会发展息息相关,从普遍联系与发展的观点出发,加强关联性研究,有利于推动重庆科学化、协调化发展。要运用实践与认识辩证关系原理指导重庆学研究。实践是认知的源泉、动力。要遵循"实践、认识,再实践、再认识,循环往复以至无穷"的辩证的规律,从而进一步促进重庆学理论更趋于完善,推动重庆发展的实践更加深入,使重庆城市建设的成效更加显著。概言之,重庆学的研究必须坚持以马克思主义为指导,马克思主义理论是重庆学学科构建之根基。

(二) 以系统理论方法为统摄

系统论是研究系统的一般模式、结构和规律的学问;而系统工程是一门实现系统最优化的科学。在研究时要坚持以系统理论方法为统摄点,着力构建重庆学的理论框架、学科体系。在研究重庆学的具体内容结构时,要运用系统工程的理论和系统科学的方法,始终坚持把重庆学作为一门学科进行理论研究和学科体系构建。按照一般系统论,重庆学的研究应着眼于把重庆发展系统作为一个整体进行分析,研究重庆发展各方面各要素之间的互相影响和相互关系,考察要素变动的规律性,发挥要素的协同能力,取得整体功能优化的结果。

（三）重庆学研究的重点

重庆学要研究重庆的硬件建设、软件建设和活件建设。硬件建设是指重庆发展中的城市设施、物质条件的建设；软件建设是指重庆发展中的管理、制度、法规等环境的建设；活件建设是指人的综合素质的提升和城市形象塑造与城市品格的打造。硬件建设是基础，软件建设是关键，活件建设是根本，三者是有机的组合。要在丰富的研究内容中突出重庆特色，体现重庆特点，把握重庆发展的重点。

（四）重庆学与重庆文化和重庆史

重庆学不同于重庆文化，重庆学不仅仅研究重庆文化现象，更重要的是结合重庆发展现状进行全面研究；重庆学不同于重庆志，志是记录自然和社会的现象，学是理论上的概括、分析和升华；重庆学不同于重庆史，史是记载过去的发展，重庆学不是对重庆历史、文化的简单介绍和资料的汇集，而是要通过现象挖掘重庆发展的内在必然性。

三、研究的方法

重庆学的研究方法是系统的。重庆学既要以辩证唯物主义为指导，又要以系统思想为研究思路，更要注重定性和定量相结合的研究方法。重庆学主要采用系统研究法、自然科学和社会科学相结合的研究方法、多维综合研究法等。具体方法主要有文献法、观察法、社会调查法和逻辑演绎法。

（一）文献法

利用中国知网、万方数据库及互联网查阅各种相关文献，从国内专家学者关于"地方学""城市学"等文献中，获得相关启示。通过Google、Google Scholar、Springer Link、Jstor、Science Direct 等搜索工具及搜索库，查阅国外关于"中国学""美国学""汉城学"等的相关文献资料。在重庆图书馆、重庆大学图书馆、西南大学图书馆、重庆工商大学图书馆、重庆师范大学图书馆、重庆广播电视大学图书馆等借阅了大量图书，同时在北京等地购买了一批图书资料。走访了实际部门和有关专家，收集领导讲话、有关文件、知名学者论著等。在文献收集整理基础上，形成资料库。

（二）观察法

观察是重庆学研究取得信息的重要手段。观察可以提供详细的、第一手的资料，可以有直接的感性认识。观察者必须在确定的范围内去收集研究所需要的资料。观察的范围主要是研究课题确定的具体时间、地点等方面的要求，即在一定时期、一定地点，对一定对象进行观察。只有根据研究课题确定观察范围，观察者才能搜集所需要的重要资料。实地观察有利于搜集第一手资料，形成研究假设和理论，它更加关注对现象的描述和解释。科学的观察除了利用人的感觉器官如眼睛、耳朵以外，还可以借助照相机、摄像机、录音机等器材将观察结果准确地、详细地记录下来。

（三）社会调查法

重庆学研究中社会调查的方法通常有个别访谈、问卷调查等方法，只有清楚每种方法的优缺点、操作的要领，才能更好地搜集到想要的资料。比如，采用问卷调查法进行调查，而调查的内容涉及个人隐私，那么就有必要采取有效措施以使调查对象客观真实地填写问卷，又不至于因为担心隐私泄露而形成心理压力。这不仅需要在问卷设计时加以注意，也需要对具体搜集资料的环境加以有效控制。重庆学研究课题组通过实践的调查，广泛收取材料，从实践中掌握第一手材料，通过分析研究，提出课题研究的思路和观点。在方式上将采取典型调研、开调研会、个案解剖等。

（四）逻辑演绎法

建立假设必须运用逻辑演绎法，从某种理论推演出可加验证的陈述。演绎在形式上表现为一系列判断，是按照一定的逻辑原则组成的推论系统。逻辑演绎法能否科学地展开，能否得出可靠的结论，关键在于是否严格遵守一定的逻辑规则。课题组通过对基本材料的把握并结合实践调研，综合运用多种学科的理论知识，明晰问题、搭建框架、分析论证。

第三章 重庆的历史发展

重庆，地处长江上游，是西南地区重要的政治经济文化中心，也是中国最大的内陆城市。重庆是一座拥有3000多年悠久历史，具有光荣革命传统的城市，是西南地区开埠较早、城市近现代化程度较高、经济文化教育发展较快的特大中心城市。重庆悠久的历史可以追溯到远古时代。考古发现，重庆境内最古老的原始人类应是巫山人，迄今已有200余万年的历史。到了公元前11世纪，周武王封宗姬于巴，以江州（即今重庆）为首府。从周武王分封巴人在江州立国建都以来，以重庆为中心的古巴渝地区是巴渝文化的发祥地，这片土地孕育了重庆悠久的历史。重庆城市的发展大致经历了远古聚落、古代军事城堡、古代城市和现代城市阶段。

1891年重庆开埠，极大地促进了重庆城市的近代化发展。抗战时期国民政府迁都重庆，奠定了重庆城市发展的基础。中华人民共和国成立特别是重庆由中央直辖以后，重庆工业化建设与城市现代化建设呈现良性发展的态势，重庆作为长江上游和西南地区经济中心的功能逐渐呈现。

第一节 从古代军事重镇到商业城市时期

古代巴国，就因其得天独厚的地理条件为巴人提供了良好的生活环境，自然条件与历史条件的有机结合，滋养了巴国灿烂而又神秘的文化。随着春秋、战国、秦、隋、北宋、南宋、明、清

第三章　重庆的历史发展

的历代演进，重庆的重要性也日益凸显出来，在中华民族的历史上演绎出一串可歌可泣的重大事件，涌现出众多名垂千古的英雄人物。

一、巴国故都

《山海经·海内经》记载："西南有巴国，太皞生咸鸟，咸鸟生乘厘，乘厘生后照，后照是始为巴人。"太皞即伏羲，后照为巴人始祖。后据考古发掘，早在4000多年前，在川东这片土地上就生活着巴人的先民们，他们繁衍生息，创造了独具特色的巴文化。

（一）巴国的地理形态

巴国位于中原西南面、四川盆地东部，始于先夏时期，于夏初加入夏王朝，成为其中一个诸侯国。

古代长江三峡地区森林植被茂密，气候温暖湿润，日照充足，为人类提供了较好的生存环境。研究表明，3000～4000年前，依靠长江和嘉陵江生活的土著居民，已经有了原始的锄耕农业，开始进入氏族社会，在沿江两岸形成了较为密集的原始村落。

（二）巴国的历史起源

其人文源头，可以追溯到远古时期。1986年，在巫山县大庙区庙宇镇龙坪村的龙骨坡，考古人员发现了200万年前的更新世早期巫山人的人类化石，这是我国迄今为止发现的最古老的人类化石。

据《华阳国志·巴志》记载，当地原始居民，"其属有濮、賨、苴、共、奴、獽、夷、蜑之蛮"[①]。其中，濮人主要生活在今

---

① [晋]常璩：《华阳国志·巴志》，刘琳校注，巴蜀书社1984年版，第25页。

合川、涪陵一代；賨人即后世所称板楯蛮，主要生活在今四川渠县、阆中和重庆云阳、梁平一带。① 春秋晚期，巴族在土著文明的基础上，在重庆和川东地区形成部落联盟，并以此为基础建立了奴隶制国家，形成了极具地方特色和民族内涵的巴文化。而原来的土著居民也被征服和同化，成为巴国的臣民，称为"巴人"。巴族的历史，可以追溯到传说中的五帝时代。巴国最早的文字记载来自《山海经·海内经》。

（三）巴文化

巴文化是古代巴国各族所创造的古代地域文化，具有丰富多彩、地方特色和民族特色浓郁的特征，是巴人在其历史发展过程中所创造的物质财富和精神财富。古代巴人有着极为丰富的神话传说，其中尤以神女传说影响最大，传播最广，神女也由此成为千百年来文人墨客吟唱传诵的对象。屈原《离骚》中的"女媭蝉媛"、宋玉《高唐赋》中的"巫山之女"和陆游《入蜀记》中的"真人，即世所谓巫山神女也"即取材于此。

巴人的宗教信仰也独具特色，在巴人的宗教信仰体系中，以泛灵信仰、祖宗崇拜最为重要。动物是巴人在泛灵信仰中的最常见的主题，如老虎、蛇、鹰、鱼、鸟等，以及人们想象中的夔、龙、凤和其他神兽。"乌鬼"也是巴人主要的宗教崇拜形式之一，也是一种起源于远古时期的祖先崇拜形式。《汉书·地理志》记载：江汉"信巫鬼，重淫祀"。巫、乌同义，此处的巫鬼正是巴人等崇奉的乌鬼。

这些文化形式形成于巫巴山地，流传于巴蜀、楚国，广布于华夏大地，是古代巴人对中华神话传说的一大贡献。

---

① 《重庆通史》卷一《古代史》，第15页。

（四）巴国的经济形态

1. 巴国的农渔业

川东地区土地肥沃，物产丰富，巴国在进入川东后，开垦土地，种植农作物，进行渔猎，发展手工业，使沿江地区逐渐得到开发，并以此为基础建立了一些具有行政功能和军事功能的城邑，形成了一批居民点，出现了集市，有了商品交换。

差异性大是巴国农业经济的显著特点。由于地理、历史、民族、文化的巨大差异，农业经济也存在不同的类型。巴入川后，带来了已经有所发展的农业生产技术，进一步推动和促进了当地原始的农业。

以重庆为中心的川东地区，在沿江台地和河谷冲击平坝地区，已经开始开辟水田，种植稻谷。"县北有稻米，出御米"，由此可见，当时出产的稻米质地优良，已经供奉京师，成为"御米"。

巴国的农业虽然取得了一定进展，但许多农耕条件差、偏僻落后的地区，仍然存在以开垦畲田和田猎为主的情况，即经营狩猎或渔猎，与粗放农业相结合，耕作形式处于刀耕火种的阶段。

自古以来，巴地煮盐业就很发达，是全国主要产盐区之一。川东长江及其支流沿江一带，尤其是下川东一带，多有盐泉和盐石。在农业发展的基础上，经济林木、经济作物种植也发展起来。

2. 巴国的手工业

通过考古发掘可知，巴国出土的青铜器较多，其风格独特，纹饰与众不同，民族特色浓郁。据记载，垫江（今合川市）的铜梁山是巴国晚期重要的铜矿山之一。战国时期，巴国工匠在掌握铜器合金比例方面，已经具有较高的技术水平。如脊薄刃宽扁径无格而形似柳叶的巴式剑、圆刃折腰式或月刃式的钺等都是巴青铜器艺术成就的典型代表。①

巴人充分利用自然资源发展矿冶业和手工业，其中矿冶业一是冶铜，二是采丹。古人常用丹砂作为药物或染料，巴人的丹砂技术也取得一些成就。秦朝时有以丹砂致富的巴寡妇清，史籍记载，"巴寡妇清，其先得丹穴而擅其利数世，家亦不訾。"②

从出土的陶器看，巴人的制陶技术已有所提高，轮制方法较为普遍，陶器的类型也较为复杂，并且能根据陶器的用途和大小适当掺砂，用以满足美观耐用等不同方面的需求。

巴国的纺织业也较为发达，能够利用蚕丝、麻等织造绢、布。其中以麻织成的"黄润"细布，轻细柔软，被列为贡品。

（五）巴国的军事

"巴国"之称始见于殷。殷卜辞称为"巴方"，史籍记载巴为"西土之人"。公元前 11 世纪末，周武王讨伐商纣，巴人参加了以周为首的"反商战争"。周王朝建立后，因周王姓姬，封宗姬于巴，以江州（即今重庆）为首府，其首领称为"巴子"，史称"巴子国"，简称"巴国"。

巴国具有若干部落联盟制特征，建立了以土地世袭制为基础的政治制度。在西周春秋时期，巴国君主称为巴子，到了战国时期，"及七国称王，巴亦称王"③。巴王作为拥有最高的军政领导权力的领主，直接统治其中心地区。据《左传》《华阳国志》的记载，巴国设有"上卿"，意味着有卿相之别。职官中有"行人"一职，专司对外诰命聘享。军队方面，巴国设有将军，表明其文

---

① 《重庆通史》卷一《古代史》，第 48 页。
② 《史籍》卷一百二十九《货殖列传》。
③ [晋] 常璩：《华阳国志·巴志》，刘琳校注，巴蜀书社 1984 年版，第 32 页。

武分职设官。[①]

巴国的腹心地区首先由巴王及宗室进行统治，其次是卿大夫和将军，主要是由宗室集团组成。在巴国的边缘地区，主要是由当地的大姓酋豪进行统治，巴王仅为各部落的共主。但在一些重要地区，巴王也分封宗室或派将军镇守。在巴国的腹心地区已经具有若干奴隶制的特征，但在广阔的边缘地区，仍是由以血缘为纽带的大姓酋豪统治。

春秋时期，巴国政治经济军事实力日益增强，与楚国结成政治军事联盟，后来随着楚国国力日盛，大肆扩张，吞并四周弱小的国家和部族。巴楚反目，在楚国强大攻势下，巴国被迫放弃汉水中游故土，举国南下，在长江流域的川东、鄂西南地区，重新开辟疆土。

战国时期，面对楚国的军事强压，巴国偏居川东一隅，国力日渐式微，期间五易其都，时常受到强国的攻击。到战国中期，巴国面临强楚和蜀国的夹击，腹背受敌，势力渐衰，疆域不断缩小，最终被秦国所灭。

公元前316年，秦惠文王时期，秦派张仪、司马错率兵南下灭巴、蜀后，在巴国北部地区设立了巴郡，将江州作为当地的行政中心的镇守据点，郡下设县，分别派遣郡守县令，代表秦国进行统治，使其在巴蜀的统治得以巩固。张仪镇守巴郡期间，为巩固秦国统治，开始在江州筑城。这是重庆筑城的开端，也是重庆作为川东地区政治、经济区域性中心的开端。

二、商业重镇

重庆城市的形成与发展既是社会政治、经济的产物，又是长

[①] 《重庆通史》卷一《古代史》，第25页。

江上游区域经济发展的体现。秦汉以来，随着行政管理机构在巴地区的设置，巴渝地区的开发进程和社会经济发展大大加快，促进了人口的聚集和城镇的发展。秦汉时期，我国封建社会迎来第一个发展高峰，重庆地区的经济文化也得到很大发展。到唐宋时期，重庆已经发展成为川东地区的军政经济中心。明清时期，随着重庆政治地位的上升、辖区的扩大和城市商贸、交通和手工业的发展，沿江的城镇工商业日渐兴旺，商品流通日趋频繁，为重庆转口贸易的兴盛和川江航运枢纽地位的最后确立创造了条件。重庆城市的区域经济中心功能得到提升，使重庆辐射力遍及整个四川乃至西南西北的部分地区。

（一）秦汉时期，巴渝地区初步发展

秦汉时期，我国封建社会迎来第一个发展高峰，重庆地区的经济文化也得到很大发展。秦在巴国北部地区设立巴郡后，开始逐步在巴蜀地区推行废井田、开阡陌的办法，并适当修改了实行于巴蜀地区的《田率》制度，随着先进耕作制度的逐步推广，封建土地私有制逐渐得以确立，巴蜀的农业进入快速发展的时期。在秦汉统治的400多年中，巴郡的社会结构相对稳定，社会生产也不断向前发展，这为秦统一中国奠定了雄厚的经济基础。

两汉时期，随着重庆地区农林业、手工业的发展，交通运输业的兴盛和商业的繁荣，人口数量有了较大幅度的增长，各民族之间的交往和联系得到进一步加强。西汉元始二年（公元2年）有15.8万户，70余万人；东汉永兴二年（154年），人口达46万户，187余万人，比西汉晚期增加了1倍。《华阳国志》记载，"地势侧险，皆重屋累居……结舫水居五百余家"[①]。

---

① ［晋］常璩：《华阳国志·巴志》，刘琳校注，巴蜀书社1984年版，第49页。

（二）隋唐时期，巴渝发展初具规模

三国两晋南北朝时期，国家分裂，战争频繁，遭受长期战乱的巴渝地区，社会经济受到很大破坏，农业、手工业和商业凋零，饱受战乱之苦的人民大量流失、死亡，导致人口锐减。直至公元581年，杨坚建立隋朝，随后灭陈，至此结束了长达三个世纪的分裂、动荡局面，重新统一中国。20多年后，农民起义推翻隋的统治，建立唐王朝。

唐朝统治长达289年，先后在巴渝地区设置50余县，多位于长江、嘉陵江支流及附近地带，开始在少数民族和边疆地区设置羁縻州县。随着巴渝地区经济的不断发展，大量汉族居民不断迁入山区定居，与当地少数民族融合，使先进的农耕技术得以逐渐普及，极大地促进了当地农业生产的发展。巴渝地区成为旱地粮食作物的重要产区和多种经济作物的重要产地。其中，桑麻种植最为广泛，丘陵地区的开发、梯田的开垦和水稻的广泛种植已较为普遍。在经济作物中，巴渝地区的水果和茶叶负有盛名。

总体上看，隋唐乃至两宋时期，巴渝地区社会较为稳定，战乱较少，人口增长较迅速，经济获得了长足的发展。大量的中原农民涌入统治力量较弱的深山，开发山林，开垦土地，形成了一股移民浪潮。随着移民的增加，区域开发更为充分，到唐代晚期，巴渝地区的开发已经推进到丘陵山区[①]，县的设置已相当密集，这些不仅促进了隋唐巴渝地区的开发，也带动了城市经济的初步发展。

（三）两宋时期，巴渝社会初步繁荣

宋代是重庆城市发展过程中承前启后的关键时期。宋王朝的

---

① 梅芳、侯京京：《从军事重镇到工商重镇——重庆城市发展轨迹研究》，载于《重庆交通大学学报（社会科学版）》2009年第4期。

建立，结束了五代十国的分裂状态，创造了和平稳定的政治局面。南宋时期是古代巴渝经济发展最为迅速的时期，梯田的开垦，农业的进步，商业的兴旺，人口的增加，促进了场镇的兴起，使宋代巴渝经济发展到一个新的高峰。

据宋代史籍的不完全记载，宋代巴渝地区场镇有188处，遍布巴渝各地，呈北多南少、西密东疏的特点，场镇的多寡与区域的海拔高度成反比，这也在一定程度上反映了农村商品交换的发展水平。但是这些场镇仅是初级商业活动场所，各个场镇的大小、经济繁荣的程度、商业贸易的差异性都很大。大多数场镇所能辐射和吸引的范围偏小，不易发展成为具有大量商业活动、有较强的辐射和吸引能力、拥有较多人口的商业场镇。农村商品交换的初步发展和场镇的兴起，促进了城市商业的发展。"商贾之往来，或全职流行，沿溯而上下者，又不知几"[①]。由此可见，重庆当时已经成为川东交通要道和商业贸易中心。

宋代是重庆城市成长过程中承前启后的关键时期。宋代以来，长江水系已经成为四川水陆交通的动脉，嘉陵江及其支流的航运得到了长足的发展，随着川江水运的兴盛，处于枢纽位置的重庆在转口贸易中逐渐成为区域间商业贸易的重要场所，成为川东重要的商贸中心；同时，随着巴渝地区农业、手工业的发展，场镇的兴起和商业活动日益活跃，区域内的商品交换也日益繁荣，渝州从以政治、军事为中心的城，向以政治、经济、文化为中心的城市发展，从单一功能的城邑向人口密集、工商业日益发展的城市演进，逐渐发展成为一座兼有交通、行政、军事、经济、文化

---

① 冉木：《心舟亭记》。

等多种功能的城市。① 以宋代石刻为主体的大足石刻完成了佛教教义与佛教艺术的中国化。

（四）明清时期，巴渝形成区域中心

清朝时期，为适应和进一步加强云贵地区与内地的联系，对川江、嘉陵江、闽江及其支流河道进行了整治，长江南岸的一些支流也渐次开发通航，沿江的城镇工商业日渐兴旺，商品流通日趋频繁，为重庆转口贸易的兴盛和川江航运枢纽地位的最后确立创造了条件。到清朝康熙时，重庆府的人口已达到11万户，占四川全省总数的1/5。此外，农业耕地面积进一步扩大，农业产量得到提高，手工业的发展也达到一定水平，因为两江带来的交通运输业的大发展，使重庆辐射力遍及整个四川乃至西南西北的部分地区。

川江航运的兴盛和发达为市场网络的运行提供了物质基础，而以重庆为中心的商业行帮和川帮组织的扩大，则为市场网络的运行提供了组织基础。行帮与公所的商业组织，组成了重庆商业的骨架，推动着重庆商业贸易的发展。至乾隆年间，重庆已成为一个水运极为繁盛、商业网络十分庞大的商业都市。在此历史背景下，重庆的商品经济开始萌芽并得到初步的发展。重庆逐渐从元明时期的军事重镇发展为四川和西南最重要的商埠城市，为日后重庆城市的近代化和商业中心地位的形成打下了基础。

重庆商业的发展得力于拥有良好的水上交通运输网络。重庆位于横穿四川全景的长江与总管盆地的嘉陵江的交汇处，以重庆为枢纽，以长江为主干，可直接沟通奉节、万州等以及金沙江下

---

① 张涛：《抗战时期重庆与长春城市发展研究》，浙江大学2012年博士学位论文。

游、云南东川地区。川江及其大小支流航运的开拓，良好的水上交通运输网络，成为物资流通的重要载体，为重庆商贸市场网络的构筑奠定了基础，大大促进了长江沿线间经济交往的发展，促进了盆地内经济的活跃。川江的地理优势和水运的繁盛沟通了重庆与沿江腹地间的经济联系，将其丰富的物产和广大的市场纳入了重庆的商业范围，拓展了重庆的商业网络，从而强化了商业贸易能量，促进了重庆商业的繁荣和城市的发展，使重庆的经济功能进一步增强。[1]

第二节 重庆开埠与内陆城市的崛起时期

重庆是中国西南地区的商业重镇，是长江上游地区最大的货物集散地。1891年，重庆以"约开"的形式被迫向英国开放通商，重庆开埠是中国社会发展史上的一个重大事件。

一、重庆开埠

重庆开埠是世界资本主义侵入中国西部腹地的一个大事件，在重庆城市发展史上具有重大影响，其间经历了一个较长的历史过程。重庆开埠后，外贸商品流量开始得到增长。洋货下乡，造成"耕织结合"的自然经济开始走向分解；农产出口，带来农业经济结构的变化和新兴经营形式的出现，农村商品经济得到一定发展。自1891年重庆开埠以来，商品流通渠道的打开以及近代工商业、交通业、金融业的产生与发展，极大地促进了重庆城市的

---

[1] 梅芳、侯京京：《从军事重镇到工商重镇——重庆城市发展轨迹研究》，《重庆交通大学学报（社会科学版）》2009年第4期。

近代化发展。

（一）战争条约打开重庆大门

1840年，为了扭转对华贸易逆差，英国发动了侵略中国的第一次鸦片战争并强迫清政府签订了中国历史上第一个不平等条约——《中英南京条约》。为了进一步打开中国的大门，1856—1860年，在俄、美的支持下，英法两国联合发动了侵华战争，史称"第二次鸦片战争"。这迫使清政府先后签订了不平等的《天津条约》和《北京条约》，增开南京、汉口、九江等九个通商口岸，允许英国商船在长江各口岸往来，把侵略势力伸向了长江流域。

1890年中英签订了《烟台条约续增专条》，其主要内容有："重庆即准作为通商口岸无异""英商自宜昌至重庆往来运货，或雇佣华船，或自备华式之船，均听其便。"[①] 至此，英国正式取得在重庆开埠的权利。1891年3月1日，重庆海关成立，标志着重庆正式开埠。

继英国之后，日本也觊觎重庆优越的地理位置和重要的经济地位，企图分得一杯羹。1894年，日本发动了侵略中国的甲午战争，1895年4月17日，清政府与日本签订了丧权辱国的中日《马关条约》，增开沙市、重庆、苏州、杭州为商埠，并允许日本在中国的通商口岸投资办厂。

1896年10月19日，中日又签订了《中日公立文凭》，1901年9月4日，日本驻重庆领事山崎桂与清政府川东道尹宝棻签订了《重庆日本商民专界约书》，取得了在重庆南岸王家沱设立租界的特权。英、法、日、美、德等西方帝国主义列强相继在重庆

---

① 《中外条约汇编》，商务印书馆1935年版，第16~17页。

设立领事馆,进行投资活动,以重庆作为跳板和桥头堡,在对重庆进行政治、经济、军事、文化侵略的同时,也开始了其对四川乃至整个西南地区的疯狂掠夺。

外国资本的入侵,一方面破坏了重庆地区的自然经济;另一方面也促进了重庆地区城乡商品经济的发展。重庆在步入半殖民地半封建社会的同时,也开始了近代资本主义经济发展和城市化的进程。

(二) 西方势力对重庆的侵略

1891年重庆开埠标志着西方势力开始最大限度地从中国沿海和长江中下游地区推进到了中国的西南腹心地带,而西方势力渗透进中国内陆则主要表现为经济侵略。随着西方列强政治军事秩序在重庆的陆续建立,经济入侵开始有计划大规模地向重庆渗透进来,并由此深入到重庆周围地区乃至整个四川。从历史上看,重庆开埠时期西方势力对重庆的经济侵略主要表现为控制重庆海关、夺取川江航运权、掠夺路矿权。

重庆开埠后,帝国主义首先控制重庆海关。根据中英《南京条约》"进出口中国货物缴纳之税'均宜秉公议定则例'"、《中美望厦条约》"修改税则须得到'领事等官议允'"的规定,中国海关的行政权也逐渐被西方列强控制。19世纪70～90年代,随着西方资本主义向帝国主义过渡,海关在中国财政、经济、邮政、军事,尤其是在外交领域中的活动,为帝国主义侵华势力开辟了广阔的道路,加速了中国半殖民地化,加深了中华民族的危机。重庆海关的建立和帝国主义对它的控制,是适应帝国主义入侵我国西南地区的需要,也是半殖民地海关疯狂扩张的结果。

长江上游的川江水道是外界与四川交往贸易最便捷的途径,也是当年帝国主义入侵四川的唯一通道。早在重庆开埠前,西方殖民者就急于打通长江上游的轮船航道。近代英国资产阶级企图扩大对外贸易,进行经济掠夺,通过政治和军事手段对重庆进行侵略,轮船则是其必不可少的工具。

19世纪60年代末,英国向中国内河水域扩张,特别是致力于开辟自汉口上溯重庆的川江轮船运输线。1890年3月31日,《烟台条约续增专条》使川江航运从法律上丧失。

甲午战争后,各国列强均参与到对四川的控制和掠夺之中。在帝国主义列强各自的"势力范围"内疯狂地掠夺中国铁路的修筑权和矿山的开采权,这是各帝国主义国家对中国经济侵略的主要手段。川江航运权的丧失,为帝国主义全面侵略重庆、四川打通了航道,也更鼓舞了他们疯狂掠夺四川铁路修筑权、矿山开采权的欲望,这不仅使四川的民族危机日益深重,而且使长江上游内陆城市开始在半殖民地半封建的泥潭中越陷越深。[①]

(三) 开埠时期重庆的商业贸易

重庆的近代资本主义几乎与重庆的开埠同时产生,重庆开埠对于近代重庆经济中心,特别是商业中心的形成,具有十分重要的意义。

重庆开埠是重庆近代历史的起点。1876年《烟台条约》规定宜昌开埠,英人"驻寓"重庆,是开埠过程的起点,《烟台条约》签订以后,宜昌海关即成立开关,由英国人控制关务。这样,英国就控制了重庆的对外贸易,从而引起了重庆对外进出口贸易的突增。

重庆这个长江上游重要的商贸中心,自然成为西方殖民者势

[①] 戴知贤:《历史研究难点的重大突破——初读〈重庆通史〉》,载《〈重庆通史〉首发座谈会评论集》,2003年2月1日。

力扩张的重要目标之一。重庆开埠设关后,城市经济主权逐渐落入帝国主义列强手中。根据《烟台条约续增专条》的规定,西方列强还通过对重庆的资本输出,直接在重庆投资近代交通、工矿业,以利用重庆丰富的原材料和廉价劳动力,赚取超额利润。

19世纪末到20世纪30年代,是近代重庆商业贸易中心形成的时期。西方列强势力的入侵给重庆城市的近代化带来了不可忽视的影响,经济侵略的巨大网络,将重庆和四川纳入了资本主义的世界市场,使之成为世界资本主义殖民地和半殖民地市场的组成部分。西方商品资本及生产方式的进入,促使重庆、川东一些地区农村自然经济开始解体,使这些地区开始卷入国内和世界资本主义大市场,促进了城乡商品经济的发展,也为重庆城市近代化资本主义经济的产生和发展创造了商品市场与劳动力市场。

重庆开埠后,商业贸易发展很快,尤其是进出口贸易的数值猛增,重庆商业中心吸引、辐射能力的逐渐增强,重庆市场与外部市场已建立起比较稳定的相互依存关系,从而担负起了四川商品流通中心和川江贸易枢纽的作用。在重庆经济结构中占据主导地位,进出口贸易成为重庆城市的一个主要功能。开埠通商使重庆的城市地理区位优势得以充分发挥,促进了重庆城市商业贸易功能的强化和川江航运的繁荣与发达,奠定了重庆的长江上游区域经济中心地位的经济基础。[①]

二、内陆城市的崛起

随着重庆开埠带来的重庆城市商业贸易和川江航运的繁荣与

---

① 李彩:《重庆近代城市规划与建设的历史研究(1876—1949)》,武汉理工大学2012年博士学位论文。

发达，重庆的长江上游区域经济中心地位也得以强化。重庆城市商业贸易的发展和川江轮船的开辟，也使城市的腹地发生了变化。在开埠以前，重庆城市的腹地主要是嘉陵江一带和綦江流域及长江重庆以上段的沿江部分；开埠以后，尤其是进入20世纪以来，随着重庆城市人口的聚集、经济势力的增强、商业和金融业的发展、近代工业的进步、经济辐射能力的增强，重庆的政治和经济地位也日益重要。

（一）重庆建市

从19世纪70年代到20世纪20年代的半个世纪里，重庆已经发展成为四川及整个西南地区的商业及金融中心，具有近代资本主义性质的近代工业也初步建立，这大大加强了重庆对邻近区域、四川乃至整个西南地区的吸引力和辐射力，重庆的常住人口也大为增加，达到20余万人，流动人口在20万人左右。[1] 经济社会的发展对重庆城市建制的变革提出了新的要求，也为重庆的建市做好了准备。

1921年7月，刘湘进驻重庆，任四川各路军总司令兼四川省省长。1926年6月，刘湘下令改"市政公所"为"商埠督办公署"。商埠督办公署的建立，标志着重庆市建制的诞生。重庆商埠督办公署成立以后，重庆市已经成为一个区域性的自治团体，这将有利于城市自身建设和发展，它的建立也标志着重庆在城市近代化管理方面迈出了重要的一步。7月，"以商埠督办名义定自北洋政府，遂改重庆商埠督办公署为市政厅"[2]。1929年2月15日，又改重庆市政厅为重庆市政府，至此，重庆正式建市，定位省

---

[1]《重庆商埠汇刊（1926年）》，第28页。

[2] 周开庆：《四川与对日抗战》，中国台湾"商务印书馆"1987年版，第67页。

辖市（即普通市）。1934年10月15日，国民政府明令：准重庆市政府成立，定位乙种市。① 从此，重庆成为以市为名的市建制城市。

（二）商业中心的崛起

19世纪末到20世纪30年代是近代重庆商业贸易中心形成的时期，尤其是进出口贸易数值猛增，在重庆经济结构中占据主导地位，进出口贸易成为重庆城市的一个主要功能。重庆开埠后，商业贸易发展很快，商业贸易是重庆城市经济发展的增长点。重庆进出口贸易总值，1891年为白银628万海关两，到1901年增至2426万海关两，10年之间增长3倍；1911年又上升到2914万海关两，为开埠时的4.6倍。其中进口总值由1891年的445万海关两增至1911年的1907万海关两，出口总值由202万海关两增至1006万海关两。由此反映了重庆商业中心吸引、辐射能力的逐渐增强，表明重庆市场与外部市场已建立起比较稳定的相互依存关系，从而担负起了四川商品流通中心和川江贸易枢纽的作用。

（三）近代重庆金融业

重庆开埠后，城市商业和社会的发展使重庆逐渐成为长江上游的金融中心，相继成立了许多金融组织。重庆开埠以后，随着进出口贸易规模日益扩大，商业交易数额的增大和频率的加快，本地和省内其他来重庆的中小商人的小额存放需求日益强烈，要求与之相适应的金融业的支持，钱庄应运而生。1894年，重庆"同升福"倾销店易名钱庄，成为重庆历史上第一家钱庄。到1913年，重庆城有银钱业商户33家，资本金56.9万元，存款31.8万元，纸币发行12.3万元，公积金9.8万元。到1937年为

---

① 周开庆：《民国川事纪要》上册，四川文献研究社1974年12月版，第551页。

止，四川历年设银行33家，其中有22家设于重庆，占66%。全川共有各种银行的总分支行130个，其中重庆和重庆银行的派出机构为120个，占92.3%。重庆作为四川金融中心的地位已十分明显。[①]

（四）近代重庆交通业

重庆开埠后，原本具有良好发展基础的川江航运业得到突飞猛进的发展。1909年10月27日，川江轮船公司购置的第一艘轮船"蜀通"号由宜昌抵达重庆，很快便开辟了重庆到宜昌间的固定航班。"蜀通"号轮的通航开始了川江上商业性客货轮运的新时代。川江轮船公司经改组后扩大了经营规模，新购"蜀亨"号投入运营，轮船运输量大为增长，获利颇丰。1912年，重庆轮运货物装载量为4900吨，到1919年已增至58728吨，成为川江航运的主要力量。川江轮运的兴起，开始了川江航运近代化的历程。

在近代交通业的发展史上，航空、铁路的创建无疑具有重要的意义。19世纪末，西方列强在夺取川江航运权，强迫重庆开埠的同时，也开始筹划在四川修筑铁路。1899年到1914年间，不论是西方资本主义列强还是清政府，都期望开办铁路，但由于种种原因和阻挠未能实施。直到1935年，国民党中央势力进入四川，为了建立以重庆为中心的战略后方，提出了建设成渝、宝成、川湘、成会、川滇、川康为干线的四川铁路网计划。1937年3月21日成渝铁路正式开工。后因抗战爆发，修路工程停了下来。到抗战以前，在重庆建成的铁路只有一段全长仅60公里、用于煤炭运输的北川铁路。中国的航空事业肇始于1921年，1930年将航线延伸至重庆，后又开辟了经重庆至成都和重庆经贵阳至昆明的

---

① 《重庆》课题组：《重庆》，当代中国出版社2008年版，第16~18页。

航线。航线的开辟，使重庆与全国其他各大城市的联系大大加强，也促进了重庆的开发和发展。

（五）近代工业

重庆近代工业产生的最初形态是新兴的城市工场手工业。1891年，川商邓云笠、李南诚、卢干臣在重庆集股成立了"申昌洋火公司"，开设王家沱、大溪沟两厂。两厂资本8万两白银，年产硫磺火柴12.6万箱，年销售总值超过25万两白银，并获清政府赋予的售卖专利25年。这是迄今见诸记载的重庆第一家近代工业企业。重庆也因此成为当时中国与上海、天津等城市齐名的火柴业的代表。与此同时，一批棉纺织厂、猪鬃加工厂等企业也相继建立。

这一切表明重庆已开始摆脱传统城市的发展轨道，走上了近代化的道路。更为重要的是在这一过程中，重庆的工业产业结构随之变化，一种新型的工业体系开始萌生，近代工业基础得以建立。

第三节　从抗战的战时首都到西南大区时期

1935年10月，国民政府设立了军事委员会委员长重庆行营，重庆行营实际成为中央势力控制四川和西南的军政机关，重庆也因此成为西南的军事、政治和经济中心。从抗战的战时首都到西南大区，重庆发生了天翻地覆的变化，多种力量、因素，共同推动着重庆由一座古老的内陆商埠城市一跃而成为国民党中央、国民政府的所在地，成为国民党统治区政治、经济、军事、文化、外交、社会的统治中心和活动中心，成为以国共两党合作为基础、各党各派参与其中的中国抗日民族统一战线的重要活动舞台。[①]

一、战时首都时期

1941年12月8日太平洋战争爆发后，中国抗日战争在整个世界反法西斯战争中地位凸显，中国通过重庆这一平台跨入反法西斯的世界强国之列。在中国抗日战争完全纳入世界反法西斯战争的战略体系之中时，重庆则成为了这一战略体系的一个重要支撑点。因此，重庆的政治地位又因第二次世界大战的扩大再次向前推进了一步，由中国抗日战争的司令部上升为世界反法西斯战争同盟国远东战区的指挥部，山城重庆也由此"突出四川的范围成为号召全国的大都市，同时亦在政治上成为国际城市，而与伦敦、柏林、巴黎、华盛顿、莫斯科等相提并论"[②]。

（一）由内陆工商城市转变为国家政治中心

1935年10月，国民政府为加强对西南地区的控制，设立了军事委员会，重庆成为西南地区的政治、经济和军事中心。1937年10月29日，蒋介石确定四川为抗战的大后方，重庆为国民政府驻地。30日，国民政府决定迁都重庆。11月16日，国防最高会议正式决定迁都重庆。到1938年1月11日，除军事以外的国民政府机关均由南京迁到重庆。为安定民心，坚定抗战大业，1940年9月6日，国民政府发布命令定重庆为中华民国陪都。重庆的陪都地位从此确立。

随着抗战爆发和国民政府迁都重庆，国家政治中心的转移，

[①] 谢先辉、唐润明：《二战对中国内陆城市重庆的影响》，载于《民国档案》2002年第3期。

[②] 周开庆：《四川与对日抗战》，中国台湾"商务印书馆"1987年版，第52页。

大量军政、文教、工矿企业迁渝,抗战时期成为重庆历史上最辉煌的时期,重庆成为举世闻名的国际城市。由于战争原因,抗战时期大量的机关和文教单位也纷纷迁渝,大量人才荟萃,图书、出版、学校教育迅猛发展。由于战争和战争的需要,大批工矿企业也迁入重庆。抗战时期的重庆不仅是全国的政治、军事中心,而且是经济和金融中心,加上大量人才荟萃、资源丰富、水运方便等有利条件,大量工矿企业迁渝形成战时最重要、最集中的重庆工业区。由于军政、文教、工矿企业迁渝量增长,抗战前夕,重庆市区有 74398 户,339204 人。其中男性 195720 人,女性 143484 人。到 1946 年增加到 125 万人,增长了 3.67 倍,10 年净增 90 万人。其中,外地迁渝人口占重庆总人口的一半以上,1938 年重庆市人口已达 53 万人。[①]

随着军政、文教、工矿企业的大量迁渝,城市人口迅猛增长。城市区域也随之扩大。迁都前重庆城市已有相当规模,新市区的开拓已基本完成,南区、中区两条干道相继通车。到 1938 年底,城市建成区面积达 30 平方公里左右,城市人口达 50 万人,加上流动人口共 60 余万人。

在抗战期间,重庆作为国民政府和国民党首脑机关所在地,是国民政府发号施令和指挥全国抗战的中心,是全国的政治和军事中心。陪都的建立,使重庆由一个普通的内陆工商城市变为国家的政治、军事、经济、文化中心,并逐步成为国际名城。

(二) 大后方经济中心的形成

抗战时期是中国生产力布局大调整时期,也是重庆经济特别

---

① 转引自黄妍:《略述抗战时期国民政府迁都重庆对重庆发展的影响》,载于《长江师范学院学报》2011 年第 4 期。

是工业经济大发展时期。1937年以前，中国工业80%以上集中在沿海，包括重庆在内的西部广大地区工业发展处于落后状况。抗战爆发后，沿海工矿企业大内迁，为重庆城市工业发展奠定了基础，使重庆迅速步入大工业发展时代，进而促进了重庆工业中心的形成，将重庆工业推进了大工业时代。

抗战时期重庆工业的快速发展，大大推进了重庆城市化进程，促进了重庆城市经济结构的转换。

第一，抗战时期重庆的交通运输业有了飞跃式发展，尤其在航道整治及助航设施设置、公路网建设、机场建设等水、陆、空交通基础设施建设上均取得了重大进展，使重庆由抗战前川东地区的区域性交通中心一跃成为大后方的交通中心。

第二，抗战时期，随着全国政治、经济中心向重庆转移，以及战时经济的刺激和诸多因素的影响，重庆的金融业迅速膨胀起来，重庆迅速成为全国的金融中心。抗战时期重庆金融市场也扩展到整个长江上游地区和大后方，由中央银行主持重庆金融市场的票据交换，方便了银钱的收缴，进一步巩固了重庆在大后方的金融中心地位。

第三，抗战时期政治、经济重心转移至重庆，大量的矿企业及各类管理机构、教科文卫单位及各国驻华使领馆迁至重庆，致使重庆人口激增，生产资料和生活资料需求猛增，刺激了重庆商业的繁荣，巩固和扩展了重庆商业中心地位和范围。

二、西南大区时期

1949年11月，西南大部分地区相继解放。中共中央为加强军事管制，建立新的社会秩序，发展社会生产力，统筹经营西南，决定参照其他地区的经验，在西南地区同样实行大区一级的行政区规划建制,使之"既利于国家统一,又利于因地制宜"。西南大区所辖地域为云南、贵州、西康三省,川东、川西、川南、川北四行署区,及西藏地区和重庆直辖市,其党政军首脑机构中共中央西南局、西南军政(行政)委员会和西南军区均设驻重庆。这样,重庆因其特殊的历史地位而成为新中国成立后西南地区唯一的中央直辖市和西南地区党政军首脑机关的驻在地,成为西南地区的政治、经济、文化中心。

在西南局、西南军政委员会的直接领导下,重庆开展了镇反、整顿社会秩序等工作,国民经济、文化教育事业及市政设施建设迅速恢复,并取得显著成效。重庆开始向着"人民的生产的新重庆"昂首迈进。

(一) 解放重庆

中华人民共和国成立后,遵照党中央的部署和中央军委的命令,1949年11月上、中旬人民解放军解放了秀山、酉阳、黔江三县,接着又突破乌江天险,以强大的攻势向南川及川东各地的国民党军队进击。11月24日,南川解放。至此,重庆完全暴露在中国人民解放军的强大攻势之下。11月26日,中国人民解放军进入重庆市区,重庆喜获解放。这是重庆历史上的重要时刻,是重庆历史新纪元的开始。

1949年12月3日,中国人民解放军重庆市军事管制委员会、中国共产党重庆市委员会的部分主要领导干部19人进入重庆,即日发布第一号布告,宣布重庆市军事管制委员会正式成立并开始接管工作。为了加强领导并集中一切力量搞好重庆的接管工作,在接管期间,重庆市军事管制委员会是一切权力的中心,党的各项方针政策和领导也都是通过军管会来贯彻和实现的,从而保证了接管工作的一致性、权威性和严肃性。1950年1月23日,"重庆市第一届各界人民代表会议"召开,标志着重庆市整个接管工作的胜利结束,重庆从此走向建设"人民的生产的新重庆"的新阶段。

在解放重庆并完成对旧有政权机关、团体、学校等的接管工作之后,建立新的人民民主政权,成为我党我军的一项首要任务。在党中央的直接领导下,相继建立了重庆市的各级人民民主政权并将西南大区一级的领导机构设于重庆。新的人民民主政权的建立和完善,为重庆乃至整个西南地区社会秩序的恢复、经济的发展及新民主主义向社会主义的过渡,奠定了坚实的政治基础。

1949年7月,以邓小平为书记的"中共中国人民解放军第二野战军前线委员会"根据中共中央的指示,在南京任命了中国共产党重庆市委员会和中国人民解放军重庆市军事管制委员会的主要领导人。12月3日宣告中共重庆市委和重庆市军事管制委员会成立[①]。至1954年6月,中共重庆市委先后召开了8次党代表会议,针对不同时期不同的环境、条件和中心工作,提出了不同的应变方针、工作目标和工作任务。在坚决贯彻执行中共中央、中共中央西南局各项方针政策的同时,也领导重庆人民进行了轰轰烈烈的土地改革、清匪反霸、镇压反革命、抗美援朝和"三反""五反"运动,并积极发展健全各级党组织,吸收优秀的工人、农民、知识分子入党,使中国共产党党员人数日益增加,组织更为完善,结构更趋合理,素质不断提高。

(二)经济秩序恢复和建立

重庆经济虽然在抗战经济中占有十分重要的地位,但随着解放战争时期重庆经济的全面崩溃,解放初期的重庆百废待兴。因

[①] 唐润明:《重庆:直辖之路》,载于《中国档案》2008年第6期。

此，如何恢复重庆的国民经济，使之发挥西南地区最大工商城市的中心和辐射作用，以支持仍在进行的人民解放战争，迎接即将到来的各项重大政治运动和经济建设，就成了中共中央西南局、西南军政委员会、中共重庆市委、重庆市人民政府首要而迫切的任务。

重庆市国民经济的恢复工作，以1950年1月23日召开的重庆市第一届各界人民代表会议为开端。在此后的数年里，中共重庆市委、市人民政府在中共中央西南局、西南军政（行政）委员会的直接指导和帮助下，为实现重庆国民经济的恢复和发展，在建立各级人民政权和稳定社会秩序、开展各项政治运动以为国民经济恢复和发展提供保障的同时还直接在经济方面采取了许多重大措施，诸如财政经济的整顿、物价的稳定、劳资关系和工商业的调整、失业人员的救济等等，使恢复工作得以顺利进行。

第一，工商业得到恢复与重建。中共重庆市委和市人民政府把恢复生产作为重庆的中心工作，并结合当时的实际，本着劳资两利、公私兼顾的原则，调整劳资关系，调整工商业经营范围，并通过加工、收购、订货、贷款、救济失业等办法，给予私营企业以极大的扶持。同时对部分企业进行改造，厉行节约、减少开支、裁汰冗员、改良技术、降低成本、提高品质，增加生产的计划性，减少生产的盲目性，从而使重庆的工商业经历了一个从困难到复苏再到好转的变化过程。到了1952年，重庆工商业开始明显好转。

第二，成渝铁路的建成通车。为实现西南人民自民国初年以来40余年的愿望，展示中国共产党领导下新生人民政权的力量，1950年6月12日，中央人民政府在铁道部内专门成立"西南铁路工程局"。1952年6月13日，全长505公里的成渝铁路正式贯通。同年7月1日,即中国共产党成立31周年纪念日,新中国第一条由自己设计、自己建造、工期仅两年的成渝铁路在重庆、成都两市同时举行隆重全线通车庆祝大会。成渝铁路的建成通车,实现了四川人民期盼了近半个世纪的夙愿。它的建成,是中国筑路史上的伟大创举,对中华人民共和国成立初期的重庆,乃至西南地区国民经济的恢复和发展,具有重大的历史意义。

第三,国民经济初步发展。经过三年来重庆经济的恢复性建设,到1952年底,国民经济呈现出初步发展的态势。在工业建设方面,围绕大力发展社会主义经济这一中心任务,全市新建、扩建和改建的国营厂矿72个。国营商业方面,商业销售完成年计划的100.71%,资金节约369亿元,费用节约478亿元;合作社商业也超额完成销售和收购计划,并节约资金54亿余元。农业生产方面,在广大农村大力发展农业互助合作社,并以互助合作为中心开展农业增产运动,促进农业生产的提高。财政税收方面,全市的财政经济状况日益好转。

第四节 从省辖市到中央直辖市

改革开放以来,重庆从省辖市到全国计划单列市,再到中国最年轻的中央直辖市,行政体制的变革,助推了重庆经济的腾飞,提升了重庆的政治地位,将重庆一次又一次推向了发展的"快车道",这也催生了重庆的大城崛起。

1954年6月22日,中共中央做出撤销大区一级行政机构和合并若干省市建制的决定,重庆市与四川省合并,由中央直辖市改为四川省辖市。从此,重庆开始步入省辖市时期。

20世纪80年代初,改革开放的春风吹遍大江南北。全国农村普遍实行包干到户,人民公社宣布解体,农村改革获得突破性成功,城市经济体制改革提上议程。1983年2月,中共中央、国务院批准重庆全面实行国家计划单列,在全国大城市中率先进行经济体制综合改革试点,将重庆推向改革前沿。重庆的农村经济体制改革和城市经济体制改革齐头并进,市场经济体制逐步建立。①

1997年,重庆以其特有的战略地位和区位优势,第三次成为中央直辖市。从此,重庆进入一个崭新的发展时期。在这个过程中,重庆人抓住机遇、负重自强、积极探索、克服困难,行政管理体制改革取得突破,经济社会发展和城市现代化建设获得快速发展,长江上游地区经济中心和国家中心城市功能凸显,发挥着承接中国东、中、西部发展的桥梁作用。

一、省辖市时期

在此期间,重庆在探索中发展,在曲折中前进。一方面,对农业、手工业、资本主义工商业的"三大改造",提前完成第一个五年计划和大规模的"三线建设",确立了社会主义制度,初步奠定了重庆现代工业的基础。另一方面,由于正本清源、拨乱反正,大力发展科教文卫事业,重庆迈进社会主义现代化建设的新时代。

(一)"一五"计划

1952年,按照国家的总体部署,重庆在制订本年度国民经济计划的同时,着手酝酿制订第一个五年计划。5月24日,重庆市召开第一届财政经济计划工作会议,制订了《重庆市1952年国民经济计划》,对编制1953年计划和第一个五年计划作了部署。同

---

① 俞荣根、张凤琦:《当代重庆简史》,重庆出版社2003年版,第277页。

年8月，重庆"一五"计划草案的编制工作即告完成。

重庆"一五"计划期间社会经济发展的基本框架和主要任务为："为国家社会主义建设需要服务。一方面，积极地组织与领导地方工业生产稳步增长；另一方面，加强对农业、手工业和资本主义工商业的社会主义改造，把它们纳入国民经济计划轨道之内。"

从总体上看，重庆"一五"计划具有较鲜明的地方特色。中共重庆市委员会和重庆市人民委员会在着眼于国家"一五"计划总体部署的同时，针对重庆基础薄弱、重庆为非国家重点建设城市、中央财政十分有限等具体情况，较早地提出确定适当的发展速度，警惕盲目冒进。在地方财政的投放上，也未盲目追求发展重工业，而是将主要力量放到急需改善的城市公用事业和文教卫生事业。同时，针对本市私营工商业产值在国民经济中所占比重大的特点，又提出了统筹兼顾和全面安排各类经济成分，将其尽快纳入国民经济计划之中，有利于推行社会主义改造的原则。事实证明，这些安排符合重庆的客观实际，它对综合平衡国民经济的发展，协调农、轻、重的比例关系和工业内部的比例关系，促进产业结构的发展给予了正确的指导。

（二）"一五"计划的实施与成就

通过实施"一五"计划，重庆的社会主义建设取得了巨大的成就。

第一，表现为工业基本建设规模扩大。这一时期，全市工业投资总额为6.284亿元，其中轻工业投资0.53亿元，重工业投资为5.75亿元。[1]

---

[1] 重庆市地方志编纂委员会：《重庆市志》第四卷（上），重庆出版社1999年版，第177页。

第二，交通状况得到改善，修建起一批交通干线。交通闭塞一直是制约重庆经济发展的重要因素之一。"蜀道难难于上青天"，是对重庆交通状况的真实写照。这种状况与工业现代化建设的迅速发展，与城市规模的扩大乃至城市人口的增加不相适应。因而"一五"计划期间，重庆在内河航运、公路等方面进行了重点建设，初步改善了交通落后的状况。由特殊的地理环境所决定，在现代铁路、航空和公路交通尚不发达的情况下，长江是当时重庆和四川及整个大西南对外联系的主要通道，传统的川江航运成为重庆对外交通的主要依托。但川江河道狭窄，落差大，流速高，航道弯曲，礁石密布。特别是三峡航道滩多水急，严重危害行船。从1953年起，重庆对川江进行了大规模整治，1954年又对川江进行了航标改造。川江整治以后，宜昌上行重庆的船周期由原来的5~6天缩短至3~4天，全年可通航1500吨的船舶，使川江航道运输能力比20世纪50年代初提高了20倍。[①]

第三，城市基础设施得到较大改善。重庆作为一座具有现代意义的城市，是在抗战期间逐渐发展起来的。但陪都时期，国民政府没有、也不可能对重庆城市建设进行统筹规划和建设。因而，抗战时期重庆市政建设虽有所发展，但整个城市建设布局混乱，道路狭窄，房屋破烂，设施简陋。解放初期，经过3年的恢复建设后，城市设施建设有所改观。"一五"计划时期，为适应工业现代化发展的需要，重庆对道路、公共交通、饮用水、排水系统、公共娱乐场所等，进行了大规模的建设和改造，使城市基础设施得到较大改善。

[①] 方大浩：《长江上游经济中心重庆》，当代中国出版社1994年版，第128页。

综上所述,"一五"计划时期奠定了重庆现代社会发展的基础,重庆作为一座现代城市的内涵更加丰富,社会文明程度有了明显提高。

(三)"三线建设"

1964年5月15日到6月17日,中共中央召开了工作会议,决定集中力量进行"大三线建设"。根据国家的战略部署,重庆是"三线建设"地区范围内最大的中心城市。1964年9月,国家成立了重庆地区"三线建设"第二编设规划小组,规划小组经过一个多月的努力,编制出了《重庆地区三线建设规划》。该规划根据重庆现有工业需要配套的状况,提出以重庆为中心的工业布局项目。

"三线建设"时期,是中华人民共和国成立以来,继"第一个五年计划"后,重庆当代历史上的又一个重要发展时期。"三线建设"对重庆社会经济发展的影响是全方位的,它在较大程度上加快了重庆现代化的进程。

第一,重庆建立了门类较为齐备的国防工业生产体系。改革开放以后,重庆在"三线建设"时期建起的门类较齐、科技力量雄厚的强大的国防工业生产体系,经过调整改造,在向军民结合型转轨中,发挥了巨大潜能。重庆军工率先走"军民结合"的道路,利用其技术、管理优势,积极引进国外的先进设备和技术,大力开发民品,取得长足进展。到20世纪90年代初,民品产值比重已高达80%以上,对振兴重庆经济起着极其重要的作用。

第二,改善了交通状况,使重庆成为长江上游的水陆交通枢纽。西南交通不便,是经济发展的一大障碍,故在"三线建设"中,把加强交通基础设施建设列为重中之重。川黔、襄渝、成渝3条铁路干线与长江黄金水道,构成重庆对外4条大动脉,再加上航空运输和公路运输,使重庆的交通状况得到极大的改善,成为长江上游的水陆交通枢纽,为重庆发挥经济中心作用奠定了必要的基础条件。

第三,形成了布局相对合理的现代城镇体系。重庆地处内陆腹地,地形复杂,城镇体系形成十分缓慢。过去除了长江、嘉陵江交汇处所形成的母城外,其他城镇数量不多且规模小。"三线建设"开展后,原有一些城镇随着三线企业的建设而相应得到发展。一些选点在偏僻郊县农村的三线企业,随着相应配套的生活设施和城镇商业区建设,使一个较大的三线企业带动了一个小城镇的形成。重庆城市所规划中的4个卫星城镇,就直接得益于"三线建设"的推动。

第四,引进、聚集了大批人才,增强了重庆的科技实力。"三线建设"时期,随着沿海大批厂矿企业内迁,使重庆地区引进优秀的技术人才、科技人才和管理人才,科技力量大为增强。这批人才在艰苦复杂的大规模建设和生产过程中得到了很好的磨炼,改革开放以后,在经济建设主战场中发挥了重要作用。

二、计划单列市时期

中华人民共和国成立以来到1997年重庆由中央直辖以前,中共中央和国务院曾先后三次对重庆实行计划单列管理体制,分别是1954~1958年,撤销西南大区,改中央直辖市为四川省辖市时,鉴于重庆市在经济、政治上的特殊地位,中央对重庆市实行了国家计划单列体制。

1964~1967年,中央部署大"三线建设"时,重庆作为"三线建设"的重点城市,国家对重庆主要计划实行单列体制。1983~1997年,重庆第三次实行国家计划单列,在中央确定重庆市为全国第一个经济体制综合改革试点城市的新形势下，作为城市经济体制改革的一个重要步骤和发挥重庆市经济中心作用的一项重要措施提出来的，其中，第三次计划单列在当代重庆发展史上地位突出。

1981年11月，第五届人大四次会议《政府工作报告》中提出，要把"大中城市为依托，形成各类经济中心，组织合理的经济网络"作为"中国经济体制改革的基本方向"之一；1982年11月，《关于第六个五年计划的报告》中进一步指出：改革中国现行行政管理体制的方向。

1982年10月，中国著名经济学家蒋一苇在对重庆进行实地调查研究后，认为重庆作为长江上游的经济中心，经过中华人民共和国成立后30多年的建设，重庆有了更强大的实力来发挥它作为长江上游经济中心的作用，但是由于经济体制上的原因，严重地制约了重庆大城市经济中心作用的发挥。1983年1月10日，中共四川省委、四川省政府将重庆市委市政府上报的《关于在重庆市进行经济体制综合改革试点意见的报告》转报给中共中央、国务院。

1983年2月7日，中共中央、国务院批准在重庆进行经济体制综合改革试点，指出"在重庆这样的大城市进行经济体制综合改革的试点，是中共中央、国务院对当前中国正在进行的各项改革工作中的一项重要决策。认真搞好这个改革试点，对于进一步搞活和开发中国西南的经济，探索军工生产和民用生产相结合的新路子，以及组织好以大城市为中心的经济区，都具有重要意义"[①]。

---

① 中共中央、国务院批准四川省委、省人民政府《关于在重庆市进行经济体制综合改革试点意见的报告》（1983）7号，重庆市档案馆藏，1049/5/258。

1983年4月4日，国务院批准四川省人民政府转报的《关于贯彻落实中央指示搞好重庆市综合改革试点报告》，决定对重庆实行计划单列和赋予重庆相当于省一级经济管理权力。在国家计划中对重庆市计划实行单列，是重庆市综合改革试点的重要组成部分，也是在现行体制下组织好以重庆为中心的经济区的必要条件和重要内容。

由此，重庆被推上了城市经济体制改革的前沿，成为全国第一个进行经济体制综合改革试点的大城市。重庆第三次计划单列时期（1983—1996年），是改革开放后重庆经济社会发展的第一个黄金时期。一是为重庆国有企业改革、"军转民"改革、流通体制改革等几项重要改革提供了不可或缺的体制条件。二是为重庆扩大对内对外开放提供了有利条件。三是极大地促进了重庆社会生产力的发展。四是提升了重庆地位，为重庆直辖市的成立创造了条件。

三、中央直辖市时期

1997年，重庆以其特有的战略地位和区位优势，第三次成为中央直辖市，从此进入一个崭新的发展时期。这是重庆发展史上一个十分重要的时期。完成三峡库区百万移民，探索大城市带大农村、解决近400万贫困人口问题，加快国有企业改造、焕发老工业基地活力，加快生态环境建设和保护，是中央直辖之初交办给重庆市的"四件大事"。进而努力完成党中央、国务院所赋予的把重庆建设成为长江上游的经济中心的历史使命；到2007年胡锦涛对重庆提出的"314"总体部署，使中央设立重庆直辖市的战略意图更清晰，更加凸显了重庆的战略地位；再到习近平总书记对重庆提出"两点"定位、"两地""两高"目标和"四个扎实"要求,为新时代重庆发展指明了方向。中央直辖以来,重庆人抓住机遇,负重自强,扎实奋进,实现了重庆新的振兴。

(一) 直辖的历史过程

早在1978年12月,邓小平在中共中央工作会议上就提出了区域经济发展的新政策,即允许一部分地区、一部分人生活先好起来,通过示范的力量带动其他地区,使全国各族人民都能比较快地富裕起来。[①] 1988年9月,邓小平基于"共同富裕"的构想进一步提出了"两个大局"的战略思想,要求东部沿海地区要加快对外开放,较快地先发展起来,从而带动内地更好地发展,内地要顾全这个大局;发展到一定的时候,又要求沿海拿出更多力量来帮助内地发展。随着沿海地区经济发展战略的实施,东部地区迅速跃上了经济发展的快车道。

1992年初,邓小平在南方谈话中再次强调了"共同富裕"的构想,之后,党中央提出对外开放由沿海向沿江、沿边、沿线和内陆纵深推进的战略,并确定了重点开发长江的战略决策。

从"九五计划"开始,中央更加重视内地的发展,实施了有利于缓解东西部差距扩大趋势的政策,把"坚持区域经济协调发展,逐步缩小地区发展差距"作为国民经济和社会发展的指导方针和战略任务。

作为中国特大城市之一,重庆在历史上就是长江上游地区最大的工商业城市,也曾为巴渝地区的军事、政治中心,具有十分重要的战略地位,为历代中央政府所重视。近代以来,重庆在中国历史上的地位更是举足轻重。自1929年建市以来,曾经历过两次"直辖"和三次"计划单列"。经过几十年的发展,重庆已逐

[①] 《邓小平文选》第二卷,人民出版社1994年版,第152页。

渐由区域性军政中心发展成为西南地区和长江上游的经济中心和重要的交通枢纽,成为全国重要的机械加工、综合化工、医药工业基地和仪器仪表基地,并发挥着越来越重要的作用。

基于重庆独特的区位优势和战略地位,加之四川省辖区太大,人口过多,不便管理等问题,早在20世纪80年代初期,就有人提出把重庆从四川省划出来的构想。1996年8月,中共中央、国务院经过认真研究、反复论证,决定将重庆筹建为继北京、天津、上海后的第四个直辖市。1997年3月14日,全国人大八届五次会议审议通过了关于设立重庆直辖市的议案,作出《关于批准设立重庆直辖市的决定》。1997年6月18日,李鹏总理出席了重庆市举行的直辖市挂牌揭幕仪式,直辖市的建立,标志着重庆的经济社会发展进入了一个新的历史时期。

(二) 城市发展新格局

根据全国人大八届五次会议决定,新批准设立的重庆直辖市管辖原重庆市、万县市、涪陵市和黔江地区所辖行政区域,位于青藏高原与长江中下游平原的过渡地带;东临湖南、湖北,南靠贵州,西接四川省的内江市、遂宁市,北连陕西省和四川省达州、广安地区,东西长470公里,南北宽450公里,主要分布在长江沿线。

中央直辖后的重庆管辖面积扩大数倍,达8.24万平方公里,是京津沪3个直辖市面积的2.4倍;人口3022万人,是3个直辖市人口的83%;所辖43个区市县,是其他3个直辖市所辖区县总数的75%;农村人口远远超过城市人口,占总人口数81%,还有5个少数民族自治县,是国内也是世界上人口最多、面积最大、农民最多的一个直辖市。

重庆直辖市的成立,使重庆行政体制继续发展完善。1983年永川地区与重庆市合并后再一次发生重大变化,行政管理出现了新的格局。由中央直辖后，重庆无论在地域还是人口都较以往有大幅度增加。

重庆直辖市的设立，提高了重庆在国家行政管理体系中的地位和在国家宏观经济调控体系中的层次，这就给了重庆发展资金市场、资源市场、人才市场、信息市场等方面的大政策。行政体制的变化使重庆拥有了中央直辖市的种种权益和沿海城市享有的经济优惠政策，可以获得中央更多的关心和支持。中央政策和投资向重庆的倾斜，有利于重庆解决在发展中所遇到的困难和问题，更有利于发挥重庆中心桥梁和纽带作用，从而推动重庆获得超常规的发展。

行政升格使重庆可以更自由地调整经济结构和发展布局。重庆直辖市的设立，使三峡库区连为一体，实现巴渝在资源、经济、科技、人才和政策优势上的互补，形成新的综合优势；便于将老重庆的工贸、金融和科技优势与两市一地丰富的自然资源和广阔市场结合起来，统筹规划，使之互为市场、互为基地、相互支援、共谋发展，发挥各自的优势，在更大的区域内实现资源的合理配置，更加科学地进行生产力布局与调整，促进地区产业结构的合理化和科学化。

设立重庆直辖市所产生的直辖效应，极大地提高了重庆在国内外的知名度和影响力，吸引更多外商的目光，从而更有利于对外开放。设立重庆直辖市，有利于充分发挥重庆作为特大经济中心城市的作用，带动川东地区以至西南地区和长江上游地区的经济、社会发展；有利于进一步发挥区位优势；有利于加快四川省经济和社会发展的步伐，解决四川省人口过多和所辖行政区域过大、不便管理的问题；有利于三峡工程建设和库区移民的统一规划、安排、管理，有利于国家对三峡库区开发性移民政策的落实、资金的统筹安排和管理，促进三峡工程建设。[①]

中央直辖后的重庆肩负三大历史使命，增强中心城市的综合国力，完善城市功能，努力把重庆建设成为长江上游的经济中心。经过几十年的建设，重庆已经具备了建设长江上游经济中心的基础，但城市综合实力与其他城市还有一定的差距，首要任务就是增强城市的综合实力，切实壮大经济实力，并且发挥重庆独特的区位优势，发挥重庆在长江上游乃至大西南的窗口示范作用和辐射作用，加快西南地区和长江上游地区的经济社会发展，促进整个长江经济带的振兴，把中西部战略推向深入。

重庆由中央直辖以来，重庆市委、市政府认真贯彻落实党中央、国务院的一系列重大决策，抓住直辖市建立、三峡移民开发建设、西部大开发战略实施、"一带一路"与长江经济带等重大战略历史机遇，深入贯彻落实胡锦涛对重庆提出的"314"总体部署和习近平总书记对重庆提出的"两点"定位、"两地""两高"目标和"四个扎实"要求，以发展为主题，以改革开放和创新为根本动力，克服发展中遇到的一系列矛盾和外部冲击，促进了经济的持续快速发展，国民经济和社会发展取得了巨大成就。

回顾中央直辖以来重庆走过的辉煌历程，总结中央直辖以来重庆取得的成绩，展望如何在习近平新时代中国特色社会主义思想指引下，在全面建成小康社会，实现中华民族伟大复兴的历史进程中取得新的更大的成绩，需要认真领会中央设立直辖市的战略意图，不负中央对重庆未来发展的期望，认真分析当前面临的新的发展环境，明确在新的历史条件下重庆肩负的重大历史使命。

---

① 李贵鲜：《关于提请审议设立重庆直辖市的议案的说明——1997年3月6日在第八届全国人民代表大会第五次会议上》，载于《人大工作通讯》1997年Z1期。

第四章　重庆的城市精神

中华民族 5000 年光辉灿烂的文化是重庆城市精神之基础，3000 多年的巴渝文化积淀是重庆精神形成的基因，江山之城的自然资源彰显着重庆独具的地域特质，经济社会的发展和重庆人民群众的艰苦创业，造就了和造就着重庆这座城市不同时期的时代精神，自然赋予重庆人的鲜明个性又从另一方面丰富了重庆精神的内涵。2018 年 3 月 10 日，习近平总书记在参加十三届全国人大一次会议重庆代表团审议时，对重庆悠久的历史文化传统和优秀的人文精神积淀给予了高度评价，对重庆人坚韧顽强、开放包容、豪爽耿直的个性和文化给予充分肯定。[①] 重庆城市精神是重庆这座城市的根与魂，是重庆这座城市文明素养、道德观念、价值追求的综合反映。培育和践行当代重庆城市精神，有利于为新时代重庆发展增强精神力量。

第一节　重庆城市精神的发展与嬗变

重庆城市精神是随着历史的发展不断积淀，近现代重庆城市精神是对古代巴渝地区人文精神的继承和发展，要了解近现代重庆城市精神的精髓，就得首先从源头上研究古代巴渝地区形成的人文精神，进而结合不同历史时期的时代任务，抓住特点，找到

---

① 《推动重庆各项事业沿着总书记指引的方向奋力前行》，载于《重庆日报》2018 年 5 月 2 日。

共性，提炼出重庆人文精神的本质特征，并由此折射出当代重庆市民认同的精神价值与共同追求，彰显城市精神。

一、古代巴渝地区重庆人的精神内涵

古代巴渝地区重庆人的精神内涵包括精忠报国的情怀、劲勇刚烈的本性、质直好义的品格、团结协作的风范、百折不挠的气概等五个方面。[1]

（一）精忠报国的情怀

作为中华民族的一部分，巴族人民也把人的道德看得比富贵更重要，主张"惟德实宝，富贵何常"。而在巴人看来，道德之至大者，在于对父母尽孝，对国家尽忠。《华阳国志·巴志》载巴人的"诗曰：川崖惟平，其稼多黍。旨酒嘉谷，可以养父。野惟阜丘，彼稷多有。嘉谷旨酒，可以养母。""其祭祀之诗曰：惟月孟春，獭祭彼崖。永言孝思，享祀孔嘉。彼黍既洁，彼牺惟泽。蒸命良辰，祖孝来格。"[2] 可见，巴人的确是把孝放在道德之首的。而"忠"，是放大了的"孝"。在封建社会，全国人民都是皇帝的子民，孝于皇帝就是"忠"。在"朕即国家"的情况下，对皇帝的"忠"，也就是对国家的忠。古代巴人正是从对先人的"孝"，发展为对国家的"忠"。

（二）劲勇刚烈的本性

巴渝谚语云："男人无性，锈铁无钢；女人无性，烂草无瓢。"[3] 重庆人的确有独特的性格。自古以来，他们歌则"武王伐

---

[1] 王进：《战争对巴文化的影响》，载于《重庆社会科学》2009年第8期。
[2] [晋] 常璩：《华阳国志·巴志》，刘琳校注，巴蜀书社1984年版，第28页。
[3] 《中国谚语集成·重庆市卷》，科学技术文献出版社重庆分社1989年版，第63页。

纣之歌"①，舞则令殷人"前徙倒戈"之巴渝舞，食则令天下人流汗之麻辣烫，行则令天下人视为畏途之爬坡上坎或劈波斩浪……在巴人的历史遗存和日常生活中，无处不显示其劲勇刚烈的个性。

巴人的劲勇刚烈，是在战场上锤炼出来的，巴族的历史是一部征战史。在长期的征战之中，巴人英勇顽强、不怕牺牲，养成了劲勇刚烈的民族性格。在甲骨文中，"巴方"的字样反复出现，记录了商王武丁讨伐"巴方"多次受挫的情况。说明巴族自古英勇善战。

这就是"有先民之流"的重庆人。从古至今养成的这种劲勇刚烈的秉性，使重庆人身上始终洋溢着一种天不怕地不怕的豪气，有一种为了达到目的而压倒一切困难的气概。

（三）质直好义的品格

"质直好义"是《华阳国志·巴志》对古代巴人人文性格的评价。现代重庆人的耿直，就是古代巴人质直好义的"先民之流"。重庆人自古就以质朴、耿直著称于世。《华阳国志·巴志》所谓巴人"人性质直""俗素朴，无造次辨丽之气""风淳俗厚……观其俗，足以知其敦壹矣"；《晋志》所谓巴地"人性淳朴，俗耻华靡"；光绪《大宁县志》所谓当地之民"质直向化，礼教易施""不尚粉饰，不喜虚华"等，都说明古代巴人的确具有质朴无华、耿直坦荡的品格。

"质直好义"，用《四库全书·问辨录》卷七的解释，"质直，立心之忠实也；好义，为人之公正也"。"忠实，则人信；公正，则人服"。由此可见，质直好义，不仅仅是人文性格，也是一种人文精神。

---

① 郑樵：《通志·乐略》。

"质直"中的"质",就是质朴。巴人以质朴为荣,以华靡为耻,这种情况一直保留到近代。据民国向楚《巴县志》:古代巴人淳朴节俭。直到近代重庆开埠后,随着"欧风东渐,淳朴之德日漓,侈靡之习日长",出现了所谓"城追西俗,乡染市风"的局面。①

"质直"中的"直",就是挺直、正直、直爽。陈毅所谓"大雪压青松,青松挺且直",颂扬的就是这种精神。从古代巴人在抵御外侮中表现出来的宁死不屈气节,到重庆歌乐山英烈"把牢底坐穿"的气概,都反映了重庆人一脉相承的这种人文精神。"正直",就是主持正义、维护公正、诚信无欺。古代巴人大多正气凛然,反对邪恶、伸张正义,说到做到,不苟然诺。"宁可人负我,不可我负人"。直爽,就是心直口快、直言不讳。重庆人以耿直著称。在重庆谚语中,就有"君子坦荡荡,有话当面讲""有话说在明处,有药敷在痛处"等,主张人与人相处要光明磊落、以诚相待,反对心口不一、虚伪欺诈。重庆人是"直肠子",说话不拐弯,直来直去,并且不藏不掖,有一说一,有二说二。即使对上级有意见,也会直截了当地提出来,毫无顾忌。在重庆历史上,凡是被贬官外放来巴渝地区的官员,不少是因直言而得罪上司者。其中,明代嘉靖年间的重庆知府刘绘,在任户部给事中时,就因"性刚直,不阿权势,两劾执政夏言,言憾之,出为重庆知府"②。一个给事中,能两度弹劾位高权重、一人之下万人之上的宰相,没有刚直不阿的精神是做不到的。

所谓"好义",就是喜好正义。古代巴人大都富于正义感。

---

① 向楚:《巴县志选注》,重庆出版社1989年版,第287、286页。
② 向楚:《巴县志选注》,重庆出版社1989年版,第516页。

凡是正义的事，就义不容辞地去做，即使有天大的困难和风险，也义无反顾；遇到不平之事，能够坚持正义，义形于色、义正词严地予以斥责，甚至拔刀相助；遇到需要帮助的弱者，巴人多能仗义疏财，即使自己也很穷，也能倾其所有以助之。宋代高应乾在《白鹤梁观鱼》一诗中写道："访胜及春游，双鱼古石留。能观时显晦，不逐浪沉浮。守介难投饵，呈祥类跃舟。胥归霖雨望，千载砥中流"[①]。白鹤梁石鱼那种不随波逐流、始终保持节操而不被诱饵所惑、犹如中流砥柱的精神，正是对重庆人的这种人文品格的写照。

(四) 团结协作的风范

团结协作是重庆人从古至今的优良传统。早期巴人团结协作的精神，是生存环境使然。险峻陡峭的高山、湍急汹涌的河流，水居渔猎的生活方式，使巴人面临着"聚之则生，散之则亡；合之则强，分之则弱"的生存态势。

巴人的团结协作精神，也是在战争中锤炼出来的。这可以从巴人的巴渝舞中体现出来。《华阳国志·巴志》说"巴师勇锐，歌舞以凌殷人"；又说："武王伐纣，前歌后舞也"[②]。巴渝舞的艺术特色，充分反映了古代巴人勇武刚悍、团结协作的人文品格。

巴人的团结协作精神，还是在峡江行舟中养成的。浪里行舟，全船人同舟共济，必须同心同德，心往一处想，劲往一处使。这种团结协作的精神，在劳动号子中集中地表现出来。劳动号子（以船工号子——川江号子为代表）采取一人领众人和的演唱形

[①] 《不尽长江滚滚来——歌咏长江诗词选注》，重庆出版社1992年版，第62页。

[②] [晋] 常璩：《华阳国志·巴志》，刘琳校注本，成都巴蜀书社1984年版，第21页。

式。领唱在劳动中起指挥作用；众和在劳动中起协同动作、集中力量的作用。"这种靠团结协作去战胜自然力的典型表现，莫过于峡江上的船工精神：行进在激流险滩中，或掌舵，或扳桡，或执篙，或拉纤，在船老板的指挥下，和着川江号子的节拍，齐心协力，敢闯敢拼，负重奋进。"①

（五）百折不挠的气概

巴渝地区自然条件恶劣，除了大山就是大河。开门见山，使重庆人不得不爬坡上坎；出门是水，使重庆人不得不劈波斩浪。正是在世世代代的爬坡上坎和劈波斩浪中，重庆人逢山开路、遇水搭桥，开拓奋进，练就了顽强坚毅、韧性战斗的精神和奋勇当先、百折不挠的气概。

重庆的江，水流曲折。重庆古代被称为"巴"。巴者，言水流之曲折也。故古人谈重庆，有"一水流成字，潆洄恰似巴"②之说，又称重庆为"字水"城。的确，重庆的河千回百转、一波三折。然而，无论水流多么曲折，它都会冲破一切障碍，奔向大海。这就是所谓"青山遮不住，毕竟东流去"。这种百折不挠、万折必东的气势，正是重庆人"百折不挠"的人文精神的写照。

二、近现代时期重庆人的精神发展

重庆近现代的开端，是以1876～1891年开埠时期为上限。起于19世纪60年代到中华人民共和国成立初期，这是重庆历史上各个方面变化最剧烈的时期。开埠后西方列强的侵入使重庆由中世纪的内陆传统城市走上近代城市的道路，由川东一隅的军政中

---

① 薛新力：《重庆文化史》，重庆出版社2001年版，第377页。
② （清）姜会照：《赋得巴江学字流》。

心发展成长江上游,乃至抗战时期大后方的政治、经济、文化中心,由此也带来了思想和人文精神方面的变化。

(一) 开埠时期重庆人的精神

19世纪末重庆开埠后,得天独厚的长江水道使之成为四川盆地的门户,重庆人又开始"冷眼向洋看世界",重庆人的开放步伐更大了、开放意识更浓了。开埠给重庆社会政治经济生活及思想文化诸方面带来了翻天覆地的变革,极大地促进了重庆人文精神的近代化历程,对当代重庆人文精神亦不无影响。

1. 奋勇争先、开拓创新[①]

开埠使重庆人发现了自己与世界的差距,竭力求新求变图强。国外许多新事物、新观念、新思想在重庆传播,重庆人本就善于接受新事物,愈发养成奋勇争先、开拓创新的品格。开埠彻底改变了重庆人的生产生活方式,更改变着人们的精神面貌。除了新奇,更主要的是激发了他们对新事物的不懈追求。在开埠和其后的维新运动影响下,日渐凸显出重庆人奋勇争先、开拓创新的近现代人文精神。

2. 志学图强、开放求变

重庆在中国西部最早经受对外开放的洗礼。开埠后列强更加肆无忌惮地进行政治、文化、军事和经济侵略,外资企业和外国人随之大量涌进,同时带来的还有西方先进的科学技术、管理经验以及西方生活方式。既与洋人杂处,必然会接受洋人带来的文化,由此对重庆文化以及人文精神的近代化产生了积极影响。

开埠是重庆历史上第一次对外开放。虽然是被迫的、屈辱的、

---

① 杨孝蓉:《开埠对重庆近现代人文精神的影响》,载于《重庆社会科学》2009年第6期。

痛苦的，但因得风气之先受西方文明浸淫，开埠既促进了重庆文化教育事业的发展，提高了人们的文化素质文明水准，为重庆人文精神的近代化创造了良好的主体条件，又给民众生产、生活方式和思想观念带来深刻变化，有力地促进了重庆文化的近代化，人文精神亦被注入新的内涵，日渐凸显出近代色彩，当代重庆人兼容开放精神的养成也与此相关。[①]

（二）重庆人民的抗战精神

国民党党、政、军首脑机关全部迁渝后，从1938年起，日本侵略者开始在重庆展开"航空进攻作战"，意图以大轰炸摧毁中国的抗战意志。"重庆大轰炸"是世界战争史上第一次有目的、有计划、有步骤的国家战事性质的战略轰炸，第一次依靠空军实施战略和政略轰炸，第一次取消了前线与后方、交战人员与和平居民界线的"无区别轰炸"。"重庆大轰炸"历时之长、为害之烈、贻祸之深，世所罕见。[②] 这么长时间的轰炸和损失的数字对重庆和重庆市民带来了多大的伤害和折磨，更何况无区别轰炸隐藏了死者真实情况，加上重庆当时的混乱和众多的难民，无法准确统计死伤者人数。

日寇的狂轰滥炸使重庆人民更加清楚地认识到侵略者的法西斯本质和坚持抗战、坚持团结、坚持进步的重要性，大家同仇敌忾、共御外侮，许多平常难以显现的精神特质得以显现。

1. 无畏自强、愈炸愈勇

国民政府迁渝，重庆市区人口逐年猛增，而经济基础薄弱，

[①] 胡玻、肖长富、王进：《重庆人文精神研究》，西南师范大学出版社2007年版，第107~111页。

[②] 陈兴锐：《英雄的历史名城 永恒的精神丰碑——传承抗战陪都文化 建设美好和谐重庆》，《重庆行政》2005年第4期。

要解决这庞大人口的衣食住行本就艰难，大轰炸又一次次把房屋和基础设施毁灭殆尽，给人民生产生活带来更大困难。然而，无论怎么轰炸，重庆依旧昂然挺立，重庆人民也没有被吓倒，决不灰心气馁，反而愈炸愈勇、愈挫愈强，展开了顽强而持久的反轰炸斗争。驻渝空军（包括苏美盟军）和高炮部队浴血奋战，先后击落击伤数百架日机，虽因力量有限不能有效阻止轰炸，仍在一定程度上遏制了日寇的狂妄气焰。全市防空设施日趋完善，政府组织了数以万计的民工和石工以最原始的工具、方法，修筑起当时世界上最庞大的防空工程网，去对付当时世界上最现代化的武器的挑战。人民群众和民众团体也自己动手自行筹款修建了一部分防御工事，并往郊外积极疏散市民近百万人。轰炸愈烈抗日斗志愈坚，每次轰炸过后，重庆人民都以最快的速度、最高的效率舍生忘死地投入反空袭的各项斗争，他们在轰炸声中坚持生产、发展经济；在废墟之上重建家园、拓展城区。战时重庆的钢铁冶炼业、军工兵器业、化学纺织业等都得到迅猛发展，为抗战做出了卓越贡献。

2. 共度危局、互助友爱

大轰炸促使人们团结起来一致对外，甚至阶级的对立、国共两党的纷争、不同的政治信仰和观点的冲突都化解了，从而促进了抗日民族统一战线的巩固。

侵略者的暴行没有使重庆人民屈服，他们反倒更加团结友爱。每到轰炸结束，救护队、医疗队、服务队和军队、工友、学生分赴各灾区清理、抬埋、治疗、抢救，甚至出家人也组织了僧侣救护队救死扶伤，被市民亲切地称为"和尚同志"；生活教育社、中国工业合作协会、妇女指导委员会……慰问、赈济、转移难民，或介绍帮助工人和厂商复业，皆不分昼夜忙碌着。各工厂迅即迁入安全地点日夜开工、加紧生产。社会各界人士、各团体、海外侨胞纷纷出钱出力支援。新闻文化界积极协助当局宣传,各医院主动设置临时床位,组织医疗队救护伤员,工商界则主动为防空斗争出资。此外,人们还纷纷为那些轰炸中失去亲人家财而孤苦无依的灾民慷慨解囊。

3. 爱国尽责、毁家纾难

在重庆大轰炸这场血与火的大考验中,全市人民真正是地无分南北、人无分老幼,各阶层、各党派、各团体的民众有钱出钱、有力出力,同心同德反空袭,齐心协力搞支前,从而在重庆乃至整个大后方形成了以爱国为轴心的讲团结、讲奋斗、讲奉献的浓烈精神氛围。重庆以薄弱的经济艰难地支持了抗日战争直到胜利,而大轰炸则是抗日战争的重要组成部分。这个英雄的城市和城里英雄的人民顶住了侵略者的残酷轰炸和血腥屠杀,使其"以炸迫降"的妄想终成泡影。诚如英国驻华大使薛穆所说:重庆"象征中国不屈不挠之意志与决心"。这种愈炸愈勇的坚韧精神、互助友爱的团结精神、毁家纾难的奉献精神,正和坚毅自强、拼搏奋进、团结协作、敢冲敢闯等当代重庆人文精神一脉相承。[①]

(三) 弘扬红岩精神

抗日战争时期和解放战争初期,驻重庆红岩村的中共中央南方局和八路军办事处,从这扇中国共产党设在国统区的指挥中心和对外窗口,坚定地、创造性地贯彻执行中共中央抗日民族统一战线的方针政策,团结一切可能团结的力量,在特定时期和特定环境的长期艰苦工作和斗争中,在周恩来等老一辈无产阶级革命

[①] 胡玻、肖长富、王进:《重庆人文精神研究》,西南师范大学出版社2007年版,第119~123页。

家的带领和培育下，锤炼出一种为世人所认同，以驻地标名的红岩精神。[①] 红岩精神充分体现了老一辈无产阶级革命家、共产党人和革命志士的崇高思想境界、坚定理想信念、巨大人格力量和浩然革命正气。

第一，红岩精神包含的舍己利人、严格自律，"出淤泥而不染、同流而不合污"的高洁品格，无异于一股清新的风，影响所及风气亦有所变，而且现今仍是我们处理人与自身关系的典范。周恩来、董必武等南方局同志生活勤俭节约，工作夜以继日，与当时国民党政府灯红酒绿、淫靡腐朽的社会风气形成鲜明的对比，真正做到了"不染""不合污"。由他们的崇高品质而形成的个人魅力强烈地感染着重庆这个大染缸，吸引了当时无数的进步人士，成为南方局建立卓越功勋的重要因素。[②]

第二，无论南方局老一辈革命家还是身处狱中的歌乐山英烈，他们为了共产主义理想信念都十分自觉地不断学习革命理论或文化知识，这意味着要实现特定的价值目标就必须不断提升自己的思想素养和实际能力。先烈们在狱中的生活学习条件是如此恶劣，而且生死难测，念念在兹的仍是为建设新中国学习更多的本领，他们想方设法学俄语英语、学古汉语、学科学技术甚至学写诗，当然也为坚定信仰学习党的路线方针政策及马克思主义理论。同时，自强、奋斗等必然与追求新知和坚固信念联系在一起，培育、弘扬人文精神也离不开学习新知和信念的树立。

第三，以周恩来为代表的南方局有一个突出特征，就是像磁

[①] 胡康民：《此红岩非彼〈红岩〉——澄清一个常识性误解》，载于《红岩春秋》2004 年第 1 期。

[②] 敬菊华、尕峰盘山：《红岩精神与民族精神》，载于《西华师范大学学报》（哲学社会科学版）2005 年第 4 期。

石一样把广大群众和进步人士团结、吸引在党的周围共同奋斗。周恩来十分强调共产党员要广交朋友,他说,"我们在精神上要有这样的气概——应该在千军万马中敢于与人家交往,说服教育人家,向人家学习,团结最广大的人们一道斗争,这样才算有勇气,这样才叫作有大勇。"国统区广大党员正是按照这个要求,与群众建立了密切的联系,使党的组织成为坚强的战斗堡垒。

红岩精神的产生与中国共产党所处的历史地位和抗日民族统一战线直接相连,与中共中央南方局所处的特殊环境、所进行的特殊的斗争紧密相关。它既是中国共产党的精神财富,也是人类精神文明成果的一部分,人们为其所吸引、感动、激励和振奋。红岩精神所体现的爱国主义热情,曾激励一大批中国共产党人,发扬中华民族百折不挠的优良传统和自强不息的民族精神,在十分艰苦的条件下救亡图存,把抗日民族统一战线推向空前的广度和深度;红岩精神所反映的团结、民主作风,既加强了中国共产党在国统区工作人员的团结,充分调动了他们的工作积极性,也团结了国统区无数的民主爱国人士,使他们同情和支持中国共产党的工作;红岩精神所体现的艰苦奋斗、吃苦耐劳的高尚品质,曾经帮助南方局的工作人员战胜了各种艰难困苦,圆满地完成了党组织交给他们在国统区的工作任务,这三者给重庆近现代人文精神以滋养,使其在思想理念上得到进一步激扬。[①]

三、社会主义时期重庆人的精神新发展

中华人民共和国的成立和重庆的解放,使重庆进入了一个崭

[①] 胡玻、肖长富、王进:《重庆人文精神研究》,西南师范大学出版社2007年版,第128~131页。

新的历史时期——社会主义时期。社会主义时期重庆人的精神在重庆社会主义建设和改革开放的实践中丰富和发展。重庆人的精神也进入一个新的发展时期,它既继承了重庆人的精神精华,又随着社会主义时期发展了新的人文精神。

(一)"三线建设"精神

1964年下半年开始,直至20世纪70年代后期,是我国"三线建设"发展的黄金时期。我国的第三个五年计划和第四个五年计划的大部分投资,都放在"三线建设"上,其建设规模之大、投入之多、动员之广、行动之快、职工积极性之高都是前所未有或少有的。

当时,从国家机关抽调上千名领导干部,从科研单位选调上万名科技人员,从沿海地区内迁数万名职工,从老工业基地和老企业调来十几万名工程、管理和生产骨干,成建制地调来数十万人的建筑安装队伍,还有人民解放军铁道兵和工程兵的广大指战员。[1] 来自四面八方的建设大军,以磅礴的气势,展开了轰轰烈烈的建设高潮,成百上千个建设工程同时进行。截至1980年,重庆已经建成了门类较为齐全的钢铁和军工机械工业体系,工业结构和布局逐步完善,交通得到较大发展,并形成了布局合理的城镇体系,引进了大批科技人才,进一步奠定了工业经济基础。[2]

"三线建设"是我国一场声势浩大的工业建设,也是一次宏大的精神建设。它留给重庆的,不仅是物质遗产,也有丰富的精神遗产。这一历史时期,锻造了重庆人文精神中最优秀的部分,形成了丰富的精神文化,至今影响着重庆人的性格和文化发展。

---

[1] 田姝:《三线——一个时代的记忆》,载于《红岩春秋》2014年第9期。
[2] 肖长富:《拼搏进取》,载于《重庆日报》2012年9月8日。

1. 服从大局、勇于牺牲的奉献精神

"三线建设"是特殊历史时期的产物。当时，中国周边形势十分严峻：1960年中苏两国的关系急剧恶化，苏联在我国北部边境陈兵百万，对中国虎视眈眈；盘踞在台湾的蒋介石咄咄逼人，妄图反攻大陆；中印边境发生争端以至中方被迫自卫还击；美国在台湾海峡举行了核战争演习，疯狂扩大侵越战争，直接威胁中国安全。毛泽东、党中央根据当时客观存在的严峻国际形势，借鉴了中外战争史上的经验教训做出重大决策，向全国人民发出了准备"打一场恶仗"的号召，于是"备战、备荒、为人民"的口号响彻天南海北，妇孺皆知。每一位中国人都感到大敌当前，同仇敌忾。作为"三线建设"的重中之重，重庆人毅然决然地挑起了这副重担。

2. 自强不息、艰苦创业的开拓精神

"三线建设"是在我国国际政治环境相当严峻，经济建设面临极大困难的时候展开的。当时，以美国为首的帝国主义阵营随时准备入侵我国；社会主义阵营的苏联又背信弃义，单方面撕毁数百个中苏经济合同，撤回了全部在华苏联专家，我国国内又面临政治不稳定、经济极度困难的情况。虽然在"三线建设"中，国家和重庆都投入了巨大的人力、财力、物力，但是要在短时间内形成自己的技术力量和建设体系并非易事。重庆人和来自全国各地的人们一起，利用已经成熟的技术力量建设新的工厂，并自己研究新技术、新设备投入工厂的生产之中。这一时期，锻造了重庆人自强不息、自主奋斗的精神，在依靠自己不靠外援的情况下，建设新中国。在重庆人民的大力支持和协同作战下，短短十余年时间内，很多荒无人烟的地区就建设成为我国国防工业的基地，奠定了重庆作为我国重工业、国防工业基地的坚实基础。这体现了重庆人自强不息、艰苦创业的勇气和决心，同时又是重庆人吃苦耐劳、顽强坚毅品格的最好体现。

3. 顽强负重、迎难而上的拼搏精神

重庆人在 10 年内乱里饱受武斗之苦，历尽"斗、批、改"的磨难，社会经济严重受阻，市政设施大量被损坏，人民正常生活得不到保障。但是重庆人并没有就此消沉，而是在这种苦难之中坚持生产建设。在自然条件、社会条件都极其恶劣的情况下，他们不畏艰险，迎难而上，抵制了"造反派"对工厂企业生产的种种阻挠并坚持生产；他们在大山深处、在荒滩野岭，凭借当时仅有的生产工具和设备技术，建设着我国当时最先进的国防工业体系。这一切都是重庆儿女血脉中负重自强、迎难而上的拼搏精神在社会主义建设时期的最佳体现。

4. 兼容开放、兼收并蓄的接纳情怀

重庆素来以移民城市著称，在抗战时期经历了一次很大的移民潮。"三线建设"是重庆历史上又一次规模宏大的移民运动。"三线建设"中内迁入重庆的企事业单位分别来自北京、上海、南京、辽宁、广东等 12 个省市，随企事业单位入迁了数以万计的领导干部、科研人员、技术骨干和建设工人。这些来自祖国不同省市不同地域的人们带来了不同的文化风格、习俗传统。但是，在重庆他们并没有成为格格不入的独立群体，而是迅速地为重庆接纳，很快地融入了重庆的社会生产生活，并以自己的生活方式、文化风格影响着重庆。重庆在这次新的移民浪潮中，更加强了其兼容并包的接纳情怀，以开放的姿态接纳了来自五湖四海的建设者们，成为他们的第二故乡。

（二）三峡移民精神

三峡工程的百万移民，创造了人类水库移民史上的空前奇迹。

在百万移民的实践中,产生了伟大的"三峡移民精神"。"三峡移民精神"是新时期民族精神和时代精神的体现,它彰显了三峡库区人民的崇高品格。特定历史条件下产生的三峡移民精神,它在对象和语义上,都具有明显的个性特征。

1. 移民精神的范围

任何一种精神的创造都承载着特定主体的活动,三峡移民精神的产生亦不例外。三峡移民精神是在三峡工程移民的过程中孕育、产生和发展的,而整个移民过程,又涉及各个不同方面的众多主体。因此,三峡移民精神的活动主体,呈现出多样性,创造三峡移民精神的主体主要是下面三个群体。

第一,三峡百万移民群众。三峡百万移民群众是三峡移民精神产生的主要力量。三峡工程淹没涉及重庆、湖北两省市。重庆库区规划移民任务是:到2009年三峡工程建成时,最终动迁城乡居民103.79万人,其中农村移民35.34万人(2006年初步调查测算,三峡库区移民最终动迁人口将达130万人,重庆库区将达113万多人)。重庆库区淹没指标和移民搬迁任务量均占全库区85%左右。[①] 三峡湖北段包括库区宜昌、秭归、兴山、巴东四县,辖区面积11589.3平方公里。三峡水库形成后,涉及搬迁8.94万人,规划农业生产安置2.8万人。自1993年三峡移民工作正式实施,17年间,三峡百万移民群众为了建设三峡工程,"舍小家,为国家",毅然决然地告别故土,作别故园,艰苦创业,勤建家园,谱写了新时代的壮烈交响曲,展示了三峡人的精神风貌,铸就了伟大的时代精神。

---

① 中共中央宣传部宣传教育局等:《百万移民感动中国——三峡移民精神颂》,学习出版社2006年版,第6页。

第二，各级移民领导干部。在移民工作的伟大实践中，不仅有移民群众的巨大付出、无私贡献和巨大的创造，同时还有各级移民干部的艰辛付出和辛勤努力。从中央到地方在坚持实行党委统一领导、政府全面负责、移民部门综合管理、相关部门各负其责的移民工作领导体制下，区县各部门管理规范、到位，各部门责任明确，任务层层落实，工作协调配合，充分发挥移民部门的综合管理职能，严格依法管理，规章制度健全，工作规范、有序。

第三，对口支援的各省市。三峡百万移民同样牵着全国人民的心。特别是对口支援的有关省（区、市）根据优势互补、互惠互利、各方支援、共同发展的原则，不断探索与库区优势互补、共同发展的结合点，在合作兴办项目、技术支援、信息交流、市场拓展、劳务输出、经营管理、人才培训、产品开发等方面下功夫，有力地帮助了库区增强自我发展的能力，提高了移民安置效益。

三峡移民精神这个时代极为宝贵的精神财富，是为三峡工程建设做出巨大奉献的百万移民群众和各级干部，以及对口支援三峡移民工作的省市，以他们博大的胸怀和无私的奉献共同创造的。这个精神发源于三峡，是三峡人民创造的精神，是全国20多个省市共同创造的精神，更是整个中华民族继承发扬以爱国主义为核心的民族精神的新成果，是中华民族在新时代弘扬以改革创新为核心的时代精神的新成果。

2. 三峡移民精神的含义

移民是人口居住地在国家和地区之间永久和半永久的迁移；或指迁移到某一地方定居的人。纵观中国历史，移民的原因很多，如政治因素、军事战争因素、经济因素、自然灾害因素、工程移民等，三峡移民属于工程移民范畴，即因三峡工程建设而引起的移民。三峡百万移民无疑是中国历史上工程移民之最。

三峡移民精神的内涵主要表现为：顾全大局的爱国精神，舍己为公的奉献精神，万众一心的协作精神，艰苦创业的拼搏精神，开拓开放的创新精神。

（1）顾全大局的爱国精神。

爱国主义是中华民族精神的核心。爱国主义是三峡移民精神的灵魂。爱国就意味着对个人和局部利益在某种程度上、某种意义上的舍弃，意味着某些利益的牺牲，意味着必须顾全大局、为国分忧。在库区移民过程中，库区移民和移民迁出地、安置地为了国家利益而自觉舍弃地区利益、家庭利益和个人利益，表现出"舍小家、为国家"、顾大局的崇高精神境界。这种爱国精神，体现为移民地区和移民安置地以国家利益为最高利益，以民族大义为最高道义的宽广胸怀和为国奉献的高尚情操，丰富了爱国主义的精神内涵，凸显了爱国主义的时代特色。

（2）舍己为公的奉献精神。

在三峡移民工程中，库区人民自觉奉献；广大基层移民干部以高度的历史使命感、强烈的事业心、自觉的献身精神，坚持"以移民为先、以移民为重"，把个人利益乃至生命置之度外，千辛万苦为着移民，千方百计帮着移民，全身心地投入到移民工作中，赢得了广大移民群众的衷心爱戴。这种舍己为公的奉献精神，充分体现了中国共产党全心全意为人民服务的宗旨。

（3）万众一心的协作精神。

三峡百万移民是一项涉及库区内外、方方面面的庞大系统工程。全国人民以高度的政治责任感、使命感和主人翁精神，积极投入这一空前巨大的系统工程，共同承担起这份沉甸甸的历史重任，奏响了社会主义团结协作的时代壮歌。这充分展现了社会主义制度集中力量办大事的优越性。

（4）艰苦创业的拼搏精神。

三峡工程移民是开发性移民。自强不息、艰苦创业，是百万移民在普遍面临"重建家园"的情况下焕发出来的一种顽强拼搏、奋发有为的精神状态，主要体现为在移民实践中坚定信心，不畏艰险、顽强拼搏，不等不靠、自力更生，勤于学习、完善自我等精神风貌，在峡江山水之间种植希望，建起一座座移民新城，一个个移民新村，挺立起三峡人钢铁一般的脊梁。[①] 他们用发展来破解了百万移民这道世界级难题，这是中华民族精神和时代精神在移民工作中的集中体现。

（5）开拓开放的创新精神。

开拓开放的创新精神，是指一种敢为人先、勇于突破的锐意进取意识和海纳百川、放眼世界的宽广兼容胸怀。创新精神体现着一种思维导向，它积极倡导突破保守意识和封闭意识的阻碍，以及旧体制、旧观念、旧模式的束缚，它强调的是"革故鼎新"，"苟日新，又日新，日日新"，强调的是在不断创新中找出路，在不断创新中求发展。[②] 库区人民面对库区发展的重重困难，负重前行，爬坡上坎，不断开拓开放，创新发展。

3. 三峡移民精神的特征

三峡工程移民所推行的是开发移民方针，它既有别于三峡库区历史上由于自然灾害、战争、政治、宗教和经济建设等因素，

[①] 中共重庆市委宣传部、重庆市移民局、三峡移民精神研究课题组：《论三峡移民精神》，载于《重庆日报》2004年4月17日。

[②] 肖长富：《三峡移民精神的重要内涵》，载于《重庆日报》2006年9月12日。

导致人群在地域上的迁移和流动，同时又有别于人类历史上的简单工程移民，因而在这样的伟大实践中创造的精神，必将凸显其鲜明的时代特征。

（1）传承性与创新性的统一。

一种精神的形成总是依托于文化传统这个重要载体，即是说一种精神的形成总是会受到其所在国家和民族的文化传统的影响，并传承着由这种文化所承载的思想智慧。三峡移民精神形成首先植根于三峡这片热土。200多万年前，三峡就有了人类，从此三峡先民就在此生生息息、代代传承。同时，考古材料揭示，原始先民因抗御自然环境的力量弱小等原因，主动和被动迁移、流动的频率较高，可以说居无定所。而也正是在这频繁的迁徙中，磨炼了三峡先民的意志，孕育了三峡先民的品格，三峡移民精神的孕育产生无疑是这些积极基因积淀的升华。[1] 但三峡移民精神不是传统三峡移民精神的复制和历史演绎，而是在继承基础上的伟大创造。

创新性不是对传统的全部否定，而是一种"扬弃"，即在取其精华的基础上，根据时代的变迁而去其糟粕，创造出引领时代（至少是适应时代）的好的精神。人类能不断向前，关键就是能不断产生新的、好的精神，这些精神既是对传统智慧的传承，又是超越传统智慧的创新。三峡移民精神在三峡移民的伟大实践中产生，它不仅超越了三峡人的传统，而且更升华了中华民族的优良传统，彰显出强烈的时代气息，进而从"顾全大局、舍己为公、万众一心、艰苦创业、开拓开放"五个方面集中体现和丰富了中华民族"爱国、奉献、协作、拼搏、创新"的精神。

---

[1] 王家德：《从考古材料看三峡移民的历史》，载于《三峡大学学报（人文社会科学版）》2005年第3期。

（2）民族性与时代性的统一。

三峡移民精神是中华民族爱国精神和时代创新精神的集中体现。所谓民族性是指具有特殊性的民族内容、民族气派，体现了该民族的行为模式、文化传统、思维方法和价值观，具有其他民族的思想所不具备的特点。中华民族的爱国思想是经过了时间的洗礼与考验，体现和代表中华民族智慧的认知体系与情感体系，是我国思想成长和创新的根基，也是中华民族走向世界，与其他民族相互交往的支点。三峡移民精神把中华民族这种爱国因子深深植根于自己的核心理念中孕育生长。

在现实中，三峡移民精神又充分体现了改革开放这个特定时代的精神，反映时代发展的主流和方向，具有对旧时代、旧文化的较强的超越性。它作为既批判地继承历史传统而又充分体现时代要求的文化，是中华民族优秀民族文化传统与时代精神的高度结合。从而在实践中，表现出以当代中国的发展大局为重，致力于三峡库区建设，美好家园的建设。

（3）全民性与人本性的统一。

三峡移民精神不仅是三峡库区人民的创造，也是库区各级干部以及对口支援三峡移民工作的各省市人民群众的共同创造，这一全民性的精神充分反映在移民工作的伟大实践中，在党中央、国务院的统一领导下，全国20个省（区、市）、国家29个部委对口支援库区的移民搬迁安置工作，形成了全社会、全方位、多形式、宽领域支援库区移民开发和安置的生动局面，有力地推动了移民工作的顺利开展，促进了整个库区经济社会的发展。

三峡移民精神也真实反映了科学发展的人本性理念，在顾全国家这个大局的同时，努力实现、保障和发展三峡库区人民的利益。自1993年三峡库区移民工作启动以来，党中央、国务院在移民实践中坚持以人为本，与时俱进，探索创新，不断总结，创造性地提出了一套科学求实、具有中国特色的开发性移民方针。

（三）黔江精神

1997年中央在重庆设立直辖市时，地处三峡库区和武陵山区的万县、涪陵、黔江3个地区18个县划入重庆市，这些县大多是国定贫困县。在长期与恶劣的自然条件和极度贫困做斗争中，黔江人创造了感动全国的黔江精神。黔江精神是三峡库区和武陵山区人民脱贫致富的宝贵精神财富，是重庆人文精神的重要组成部分。

1. 黔江精神的产生

原四川省黔江地区地处武陵山区，所辖酉阳、秀山、黔江、彭水、石柱5个县，1996年筹建重庆直辖市时由四川省委托重庆市代管，1997年正式划入重庆直辖市管辖。

黔江地区的5个县，既是少数民族自治县，又是国定贫困县。1987年，这5个县共有100万人闹饥荒，4万多人住岩洞或窝棚，60万人患地方病，110万人饮水困难，农民年人均纯收入182元，年人均占有粮食不足300公斤。[①] 在1988年至1994年的6年中，在黔江地委、行署的领导下，黔江人民实干苦干，使该地区发生了巨大变化，在41个主要社会经济指标中，增长速度快于全省的有36个，快于全国的有35个，创造了轰动全国的黔江奇迹，也创造了感动全国的黔江精神。

"养儿不用教，酉秀黔彭走一遭"，一代一代流传下来的民谣，辛酸地道出了黔江之穷苦。黔江之所以能够在短短的几年里从贫困中崛起，就是因为有了黔江精神。这个精神，用最简单、

[①] 王思铁：《宁肯苦干不愿苦熬——浅论学习"黔江精神"》，载于《四川党的建设（农村版）》1996年第10期。

最通俗的语言来概括，就是"苦干"。"宁肯苦干、不愿苦熬"，是黔江人面对贫困的宣言，是黔江精神的代名词。

在黔江，从地委、行署领导到基层干部到广大群众，人人都苦干。他们开展了思想观念大讨论，引导干部群众解放思想，转变观念，从长期存在的"等靠怨"的精神状态下解放出来，从"穷有理、慢应该"的消极情绪中解放出来，从各种"左"的观念束缚中解放出来。黔江人认识到，"等"不是办法，"靠"不解决问题，"怨"绝无出路，只有苦干，才能告别贫穷。黔江各级领导干部"一届接着一届干，届届都有新发展"，有了领导干部的苦干，就带动了全体人民群众的苦干，才有了改天换地的发展。

2. 黔江精神的丰富内涵

黔江的巨变引起了党中央、国务院领导的关注。1994年5月，国务院扶贫调查组对黔江地区进行了一次"5县10村100户"的实地考察。调查组高度评价了黔江六年巨变的"黔江奇迹"，高度评价了促进山区脱贫致富的黔江精神。1996年8月，中共四川省委办公厅转发了省委宣传部、省扶贫办党组《关于在全省深入开展学习宣传"黔江精神"活动的报告》，一个学习和弘扬黔江精神的活动在全省蓬勃开展。

黔江精神有着丰富的内涵。概括起来主要有四个方面：一是解放思想，开拓创新；二是自力更生，艰苦创业；三是求实务实，苦干实干；四是团结进取，敬业奉献。

黔江人在地委、行署的领导下，在黔江精神的鼓舞下，坚持了"顺民意、重效益、求发展，治穷、治愚、治病相结合，富民、富县相结合"的指导思想，走出了"兴农促工、区域开发、重点突破、全面发展"的路子，实现了"打基础、建基地、立支柱"的战略任务和"初战三年解决温饱、续战四年摆脱贫困、再战五年向小康迈进"的战略目标，谱写出了黔江发展历史的新篇章。

3. 黔江精神的价值

重庆市代管黔江地区后，重庆市委做出了学习和宣传黔江精神的决定，学习和弘扬黔江精神的群众性活动在全市城乡特别是库区干部、群众中广泛开展。20多年来，黔江精神已成为重庆人文精神的重要组成部分，成为推动全市人民艰苦奋斗、开拓创新的重要精神力量。

黔江精神是重庆人文精神的重要组成部分。重庆人文精神的核心是自强不息、开拓开放，与黔江精神的解放思想、开拓创新，只在文字表达上有差异，而实质内涵是一致的。不解放思想，不更新观念，不开拓进取，就谈不上自强不息，就难有大的发展。要自强不息，有所作为，有所前进，就必须有敢为人先、艰苦奋斗的精神，就必须有求实务实、实干苦干的作风，这些都是黔江精神和重庆人文精神所倡导的。一个地区、一个企业、一个单位，要想干成事业，干大事业，就必须要团结协作，和谐共进。干部与群众之间，人与人之间，要能包容、重信义、讲奉献，这些都是黔江精神和重庆人文精神的要求。"宁肯苦干、不愿苦熬"的黔江精神，其真谛在于苦干，在于不甘落后。苦干不是蛮干，不是封闭地干，要科学地干，在开放的条件下干。黔江精神正和着时代前进的脉搏，赋予新的内涵发挥新的历史价值。

四、新时代对重庆城市精神的深刻揭示

习近平总书记指出，从巴山蜀水到江南水乡，长江流域人杰地灵，陶冶历代思想精英，涌现无数风流人物。[1]

---

[1] 《接续历史滋养 擦亮文化底色》，载于《重庆日报》2018年7月28日。

第四章　重庆的城市精神

2018年3月10日，习近平总书记在参加十三届全国人大一次会议重庆代表团审议时，对重庆悠久的历史文化传统和优秀的人文精神积淀给予了高度评价，对重庆人坚韧顽强、开放包容、豪爽耿直的个性和文化给予充分肯定。①

这些概括与阐释高屋建瓴、思想深邃、内涵丰富，为我们提炼和培育新时代重庆人文精神指明了正确方向，提供了根本遵循。"坚韧顽强"是重庆人文精神生生不息的精神"主线"；"开放包容"是重庆人文精神活力涌动的时代"主题"；"豪爽耿直"是重庆人文精神中绵延至今的性格"主调"。②

第二节　重庆城市精神的学理研究

不同地域特点会形成不同的城市文化。城市精神是历史文化的积淀，也是时代的创造，体现着历史传承性与时代创新性的统一。同时，城市精神与城市人文精神紧密相连，重庆人文精神是根，重庆城市精神是其外化。城市精神既是时代的产物，必然引领于时代的生产和创造。一段时期以来关于重庆城市精神的基本内涵之学理研究，为培育和践行当代重庆城市精神营造了良好氛围，提供了思想文化支撑。

一、重庆精神研究的情况

时任重庆市委书记汪洋，在2006年1月提出要"研究、提

---

①《推动重庆各项事业沿着总书记指引的方向奋力前行》，载于《重庆日报》2018年5月2日。

② 孟小军：《以社会主义核心价值观为引领　培育新时代重庆人文精神》，载于《重庆日报》2018年4月26日。

113

炼、培育和宣传重庆人文精神"，随后拉开了重庆人文精神大讨论的序幕。

2006年3月1日，"三峡大讲坛"特邀著名哲学家周国平主讲题为《人文精神的哲学思考》的讲座。他指出，豪爽包容是巴人最好的精神。

2006年5月31日，中国社会科学院钱中文先生来渝作《以人文理性精神回应现实挑战》的讲座。他将重庆人文精神的特点简要地描述为："大山般的坚毅、刚勇、诚信、宽厚，大江般的奔放、阔达、求新、开拓。"

2006年7月4日，重庆市召开了培育人文精神座谈会。有专家提出："自强不息、开拓开放"的人文精神是民族精神和时代精神在三峡库区的生动实践和具体体现，而作为重庆人文精神则应该在内涵和外延上进行拓展。有专家提出：有必要处理好民族精神、时代精神和革命精神与人文精神之间的关系。"红岩精神""三峡移民精神"包含有丰富的人文精神。有专家提出：重庆人文精神的内涵除了大家经常谈到的一些东西外，还要有冒险意识、团队意识以及足够的睿智。[①]

2006年9月，熊笃认为，重庆人文精神是由重庆地区五大因素长期作用、积淀而成的，其主要内涵有五个方面：忠勇爱国的英雄主义，艰苦奋斗的创业精神，开放兼容的胸襟气量，豪爽幽默的乐观性格，民主和平的优良传统。[②]

2006年10月，全国直辖市社科联协作会暨人文精神研讨会

[①] 中共重庆市委宣传部理论处：《培育弘扬优秀人文精神 增强新重庆经济社会发展的内动力》，载于《科学咨询》2006年第7期。

[②] 熊笃：《略论重庆人文精神的当代内涵》，载于《重庆教育学院学报》2006年第5期。

在重庆召开,北京市社科联党组书记宋贵伦认为:重庆人文精神的一个重要特点应是"昂扬向上、热情奔放"。

2006年12月,俞荣根认为:"开拓创新""诚信守法""兼容开放"等,对于重庆人来说,则更多的是一种亟待培育的"应有"人文精神。[①]

胡玻、肖长富、王进主编的《重庆人文精神研究》(西南师范大学出版社2007年版)将重庆人文精神概括为:坚毅自强、拼搏奋进的意志;勇为敢闯、开拓开创的胆识;兼容开放、团结协作的胸襟;耿直爽快、重信尚义的品德。

二、重庆精神的基本内涵

笔者从2008年开始系统研究重庆城市精神。2008年5月20日,在《我眼里的重庆精神》中提出了"爱国自强、耿直豪放、兼容开放、创新时尚";接着,《重庆精神的思考》发布在孟东方在华龙网的博客上。经过多年的积淀,笔者主编的《重庆文化发展理论与实践研究》(重庆出版社2012年9月版,该专著2018年6月获重庆市政府第九次社会科学优秀成果一等奖)中专题研究了重庆精神,揭示基于重庆城市的社会历史文化发展和天然的地理环境,进一步论证了当代重庆形成了"爱国自强、耿直豪放、兼容开放、创新时尚"这一特定的重庆城市精神。[②] 笔者还在《重庆日报》就"兼容开放"进行了深入阐发,强调"兼容开放"不仅反映了城市精神的内涵,而且体现了城市精神的特点,它是

---

① 俞荣根:《人文精神与人文重庆》,载于《重庆行政》2006年第6期。
② 孟东方等:《重庆文化发展理论与实践研究》(上卷),重庆出版社2012年版,第371~378页。

重庆精神的集中反映、生动体现和具体概括。①

（一）爱国自强

爱国思想根植于重庆人历史的血脉之中。家是中国人永远的心灵归依，所谓叶落归根。对家的眷恋和执着是爱国的前提，在国与家的实现上，国总是高于家、大于家，国的兴旺发达恰又是家的依托和必需。无论是在动荡的战乱中，还是在和平的环境下，重庆人总是视国为生命，国的理念深深植根于重庆人的血脉之中，代代相传。在历史文化上，古代巴人善武的传统，形成了重庆人忠勇爱国的传统。巴蔓子"自刎以头授楚使"、秦时寡妇清捐巨资修筑长城。这些是史册上重庆人爱国的典范。近现代以来，重庆人爱国的情怀越发璀璨夺目，革命军中马前卒邹容，为推翻腐败无能的清政府，高歌《革命军》，被孙中山追封为大将军。抗战期间，重庆不但顶住了2万枚炸弹的轰炸，更为抗战胜利做出了特殊贡献：武器、粮食、物资、兵员从这里源源不断送上前线，数以万计的重庆人为此流过鲜血甚至献出了生命！美国总统罗斯福在赠送重庆卷轴时直截了当地说："我钦佩重庆英勇的男女市民。他们坚定镇静，不被征服，这足以证明恐怖主义对于争取自由之民族，不能毁灭其精神……"② 再从红岩英烈的壮举，到"三线建设"的奉献，到新时期三峡百万大移民"舍小家，为大家"……历史的纵深里，演绎着的都是爱国的情愫，呈现的都是重庆人自强不息的追求。

自强理念是重庆人爱国的要义之一。这种理念渗透于重庆文化的精髓，体现于无私的奉献、开拓性的创造和不朽的功绩。

---

① 孟东方：《兼容开放》，载于《重庆日报》2012年9月9日。
② 苏伟、吴大兵：《抗震救灾彰显重庆人民的高尚情怀》，载于《重庆日报》2008年6月30日。

"执仗而舞"的"巴渝舞",舞风刚烈,音乐铿锵有力,既突出表现了巴人剽悍、勇武的性格特点,又体现出古代巴人自强不息的生活斗志。千古绝唱川江号子,孕育并出生于汹涌的水和坚硬的滩中,它是技术与艺术相交融的旋律,是劳动人民生命的颂歌,骨子里蹦出来的是坚忍与拼搏。正是靠着这份执着的自强意志,重庆人才创造了和成就着这片热土,并继续前进着,为世人所瞩目。2006年的重庆百年难遇的旱灾,全市2/3的溪河断流、820万人饮水困难,26次红色预警、44.5℃的极端高温,土地为之龟裂,江河为之断流,2100万人口受灾,造成直接经济损失超过90亿元。英雄的重庆人民以战胜"旱魔"的实际行动,向世人昭示:重庆这座坚忍不拔、自强不息的英雄城市,又创造出一个人间奇迹。

(二) 耿直豪放

重庆是一座山城,也是一座江城,江山之城的重庆,自有一种江山的品格。重庆人的耿直豪放与这座城市"江山"的底蕴一脉相连。大山大江造就的重庆人,自古以来就性格豪爽、耿直重义、自强不息。据《华阳国志》载,巴地"其民质直好义,土风敦厚,有先民之流"。晋人常璩称赞"……风淳俗厚,……观其俗而知其敦壹也"。重庆人的耿直于骨子里揭示了重庆人内心的善良和诚信。巴蔓子"乃自刎以头授楚使"既是爱国的象征也是巴人重诺守信的体现。隋唐对巴人亦有这样的评价:"质朴无文,不甚趋利"。在重庆人张扬耿直豪爽个性的背后,是重庆人对生活的向往和热爱,蕴含着的是重庆人的厚道、仗义和舍得。从行动中你可以看到重庆人端着大碗喝酒,甩着膀子走路,可以听到豪亮的山歌,从内在的心地上你可以感受到重庆人的真诚与热情,实实在在做出力所能及的付出。

随着时代的发展，生活的变化，重庆人的这种个性特征依然鲜明可辨，并且赋予了新的时代内容和人文蕴含。今天的重庆人依然耿直，但耿直并不轻率；依然豪爽，但豪爽并不粗鲁；依然热情，但又不失尊重；依然厚道，不掺虚假；依然舍得，但无所求。

（三）兼容开放

无论是从时间之维，还是空间之维，乃至人之维来看，兼容开放都是重庆精神的特质、标志与内核。兼容开放折射的是重庆的胸怀与走向世界的胆略。这是重庆精神之所以为重庆精神的核心与根本所在。

"兼容"是指同时容纳几个方面，如兼容并包是指把各个方面或各种事物都容纳进去；"开放"指解除封锁、禁令、限制等，现多指经济合作、技术交流、解放和发展生产力等。"兼容开放"主要指海纳百川、兼容并包、多样融合、和谐共处的气度、格局，面向世界、着眼未来、内外互动、持续发展的视野、理念等，它折射的是重庆的胸怀与走向世界的胆略，不仅反映了城市精神的内涵，而且体现了城市精神的特点，它是重庆精神的集中反映、生动体现和具体概括[①]。

重庆城市精神是历史文化的积淀，也是时代的创造，体现着历史传承性与时代创新性的统一。

重庆有着深厚的文化底蕴，又是一个年轻的直辖市。作为一个青春时尚的个性城市，是创新文化、和谐文化、时尚文化的结合体。起源于明末清初、至今享誉中外的重庆火锅将重庆文化的底色五彩缤纷展现无遗。"麻、辣、烫、鲜、脆"一锅煮，就可

---

① 孟东方：《兼容开放》，载于《重庆日报》2012年9月9日。

第四章　重庆的城市精神

以感受到重庆文化的兼容。

19世纪末重庆正式开埠，面向世界，奠定了长江上游经济中心的基础。1980年，重庆又被重新辟为外贸港口。1983年，中共中央、国务院批准重庆市成为全国第一个进行经济体制综合改革试点的大城市，发挥其"与西南各省和长江中下游地方有密切的经济联系，是与海外进行经济往来的内河口岸"的作用。1984年1月，重庆市首创批发和零售相结合，组建了全国第一家工业品贸易中心，实行"地不分南北，人不分公私"的经营原则，从流通领域突破了条条块块的束缚，在全国率先形成了开放式的流通格局。20世纪80年代以来，邓小平、江泽民、胡锦涛、习近平等党和国家领导人，都对重庆发展提出过殷切希望。

近年来，重庆积极推进内陆开放高地建设，重庆与外界的经济文化交流更加频繁，形成了高层次、全方位、各领域、大交往的兼容并包的开放格局。特别是积极融入国家"一带一路"和长江经济带等对外开放和区域发展重大战略，充分利用国际国内两个市场、两种资源，对外开放广度、深度进一步拓展，构建起大通道、大通关、大平台开放体系，形成内陆地区独有的"三个三合一"开放平台，"渝新欧"国际铁路联运大通道成为中欧陆上贸易主通道，中新（重庆）战略性互联互通示范项目成功落地。当前，重庆进出口成绩举国瞩目。一个甲子的时光，重庆历经解放、改革、直辖，在各方面都发生了翻天覆地的变化，呈现出一派生机勃勃的景象，取得了令人瞩目的成就。

大禹"三过其门而不入"美誉流传，长江三峡影响全国，大足石刻声名远播，巴蔓子垂名古今，红岩精神彪炳千古；钓鱼城精神唱响了千年来的巴渝人们融合、宽容、包容、进取、拼搏的文化精髓；"中国抗战大后方"使国内外诸多文化形态包含于其中，并糅合、融合、互动着；"全国统筹城乡综合配套改革试验区""国家中心城市""两江新区"等呈大融合、大开放、大交流态势，吸引力越来越强，重庆成了一座"非去不可"的城市。

不同地域特点会形成不同的城市文化，高山大江纵横交错的自然资源彰显着重庆独具的地域特色。

重庆是江城、山城的最佳结合，"江山之城"较好地概括了重庆的城市景观特质和大气的格局，体现了重庆的巨变令人骄傲。重庆的山水因而在中国乃至世界具有"多娇"吸引世人独到之处。既显气势磅礴、雄奇壮阔（长江三峡），又有山清水秀、温情脉脉（中国温泉之都），更有武隆喀斯特反映地球演化奇观。

重庆地处长江之滨、嘉陵江畔，一直是中国西南特别是巴蜀地区的重要水上交通枢纽，重庆的长江三峡成为四川盆地的出口，与长江中下游地区连成一体。当前重庆内陆开放高地建设（包括"渝新欧大通道"）、国务院正式印发的《"十二五"综合交通运输体系规划》将重庆列为全国性综合交通枢纽，有利于重庆调动、吸收、整合国际国内的人才流、物流、资金流、技术流、信息流，提升开放度。

古巴渝文化发端于多种移民文化的融汇，与生俱来带有强大的包容性、开放性。重庆是一座"移民城市"，从秦、魏晋、南宋、元末明初、明末清初到抗战时期，历史上的重庆有过八次大规模移民。其中"湖广填四川""抗战西迁""三线建设""三峡百万大移民"等闻名中外。重庆一次次不同规模、不同背景的移民，不仅是重庆城市发展的一次次机遇，也是重庆人口结构、数量、素质，甚至种群特质得以改良的机会。

重庆从一个相对封闭的地区，发展成为开放的、连接我国中西部的战略枢纽；从经济基础相对薄弱和滞后、经济发展刚刚起步的地区，发展成为今天长江上游地区的经济中心、开放高地、文化中心等；从我国一个普通的中等城市，发展成为立足中国内陆、面向世界各洲的国际性名城。重庆直辖以来的突出成效及其鲜明的典型性、示范性和代表性特征，聚焦了世界的目光。

重庆市集大城市、大农村、大库区、大山区和民族地区于一体，经济社会的发展和着重庆人民群众的艰苦创业，造就了和造就着重庆这座城市不同时期的时代精神。

以2010年11月1日零时为标准时点的第六次全国人口普查显示，重庆市拥有我国56个民族中的55个。各民族文化在巴渝大地上长期、广泛地交流、碰撞、融合。秀山花灯、摆手舞、川江号子等确切地反映了各族风俗人情、大众文化、社会心理。

不同地区的移民带来了丰富多彩的地域文化，巴渝人远祖的山民乡镇宗族文化、水民码头帮会文化、市民都会世俗文化等历史文化的因袭，再加上抗战陪都综合移民文化、三线企业内迁移民文化、直辖重庆开放移民文化等，这些色彩多样的地域文化在移民社会中互相融合，从而使得移民社会有一种开放的文化心态，在这样的心态下也就形成了重庆人热情好客，开放趋新、接纳五湖四海的宽广和包容的品格。

重庆在3000年的历史长河中谱写了璀璨夺目的篇章，同时也造就了一批又一批典范。如近代以来，重庆的仁人志士，趋东瀛，赴欧美，学苏俄，产生了邹容这样的资产阶级革命宣传家，更产生了赵世炎、杨闇公、刘伯承、聂荣臻、杨尚昆等无产阶级革命家，走出了邓小平这位中国改革开放的总设计师。

（四）创新时尚

重庆城市的创新与时尚精神是重庆地域文化特征的升华。居住条件的不易、作业的艰辛,迫使人们以新的方式面对生存和发展,大江的气势神韵内化为人们不滞创新的动力,累年雾气的环绕,激发着人们拨开雾的神秘,了解外面的世界。

纵观历史的进程,从巴国定都到巴人迁徙、巴蔓子将军的尽忠;从历次大规模的移民,到抗战文化、红岩精神、三峡移民精神,从土家吊脚楼建筑,到市民爬坡上坎的身影……都折射出重庆这座城市开拓创新的精神。同样,重庆人的时尚也总是与创新一样,让人倍感亲切醒目。从建筑风格,到人群的衣着举止,从琳琅满目的商品,到创意前卫的活动,时尚的因子总是充盈其中。深入其中,重庆人的时尚源于对美好生活的热爱,对生活的信心和希望。

当前的重庆需要冲出心理的"大山",突破思维的"峡谷",解放思想,更新观念。转换思维方式,以科学的眼光观察问题,摒弃在潜意识中所形成的"短""怕""僵""满""靠""等""要"等观念。运用发展的观点和辩证的观点去观察问题,思考问题,解决问题,以理性的目光去前瞻问题,不断培育和弘扬开拓创新的精神。[①]

三、重庆精神当前的研究

孟小军撰文《以社会主义核心价值观为引领 培育新时代重庆人文精神》认为:"坚韧顽强"是重庆人文精神生生不息的精神"主线";"开放包容"是重庆人文精神活力涌动的时代"主题";"豪爽耿直"是重庆人文精神中绵延至今的性格"主调"。

[①] 孟东方等:《重庆文化发展理论与实践研究》(上卷),重庆出版社2012年版,第371~378页。

第四章　重庆的城市精神

大力培育和弘扬重庆人文精神，使丰富厚重的新时代重庆人文精神润泽巴渝大地，有利于在全社会形成共同的精神追求，增强全民的凝聚力和向心力；有利于我们立足"两点"、建设"两地"、实现"两高"。①

王川平在《重庆传统历史文化中的人文精神》中认为：通过对巴渝文化的梳理分析，我们深深感受到习近平总书记关于重庆人的个性和文化的重要论述是对重庆悠久历史文化与优秀人文精神积淀的充分肯定，对新时代探索重庆人文精神提供了基本遵循；我们祖先在艰难险峻中养成乐山乐水、仁山智水、坚毅劲勇的性格；独特的区位优势，注定了重庆自古以来就是坚韧顽强、开放包容的城市。②

周勇在《追梦路上的重庆人文精神》中认为：重庆是一座山环水绕、江峡相拥的山水之城，是具有悠久历史、灿烂文化、光荣革命传统和优秀人文精神的历史文化名城，"坚韧、顽强、开放、包容"的重庆人文精神贯穿其间，代代相传，生生不息——追求真理、矢志不渝的"坚韧"，敢作敢为、屡仆屡作的"顽强"，登高涉远、勇立潮头的"开放"，精诚团结、海纳百川的"包容"；我们要继承重庆人文精神，弘扬其时代价值——实现梦想的"坚韧"、攻坚克难的"顽强"、走向世界舞台中心的"开放"、全民族命运共同体的"包容"，为建设"两点""两地""两高"新重庆，实现中国梦而不懈奋斗。③

---

① 孟小军：《以社会主义核心价值观为引领 培育新时代重庆人文精神》，载于《重庆日报》2018年4月26日。
② 王川平：《重庆传统历史文化中的人文精神》，载于《重庆日报》2018年5月2日。
③ 周勇：《追梦路上的重庆人文精神》，载于《重庆日报》2018年5月2日。

蓝锡麟在《重庆人的性格是怎样形成的》中强调：豪爽耿直已经、正在并必将继续引领和驱动重庆人的性格朝着更大气、更阳光、更有广适性、更具正能量的大方向谱写新的篇章，必将为培育坚韧顽强、开放包容、豪爽耿直的重庆人文精神增添新的内涵。[1]

中共重庆市委理论学习中心组在《求是》发表的《加强领导干部政德建设　营造良好政治生态》中认为，要弘扬优秀传统文化和人文精神。中华优秀传统文化是中国共产党人强大精神力量的"根"和"源"。领导干部要善于汲取中华优秀传统文化中凝结的哲学思想、人文精神、道德观念来明是非、辨善恶、知廉耻，要弘扬重庆的悠久历史文化传统和优秀人文精神，弘扬重庆人坚韧顽强、开放包容、豪爽耿直的个性和文化。[2]

第三节　培育和践行重庆城市精神的路径

在实践中培育与弘扬重庆精神，不仅需要我们遵循原则，明确重庆精神的内涵，掌握培养和弘扬重庆精神的基本方法，更要不断地在实践中把其内涵转化为人们的思想观念、道德规范和行为准则。

一、遵循原则

根据城市精神本身的特点和重庆社会经济发展的实际，在实

---

[1] 蓝锡麟：《重庆人的性格是怎样形成的》，载于《重庆日报》2018年5月2日。

[2] 中共重庆市委理论学习中心组：《加强领导干部政德建设　营造良好政治生态》，载于《求是》2018年第12期。

践中培育与弘扬重庆城市精神应该遵循以下四个原则。

第一，把握渐进性的原则。城市精神的培育和弘扬不可能一劳永逸，一蹴而就，必须遵循渐进的原则，有序推进。

第二，遵循扬弃的原则。城市精神的打造，需要我们有甄辨的眼光，摒弃文化中的糟粕，去粗取精，去伪存真，使其精髓成为我们精神的灵魂。

第三，强调他律与自律相统一的原则。城市精神的培育与弘扬，一方面通过自律的方式，锻炼人的品格，陶冶人的情操，扩展人的生命境界，为城市精神奠定根基。另一方面通过他律行为的刚性实施，确保城市精神规范、有序的发展。

第四，坚持发展与稳定相统一的原则。城市精神的基本功能是通过内化人们的心理素质，鼓舞人们士气，激发人们言行，导向人们取得成功的内动力。同时，作为长期的文化沉淀，它又是与时俱进的。

二、明确内涵

城市精神是一种普遍的人类自我关怀，其核心就是对人之为人的尊严、价值的维护与追求，对人类自身命运的关切和忧思，对一种健全人格和理想人际关系的肯定和塑造。

重庆精神也应包含着这样的"内核"，失却了这样的"内核"就根本不是什么"城市精神"了，所以它跟一般的地域文化研究还有所不同。重庆精神既要传承过去那些优秀的精神内涵和传统文化，更要根据时代的变迁，与时俱进，不断丰富新的内涵。

立足实际，面向未来，当前，需要培育和弘扬"坚韧顽强、开放包容、豪爽耿直"的精神，努力使其内化为市民前进不竭的动力支撑。

三、掌握方法

培育和弘扬重庆精神是一个长期的过程，也是一个系统的工程。其方法也是多种多样的，从其内涵形成和转化的过程来看，应该把握以下四个基本方法。

第一，正面教育法。通过正面教育，提高全市人民的思想素质、政治觉悟，高扬社会主义主旋律，树立先进典型发挥示范作用，从实际出发分层施教于社会不同群体、不同职业、不同文化教养的人等，循序渐进，有的放矢。

第二，行为规范法。要在加强教育的同时健全大众行为调控体系，通过建立规则体系、监督体系和保障体系来指导、规范、调控、改变大众行为方向方式，促进城市精神的培育与弘扬。

第三，环境熏陶法。所谓"近朱者赤，近墨者黑"。可以通过社会人文景点建设，组织开展丰富多彩的文化艺术活动，建立保障机制等措施，营造浓厚的社会文化氛围，这对人文情怀的养成裨益多多。

第四，社会教养法。社会教养是一个长期的过程，它对社会整体的人文环境的影响是深远的，可以通过家庭教育和终身教育来实现。一方面，通过社会教养来正确对待和处理家庭问题，共同培养和发展夫妻爱情、长幼亲情、邻里友情都需具有相应的人文素质和人文修养。人们通过终身教育达到知识的更新、人格的净化。另一方面，通过各种舆论工具和政策手段弘扬与社会主义市场经济健康发展相适应的价值观念，批评抵制市场经济自发形成以至泛滥的错误价值观，矫正价值取向的片面性，以保证社会主义价值观主导地位的牢固树立。

四、注重转化

培育与弘扬重庆精神的效果如何,一方面取决于重庆精神是否具备科学丰富的内涵;另一方面取决于重庆精神能否真正在实践中转化成作为人的主体实践以及实践的深度和广度。正是基于此,重庆精神是一种"内动力"和"软实力",在于它集中反映了一个地域的人们的公众意识和共同心态,她在长期的生产生活中形成并得到广泛认可,具有强烈的激励作用。因而在实践中,要注重把重庆精神的普遍适用性转化成操作性,使其在具体的实践中得以落实,而不是仅仅停留在人们的主观意识方面;要注重把重庆精神的群众性转化为主体能动性,使这种优秀的品格在每个个体身上转化为精气神,极大地调动全市人民群众的积极性、创造性和主动性;要注重把重庆精神的地域性特色转化为开放性,重庆独特的地理环境造就了重庆人独特的生产生活方式,千年的文化交融和积淀造就了重庆精神鲜明的地域性特点。海纳百川,有容乃大。面向未来,尤需自强不息,开拓开放。

五、处理好各种关系

在做好上述工作的同时,培育与弘扬重庆精神还需要妥善处理好各种关系。

第一,要体现历史与现实的统一。重庆的历史源远流长、人文荟萃,文化底蕴深厚,有着悠久的历史文化和丰富的革命文化。重庆精神是在重庆历史发展过程中所积淀并且不断吸收、融通各种外来文化资源的基础上,承前启后、历久弥新,逐渐形成和发展起来的。它是重庆人在生存、发展过程中体现出来的一种文化特点,具有独特的地域性、传统的延续性、鲜明的时代性和广泛的认同性。① 但是，重庆精神也离不开时代的特点，进入21世纪，面对世界经济一体化的浪潮和日趋激烈的竞争，又应赋予重庆精神以新的时代内涵。对重庆精神的培育和弘扬理应体现历史与现实的统一。

第二，要处理好"内核"与"表征"的关系。城市精神是一种普遍的人类自我关怀，其核心就是对人之为人的尊严、价值的维护与追求，对人类自身命运的关切和忧思，对一种健全人格和理想人际关系的肯定和塑造。但它又应有自己特定地域文化所赋予的独具特色的表征，从而才能使一个时代所共有的城市精神在不同的人群身上又有不同的具体表现。

---

① 肖长富：《培育重庆人文精神与弘扬红岩精神、三峡移民精神》，载于《重庆行政》2006年第6期。

第五章　重庆人的特征

　　特征是指个体或者同一类型的群体由于其内在的独特性而外在表现出来的象征或标志。人类从个体出生以后就开始进行身体和思维的发展。在经历了由浅入深的认识世界和改造世界的活动以后，受不同地域环境和文化背景等社会外部因素的影响，不同群体表现出一定的特征。在几千年的发展中，重庆人在性格、思维和素质方面逐渐形成了自己的特征。

　　就当代重庆人来说具体为：地处一隅能发展，依托山水能独行；汗流浃背也无妨，爬坡上坎特精神；守在本土可安居，走出盆地可融情；上江下江加湖广，重庆人兼八方性。豪爽率直麻辣烫，打滚吊皮啥都行；吃苦耐劳糅谦和，眼尖手快多灵性。

第一节　重庆人的性格

　　性格是人结合自身经历，通过对自我与周边环境进行的审视而形成的对现实的态度和行为方式，是较为稳定的个性心理特征。中国数千年的历史文化涵养及其重庆独特地域文化和气候环境，使重庆人在兼具国人普遍性格特征的同时，又彰显出一定的地域下的个性特色。

一、性格及其特征

　　性格是在后天的社会环境中逐步形成的，能直观地反映出人在意志、情绪和理智方面的心理倾向。当代的国民性格具有前瞻性、开拓性、创新性和敏捷性等鲜明的时代特征。

(一) 前瞻性

现代的国民性格具有极强的前瞻性。随着物质生活与精神生活的日渐丰富，传统性格在与现代文化产生碰撞时常陷入无所适从、穷于应付的被动局面，囿于传统的思维所导致的"走一步看一步"常会令人不仅缺乏独立自主权和主动进取的自觉性，更缺乏"风物长宜放眼量"的战略眼光。在社会的发展进程中，交往活动的多样性使人们的性格逐渐由传统的单一性转向多元化。从改革开放的实际需要出发、具有前瞻性的性格特征与思维观念使人们得以放开眼量，开阔视野，从社会历史发展的进程和现实生活的纵横关系中"谋篇布局"，不再囿于个体的视角，而是站在宏观的角度去思考问题，用长远的眼光总结往昔，运筹当前，从而掌握时代发展的主动权。

(二) 开拓性

伴随着改革开放进程的不断发展，尤其是互联网技术日新月异的发展，为现代人的性格培养提供了更多可能，网络信息内容的广泛性，拉近了人、地域、时间、文化的距离，也使其性格有了更为深刻的变革。现代的国民性格已从传统领域的封闭性转向开拓性，与此相伴的思维活动也从浅表性的静止状态逐步转向在运动、变化、发展的状态中进行深入思考，这种开拓性的性格特征，使人们具备了在动态中科学处理信息的能力。[①] 开拓性的性格特征能够帮助人们更好地认识到自身与外界之间的差别和联系，从而客观地"知己知彼"，把握自己，找出差距，采取对策。

(三) 创新性

我国传统文化崇尚中庸调和，如老子的"祸兮，福之所倚；

---

① 陶晴：《广东人思维方式特征探析》，载于《现代哲学》1993 年第 3 期。

福兮，祸之所伏"，程颢的"物极必反"以及朱熹的"一中生两"都体现了朴素的辩证法思想。这种中庸的性格特征对促进社会和谐稳定有较为积极的作用，然而也在一定程度上铸成了中华民族中正持平、均衡保守、循规蹈矩的民族性格和缺少进取、创新的民族精神。传统的性格特征使人们在观察和处理问题的时候，容易走向狭隘的经验主义，从而不善于从不同角度想问题，提出新的与众不同的构想。

现代国民性格的创新性，就在于善于从日常工作中发现问题，提出问题，并积极主动地探讨符合新时期发展规律的创新方式。改革创新是当今中国最鲜明的时代特征。身处在社会发展前沿的国人能第一时间观察到与国际接轨的新动向，也同时面临各种风险的新挑战。

（四）敏捷性

当今社会的一大特点可以用一个"快"字概括。现代科学技术的迅猛发展，加速了人们的生活节奏和知识更新速度。尤其是网络技术发展带来的"信息爆炸"，更是对大脑的信息接收、处理、反应能力提出了更高的要求，也使思维变得更加敏锐。现代的国民性格与传统文化中"四平八稳、按部就班、无过就是功"的陈旧理念形成了巨大的对立。在当前这个改革的年代里，时间就是金钱，信息就是资源，效率就是生命，对信息的掌握如何很大程度上决定了工作成效的大小。时代的发展，改革的深入，要求人们具有更为敏捷的反应、更为敏锐的观察能力和更为清晰的意识，通过对社会发展进程中各环节的信息捕捉，及时获取有效信息，从而更好地提高社会生产效率。

二、重庆人独特的性格

耿直、务实、适应的性格是重庆人民进行城市建设和发展社会主义事业的可贵品质，更是围绕发展目标，营造良好发展氛围，充分保护、调动全市人民干事创业的积极性、主动性和创造性的重要保障。重庆的发展，不仅要外练经济的"筋骨皮"，更要内练思想文化的"精气神"。重庆人耿直、务实、适应的性格无疑是重庆发展的比较优势所在。

（一）重庆人耿直的性格

提起重庆人，其耿直感性的思维方式与其他省市比起来有明显的区别。"火爆、利落、直来直去、果敢不屈"这些形容词就像重庆火锅一样，成为重庆人的名片，也反映出重庆人脾气热辣、性子刚烈的性格特征。外界有时容易将重庆人的性格特点和思维方式中耿直和火爆误读为"做事不经大脑""有勇无谋""粗鲁暴躁"，实际上，重庆人的豪爽仗义恰好也体现出其兼容并包、理性务实的特点。

重庆人的性格深受山水环境的影响。环境对人的性格和品德的形成也有重要影响。一定的自然环境对人的品格和情操的形成有重要影响。如山地人耿直、豪爽、大度和急躁，平原人平和、淡泊、幽默、散淡和细致绵软，等等。重庆人的性格也在很大程度上受到重庆所处地理环境的影响，身处山水之城，重庆人不仅具有山之巍峨阳刚之气，也兼具水之海纳百川之灵。

重庆的地形地貌复杂，多险峻的高山和起伏的丘陵。它位于青藏高原与长江中下游平原的过渡地带，地处四川盆地东南丘陵山地区，以丘陵、低山为主，平均海拔为400米。地势沿江河山脉起伏，形成南北高，中间低，从南北向长江河谷倾斜的"一山一岭""一山一槽二岭"的形貌。重庆境内差异性很大的地形构造，塑造了复杂多样的地形地貌形态，并表现出如下地理特征：地势起伏大，层状地貌明显；地貌造型各样，以山地、丘陵为主；

第五章 重庆人的特征

地貌形态组合的地区分异明显；喀斯特地貌分布广泛。[1]

诗人白居易在其诗文《初入峡有感》中对古巴渝地区有这样的描述："上有万仞山，下有千丈水。苍苍两崖间，阔狭容一苇。"由此可见，重庆不仅具有险峻的山，也拥有壮美的水。流经重庆主要河流有长江、嘉陵江、乌江、涪江、綦江、大宁河等。长江干流自西向东横贯全境，流程长达665公里，横穿巫山三个背斜，形成著名的瞿塘峡、巫峡、西陵峡（该峡位于湖北省境内），即举世闻名的长江三峡。长江、嘉陵江穿过重庆市的主城区。

"北方山川土地深厚，造就了北方人的伟壮粗犷；南方水土柔润温和，造就了南方人的柔弱灵秀。"[2] 而重庆人则正如《华阳国志·巴志》中所述，"如蔓子之忠烈，范目之果毅，风淳俗厚，世挺名将，斯乃江汉之含灵，山岳之精爽乎！"也就是说身处于山水之间的重庆人得益于巴渝"江汉之含灵，山岳之精爽"[3]，既有勇猛果敢之气魄，又有细腻务实之风格。

重庆人是巴人的后裔，巴人尚武、勇猛的民族特征，对重庆人的影响深远。重庆人性格耿直、豪爽，也与巴人能征善战、天性劲勇、刚猛剽悍有着密不可分的关系。在云阳李家坝、涪陵小田溪等巴人墓葬中出土了大量剑、矛、戈、钺等青铜兵器，由此也可佐证，巴是一个能征善战的尚武民族。重庆人的耿直性格源于很多方面，其中最直接的是一种精神的遗传，一种历史的传承，

---

[1] 刘洪斌：《重庆的地形地貌》，重庆市农业技术推广网，http://www.cqates.com/cqsoil/dixingdimao.htm。
[2] 张互助：《中国古代山水绿色文化》，湖南大学出版社2001年版，第227页。
[3] [晋] 常璩：《华阳国志·巴志》，刘琳校注本，成都巴蜀书社1984年版，第101页。

一种尚武守信的正能量文化,深深地扎根在这片土地人民的思想里。①

重庆人讲义气、豪爽、耿直,具有敢于攀登、激流勇进的精神。这样的精神不光体现在为人耿直,更体现出对社会的责任心。重庆人的耿直的性格也吸引了大量的外商投资。2015年,随着中国—新加坡第三个国家级项目落户重庆,新加坡正式成为重庆外资的第一大来源地。说到对重庆的印象,不少外地商人纷纷表示,除了认为重庆山美水美人美之外,对重庆人的性格更是赞不绝口:"重庆人的性格我们也比较喜欢,比较率真,比较耿直,我们做起生意来也比较开心。"②

在山城重庆,"负重前行、爬坡越坎"的"棒棒军"一直是一道独特的风景,他们以棍棒、绳索为劳动工具,帮人搬运货物,为千家万户提供便利。③ 如今,"山城棒棒军"已经成为重庆的城市名片,他们的存在,代表着重庆人性格中包容开放的品格,敢闯敢拼、吃苦耐劳的理性务实精神早已鲜明地烙在他们的身上,体现在他们的行动上,融入到他们的血液中,深入到他们的灵魂里。

(二) 重庆人务实的性格

以"爬坡上坎、负重自强"著称的重庆人向来务实。在耿直豪爽之下,蕴藏着的正是求真务实的精神内核。脚踏实地是扎根重庆发展现实的需要。重庆人坚持脚踏实地,物质文明、政治文

---

① 《曾经辉煌的巴文化如何在巴渝大地延续? 专家支招》,载于《重庆日报》2015年11月3日。

② 林逸飞:《重庆人耿直率真,做起生意来比较开心》,载于《重庆时报》2015年11月10日。

③ 《山城棒棒军:负重前行精神永存》,光明网,http://news.gmw.cn/newspaper/2014-04/29/content_3225464.htm。

明、社会文明、精神文明和生态文明一起抓,同时抓,才能真正实现又好又快发展的宏伟目标。

重庆是中国城乡二元结构的一个缩影,"重庆的问题"在一定程度上说就是中国的问题。因此,重庆人脚踏实地加快统筹城乡改革和发展。重庆城乡差距大、区域发展不平衡,城市带动农村犹如"小马拉大车"的状况未根本改变,城乡二元结构突出仍然是制约重庆经济社会发展的主要矛盾。这些现状决定了重庆人保持定力,脚踏实地谋发展,最关键的是要搞好城乡统筹,并以此作为实现发展的突破口和见效点,走好一条区别于其他城市独特的发展道路。

正是重庆人务实的性格,形成了"敢为天下先"的意识。作为一个既缺资本、人才优势,又无区位优势的内陆城市,重庆在中国经济新常态的现状下,积极契合"一带一路"和长江经济带战略,形成国际交通网络,还通过中新(重庆)战略性互联互通示范项目开放通道和开放平台的构建,极大促进了重庆产业发展。重庆不但在传统支柱产业不断延伸产业链、提升价值链,还在电子核心部件、物联网、生物医药等十大战略性新兴产业"换道超车",实现倍增效应,融入全球产业链。[1]

(三) 重庆人适应的性格

人类从诞生之日起,就与周围的地理环境发生着密切的关系,人类的生存发展程度与其适应能力直接相关。从地理环境来看,重庆河谷纵横,山多坡陡,具有丘陵交错、山高水险的自然地理特点,加之曾历经频繁的战争,历史上的生存环境并不优渥。然

---

[1] 刘健等:《重庆经济增速连续十个季度领跑全国,有何秘诀?》,新华网,http://news.xinhuanet.com/fortune/2016-08/15/c_1119395145.htm。

而，正是这样的地理环境，形成了重庆人极强的适应能力，也培育了重庆人适应的性格。

改革开放以来特别是重庆成为直辖市以来，通过推动解放思想破除阻力，通过拓宽发展渠道展示群众智慧，有效促进了适应的性格。中国40年的大发展，靠的是大改革大开放。全球视野下的重庆要实现新的跨越，根本出路在于适应发展进程，进行扩大开放。只有在开放的条件中，才可能更好地培植经济发展特别是民营经济发展的土壤，才可能集聚国内外更多的市场要素，并参与更大范围的产业分工，在更高的层次、更宽阔的领域求得发展。

2001年9月，中共重庆市委、重庆市政府正式印发《重庆市实施西部大开发若干政策措施》，涉及财政税收、信贷和融资、土地和资源开发、对内对外开放、人才和科技创新五个方面50条具体政策。2013年7月，"中国—中东欧国家地方领导人会议"在重庆举行。2014年12月，重庆市政府出台《贯彻落实国家"一带一路"战略和建设长江经济带的实施意见》。2015年11月，《中华人民共和国和新加坡共和国关于建立与时俱进的全方位合作伙伴关系的联合声明》发表，双方全力支持在中国西部地区的第三个政府间合作项目发展，确定项目名称为"中新（重庆）战略性互联互通示范项目"。2016年8月，党中央、国务院决定在重庆市设立自贸试验区。这一切都是与重庆人适应新常态发展进程的性格密不可分，因此，激发适应的性格，增强开拓能力，是激发重庆发展活力的又一宝贵经验。

三、重庆人性格的典型表现

性格是人们在后天的社会环境中逐步形成的高度抽象的心理倾向。然而，性格也需要通过具体的方式表现出来。重庆人独具特色的性格也从精神上、语言上、饮食上、人文风貌上和基础建设上得以具体呈现。

(一) 重庆人性格的精神体现

从精神上来看,重庆人忠义和爱国的精神体现了独特的性格。一方水土养一方人。长江的水,为山城带来了灵气,也为重庆养育了勤劳的重庆人,孕育了忠义精神。作为华夏文化的重要组成部分,忠义精神对重庆人民乃至中国人民的影响是不言而喻的。《华阳国志》有记:周朝末期,巴国内乱。巴蔓子请楚国借兵平乱,许以三城。乱平,楚使索城,蔓子认为国家不可分裂,身为人臣岂能私下割城。但不履行承诺是为无信,割掉国土是为不忠,蔓子告曰:"将吾头往谢之,城不可得也。"于是自刎,以授楚使。巴蔓子以头留城、忠信两全的事迹,成为巴渝大地传颂千古的英雄壮歌。[①] 此外,三国时期的严颜、唐代的白居易、明末的秦良玉等,都是重庆历史上出现的彪炳青史的忠义之士。尽管时代变迁,但重庆人的忠义精神依然未变,举世瞩目的三峡移民就是最贴切的佐证。在长达10余年的时间里,重庆库区累计完成移民搬迁安置113.69万人[②],重庆人为了国家的发展,义不容辞地选择背井离乡,把传承了数千年的忠义精神,继续传播到祖国的大江南北。

重庆人的爱国思想根植于重庆人的血脉之中。在重庆的发展史上,重庆人民发扬了高昂的爱国主义精神,无私奉献,顽强拼搏,可以说一部重庆的现代史,就是一部谱写重庆人民爱国主义

[①] 陈忠国、杨齐、李木会:《鄂西土家族民间信仰的军事学分析》,载于《甘肃高师学报》2012年第4期。

[②] 朱薇:《重庆三峡库区移民搬迁安置年底全面完成》,新华网,http://news.xinhuanet.com/politics/2009 - 11/19/content_12493869.htm。

精神的奋斗史、交响乐。

改革开放以后，社会主义市场经济体制的建立使社会利益格局从单一转向多元，比起战争年代因救国图存而必须张扬的爱国主义，和平年代似乎使个人价值的追寻成为主流。然而事实上并非如此，爱国主义的精神历来根植于国人的民族意识之中，即便当今中国已作为世界第二大经济体傲立于世界强国之林，但对面临的机遇和挑战仍充满清晰的辨识。思想的解放并不意味着主流意识的混乱，作为社会主义核心价值观的重要组成部分，爱国主义无疑是凝聚社会共识的"最大公约数"。在重庆，从率先进行国有企业改革，到顾全大局积极主动推进三峡库区百万大移民确保三峡工程顺利推进；从积极支援1998年特大洪灾到2008年"5·12"汶川大地震救灾等，这些都是重庆人民爱国主义的生动写照。

党的十八大以来，党和国家高度重视通过培育和践行社会主义核心价值观来倡导爱国主义精神。在重庆大中小学，社会主义核心价值观已融入德育课程、学术科技、创意创新、职业规划、爱心公益、志愿服务等活动中，在服务他人、奉献社会的同时，体验感受核心价值观内涵。[①] 重庆市民通过参加各区开展的丰富多彩的社会主义核心价值观教育活动，真切实在地感受到社会主义核心价值观与爱国主义精神的重要影响。

(二) 重庆人性格的语言体现

从语言上来看，重庆话的嬗变也充分说明了性格的演变。重庆话起源于古巴蜀语，巴蜀语最初被称为"梁益方言"，形成于西汉时期，由关中地区古代华夏语与古蜀语、古巴语融合而成，

[①] 《晒梦想立家风如何践行社会主义核心价值观重庆活动多》，华龙网，http://cq.cqnews.net/html/2014-12/29/content_33036569.htm。

因而最初面貌与秦晋华夏方言较为接近。但由于四川盆地较为封闭内向的自然条件，至宋代四川便已经发展成为一个独立的语言区。[①] 现代重庆方言的形成则肇始于明末清初，距今不过300年左右时间。明末清初，连年战乱及各种灾害导致巴蜀地区人口剧减，清政府因此大力推行"湖广填四川"政策。到清末，以北方官话为主体，融合湖北、湖南、江西甚至部分广东方言的近代重庆话已基本形成。随着重庆开埠通商，并迅速发展成当时西南地区最重要的港口城市，码头工人独具市井特色的语言自然也对重庆方言起到了潜移默化的作用。

1937年，重庆成为国民政府的战时陪都，随着国民政府机关、单位和工厂的西迁，江浙一带的方言进一步丰富了重庆方言的词汇量，奠定了现代重庆方言亦俗亦雅的特征。这一时期，大量外来语言文化对重庆方言的冲击，也使重庆方言显现出鲜明的时代性和进步性。

三线建设以及改革开放使重庆人与全国各地人民接触的机会变得更加频繁，重庆方言受普通话的影响也越来越大。总体而言，现代重庆方言在诸多因素的共同作用和影响下，逐步形成了浓郁而独特的巴渝地方特色。[②]

（三）重庆人性格的饮食体现

从饮食上看，作为川菜的发源地之一，重庆的饮食文化既有由本土世代传承、发展而形成的巴渝土风，又深受移民文化、抗战文化和码头文化的影响，从而体现出多元化的饮食风格。

[①] 周振鹤、游汝杰：《方言与中国文化》，上海人民出版社1986年版，第47页。

[②] 罗秋雨：《移民与现代重庆方言的形成》，载于《重庆文理学院学报（社会科学版）》2014年第4期。

重庆人在餐饮业中所做出的努力正是其性格的最好体现。据资料显示，2015年度中国餐饮百强企业中，重庆餐饮企业占据14席。[①] 根据2016年的餐饮消费大数据，重庆美食消费指数排名全国第十位。[②] 这也证明了重庆餐饮的消费实力。目前，重庆餐饮已形成原材料、调料、餐饮业、服务业产业链。

重庆市民特别是重庆直辖以后，饮食习惯有较大的改变，从原来仅满足于吃得饱到吃得好，再到吃讲营养，进而吃注重文化，有以下八个方面的转化：一是由重"口味"向重"营养"转变，如对一些口味较重的辣子鸡等菜品的食客相对少了许多。二是从单一的"麻辣"口味向兼容"各地"口味转变，如湘菜、粤菜、淮菜在重庆的兴起和推广。三是由"中餐"向"西餐"的转变，随着重庆市打造时尚之都和美食之都，部分市民的饮食习惯也受到世界各国的影响，特别是洋快餐对青少年有较强的吸引力。四是从"荤菜"向"蔬菜"的转变，从以往注重大吃大喝、重视荤菜的数量、档次到讲究营养、注重蔬菜特别是新鲜菜蔬选择的转变。五是由选择"稳定、认同"的菜品向选择"新、奇、特、鲜"的菜品转变。六是作为重庆餐饮特殊部队的重庆火锅，由"麻辣"口味向"多味"火锅转变，如出现了鸳鸯、鱼头、酸菜、药膳、山珍火锅等，综合各种派系的口味，适应不同消费者的需要。七是由传统"餐桌就餐"向"自助就餐"转变，随着生活节奏的加快，人们的就餐习惯也由固定桌席向随意、自便的自助餐转变，特别是大型的会议用餐。八是从"随意、实惠"的就餐环

---

① 曾鑫：《2015年度中国餐饮百强企业和餐饮五百强门店分析报告》，中国网，http://www.china.com.cn/food/2016 - 06/09/content_38635538.htm。
② 《2016年度餐饮人气榜出炉，重庆美食消费指数排全国第十》，载于《重庆晨报》2017年1月26日。

境向注重"清静、优雅"的就餐环境的转变①。

可以看出,重庆正在以重庆火锅这一特殊部队打先锋,川菜渝派、江湖菜、特色菜为主力,打造汇集全国乃至世界的各大派系、特色餐饮和小吃为后援的美食之城。

(四) 重庆人性格的人文风貌体现

从人文风貌来看,重庆的"棒棒军"无疑是重庆人性格的典型代表。重庆依山傍水的独特地理环境,形成了从山巅到山脚的环山建筑,使重庆的大街小巷充满了爬坡上坎的崎岖,不管是搞城市建设还是日常生活中的搬运挑抬,都极需劳力。重庆的"棒棒军"正是在这样独特的城市环境中应运而生的。

重庆开埠,得益于长江、嘉陵江交汇此处,历经3000多年的城市建设及水码头建设,大量沿江来往的各种货物在此集散,需要大量的搬运劳工。因此,中国近现代以前的历朝历代,许多灾民、农民为求温饱,养家糊口,从四面八方涌到山城闯码头,凭一身劳力肩挑背磨将堆积如山的货物搬运进城,疏散各地。以出卖劳力为生的"棒棒军"早就存在于民间,1996年的重庆方言剧《山城棒棒军》的播出,才直接将"棒棒军"这个纯粹的民间称谓进行了一次全国化的命名普及,乃至吸引了世界各国人民的关注。②

自立自强的"棒棒军"就像重庆人的缩影,凭借一根"棒棒"自立谋生活,坚守一种地位不高但极有骨气的生存方式。这

---

① 孟东方:《重庆饮食习惯的八大变化》,华龙网博客,http://blog.cqnews.net/batch.common.php? action = viewspace&;op = next&;itemid = 522394&uid = 3264。

② 宋尾:《重庆"棒棒军"的今天和昨天》,新华网,http://www.cq.xinhuanet.com/2011 - 11/01/content_24025865.htm。

个在"黄金时代"一度达到 40 万人的群体,几乎挑起了大半个重庆城的市民生活。2014 年 4 月,李克强总理在重庆考察时,面对万州港码头的"棒棒"们,盛赞推动中国发展需要这种负重前行、爬坡越坎、敢于担当、不负重托的"棒棒精神"。山城"棒棒军"逐渐成为重庆特有的"文化名片",也是重庆人百折不挠性格的现实体现。①

(五) 重庆人性格的基础设施建设体现

从基础设施建设来看,最能体现重庆人性格的当属重庆的桥梁建造。重庆依山而建,临水而居,特殊的地理条件决定了重庆的城市建设,尤其是交通建设离不开桥。重庆这座由长江、嘉陵江、乌江及众多支流隔开的城市,需要依靠桥来将各区域串在一起。因此,重庆各地都能看到大大小小的桥。

重庆的桥梁无论是数量上还是质量上,在如今或建成时的许多参数均排在国内外桥梁前列。例如,1981 年建成的重庆首座长江跨江大桥——石板坡长江大桥,其 174 米的主跨位居当时中国第一,而 2006 年在其"身边"修建的重庆长江大桥复线桥,则是当时世界跨径最大的连续钢构桥。不仅如此,重庆的桥梁种类也非常"齐全"。石板坡长江大桥和朝天门长江大桥分别创造了世界最大跨径桥梁和世界最大跨径拱桥记录。②

重庆人敢闯敢拼的性格也在造桥上体现得淋漓尽致。从 1958 年到 1998 年,40 年间重庆主城只建成了 4 座桥,其中第一座牛角沱嘉陵江大桥,花了 8 年时间才建成;十几年后石板坡长江大桥

---

① 李国:《山城重庆"棒棒"的精神力量》,载于《工人日报》2014 年 5 月 25 日。

② 杨骏、唐小艳:《重庆不负"桥都"之名》,载于《重庆日报》2015 年 8 月 11 日。

建成，成为车流量最大的大桥；直到20世纪80年代末，重庆主城才有了第三座大桥——嘉陵江石门大桥；1996年，建成李家沱长江大桥。40年4座桥，速度相对缓慢，完全无法满足城市发展的需要，特别是改革开放以后，牛角沱嘉陵江大桥、长江大桥上的车流量早已超过了设计车流量，一直都在超负荷运行。

中央直辖后，重庆进入了建桥高峰期。从1997年至今，重庆建成桥梁总数近9000座，相比于直辖前建成的4316座各类桥梁，多出了近一半，甚至占到了重庆建成桥梁总数的2/3。其中，1997年至2015年18年间，重庆共建成50余座跨江大桥。截至2016年，重庆主城区在建跨江大桥共5座，分别是曾家岩嘉陵江大桥、红岩村嘉陵江大桥、寸滩长江大桥、高家花园复线桥和白居寺长江大桥。[1] 重庆各类桥梁数千座，数量和密度远远超过中国其他城市，建设密度和施工难度世所罕见，重庆桥梁数量多、桥梁规模大、桥梁技术水平高、桥梁多样化、桥梁影响力强[2]，被公认为"桥都"。

大城市，需要大胸怀。作为一座兼容开放的城市，重庆正不断以"逢山开路，遇水架桥"的开拓进取精神和性格，为城市的发展和进步创造更大的奇迹。

第二节　重庆人的思维

山地文化、码头文化、陪都文化、重工业文化和直辖文化，

---

[1] 李童彤：《不愧桥都，重庆主城在建5座大桥明年2座完工》，载于《重庆时报》2016年8月17日。

[2] 《鸟瞰中国"桥都"新貌》，重庆新闻网，http://www.cq.chinanews.com/news/2016/0801/382075.html。

多元化的文化交织在一起,与独具特色的重庆山水风光共同养育了独特的重庆人的性格特色和思维方式。而重庆人从"近视"型思维趋向"长远"型思维、从"峡谷"型思维向"海洋"型思维、从"半岛"型思维走向"航母"型思维的转变,也体现出重庆人思维方式朝向更为兼容、活跃、多元化的视角不断发展。

一、从"近视"型思维趋向"长远"型思维

从历史发展来看,重庆人的思想观念呈现出整合折中、理性务实、多元流变的特点。但从改革开放以来,特别是重庆由中央直辖以来,并且随着社会的进步和发展,重庆人也日益走向理性。其思维方式正逐步从"近视"型转向"长远"型发展。

(一)重庆人的"近视"型思维形成原因及其表现

重庆人的"近视"观主要体现在利益诉求、价值追求和个人成长等方面。

从利益诉求来说,集中体现于盲目追求经济增长而导致的生态文明和精神文明的匮乏。

设立直辖市以前很长一段时间,重庆人曾处于一种"目光短浅""急功近利"的状况之中。作为西南地区发达的工商业重镇,重庆素来在以机械、冶金、化工为主导的重工业中占有十分重要的地位。抗日战争爆发后,沿海和内地200多家工厂随国民政府迁都重庆,更使得重庆成为战时中国大后方唯一的工业门类比较齐全的综合性工业基地。解放初期的恢复重建和继续发展,进一步开启了重庆社会主义工业化的进程。[①]

[①] 《重庆地区三线建设的历史研究》,中华人民共和国国史网,http://www.hprc.org.cn/gsyj/yjjg/zggsyjxh_1/gsnhlw_1/d11jgsxsnhlw/201411/t20141106_300716.html。

然而，重工业的飞速发展在成为重庆经济发展的第一驱动力的同时，也给生态环境带来了极大的破坏。受制于特殊的地质地貌，重庆的工厂大都地处两江沿岸，在环保意识淡薄的时代，大多数工厂都将所产生的废水、废渣、废气基本直接排入两江，或直接排入大气层中。这不仅严重影响人民群众的身体健康和生活安全，影响农业生产的发展，而且关系到沿江下游的一些省市。盲目重视经济产值带来的不仅是对人们物质生活的危害，也给精神文化生活带来极大的影响。不少人产生一种急切的求富心理，对生活卫生、生态环境、可持续发展不予重视，乱采乱挖、乱砍滥伐、竭泽而渔的现象屡见不鲜。对于改革进程中政府出台的政策，不少人或一知半解，或对政策断章取义，往往为个人的利益与政府纠缠，扰乱社会秩序。

从价值追求来说，集中体现于不正确的价值观产生的心态失衡。作为西部地区唯一的直辖市，重庆近年来在城市建设方面发展劲头十分迅猛，旧城改造成就显著。同时，在重庆市继续深化改革，扩大开放以及城市化和工业化进程快速推进的新形势下，城市化战略有向小城镇和农村转移的趋势，在这一发展进程中，用地剧增，社会上迅速催生出一个急剧膨胀的群体——城市拆迁户和失地农民。

在这个群体中，人们往往产生焦虑的心态。在目睹和经历了生活窘迫到资产富裕，从农村生活到城市生活的差别后，难以同步的尴尬和焦虑会使他们产生精神空虚，有些人因此产生了安于现状的自满心态，甚至有人把目标投向服务业甚至是高风险高收入的行业。

（二）重庆人的"远视"型思维形成原因及其表现

近年来，重庆的发展充分体现出在全局发展战略、规划思路上所具有的前瞻性、先导性、预见性。其中最为显著的当属对于重工业的处理和对生态环境的保护。

为了改善生态环境，重庆加大了对环境治理的投入力度。一方面，重庆对于重工业的处理以及对生态环境的保护上体现的前瞻性，也是对中国共产党执政理念由工业化向生态化转变的最直观反映。"既要金山银山，又要绿水青山""金山银山，比不过绿水青山"，彰显着党中央对于人与自然和谐共生的整体思维。此外，按照人与自然和谐统一的观念，将以往以对环境造成极大破坏为代价的粗放式经济发展方式，转变为人与自然和谐共生、相互平衡的新型经济增长方式，也意味着对于后代长远发展的利益考量，体现出完全不同于以往短视、片面的长远性和前瞻性经济思维。

另一方面，重庆人的"长远观"也跟国家所确定的"人民当家作主"的政治观念方面紧密相关。在中国几千年的封建社会历史中，尽管也有民本观念，然而其根本仍然是建立在君主统治基础之上的，对于国家的发展规划也完全是为了确保君主政权稳固而进行的。随着中华人民共和国的成立，我国所建立起来的人民当家作主的政治制度真正确定了人民在国家中的主人翁地位，并且把党的领导、人民当家作主、依法治国三者有机统一起来。改革开放以来，人民的范围变得更为宽泛，并覆盖了包括新社会阶层在内的最广大群体，广泛调动了人民群众建设国家和各项事业的积极性、主动性、创造性。在滚滚的时代大潮中，重庆人也积极地以主人翁意识和主人翁精神积极投身于社会主义事业当中，并运用"长远"的思维观念，为推动社会主义事业发展做出积极的贡献。

当前，随着重庆市区域特色发展、差异发展、协调发展、联动发展态势日益显现，农村居民收入增长持续快于城镇居民，城乡基本公共服务均等化水平不断提升，有品牌价值、重视创新的企业发展越来越好。同时，国家实施"中国制造2025""互联网+"行动等部署，推进"一带一路"、长江经济带发展战略以及中新（重庆）战略性互联互通示范项目等机遇，无不展示着重庆人坚持敢于担当、积极作为的性格。

重庆人的朴实、勤劳和理性智慧也是中国人民朴实精神的代表。勤劳朴实一直是中华的优良美德，社会的进步、民族的发展就是靠劳动人民一双勤劳的双手创造的。中国梦呼唤更多实干的人，需要更多实干的人参与其中，实干是成就中国梦的基础，实干创造中国未来。"棒棒精神"代表着重庆人民的勤劳实干，也是推动中国发展，助推实现"中国梦"而力行实干的力量源泉。

二、从"峡谷"型思维走向"海洋"型思维

"峡谷"型思维和"海洋"型思维的概念源于地缘经济学的一个观点。根据国家或地区处理对外经济关系是开放还是保守，可以把它分为海洋型思维或峡谷型思维。由于地理环境的阻碍，内陆国家或地区通常与外界接触较少，历史上，这些国家的经济更呈现自给自足的形态。由于相对缺少新思想的影响，其思维也倾向于形成封闭和保守的"峡谷"。

（一）重庆人的"峡谷"型思维形成原因及其表现

重庆多雾的气候环境在一定程度上是形成"峡谷"型思维的因素。重庆位于长江以及嘉陵江的汇合处，江河蒸腾，水汽来源相当充沛，空气也相当潮湿，属中亚热带湿润季风气候，相对湿度高达80%以上；由于位于四川盆地的东南缘，周围有高山屏

峙，且地面也崎岖不平，风速十分小，风力微弱，静风频率相当大。夏季气温常达到35℃以上，甚至局部地区最高气温可达44℃，被称为长江流域"三大火炉"之一。白天受极高地面温度的影响，不断加强的蒸发作用使空气中水汽容量增多，而夜间地面的辐射冷却，使近地面的空气降温十分剧烈，最终导致空气中产生多余的水汽并凝结成雾。

同时，重庆又是我国日照最少的地区之一，年日照数仅986小时至1580小时。一年有200多天是雾天。重庆人经常被浓雾笼罩，如同生活在梦幻之中。《南平志》称恭州、涪州地区的人"向鬼信巫"，除了受楚文化和夜郎文化的影响之外，与"雾都"气候不无关系。

此外，重庆"高山巍峨、波澜壮阔"的复杂地理环境，也意味着生活于此地的人民将付出远比水土丰饶的平原地区更多的奋斗。自然环境的强大使人们自然而然地产生出对自然的崇拜和敬畏心理，这样的心理除了导致对生产开发的谨小慎微、不敢创新之外，还对人们的思想形成了严重的束缚，封闭着人们的思维和行动，使得人们的思想很难形成分工协作、专业标准化、统一化等现代化产业理念，致使综合竞争力缺乏，形成了偏狭、保守，缺乏全局观的"峡谷思维"。

例如，重庆在古镇开发方面就是对"峡谷"思维的最好体现。尽管重庆古镇数量比苏州多一倍，但尚没有一个古镇的名气、人气能和周庄、同里比肩。究其原因，地方政府保守让投资者望而却步也是导致古镇开发滞后的重要原因之一。这其中除了招商引资"生态环境"的培育不够，企业进驻后，政府在软环境建设方面的不完善也造成不良循环，开发企业犹如戴着镣铐跳舞，阻碍了古镇旅游发展。①

（二）"海洋"型思维的形成原因及其表现

随着我国经济发展步入新常态，重庆正在努力从"峡谷"型思维向"海洋"型思维进行转变，如何积极主动地应对好、利用好、诠释好发展新常态带来的新挑战和新机遇，是摆在每一个重庆人面前必须要做好的"考题"。要想破除墨守成规的思想，树立开拓创新的意识，就必须走出惯性思维的"峡谷"，将思维的"峡谷"不断扩宽，最终形成具有国际视野的"海洋"思维。

在全球淘金的版图上，重庆企业出现的身影越来越多。根据重庆市外经贸委发布的数据显示，2016年上半年，全市对外投资合作呈稳健上升趋势。1~6月，全市对外投资新增合同额12.17亿美元，同比增长73.6%；对外实际投资7.69亿美元，同比增长28.7%。

在这股"走出去"寻找商业机会的浪潮中，渝企参与到国际产能合作的意愿愈发强烈。2016年以来，渝企在"一带一路"沿线国家新增投资合同额共3.7亿美元，新增投资目的地国家8个，投资合同额较上年增长24.9倍，新设立企业较去年同期增加15家。② 这正是重庆人逐步从偏狭保守的"峡谷"型思维，转向海纳百川的"海洋"型思维的明确写照。

重庆人"海洋"型思维的形成主要有两个原因：一方面，开放意识、市场意识逐渐取代市民的小农思想。在市场经济大潮下，重庆人逐步摒弃了传统的自给自足的封闭意识、小农思想。重庆

---

① 谭亚、朱妍：《重庆古镇旅游"游"不动 政府观念保守管理落后》，载于《重庆商报》2012年10月30日。
② 《融入"一带一路"，重庆上半年对外投资7.69亿美元》，华龙网，http://cq.cqnews.net/html/2016-07/28/content_37838563.htm。

人的市场融入度愈来愈高,对市场的接受度和适应性逐步提高,越来越多的重庆人在对外合作中体现出国际视野,也因此形成了"海洋"型思维。

另一方面,我国"一带一路"等全方位的顶层设计让重庆人逐渐在对外交流中具有了国际视野。国家"一带一路"倡议,赋予了重庆开发开放新的战略机遇和历史使命。近年来,重庆主动把自己放在国家"一带一路"倡议中去思考和谋划,加快推进全市全域开放,大力建设开放型经济体系,加快铁、空、水"三个三合一"开放平台建设,努力将重庆建设成为西部开发开放的重要战略支撑。①

三、从"半岛"型思维走向"航母"型思维

在较长一段时间,重庆人的思维在一定程度上受到地理环境因素的影响,呈现出较为刻板僵化的"半岛"型思维,经过不断发展创新,重庆人正逐渐转向灵活、自主的"航母"型思维,并不断运用这种创新的思维理念在社会主义事业建设方面创造出新的辉煌。

(一)"半岛"型思维的形成原因及其表现

半岛是指深入海洋或湖泊的陆地,三面临水,一半同大陆或更大的岛屿相连的地貌状态。"半岛"型思维,具有表面上看地处"开阔水域",但因始终囿于内在僵化、保守的思维定式,从而在无意识中扼杀新的思想,易将人们困在常规思维中。

渝中半岛位于重庆市嘉陵江与长江交汇处的狭长半岛形陆地上,因其全境在渝中区,所以称为渝中半岛。受到地理环境对思

---

① 《"一带一路"战略下的重庆行动》,《重庆日报》2015年5月24日。

第五章　重庆人的特征

维观念的影响，重庆人在很长一段时间具有"半岛"型思维。造成重庆人"半岛"型思维的原因有多种因素，其中重庆人身处的社会环境及其历史上经历过的无数战事对其影响最为深刻，也使得重庆人内心对安稳产生的无限渴求。

重庆战略地位十分重要，历来是兵家必争之地。考古学证实，夏商以前的远古时代，峡江流域就曾发生过无数次惨烈的战争。战国时期，巴国经历了数千次战争。从东汉末年到宋、元、明、清等朝代，从军阀混战到抗日战争时期，重庆因其独特的地理位置原因一直处于混战之中，其战争次数之多，持续时间之长，在全国乃至世界上都是十分罕见的。长期的战乱局面，不但带给重庆人民物质与精神方面极大的灾难与负担，同时也对重庆人的思维理念产生了巨大的影响。

第一，宗族式家庭观念影响创新性思维发展。由于地理环境复杂，加上经年的战乱，致使人们始终生活在需要不停努力与自然环境和社会环境抗争的生活状态，相比之下，家庭成员人数越众多，经济发展和生活环境改善的可能就越大，因此，对于宗族式大家庭结构的追求成为了自古以来重庆人的人口观念。在宗族式的家庭结构中，通过血缘关系中的内聚力来约束和处理各种事务，因此强调长幼有序，对于论资排辈、统治服从有着异常严格的要求。正是这样紧密的宗族式关系维系了家庭成员的内部关系，形成强大的凝聚力来维护一定时期社会的稳定，但从另一方面看，受到宗族式家族关系的影响，也会形成对人们思维方式的固化和局限，从而限制人们的创新和创造思维，不利于适应新的时代和环境变化。

第二，部落的平均主义理念滋养了不思进取的心态。为了获取战争的胜利，唯有团结一心、一致对外方能达到目的。因此万众一心、众志成城的理念成为重庆人得以在战乱环境中立稳脚跟的重要原因。同族成员不分彼此，平均主义观念大行其道。尽管这样的平均主义观念在传统时代十分有利于宗族和部落的发展，然而在新的时代却容易助长人们不思进取、不愿竞争的心理意识。此外，持续的战争环境，也使重庆人恃勇好斗、性格暴躁，长期的战争环境，更是让重庆人疏于进行文化科学知识的学习、研究和积累，养成了安于现状，不愿开拓创新的习性。

重庆地处西部内陆，不沿边、不靠海，受到传统的盆地意识和内陆意识影响深远，思想观念不解放，开放内生动力不强。重庆要实现对外开放，必须克服思想观念上故步自封、安于现状的小农意识和思想观念，改变思想观念，为"重庆开放"释放最大的空间。

（二）"航母"型思维的形成原因及表现

"航母"型思维是指在遇到问题时，能从多角度、多侧面、多层次、多结构去思考，去寻找答案的思维方式，它既不受现有知识的限制，也不受传统方法的束缚，因此是一种开放性、扩散性的思维路线。重庆也正在从僵化、刻板的"半岛"型思维向灵活、发散的"航母"型思维进行转化。所谓"航母"型思维是指思维具有发散性、灵活性等特点，与缺乏活动性的"半岛"型思维形成强烈反差。

重庆独特的移民文化是重庆人形成"航母"型思维的主要原因。世界上有许多的移民国家，由于移民产生的文化交融和习性互通，在新的冲击和动力的驱使下，往往会形成新的文化风潮，并且使一个城市、一个地区飞速发展。重庆正是一个具有鲜明"移民烙印"的城市。

从巴人定都江州，到秦灭巴蜀"移秦民万家以实之"；从三

第五章 重庆人的特征

国起义,巴蜀、秦陇、荆楚文化在巴渝地区交汇融合,到元末至清初的"湖广填四川";从抗战时期国民政府迁都重庆,到刘邓大军进军西南乃至到20世纪60年代的"三线建设"。在3000多年的历史长河之中,重庆历经7次大的移民浪潮。移民浪潮不仅为重庆3000多年的发展史书写了不可磨灭的灿烂辉煌,也铸造了重庆人独特的思维理念。

第一,形成在文化上的宽容态度,培育了重庆人兼容并包的气度。重庆接纳了湖北、湖南、江西、福建、广东、贵州、云南、四川、陕西等地的移民"五方杂处,俗尚各从其乡"[1],如果没有兼容并包的精神,是很难和睦相处的。正是移民,使重庆形成了兼容并蓄、汇纳百川的人文精神。

第二,形成了重庆人艰苦创业的精神和刚烈豪放品格。严如熤在其《三省山内风土杂识》中曾写道:"流民之入山者,北则取道西安、凤翔,东则取道商州、郧阳,西则取道重庆、夔府、宜昌,扶老携幼,千百为群,到处络绎不绝。不由大路,不下客寓。夜在沿途之祠庙岩屋,或密林之中贯便寄宿。取石支锅,拾柴做饭。遇有乡贯便寄住,写地开垦,伐木支橼,上复茅草,仅蔽风雨。借杂粮数石作种。否则仍徙他处,故统之棚民。"[2] 移民们开垦的地方,其艰苦程度可想而知。没有敢于冒险的精神和勇于开拓的创业精神,是不可能做到的。

第三,拓宽了重庆人的眼界。重庆人的祖籍可谓遍及大江南北、五湖四海,从移民会馆来看,主要来自湖南、湖北、广东、福建、江西、江苏、浙江、山西、陕西、贵州和云南,形成了

---

[1] 嘉庆《江安县志》卷一。
[2] 严如熤:《三省山内风土杂识》。

153

"五方杂处，风俗大变"的局面。① 也正是因为此，不同的地域文化和经历改变了重庆人的思维观念，为重庆风俗、文化和经济发展提供了更广阔的空间。

重庆作为我国中西部地区著名的老工业城市，有着雄厚的产业基础和健全的工业门类体系；同时重庆地处国家版图的几何中心，具有承东启西、连接南北的区位优势；此外，重庆还是我国西部唯一坐拥长江黄金水道的大城市，这是西部任何大城市都不可比拟的天然优势。更为重要的是，经过直辖以来的不断积累，重庆打造了西部地区一流的交通基础设施体系，户籍制度、社保制度、住房制度等一系列顶层设计为产业发展奠定了坚实的社会基础；产权改革、金融衍生不断创新为产融结合插上了腾飞翅膀。②

重庆虽然成为直辖市已有20多年，但在文化上、经济上、思想上、观念上，与京、津、沪相比，差距很大，需要不懈努力才能赶上。特别是在思想上，要克服保守观念，变"半岛"型思维为"航母"型思维，不断提高市民素质，大胆解放思想，开阔心胸，让重庆这个长江流域发展的龙尾舞动起来。

第三节　重庆人的素质

重庆人的素质与能力主要包括身体素质、人文素质以及创新能力。从古至今，历经不断变迁，重庆人的素质和能力经历了深刻的转变，即在身体素质方面，从"身材瘦小"到"身强体健"

---

① 杨文华：《四川与中国西部开发》，四川人民出版社2000年版，第32页。

② 《胡定核：渝新欧助推重庆国际化》，载于《重庆晨报》2014年11月28日。

转变；在人文素质方面，从"精英教育"到"全民提升"转变；在创新能力方面，从"少数发展"到"万众创新"转变，这一切都标志着重庆人的素质和能力发生了前所未有的深刻变化。

一、重庆人身体素质的发展

重庆居民以移民和土著为主，以元末明初为肇始的"湖广填四川"在清代达到高潮，在这600多年的时间里，这场由政府倡导与民间自发相结合的移民运动，使因为战乱而人口骤降的重庆涌入了来自湖北、湖南、陕西、广东、福建等十余个省份的移民，其中尤以湖北、湖南为多。

由于重庆移民大多来自南方地区，受到纬度、饮食习惯和种族等多方面的影响，南方人较北方人身材更为矮小。同时，由于重庆属亚热带季风性湿润气候，其独特的地理环境，使其常年多雾且降水充沛，素有"巴山夜雨"的称号，由于日照不足，致使维生素D合成量偏低，也直接影响了钙质和蛋白质的吸收，这些是造成重庆人在很长一段时间平均身高偏低的主要原因。也正是因为此，重庆人的体质常被认为低于平均水平。

（一）重庆人身体素质的发展概况

1997年重庆由中央直辖以来，一直致力于采取各种措施提高市民的身体素质，并且取得了十分显著的成效。对照2000年到2015年以来，国家体育总局等相关部门分别开展的4次国民体质监测活动就可了解到重庆人身体素质发展变化情况。

自2000年起，为全面了解国民体质的整体状况和发展趋势，更好地促进全民健身运动的开展，国家体育总局、教育部、科技部等部门联合在全国范围内启动了国民体质监测活动。在2000年和2005年两次全国国民体质监测中，可以明显看出，上海、江苏、北京等省（区、市）国民体质综合指数较高，而宁夏等省（区、市）国民体质综合指数偏低，国民体质水平呈"东高西低"状态。①

在《2010年国民体质监测公报》中，重庆国民体质监测合格率达到了92.6%，比2005年时提高了5.9个百分点。而在《2014年国民体质监测公报》中的测试结果显示，从2010年到2015年，我国国民体质总体水平有所提高，国民体质总体达标率（即达到"合格"等级以上的人数百分比）增长0.7%，达到89.6%，反映全人口体质各指标总体变化程度的"国民体质综合指数"总体水平也有所提高，总体增长了0.15，达到100.54，其中重庆市为100.85，重庆市的国民体质达标率为92.7%，高于平均水平，比2010年提高0.1%，排名全国第七位，西部第一位。②

自从第一次国民体质监测以来，20年来重庆市民的平均身体素质一直稳步上升，合格率也从最初的不足90%逐渐上升到目前的92.7%。这些数据直观地反映出了重庆市民身体素质在耐力、心肺功能以及身体形态方面，都有了明显的改善。

（二）重庆人身体素质提高的原因

在西部省市各项指标纷纷下滑时，重庆市民体质却逆势而上，成为西部第一，其根本原因有以下五个方面。

第一，近年来重庆以"群众体育扩面"为引领，大力推进全民健身场地设施的建设，广泛开展群体赛事活动，不断丰富和完善公共体育服务体系。

---

① 《第二次国民体质监测公报》，国家体育总局官网，http：//www.sport.gov.cn/n16/n1077/n1467/n1587/616932.html。

② 《2014国民体质监测公报出炉 重庆市国民体质达标率92.7%居全国第七》，华龙网，http：//cq.cqnews.net/html/2015-11/25/content_35844271.htm。

第二，体育赛事活动蓬勃开展，市民参赛热情愈发高涨。近五年来，除了重庆国际马拉松之外，还有一批大型赛事惹人关注，如世界杯攀岩赛、武隆国际山地户外公开赛、环中国自行车赛（巴南站）等，都受到市民的喜爱和积极参与。通过广泛开展丰富的全民健身活动，让市民每月都有大型体育活动可选，进而带动体育人口的持续增长。

第三，人均场地面积有所增加。目前，重庆的人均体育场地面积达到了1.37平方米，比2010年增加了52.2%，这可以说明市民健身的环境有所改善，老百姓走出家门锻炼身体的越来越多。

第四，社会体育指导员在普及科学健身技能和知识中担当了重要角色。目前，重庆共有社会体育指导员45343人，也就是说，每万人身边约有15名社会体育指导员，他们分布在重庆各社区和街道，对市民的体育活动开展进行指导。同时市体育局还在各区县建设社区国民体质监测站，开展国民体质监测。[1]

第五，重庆市十分注重对青少年儿童身体素质的培养。重庆为青少年儿童的生长发育创造了良好的外部环境。

二、重庆人人文素质的发展

市民人文素质是指市民在社会生活中无意体现出来的文化价值取向与行为规范，主要指人类文化通过教育和文化熏陶在市民个体心理品质内化形成的稳定的动作图式或心理结构。[2] 重庆人

---

[1] 胡丹宜：《重庆人体质为什么越来越好？》，载于《重庆晚报》2015年12月31日。

[2] 重庆市民文化素质调查小组：《重庆市民三大群体人文素质现状——〈20世纪末重庆市民人文素质调查〉基本结论》，载于《重庆师范大学学报（哲学社会科学版）》2004年第2期。

的人文素质随着所处时代不同，也有着明显的发展变化。

（一）解放前重庆人文素质状况

重庆历来文化教育事业不甚发达。人民群众中文盲多，受封建道德、传统观念、社会风俗习惯中愚昧落后内容的影响很深。抗日战争中，大批高等学府、科研机关、文化单位内迁来渝后，推动了地方教育事业的快速发展。与抗战时期重庆的教育进步相适应，抗战时期重庆的文化事业也得到快速发展并呈现出相当的繁荣状态。一方面是一大批全国性的文化机关、学术团体、报纸杂志、新闻出版、书店书社纷纷迁移重庆；另一方面又是一大批全国性的文化机关、学术团体、报纸杂志为适应抗战形势与需要而不断地在重庆新建和创办。重庆也因此成了抗日战争时期中国人民坚持抗战、反对侵略的文化活动中心、舆论宣传中心、对敌精神作战中心和中华民族优秀文化遗产的一个重要阵地。[①]

（二）中央直辖前重庆人文素质状况

重庆升格直辖市之际，重庆市民人文素质调查研究小组对重庆地区进行了一次重庆市民人文素质调查。20 世纪末的重庆地区，在精神文化活动中，市民分享人类文化遗产的知识结构、接受兴趣、接受能力、接受效果等受其文化程度、从业性质的影响产生出较大的区别。其中，人文素质较高的市民群体在文化活动中的投入较多，对文化活动方式选择比较广泛，偏爱文化含量较高的信息，接受信息的动机比较多样，个性意识比较强等。而人文素质较低市民群体文化活动投入较少，文化活动方式选择单一，文化活动中接受信息的动机比较单一，几乎没有对信息品质的要

---

① 雷娟：《论抗战时期"大学入渝"带来的文化冲击》，载于《兰台世界》2013 年第 4 期。

求，在文化活动中的个性意识不强。尽管从已有的市民测评指标体系看，文化程度较高、从业性质层次较高的市民群体的人文素质比较高。但如果以世界公民为参照，该群体在文化活动中对外来信息兴趣不大，没有全球性的眼光，而且，对中国传统文化遗产也缺乏全面的了解，从分享人类文化遗产角度看，缺乏比较完备的知识结构。[①]

（三）中央直辖以后的重庆人文素质状况

2011年5月至7月，北京、天津、上海、重庆四个直辖市联合进行了一次有关公民人文素质的大型入户问卷调查，其调查表明，京津沪渝四市公民个体之间的人文素质差异悬殊，其中，文化程度、政治面貌与公民人文素质高低之间有着强相关关系。是否接受过大专以上教育，成了人文素质高下的一道分水岭。"80后""90后"恰是人文素质最高的公民群体。四市公民对身边公民人文素质的总体评价都是中等，认为"差"或"很差"者也有近30%。[②]

提升市民人文素质，是社会主义精神文明建设的一项重要任务。国家"十三五"规划建议提出，要促进国民素质和社会文明程度显著提高。当前中国城市化正进入快速发展时期，提升重庆市民的人文素质，将决定城市化的高度和质量，也是实现中华民族伟大复兴"中国梦"的重要内容。

中央直辖以来，重庆市精神文明建设取得了显著成绩。但是距离中央的要求，距离建设长江上游经济中心的要求，距离广大

[①] 重庆市民文化素质调查小组：《重庆市民三大群体人文素质现状》，载于《重庆师范大学学报（哲学社会科学版）》2004年第2期。

[②] 姜泓冰：《京津沪渝四市联合调查公民人文素质》，载于《人民日报》2011年12月22日。

人民群众的期望还有不足和薄弱环节，尤其是在建设社会主义和谐社会的进程中，精神文明建设还将面临许多机遇与挑战，从事这项工作责任重大，大有可为，任重道远。为此，重庆市将从各方面多管齐下，提升市民的人文素质。

三、重庆人创新能力的发展

创新能力是技术和各种实践活动领域中不断提供具有经济价值、社会价值、生态价值的新思想、新理论、新方法和新发明的能力。创新能力是民族进步的灵魂、经济竞争的核心。作为拥有3000多年悠久历史和独特自然景观的历史文化名城，重庆悠久的历史孕育出恢宏的巴渝文化，也培养出重庆人充满活力的创新能力。

（一）解放前重庆人创新能力状况

解放前重庆人的创新能力在巴渝文化、三峡文化、陪都文化等多种文化的交融下，得到了十分显著的提升。

第一，陪都文化。随着抗日战争爆发，国民政府从南京撤至重庆，并将之定为"陪都"，实为"战时首都"。重庆成为当时中国的政治、军事、经济、外交中心，是世界反法西斯远东战场的指挥中心，也是国共合作和抗日民族统一战线的重要政治舞台。同时，陪都文化也成为重庆文化发展史上的一块奠基石。

第二，移民文化。重庆是一座典型的移民城市，移民文化与重庆本地文化特色的形成和发展有着十分密切的关系，并对今天重庆人的精神状态、性格品格和人文精神的形成产生了深远的影响。

第三，红岩精神。红岩精神包含救亡图存的爱国精神、不畏艰险的奋斗精神、同舟共济的团结精神、勇于牺牲的奉献精神、坚定的共产主义理想、信念和执着的追求、高尚的共产主义品德情操、艰苦奋斗吃苦耐劳的革命乐观主义的精神、出淤泥而不染的崇高的人格。[①] 也为重庆人在科技创新方面不屈不挠的精神打下了坚实的基础。

第四，三峡移民精神。三峡移民精神体现的"顾全大局的爱国精神，舍己为公的奉献精神，万众一心的协作精神和艰苦创业的拼搏精神"，是以爱国主义为核心的民族精神和以改革创新为核心的时代精神的有机统一，是追求人与自然、人与社会和谐科学发展的生动典范。

（二）中央直辖前重庆人创新能力状况

科学技术是第一生产力，是推动经济社会发展的决定性力量。中国共产党在20世纪50年代发出"向科学进军"的号召，20世纪80年代提出"经济建设必须依靠科学技术，科学技术工作必须面向经济建设"的方针，20世纪90年代实施科教兴国战略。改革开放以来，重庆一直秉承着中央的精神，始终坚持在"经济建设必须依靠科学技术，科学技术工作必须面向经济建设""教育必须为社会主义建设服务，社会主义建设必须依靠教育"，并以"科教兴渝"为宗旨贯穿始终。

重庆由中央直辖以前，重庆市科技改革与发展在诸多方面都取得了可喜的突破。一是科研院所自我发展能力显著增强，科技成果转化步伐加快。二是科研院所适应市场经济能力明显提高，对外开放迈出步伐。三是科研院所队伍发展出现多元化，成为一

[①] 郑洁、刘超：《社会主义核心价值体系在重庆的实践探究》，载于《重庆文理学院学报（社会科学版）》2011年第3期。

支重要的科技力量。四是第一生产力推动作用明显增强，科技对经济增长的贡献显著提高。五是农业经济发展迅速。六是科技技术的转化能力进一步加强。

（三）中央直辖后重庆人创新能力状况

21世纪以来，中国经济的发展要求产业结构升级，产业发展呈现出由劳动密集型向技术密集型转移，随着重庆综合实力的增强，重庆的科技竞争力也在不断提高。在科技部颁布的《中国区域创新能力报告2015》中，重庆市区域创新能力综合排名全国第八位、西部第一位，并连续三年排名西部第一。[①] 目前，重庆综合科技进步水平指数跻身全国第八位，创历史最高水平。在培育创新主体方面，重庆市近年来积极培育引进新型研发机构特别是高端研发机构，目前已启动培育新型研发机构103家。另外，重庆市还启动了"双创（创新创业）团队建设"专项工作，策划和实施了"三百"科技领军人才培育计划，培育引进科技人才特别是高层次创新人才。在完善创投体系方面，由市政府组建的种子投资、天使投资、风险投资三支创业投资引导基金，满足科技型企业在种子期、初创期、成长期不同发展阶段的融资需求。两江新区还获批全国首批双创示范基地，九龙坡区获批国家小微企业创业创新示范城市。[②]

---

① 《中国区域创新能力评价报告2015》发布，新华网，http：//news.xinhua-net.com/chanye/2015 - 12 - 07/c_1117375281.htm。

② 张亦筑：《重庆综合科技进步水平指数跻身全国第八位》，载于《重庆日报》2016年9月5日。

第六章　重庆的政制发展

具有 3000 多年历史的重庆，其政制（政治制度）的发展，历经先秦时期的分封政制、从秦至清长达 2000 多年的中央集权下的地方政制。近现代特别是重庆作为抗战时期陪都，重庆地方政制呈现一定的特点。重庆解放后，政制驶向现代文明之轨，政制发展取得了巨大成就。1997 年重庆由中央直辖后，积极稳妥地推进了政治体制改革，增强党的执政能力，建设社会主义政治文明，取得了显著成绩。

第一节　历史上重庆的政制演进

中国政治制度的历史演进，决定了重庆政治制度的历史演进。春秋战国时期的政治制度以宗法血缘为纽带，实行间接统治，成为维系统治阶级内部关系、加强奴隶主贵族世袭统治的工具。层层的分封，形成森严的等级，保证了贵族在政治上的垄断和特权地位。宗法关系有利于凝聚宗族，防止内部纷争，强化王权，把"国"和"家"密切地结合在一起。秦以后，实行中央集权制，君主独揽大权而君权至高无上，中央政权有力管辖的地方行政制度，以君权强力统率的官僚制度，以实封王族并赋予他们军权的方式进行统治。[①]

[①] 柏桦、齐惠：《礼制与致仕制度》，载于《北京行政学院学报》2006 年第 1 期。

一、分封制时期的巴国政制

巴国最早见于《山海经·海内经》记载："西南有巴国。太葜生咸鸟，咸鸟生乘厘，乘厘生后照，后照是始为巴人。"① 太葜即上古时代东方部落首领伏羲，后照为巴人始祖。

宋代史学家罗泌《路史·后记》卷一记载："伏羲生咸鸟；咸鸟生乘厘，是司水土，生后照；后照生顾相，降处于巴，是生巴人。"据考古发掘，巴国地区前文化发端于200万年前的旧石器时代早期，巴人先民们就世世代代在重庆地区这片神奇的土地上生息繁衍。他们战天斗地，自强不息，创造了灿烂的巴文化。

巴国以江州为中心，逐步建立起比较完备的奴隶制国家。建立了一套以土地世袭制为基础的政治制度。巴王是巴国最高的统治者，直接统治其中心地区。

巴国是一个带有若干部落联盟制特征的国家，建立了一套以土地世袭制为基础的政治制度。巴国君主在西周春秋时代称为巴子，战国时代，"及七国称王，巴亦称王"②。巴王是国内最大的领主，拥有最高军政的权力，直接统治其阜新地区。据《左传》《华阳国志》的记载，巴国设有"上卿"，意味着有卿相之别。职官中有"行人"一职，专司对外诰命聘享。军队方面，巴国设有将军，表明其文武分职设官。

---

① 杨晓红、刘旭东：《先秦时期巴人聚落选址行为探析》，载于《西南民族大学学报（人文社科版）》2009年第2期。

② ［晋］常璩：《华阳国志·巴志》，刘琳校注，巴蜀书社1984年版，第32页。

二、中央集权制下的地方政制

中央集权制度作为一种国家政权的制度，以国家职权统一于中央政府、削弱地方政府力量为标志。在我国从秦至清长达2000多年都可算作是中央集权制度。从秦以后，重庆始终置于中央集权制的统摄之下。汉朝时期，巴郡称江州，为益州刺史部所管辖。公元214年，刘备、诸葛亮由江州入蜀平定益州。在刘备建立蜀汉后，也即三国时期，蜀汉李严在江州筑大城。魏晋南北朝时期，巴郡先后是荆州、益州、巴州、楚州的一个辖区。公元581年，隋文帝以渝水（嘉陵江古称）绕城，改楚州为渝州，治巴县。由此，这成为重庆简称渝的历史缘由，而简称巴，则是因为之前的巴国、巴郡等。唐朝时期，延续渝州之称，为剑南道辖地。进入到宋朝这一历史阶段，宋徽宗以"渝"有"变"之意，改渝州为恭州。公元1189年，宋光宗先封恭王，后即帝位，一个王一个皇帝，所以自诩"双重喜庆"，升恭州为重庆府，重庆由此而得名。元朝时期，立重庆路总管府，管辖四川南道宣慰司，隶属于四川行省。朱元璋建立明朝后，复改为重庆府，隶属于四川布政使司。1929年，重庆正式建市。尽管封建王朝更迭不断，但以"郡县制"为主要形式成为重庆地方行政体制的主导方式。需要指出的是除秦朝实行单一的郡县制外，两汉时期以后基本上是郡国并行制，但郡县包括"诸侯封国"已难构成对中央集权的威胁了。

自元明及清前期封建王朝对我国西南、西北等少数民族地区实施的土司制度，在重庆的民族地区得到推行。这一制度就是封建王朝在边疆民族聚居地区和杂居地带实行的封闭自治的地方政治制度。封建王朝对内附的各民族或部落的首领封以官爵，赐以名号，对其世袭统治辖地百姓，实行中央王朝对民族地区的间接统治；各民族首领承认自己是中央王朝委派的官吏，领地属于封建王土，同时服从军事征调，按期缴纳相应的贡赋。[①] 重庆民族地区的土司在石柱、酉阳和秀山统治长达数百年之久，直至清朝乾隆年间"改土归流"，改用朝廷流官管理这些少数民族地带。

三、陪都时期的战时政制

陪都，是指首都以外另设的副都，也称为辅都。陪都一般和首都一起被称为"两京"，其制度称为两京制度或者两京制、陪都制度等。陪都是补充首都的缺失，形成互相协调，各有侧重的格局，陪都发挥着呼应、补充、配合等辅助性作用，处于副核心地位。

抗战前，中国的首都是南京，重庆是行政院直辖市。1937年"七七卢沟桥事变"后，日本大举侵略中国，直逼南京，形势非常危急。1937年11月17日，国民政府主席林森率领大小官员撤离南京，并于三日后在武汉发布《国民政府移驻重庆宣言》，宣布迁都重庆，重庆正式担负起中国战时首都的责任。

随着国民党政府迁都重庆，沿海及长江中下游有245家工厂及大批商业、金融、文教、科研机构迁渝，加上战时需要兴建的大批工商企业及科教文卫单位，使重庆由一个地区性中等城市一跃成为中国大后方的政治、军事、文化中心。

（一）重庆成为大后方的经济中心

第一，重庆成为大后方工业生产中心。抗日战争全面爆发后，

---

① 李良品：《历史时期重庆民族地区的土司制度》，载于《重庆邮电大学学报（社会科学版）》2011年第3期。

集中在沿海地区的工矿企业开始向以重庆为中心的中国内陆广大地区迁移①，使重庆成为抗日战争时期的重要工业中心。以大批工矿企业的内迁和新建为基础，重庆的生产能力大增，并逐步成为整个大后方的工业生产中心。

第二，重庆成为大后方金融中心。伴随着金融机构的内迁和商业网络的形成，重庆逐步成为中国抗日战争时期的金融中心。国民政府迁渝后，为了控制和管理金融，明令中央银行、中国银行、交通银行、农民银行四家银行的总行迁到重庆，并准许各省地方银行在重庆设立分支机构，中央信托局等也迁到重庆。

第三，重庆成为大后方商业中心。工业中心和金融中心的形成及大量人口迁渝，促使重庆抗日战争时期的商业极为繁荣，商业门类齐全，经营品种繁多，并形成了以重庆为中心，辐射到四川及西南、西北各省的庞大商业网络。②

（二）重庆成为大后方的文化中心

第一，重庆成为大后方文化教育中心。抗战发生后，在国民政府的组织、领导下，一些国立、省立和私立的大专院校纷纷内迁。迁渝高校不仅数量多，而且大多是当时的一些著名学府。此外，政府当局为适应战争的需要又相继在重庆创办了数所高等院校。

第二，重庆成为大后方文化宣传中心。与抗日战争时期重庆教育事业的进步相适应，重庆的文化宣传事业也得到了很大发展。此外，一些著名专家、学者在战争时期也汇聚重庆，他们的作品

---

① 谢先辉、唐润明：《二战对中国内陆城市重庆的影响》，载于《民国档案》2002 年第 3 期。

② 罗玉兰：《抗战期间重庆地位的变化与其人文精神的传承和发扬》，载于《党史文苑》2010 年第 12 期。

在当时社会也产生了巨大的影响和作用。

第三，重庆成为大后方文化活动中心。随着文化教育中心、文化宣传中心地位的确立，重庆也逐步成为抗日战争时期大后方的文化活动中心。全国性的各种文化交流活动，全国性的各种学术会议大多在重庆举行；重庆的各机关和团体更是有目的、有组织、有计划地在重庆举行各种各样的盛大的庆祝和纪念活动。

（三）重庆成为世界反法西斯战争远东指挥中心

抗战时期，同盟国在重庆设立世界反法西斯战争中国战区统帅部，以蒋介石为统帅，美国人史迪威将军为参谋长，负责中国、泰国、越南等地区联合部队的指挥任务。中国人民的抗战完全纳入世界反法西斯战争的整个体系之中，而重庆则成为这一体系的一个重要支撑点。这样，重庆的政治地位又因第二次世界大战的扩大再次向前推进了一步，由中国抗战的司令部上升为世界反法西斯战争同盟国远东战区的指挥部，不仅"突出四川的范围成为号召全国的大都市""同时亦在政治上成为国际城市，而与伦敦、柏林、巴黎、华盛顿、莫斯科等相提并论"[1]。

在整个抗战期间，重庆作为国民政府和国民党首脑机关所在地，是国民政府发号施令和指挥全国抗战的中心，是全国的政治和经济中心。陪都的建立，使重庆成为中国抗战时期的政治、经济、文化中心，并确立了重庆的国际地位。[2] 在这一时期，重庆作为抗日民族统一战线的重要政治舞台，为当代中国政治制度，特别是政党制度、政治协商制度和人民代表大会制度的产生和发展奠定了基础。从政党制度来说，之前国民党一党专政，共产党

---

[1] 谢先辉、唐润明：《二战对中国内陆城市重庆的影响》，载于《民国档案》2002年第3期。

[2] 罗尚义：《论重庆在抗日战争时期的地位》，载于《探索》2005年第4期。

在这个时候和国民党进行合作。第二次国共合作的建立是对国民党一党制的初步冲击。中国共产党提出的共产党领导的多党合作的主张及其成功实践,迈出了建立新型政党制度的重要一步,为中华人民共和国的成立和民主党派对中共领导地位的确认,并最终建立起中国新的政党制度奠定了重要基础。国民参政会是抗战时期由国民政府成立,包括国民党、共产党及其他抗日党派和无党派人士代表的全国最高咨询机关,是第二次国共合作的产物。[①]从政治协商制度来说,它的起源地就在重庆,它是由抗日战争时期国共两党遇事协商这一制度发展起来的。

第二节 新中国成立以来重庆的政制发展

1949年11月,西南大部分地区相继解放。中共中央为加强军事管制,建立新的社会秩序,发展社会生产力,统筹经营西南,决定参照其他地区的经验,在西南地区同样实行大区一级的行政区划建制,使之"既利于国家统一,又利于因地制宜"。西南大区党政军首脑机构中共中央西南局、西南军政(行政)委员会和西南军区均设驻重庆。这样,重庆因其特殊的历史地位而成为中华人民共和国成立后西南地区唯一的中央直辖市和西南地区党政军首脑机关的驻在地,成为西南地区的政治、经济、文化中心。在20世纪80年代初,重庆的农村经济体制改革和城市经济体制改革齐头并进,国有企业改革、军工体制改革和宏观经济体制改革等方面发展迅速。

---

① 周勇:《重庆在抗日战争史上的历史地位和重大贡献》,载于《红岩春秋》2005年第5期。

一、西南大区时期的政制

中华人民共和国成立初期所设立的大行政区（简称大区），是覆盖全国所有领土，而且具有统一制度的省级以上行政建制。大区的渊源是战争时期中共领导下的各大战略区。[1] 西南大区所辖地域为云南、贵州、西康三省，川东、川西、川南、川北四行署区，及西藏地区和重庆直辖市[2]，其党政军首脑机构中共中央西南局、西南军政委员会和西南军区均驻重庆。

重庆也因特殊的历史地位，成为西南地区的政治、经济、文化中心。依照"按系统接管"的接管方针，重庆的接管工作共分为政务、军事、财经、交通、后勤、文教、公安七大系统，并组成六个接管委员会和一个公安部，分别接管与之相对应的原国民党中央机构与省市机构，包括国家行政机关、军事单位、厂矿、企事业单位、学校及其所属单位的一切物资财产、档案材料和全部人员。[3]

为了加强领导并集中一切力量搞好重庆的接管工作，在接管期间，重庆市军事管制委员会是一切权力的中心，党的各项方针政策和领导也都是通过军管会来贯彻和实现的，从而保证了接管工作的一致性、权威性和严肃性。1950年1月28日，"重庆市第一届各界人民代表会议"召开，标志着重庆市整个接管工作的胜利结束，重庆从此走向建设"人民的生产的新重庆"的新阶段。

---

[1] 华伟：《大区体制的历史沿革与中国政治》，载于《战略与管理》2000年第6期。

[2] 唐润明：《重庆：直辖之路》，载于《中国档案》2008年第6期。

[3] 扶小兰：《新中国成立初期重庆城市社会变迁》，载《城市史研究》，中国社会科学文献出版社2014年版。

在解放重庆并完成对旧有政权机关、团体、学校等的接管工作之后，建立新的人民民主政权，成为我党我军的一项首要任务。在党中央的直接领导下，相继建立了重庆市的各级人民民主政权并将西南大区一级的领导机构设于重庆。新的人民民主政权的建立和完善，为重庆乃至整个西南地区社会秩序的恢复、经济的发展及由新民主主义向社会主义的过渡，奠定了坚实的政治基础。

重庆是中国大陆最后解放的百万人口以上的大城市，又曾两次做过国民党政府的首都和统治中心。为了整顿社会秩序，首先，重庆开展了镇压反革命的工作；其次，取缔反动会道门组织及遣送旧军政人员；最后，政府对那些继续作恶、顽固不化者也进行了严厉的打击。这些措施对及时消除解放初期重庆市的混乱局面，稳定社会秩序，保障人民的生命财产安全，保证生产建设的顺利进行，都起到了重要的作用。

二、省辖市时期的政制

1954年6月22日，中共中央做出撤销大区一级行政机构和合并若干省、市建制的决定，重庆市与四川省合并，由中央直辖市改为四川省直辖市。伴随着新中国从新民主主义向社会主义转变和"文化大革命"，重庆在探索中发展，在曲折中前进。跌宕起伏，风雨兼程，成为这一历史时期的基本特征。一方面，对农业、手工业、资本主义工商业的"三大改造"，提前完成第一个五年计划和大规模的"三线建设"，确立了社会主义制度，初步奠定了重庆现代工业的经济基础。[①] 另一方面，由于"左"倾思想的

[①] 华伟：《大区体制的历史沿革与中国政治》，载于《战略与管理》2000年第6期。

严重影响，反右派扩大化、"大跃进"、人民公社化运动、"反右倾"、城乡社会主义教育运动和"文化大革命"接踵而至，对经济建设造成较大影响。1976年粉碎"四人帮"后经过正本清源，拨乱反正，克服"左"倾思想的束缚，重庆终于摆脱了困境，走出低谷，阔步迈进社会主义现代化建设的新起点。

三、计划单列市时期的政制

计划单列是作为重庆经济体制综合改革试点的重要内容和体制条件提出来的。计划单列即省辖大城市在国家计划中单列户头，是一种特殊的国家计划管理形式。

在计划经济时代，通常只有国务院各部和各省（自治区、直辖市）才能在国家计划中有户头，这是部门、省区获取国家分配资源的渠道。在特定时期内，为了发挥大城市稳定和带动全国经济的作用，国家对少数几个大城市曾经实行过计划单列。1954年重庆直辖市并入四川省以后，在国家计划中对省辖重庆市单列户头。1962年10月中央城市工作会以后，对重庆等七大城市也实行过计划单列。

1983年重庆进行经济体制综合改革时的第三次计划单列，并非简单重复前两次的做法[①]，而是在总结历史经验基础上，根据改革开放新时期的要求，丰富和深化了计划单列内涵。因此，重庆第三次计划单列创造出了一种体现市场化改革取向的新模式——计划单列的重庆经济模式。重庆计划单列的实质意义，在于一定程度上突破了传统计划经济体制"行政本位"的束缚，

---

① 马述林、艾新全、俞荣新：《重庆经济体制综合改革试点回顾》，载于《红岩春秋》2008年第4期。

激发了大区域性经济中心城市内在活力,重新恢复和增强其辐射、带动、服务全国和区域经济发展的功能,这与建立社会主义市场经济体制、发挥市场配置资源的基础性作用的方向是一致的。

重庆计划单列时期是改革开放后重庆经济社会发展的黄金时期,一是计划单列为重庆的重要改革提供了不可或缺的体制条件;二是计划单列为重庆扩大对内对外开埠提供了有利条件;三是计划单列极大地促进了重庆社会生产力的发展;四是计划单列提升了重庆地位,为重庆直辖市的成立创造了条件。[①]

第三节　中央直辖以来重庆的政制建设

20世纪90年代,随着我国经济发展战略由东向西转移,中央相继提出并实施了长江经济带开发战略、三峡建设工程和西部大开发战略。1997年,重庆以其特有的战略地位和区位优势,第三次成为中央直辖市,从此进入一个崭新的发展时期。重庆直辖市的建立,标志着重庆的经济社会发展进入了一个新的历史时期。

一、直辖体制

直辖市是许多国家的最重要省级行政区,此名称主要被中国、朝鲜、韩国、越南等汉字文化圈国家所采用。是直接由中央政府所管辖的建制城市。直辖市往往需要较多的居住人口,且通常在全国的政治、经济和文化等各方面上具有重要地位。[②] 在我国直

[①] 陈之惠、马述林:《重庆计划单列的那些年》,载于《中国经济导报》2013年6月20日。

[②] 李斌:《农村居民的城市融入:基于工作状态研究的分析》,载于《国际社会科学杂志(中文版)》2013年第4期。

辖市的制度源于中华民国政府于 1921 年《市自治制》中所称的特别市。该概念产生于 1930 年中华民国的《市组织法》，称为院辖市。中华人民共和国成立以后，重庆成为继北京、上海和天津之后的第四个直辖市经历了一个比较长的过程。

（一）重庆直辖市的由来

重庆在我国具有极为重要的地理位置，位处长江大动脉的上游，云贵川三省的交接点，是我国东部经济发达区和西部资源富集地区的接合部，是西南地区和长江上游最大的经济中心城市和重要的交通枢纽。重庆在历史上曾三次建都，位于中国东部经济发达区和西部资源富集区的接合部，又处于三峡经济区的中心，区位优势和战略地位十分重要，在国家中西部发展战略中具有承东启西、左传右递的枢纽作用。加上四川省面积太大、人口过多，不便管理，20 世纪 80 年代初国家就有把重庆从四川划出来的构想。

随着中西部发展战略的推进和三峡工程百万移民安置问题的提出，对设立重庆直辖市的问题，已逐步提上党中央的议事日程。1996 年 8 月，中共中央、国务院决定将重庆建为直辖市。为确保这一重大决策实施，9 月，中共中央、国务院批准《中共四川省委委托重庆市代管涪陵市、万县市和黔江地区的请示》。9 月 15 日，重庆市正式代四川省对"两市一地"行使党政、经济与社会发展及三峡库区移民工作等管理职能。在中共四川省委、四川省政府的领导下，重庆市贯彻中央的部署和"思想领先，平稳过渡"方针，从新的市情出发，对全市工作进行全面部署，着力开创新局面。为解决重庆市农村人口多、面积大、移民任务重的问题，经国务院批准，重庆市增设了移民、扶贫、农业和农村工作机构，为设立直辖市奠定了基础。

1997年初，国务院认为，设立重庆直辖市的条件已经具备。3月14日，八届全国人大五次会议审议通过了关于设立重庆直辖市的议案，做出了《关于批准设立重庆直辖市的决定》。至此，重庆完成了第三次成为中央直辖市的法律程序。6月18日，重庆直辖市正式挂牌成为最大的直辖市，面积8万平方公里，人口超过3000万人，其中主城区的人口是800万人，中央直辖后的重庆已经成为长江上游经济带的核心，是长江上游地区的经济中心和金融中心。[①]

（二）重庆直辖市设立的背景

第一，有益于中国战略发展。中国走向现代化，光靠发展沿海是不够的，必须让沿海和内陆全面发展，齐头并进。这就涉及发展中国家普遍存在的一个问题：少数城市发达，多数农村贫困。重庆直辖的任务之一，就是要从根本上解决这个问题。用大城市带动大农村，实现城乡共发展、共繁荣。在这种战略决策中，历史选择了重庆。这是因为重庆是一个具有二元结构特征的城市，有相对发达的工业和极其落后的农村。如何将重庆的工业优势转化为市场优势，这是一个极富挑战性的问题，是当今中国政治家和经济学家需要共同攻克的一个世界性的大课题。

第二，设立重庆直辖市，是中央为了加快中、西部地区经济和社会发展所采取的一项重要举措。重庆要建设成为中国长江上游的金融、贸易中心和科技信息中心，交通枢纽和现代化工业基地，形成以三峡库区为核心的长江上游产业带，[②] 成为经济发达、社会文明、生活富裕、环境优美的生态经济区和具有沿江开发、

[①] 唐润明：《重庆：直辖之路》，载于《中国档案》2008年第6期。
[②] 何菁菁：《重庆的历史与未来》，载于《价格月刊》1997年第6期。

开放特色的现代化城市。重庆完全有条件通过自身的努力，把年轻的直辖市建设成为名副其实的长江上游的经济中心，发挥重庆辐射带动作用，促进长江经济带的整体开发，带动整个中西部地区迅速发展。

第三，重庆直辖市的建立，可以解决四川省面积过大、人口过多的问题。有利于加快四川省的行政管理，加快四川社会经济的发展。重庆由中央直辖后，四川可以突出重点，加快盆地中心发达地区经济的快速发展，集中精力支持少数民族地区，抓好革命老区和贫困山区的扶贫开发，使昔日的"天府之国"焕发新生。

中央在20世纪末重新设立重庆直辖市，主要着眼于加快我国西部地区的经济的发展。改革开放后，因为政策倾斜以及地理优势等原因，东部沿海地区的经济发展迅速，而西部地区的发展相对滞后。根据党中央、国务院的要求，重庆直辖市必须全力完成三大任务：一是增强中心城市的综合实力，充分发挥长江上游经济中心的作用。二是探索大城市带动大农村的路子，实现城乡共发展、共繁荣。三是搞好开发性移民，使移民们能"搬得出、稳得住、逐步能致富"。因此，由中央直辖后的重庆既面临着千载难逢的发展机遇，又肩负着艰巨的历史使命。

（三）设立重庆直辖市的体制优势

第一，行政层级少，行政效率高。行政层级由原来的市—地（市）—县（区）—乡减少为市—县—乡三级或市—区两级。

第二，机构和人员精减，行政成本低。比如经过2003年机构调整，重庆市政府设工作机构46个。其中办公厅和政府组成部门29个，直属特设机构1个，直属机构16个。从人口与公务员的比例看，全国平均是30∶1，西部地区平均是20∶1，而重庆仅为 50∶1。

第三,行政体制改革和政府职能转变适应市场经济的发展。在行政内部,进行纵向权力结构调整,层层下放权力,实行"重心下沉",充分调动各行政层级的积极性主动性。

第四,行政运行机制不断创新。在搞好一般管理的同时,持续开展发展环境整治行动,变管制型政府为服务型政府,切实把政府职能转到为企业和各种市场主体提供发展环境和平等竞争的条件上来,转到为社会提供安全和公共产品上来,转到为劳动者提供就业机会和社会保障上来。[①]

二、基层民主发展

发展社会主义民主,建设社会主义政治文明,是全面建成小康社会的重要目标。扩大公民有序的政治参与,是维护社会安定与和谐的重要渠道。重庆由中央直辖 20 年来,伴随经济社会持续快速发展,民主政治建设也取得了巨大成就,集中体现在选举民主、协商民主和基层民主的实践中。

(一) 积极推进选举民主的发展

中央直辖以来,在中央和重庆市委的领导下,在全国人大的指导下,重庆市人大及其常委会围绕中央交办的大事,突出发展主题,以加强民主法治建设为根本任务,认真行使立法、监督、重大事项决定、选举和任免等职权,在实现人民的民主权利,推进地方民主法治建设,构建和谐重庆,推进地方经济建设、政治建设、文化建设、社会建设和生态文明建设"五位一体"、协调

---

① 罗德刚:《重庆直辖市行政体制的特色及启示》,载于《中国行政管理》2004 年第 3 期。

发展方面发挥了重要作用。

第一，立法的步伐加快有特色。中央直辖后，重庆市人大及其常委会有了完整的地方立法权，以"完善体制、打好基础、提高质量"的立法思路为指导，实施"急用先立、逐步完善"的工作步骤。中央直辖以来，重庆市人大及其常委会不断完善地方性法规、法规性决定和单行条例，基本实现了地方立法与重庆直辖市经济社会的同步发展。

第二，监督工作重点突出有实效。中央直辖以来，重庆市人大常委会开展了100多次执法检查，有力地保证了法律法规在重庆市的贯彻实施，维护和实现了人民群众的合法权益。同时认真受理人民群众来信来访，督促有关部门办理涉法诉讼、控告、人事劳动和社会保障、拆迁与征地等问题，化解了社会矛盾，维护了社会稳定。

第三，推进重大事项决定规范化、民主化、科学化。中央直辖以来，重庆市人大常委会先后做出关于科教兴渝、加快民族地区经济发展、加强新阶段扶贫开发工作、加强法制宣传教育、加强农业综合开发工作等重大事项决议、决定，并对各项决议、决定的执行情况进行了跟踪检查，有力地推动了重庆经济社会发展和民主法治建设进程。

第四，依法行使选举和任免权。选举制度建设，是人民代表大会制度建设的基础。中央直辖以来，在选举中，选民认真行使自己的民主权利，无论选民登记、选区划分、选民投票，还是代表候选人和政权机关组成人员人选的提名、推荐、协商和酝酿等，都坚持充分发扬民主，严格依法办事，选民的民主权利得到有效保障和实现，为地方政权建设奠定了坚实的民主基础和群众基础。坚持党管干部原则，依法行使任免权。

第五，规范和创新代表工作。先后制定"重庆市实施《代表法》办法"等法规，出台加强和规范重庆市人大代表活动的文件，建立健全代表活动制度、联系代表制度、代表议案办理办法以及代表建议、批评和意见办理办法等制度，强化代表的主体地位。

（二）积极推进协商民主的发展

中央直辖以来，在中共重庆市委领导下，坚持和完善中国共产党领导的多党合作和政治协商制度，突出团结、民主两大主题，围绕中心、服务大局，关注民生、促进发展，全面履行政治协商、民主监督、参政议政职能，开创了重庆政协工作的新局面，在促进重庆市社会主义民主政治建设中发挥了重要作用。

第一，积极推进政协协商民主的发展。一是中央直辖以来，重庆市政协围绕全市经济社会发展的重大问题认真搞好政治协商。通过常委会议、主席会议、专题协商会议及专门委员会对口协商会议等，先后就制定国民经济和社会发展中长期规划、实施西部大开发规划、社会保障制度改革、医疗制度改革、提高城镇化发展水平、加快新型工业化发展、扩大对外开放等与中共重庆市委、重庆市政府进行协商，对促进重庆市委、市政府科学、民主决策发挥了重要作用。二是民主监督的力度不断加大。中央直辖以来，重庆市政协围绕宪法和法律的实施，重大方针政策的贯彻执行，中共重庆市委、重庆市政府重大决策的落实情况等，积极推进民主监督。三是参政议政的水平不断提高。中央直辖以来，重庆市政协围绕重庆市经济社会发展中的重要问题深入开展参政议政。四是制度化、规范化、程序化建设稳步推进。中央直辖以来，重庆政协积极配合中共重庆市委制发了《中共重庆市委关于进一步加强人民政协工作的意见》《中共重庆市委关于切实加强人民政协工作的意见》《中共重庆市委关于贯彻〈中共中央关于加强人民政协工作的意见〉的实施意见》，加强了党对政协的领导，为推进政协履行职能的"三化"建设提供了重要保证。重庆市政协还相继制定和修订了《关于政治协商、民主监督、参政议政的规定》以及各项工作规则、常委会自身建设、界别作用、政协委员主体作用以及各项工作条例等制度性文件，使政协履行职能的各项工作做到了有章可循。

第二，坚持和完善中国共产党领导的多党合作和政治协商制度，多党合作事业稳步发展。坚持中国特色社会主义政治发展道路，认真贯彻落实中共中央《关于坚持和完善中国共产党领导的多党合作和政治协商制度的意见》《关于进一步加强中国共产党领导的多党合作和政治协商制度建设的意见》《关于加强人民政协工作的意见》精神，出台了一系列贯彻中央文件的实施意见，研究新情况、解决新问题，不断加强重庆市的多党合作制度建设。建立和坚持了情况通报会、双月座谈会、人事安排协商会、暑期学习谈心会、民主党派与政府有关部门对口联系、重庆市委常委与党外代表人士交朋友、聘请特约人员、民主党派负责人参加外事活动等制度，并出台了《市委双月座谈会实施规则》《聘请特约人员工作办法》《重大问题邀请民主党派调查研究》等文件，使政治协商、民主监督、参政议政更加规范有序、富有成效。

第三，全面贯彻党的民族宗教政策，促进民族地区的经济社会发展和宗教界的团结稳定。针对新时期民族宗教工作面临的复杂形势，采取切实措施，加强民族宗教工作，维护重庆市社会稳定。在民族工作方面，牢牢把握各民族"共同团结奋斗、共同繁荣发展"的主题，认真贯彻落实中央民族工作会议精神，积极推动中央和重庆市关于加快少数民族和民族地区经济社会发展一系列政策措施的贯彻落实，促进了重庆市民族地区经济社会较快发展。认真贯彻执行《民族区域自治法》，推进重庆市民族地区民主立法工作。在宗教工作方面，全面贯彻落实党的宗教工作基本方针、全国宗教工作会议精神和《宗教事务条例》，出台相关文件，完善宗教工作机制和网络。加强宗教团体自身建设和宗教界代表人才、宗教教职人员的培养，帮助宗教团体解决实际困难，巩固了党同宗教界的爱国统一战线。积极推动基督教的神学思想建设、天主教的民主办教、伊斯兰教的解经工作和佛教、道教的规范管理，支持宗教界积极开展扶贫、济困、助学等社会公益活动，引导宗教与社会主义社会相适应。坚持我国天主教"独立自主自办、自选自圣"原则不动摇，取得了天主教万州教区自选自圣助理主教工作的圆满成功。

第四，充分发挥载体作用，海外联谊日趋活跃。充分发挥重庆海外联谊会、市侨联、市台联、市黄埔军校同学会、重庆华商会等载体的作用，运用亲情、乡情、友情、商情，争取人心、汇聚力量，加强了与海外华人华侨、留学生及进步社团的联谊工作。与20余个港澳及海外重要社团保持了长期、密切的联系。同时，市委统战部还先后组织多人次赴境外学习考察，促进了重庆与海内外的交流与合作。在联谊工作中，大力宣传"一国两制""港人治港""澳人治澳"高度自治的方针，以有影响、有实效的"香港周""澳门周""港澳政协委员座谈会"等活动为依托，围绕港澳重大政治活动，积极支持港澳人士为特区的繁荣稳定作出贡献。在对台工作方面，认真贯彻落实中央对台工作方针，健全对台工作机制，深入开展对台交流交往。此外，有关部门和团体经常关心、帮助在渝困难台胞、老归侨的生活，尽力为他们解决实际困难。

（三）积极稳妥有序地推进基层民主政治建设

在乡镇、社区和村、企事业、社会组织积极稳妥推进基层民主政治建设，基层民主不断扩大。通过调研、执法检查、邀请列席常委会会议、对口联系、业务培训等形式，加强对基层人大工作的业务指导和工作联系，共同推进基层民主政治建设。制定了乡镇人民代表大会工作条例，重视和支持乡镇人大依法行使职权，发展基层人民民主。制定《重庆市村民委员会选举办法》，在国内率先将"不确定候选人"的竞选方式纳入地方性法规，充分调动人民群众政治参与的积极性。积极抓好村（居）民会议和村（居）民代表会议制度建设，建立和完善村（居）民自治章程和村规民约等村级民主管理制度，明确基层组织的职责、工作程序和要求。在全市推行村（居）务公开、任期和离任审计及违规过失责任追究等制度，加强了对村级事务和村（居）干部的监督。发挥企业职工代表大会和工会民主管理、民主监督的作用，推行厂务公开，保障职工的合法权益。

三、法治建设

中央直辖以来，重庆市立法、执法、司法各部门坚持以中国特色社会主义理论体系为指导，紧扣重庆实际，认真贯彻"依法治国，建设社会主义法治国家"的基本方略，做了大量工作，取得了显著成效，特别是党的十八大以来，重庆市紧紧围绕维护社会大局稳定、促进社会公平正义和保证人民群众安居乐业三大主要任务，深入推进平安建设、法治建设和过硬队伍建设，深化司法体制改革，创新社会治理方式，不断提升公众安全感、司法公信力和群众满意度，为推进改革发展和全面建成小康社会创造出了和谐稳定的良好环境。

（一）加强地方立法，重庆特色的地方法规体系不断建立健全

围绕重庆市经济社会发展的主要领域以及行政管理、司法运行的主要环节基本做到了有法可依，具有重庆特色的地方性法规和政府规章基本框架初步形成。

第一，围绕规范政府行为、夯实依法行政基础，制定了《重庆市规章制定程序规定》《重庆市行政执法责任制条例》《重庆市行政决策听证暂行办法》《重庆市政府重大决策程序规定》《重庆市建设领域行政审批制度改革试点方案》等规章，进一步健全行政决策、执行和监督机制，加强法治政府建设。

第二，围绕规范市场秩序、保障经济健康运行，制定、修订了重庆市盐业管理、烟草专卖、酒类商品管理、体育市场管理、电信、经营性国有土地使用权公开交易等条例或办法，进一步改善重庆市的市场运行环境。

第三，围绕预防和治理污染、保护生态环境，制定了《重庆市绿化条例》《重庆市城市环境卫生管理条例》《重庆市环境保护条例》等法规规章，进一步加强环境保护和资源再利用，努力实现经济社会的可持续发展。

第四，围绕加强城市管理、提升城市形象，制定了《重庆市城市规划管理条例》等法规规章，进一步规范城市建设与管理，着力提高城市现代化管理水平。

第五，围绕维护社会稳定、保护广大人民群众的生命财产安全，制定了关于重庆市社会治安综合治理、交通安全、地质灾害、防震减灾、安全生产监督等法规规章，进一步加强重庆市公共安全领域的制度建设，切实保障广大人民群众的生命财产安全。

第六，围绕实施"科教兴渝"、实现可持续发展战略，制定了《重庆市科技市场条例》《重庆市促进科技成果转化条例》《重庆市实施〈教师法〉办法》《重庆市科技奖励办法》《重庆市教育督导规定》等法规规章。同时,对规范和培育中介机构和社会服务组织、公共服务等,同样制定了可行的管理办法。

(二) 严格执法,全面推进依法行政

根据重庆直辖市的特殊市情,全面创新行政体制。

第一,调整行政管理体制,提高行政效能。中央直辖以来,积极推进行政管理体制改革,减少和规范了行政管理层次,撤销了地市级中间管理层次,实现了市对区县的直接管理;撤销了县辖区公所,实现了县对乡镇的直接管理。优化了组织结构,降低了行政成本;减少了管理层次,提高了行政效能,从直辖前的省—地(市)—区县—区公所—乡镇五级,减少到现在的市—区县—乡镇三级,上情下达、下情上达速度明显加快。同时,积极推进市级机构改革和区县乡机构改革。初步解决了一些部门长期存在的职责交叉、多头管理、权责脱节和决策、执行、监督不相协调的问题。

第二,简政放权,重心下移。推进政府管理创新,进一步加强政府自身改革和建设。实施"1+6工程",全面规范政务管理。对政府管理工作中的许可、登记、收费、认证、裁决、处罚、强制等政务行为进行了较为全面的改革和规范。全市统一部署,上下联动,积极清理政策文件,停止施行、取消或调整行政审批项目。制定"五型政府"总体方案,对政府自身改革和建设作出全面部署,即公开型政府、有限型政府、服务型政府、诚信型政府、责任型政府。

第三,推进行政审批制度改革,加快政府治理模式转变。中央直辖以来,重庆市以行政审批制度改革为突破口,切实加

强服务型政府建设。重点是大幅度减少行政审批项目；以建设领域和企业注册登记行政审批改革为重点，创新审批机制；改进审批方式，提高审批效能；加强配套制度建设，全面规范行政许可行为。

第四，加强政府信用建设，努力打造诚信政府。重点是启动社会信用体系建设工程，完善诚信建设制度，创建诚信建设平台，整治重点领域的失信行为。此外，重庆市健全了专家参与决策机制，成立了市政府决策咨询专家委员会和立法评审委员会，加强政府信用监管。

第五，大力推进政务公开，创建公开性政府。包括：健全科学民主决策机制和重大决策专家咨询制度；实行重大政务决策听证制度和重大政务信息公开制度，实施开门立法，提高政务决策的民主性和科学性；创建行政审批改革平台；积极探索政务公开的新方式、新方法，增添政务公开的新措施。

(三) 强化法律监督，维护公平正义

中央直辖以来，重庆市检察机关在党的领导和人大监督下，以"强化法律监督，维护公平正义"为主题，以"加大工作力度，提高执法水平和办案质量"为要求，充分履行法律监督职能，为构建法治重庆、和谐重庆做出了巨大贡献。

第一，紧紧围绕建设和谐重庆，全力维护社会稳定。充分发挥批捕、起诉职能，严厉打击严重危害社会稳定的刑事犯罪；突出工作重点，积极投入各项专项斗争；积极查办职务犯罪，深入推进反腐败斗争。

第二，坚持标本兼治，切实做好防范和遏制犯罪工作。全市检察机关在积极打击各类犯罪的同时，坚持打防结合，把遏制和减少犯罪作为创建法治重庆、和谐重庆的重要工作来抓，积极探索预防犯罪的新途径。重点是认真开展检察环节的社会治安综合治理，大力加强职务犯罪预防工作。

第三，认真履行诉讼监督职能，维护司法公正。全市检察机关认真履行各项诉讼监督职能，坚持有罪追究、无罪保护、严格执法、客观公正的原则，着力解决人民群众反映强烈的执法不严、司法不公问题，努力保障司法公正，维护社会稳定。重点是加强对刑事立案、侦查和审判活动的监督，加强刑事执行监督和监管活动监督，积极开展民事审判和行政诉讼监督。

（四）公正司法，深入践行司法为民

中央直辖以来，重庆市法院系统努力践行"公正司法、一心为民"工作方针和"公正与效率"工作主题，紧紧围绕党和国家及重庆市的中心工作，充分发挥司法保障职能，严厉打击各种违法犯罪活动，为构建法治重庆、和谐重庆提供了有力的司法保障。

第一，依法履行审判职能，服务全市工作大局。严厉打击刑事犯罪。依法调节经济关系，促进经济社会发展。依法审理行政案件，切实保护当事人的合法权益。

第二，积极采取有效措施，深入践行司法为民。重庆市法院认真落实"公正司法，一心为民"指导方针，增强服务意识，提高服务质量，在解决群众最关心、最直接、最现实的问题方面做了大量卓有成效的工作，认真落实诉讼便民措施，努力化解"执行难"，妥善处理涉诉信访问题。

第三，继续深化法院改革，不断健全管理机制。全市法院认真贯彻最高法院改革纲要，结合直辖市体制特点，积极稳妥推进法院改革，着力解决司法功能滞后问题，有力推动法院工作健康发展，深入推进审判方式改革，努力构建大调解格局，扎实推进

司法规范化建设。[①]

第四节　中国共产党与重庆的发展

中国共产党的诞生是开天辟地的大事。自从有了中国共产党，中国革命的面目就焕然一新。在中国共产党领导下，中共重庆地方组织自1926年设立以来，团结带领人民群众前仆后继、英勇牺牲，建立了人民当家作主的新政权；领导人民群众，艰苦奋斗、艰辛探索，实现了经济社会的全面进步；改革开放，开拓创新，取得了建设中国特色社会主义的辉煌成就。

一、开辟重庆历史新天地

1921年7月中国共产党的诞生，是开天辟地的大事件，是中国近代社会矛盾及人民革命斗争深入发展的必然结果。1926年2月中共重庆地方执行委员会的成立，是四川地区社会矛盾和人民斗争发展的必然产物，实现了党对全川革命斗争的统一领导，也掀开了重庆历史崭新的一页。

（一）成立党的组织

自西方列强以鸦片和炮舰打开清王朝闭关锁国的大门，近代重庆，便随着中国日益加深的半殖民地半封建化过程而发生着深刻巨变，并逐渐融入近代中国社会变革和民主革命的大潮。从辛亥革命到五四运动，为寻找救国济民之路，一批激进的民主主义者和青年知识分子站在"潮头"，以重庆为舞台进行了艰辛探索

[①] 中共重庆市委宣传部、重庆社会科学院、重庆市人民政府发展研究中心：《重庆直辖十年鉴》，重庆出版社2007年版，第393～441页。

和革命实践，最终在中共中央领导下，建立了中共重庆地方组织，翻开了重庆人民革命斗争的新篇章。

1915年9月，以陈独秀在上海创办《青年杂志》（后为《新青年》）为标志，一场宣传"德先生、赛先生"，提倡民主，反对独裁专制；提倡科学，反对迷信盲从的新文化运动狂飙席卷中国大地。1917年，俄国十月革命的胜利，开辟了人类历史新纪元，给中国先进分子提供了探索救国之路的新启迪，他们从彷徨、苦闷中走出来，奋然前行。1919年，声势浩大的"五四"爱国运动席卷全国。借助"五四"爱国运动的强劲东风，新文化运动之风也乘势吹入重庆，科学与民主的思想迅速地在重庆传播。① 同时也使马克思主义在重庆通过多种途径得到广泛传播。1922年10月9日正式建立中国社会主义青年团重庆地方执行委员会。② 青年团地方组织的成立为推动重庆地区反帝反封建斗争注入了新的生机。1924年1月12日，吴玉章、杨闇公在成都秘密成立中国YC团，也为中共地方组织的创建做了干部上的准备。1926年2月底至3月初，正式成立了中共重庆地方执行委员会，杨闇公任书记，冉钧负责组织，吴玉章负责宣传。中共重庆地委建立后，贯彻中共四大提出的关于加强工农联盟，争取无产阶级在民主革命中的

---

① 陈全、张鲁鲁：《先驱举大旗巴蜀起狂飙——纪念中共重庆地方组织创建80周年》，载于《红岩春秋》2006年第2期。

② 早在1920年春，共产国际就收到过一份关于《四川省重庆共产主义组织的报告》。据该文件反映，该组织于1920年3月12日在重庆成立总部设有书记处、宣传部、财务部和出版部四个机构，共有近40个成员和60多个候补成员，主要由教师、学生、工人组成；除重庆总部外，还在川西（成都）、川西南（叙府）、川东南（雅州）、川北（顺庆）建立了分部，并打算在西藏建立组织。参见中共重庆市委党史研究室：《中国共产党重庆历史》第1卷（1926—1949），重庆出版社2011年版，第46页。

领导权，不断推动反帝反封建反军阀的斗争，从多方面开展了大量工作。中共重庆地委的建立，实现了中国共产党对四川革命运动的统一领导，担起了领导重庆和全省人民革命斗争的历史重任，标志着重庆作为四川革命运动中心地位的确立。至此之后，以重庆为中心，四川革命运动开始了一个崭新的局面，呈现出全新的气象。①

（二）投身革命洪流

1923年6月召开的中国共产党第三次全国代表大会和1924年1月召开的中国国民党第一次全国代表大会，迅速推动形成了以国共合作为基础的反帝反封建革命斗争的新局面。重庆是四川大革命洪流中的指挥中心。中共重庆地方执行委员会与国民党左派密切合作，通过国民党左派省党部，广泛动员和组织各界群众投入反帝反封建斗争，发动"顺泸起义"，支援北伐战争，从而牢牢掌握着对四川大革命运动的领导权，有力地配合了全国的大革命运动。

大革命失败后，重庆地区轰轰烈烈的革命高潮急转直下。面对反动军阀的疯狂屠杀，中国共产党迅速恢复组织，贯彻中央方针政策，继续坚持革命斗争。在极其艰难的条件下，发动武装起义，进行土地革命，开展城市斗争，义无反顾地向反动军阀和封建势力展开了英勇斗争。

土地革命时期，三大主力红军在为实现北上抗日战略意图的长征中，先后进入重庆境内，开辟新的革命根据地，播下革命火种。

---

① 陈全、张鲁鲁：《先驱举大旗巴蜀起狂飙——纪念中共重庆地方组织创建80周年》，载于《红岩春秋》2006年第2期。

"九一八"事变后,日本帝国主义加紧侵略中国。面对日益严重的民族危机,中国共产党号召全国人民抗日救国,重庆人民迅速投入轰轰烈烈的抗日救亡运动。特别是1939年1月,中共中央南方局在重庆秘密建立。由周恩来、博古、凯丰、吴克坚、叶剑英和董必武任常委,周恩来为书记。南方局从建立到1946年5月东迁南京的8年时间里,在党中央的领导下,在艰险的政治环境中,创造性地贯彻执行中央的正确路线和方针政策,领导整个南方国民党统治区中共党的组织和人民群众进行了艰苦卓绝的斗争,为中华民族独立和中国人民的解放事业建立了不朽的历史功勋。[1]

(三) 争取民主解放[2]

抗日战争胜利后,中国共产党领导的中国革命进入了解放战争时期。解放战争时期,是中国新民主主义革命走向胜利的时期。在此期间,中共重庆党组织先后在中共中央南方局、公开的中共四川省委和中共中央上海局领导下,开展人民民主运动、投入第二条战线,发动武装斗争,有力地配合人民解放战争的胜利进行。

1945年8月28日,毛泽东偕周恩来、王若飞飞抵重庆,同国民党当局进行谈判。毛泽东亲赴重庆,充分显示了中国共产党谋求和平的真诚愿望,受到全国人民的热烈欢迎和社会舆论的高度赞誉。经过43天复杂而艰苦的谈判,国共双方于10月10日签署了会谈纪要。重庆谈判的成功,有力地推进了国民党统治区的民主运动。这一时期,中共重庆党组织贯彻中共南方局指示,放手发动群众,扩大人民民主统一战线,领导群众投入到"争和平、

---

[1] 陶丹、尹浩亮:《利用重庆红色文化资源,加强地方高校思想政治教育》,载于《学园(教育科研)》2012年第20期。

[2] 陈全、徐术:《顽强奋起迎接解放》,载于《红岩春秋》2006年第6期。

第六章　重庆的政制发展

反内战，争民主、反独裁"的斗争中。

1946年12月爆发了"一二·一"学生运动和抗议美军暴行运动，逐步形成国统区人民配合人民解放战争的第二条战线。在中共四川省委和中共重庆党组织的领导下，重庆展开了以抗暴运动为新起点的爱国民主运动，成为第二条战线的重要组成部分。

全面内战爆发后，国民党当局在组织军队疯狂向解放区军民进攻的同时，进一步强化了国统区的法西斯统治。中共重庆党组织在此期间也不断发展壮大。重庆市委以华蓥山地区附近的广安、岳池、武胜、渠县、合川、江北、梁山、邻水、大竹，下川东的云阳、奉节、巫山、巫溪等县，以及黔北的思南地区为重点，陆续派出干部，并动员一批进步青年积极分子深入农村，一方面从抗丁、抗粮、抗捐入手开展农民运动；另一方面加强基层政权，发动武装斗争。在城市放手发动群众，加强调查研究，做好护厂、护校和保护城市的工作。其间被捕入狱在歌乐山军统集中营白公馆、渣滓洞等监狱的英雄，凭借着共产党人的党性和革命的自觉性，在狱中建立起秘密党组织或汇聚于骨干党员的周围，团结带领狱中广大难友与敌人进行坚决的斗争，表现了共产主义者坚持真理，宁死不屈的浩然正气。

1949年11月上中旬，刘伯承、邓小平率领的第二野战军和配属的第四野战军一部解放川东南门户的秀山、酉阳、黔江三县城，紧接着强渡乌江天险，突破白马山防线，兵锋直指重庆。11月下旬，解放南川、綦江、江津、涪陵等地后，对重庆形成三面包围之势。11月30日凌晨，眼看大势已去的蒋介石慌忙乘坐飞机逃离重庆，国民党各部也纷纷夺路溃逃。30日下午，川东地下党的代表和重庆工商界的代表乘轮渡过江到海棠溪，欢迎解放军入城。傍晚，解放军先头部队分几路在朝天门、储奇门等处进入市区，受到重庆人民的热烈欢迎。至此，重庆宣告解放。①

二、建设社会主义新重庆

当中华人民共和国的历史刚刚跨入建设社会主义门槛之时，从中央到地方，从乡村到城市，从国家的高层领导人到普通老百姓，人们都在苦苦追寻建设社会主义的道路。由于国际、国内的，主观的和客观的种种因素，跌宕起伏、迂回曲折的发展，构成重庆这一历史时期的基本特征。

（一）确立社会主义制度

1949年11月30日重庆解放后，人民当家做主，开始了艰苦的社会改造和经济建设。至1956年底，这一期间大体分为两个阶段：1949年11月30日至1952年底，坚决贯彻落实《中国人民政治协商会议共同纲领》提出的各项任务，着重进行了新民主主义政权建设、社会改造和国民经济恢复工作；1953～1956年，在党的过渡时期总路线指导下，开始大规模的经济建设，努力实施第一个五年计划，同时有计划地对农业、手工业和资本主义工商业生产资料所有制进行社会主义改造。通过全市人民的共同努力，实现了从新民主主义向社会主义的转变。

（二）在探索中曲折发展

社会主义制度确立后，党中央领导全国人民开始转入全面的大规模的社会主义建设，独立自主地探索符合中国实际的社会主义建设道路。重庆各级党组织领导全市人民以前所未有的建设热情和创造精神，艰苦奋斗，进行社会主义建设，各项事业都取得

---

① 何建明：《最后的斗争——红岩革命烈士牺牲现场实录》，载于《中国作家》2011年第16期。

第六章 重庆的政制发展

很大成就。与此同时，由于对社会主义建设客观规律认识不足，以及全党在指导思想上"左"的失误，也给重庆的经济建设、政治建设带来很大损失。

1956年9月，按照重庆市委的部署，全市各级党委认真组织党员干部和群众学习贯彻党的八大会议精神。在党的八大路线的指引下，全市抓紧实施"一五"计划，加快生产建设步伐。但时隔不久，随着形势的发展，党的指导思想开始出现"左"的偏差，前进的轨道逐步偏离了党的八大制定的路线。由此，1957年4月按照中央和重庆市委的安排，进行了反对官僚主义、宗派主义和主观主义的整风运动。从1958年开始，"大跃进"运动在全国全面展开。

在这样的思想背景下，重庆生产建设上急于求成的思想开始抬头，各行各业都提出了"放卫星、献大礼、跃进再跃进"的口号。片面追求高指标、高速度，倚重发展工业尤其是重工业，一些经济指标严重脱离重庆的实际。"大跃进"运动开始不久，与全国其他地方一样，重庆的人民公社化运动也陆续展开。1961年开始贯彻执行中共八届九中全会通过的对国民经济实行"调整、巩固、充实、提高"的八字方针。[①] 经过1961～1965年的调整，重庆市的国民经济逐步摆脱危机，开始走上健康发展的道路。表现为国民经济重大比例关系，尤其是轻工业与重工业、农业与工业比例关系失调的状况明显好转，农业得到加强，社会购买力和商品供应量基本平衡，人民生活水平得到明显改善，党和政府以实事求是的作风纠正工作中的失误，得到了人民群众的拥护。从1962年党的八届十中全会重提阶级斗争以后，重庆在经济调整的

[①] 《重庆"大跃进"运动》，载于《红岩春秋》2012年第1期。

同时，开展了城乡"社会主义教育运动"，但政治领域内"左"的指导思想再度出现，阶级斗争再度扩大化。

从1956年到"文化大革命"开始前这10年，是重庆党组织领导全市人民建设社会主义在探索中曲折发展的10年。其间，虽然遭受过严重挫折，仍然取得很大成就。工业建设方面，1965年与1957年比较，全市工业总值增长50.66%；钢铁、煤炭、电力、机械制造等工业，特别是国防工业有很大发展，初步建设成为我国常规兵器工业基地；新建和扩建了一批骨干企业，形成了动力机械、仪表仪器、光学玻璃、塑料工业等许多过去没有的工业部门，已经能生产复合不锈钢板、大马力柴油机、自动立式滚齿机、防爆电机、25吨自动卸货汽车、氯丁橡胶等产品。天然气炼钢炼铁、天然气稀乙炔提浓、连续铸钉、行星轧机、爆破成型、钢球表面自动检验仪等许多新技术已开始用于生产，取得了良好的效果。农业方面，在市郊耕地面积减少的情况下，1965年的粮食总产量仍超过了1957年。与1957年比较，生猪存栏增长40.58%，油料作物也有很大增长。农田基本建设有了很大的发展，并建成了一批稳产高产农田。交通运输和城市建设方面，新建了江津白沙沱长江大桥、两（路口）杨（家坪）公路、川黔铁路、嘉陵江大桥、川汉公路（重庆段）、朝天门客运缆车、长寿缆车等，改造了成渝公路、川黔公路、汉渝公路、渝南公路、川湘公路等部分路段，城市交通有较大的发展；城市供水、供电系统基础得到加强。社会文化事业方面，推出了一批优秀文艺作品。值得一提的是，人们的思想面貌发生了深刻的变化。

三、推进改革开放新发展

中国改革开放的终极目的是建设一个高度文明和高度民主的

社会主义强国。在改革开放初期,邓小平就提出,我们要在建设高度物质文明的同时,建设高度的社会主义精神文明。在改革开放之后,重庆恢复并发展了人民代表大会制度及政治协商制度,建立并不断健全了社会主义民主与法治,加强了执政党建设,注重市民思想道德教育和广泛的精神文明创建活动。

(一) 着力加强治理整顿,实现中心工作转移

从1976年10月"文化大革命"结束至1982年党的十二大召开期间,重庆市委领导各级党组织开展了具有历史转折意义的拨乱反正工作。积极参加真理标准讨论,促进了思想解放;贯彻落实党的十一届三中全会精神,进一步摆脱了"左"的思想的束缚,工作重点转移到以经济建设为中心上来;平反冤假错案,加强民主法制建设,形成了安定团结的政治局面;整党整风,调整充实各级领导班子,加强和改善了党的领导,增强了党和人民的团结,调动了各方面的积极性;调整国民经济,转变经济发展思路,使各项工作逐步走上健康发展的轨道。思想、政治、组织等领域拨乱反正任务的完成,为全市进行改革开放和现代化建设奠定了重要基础。

(二) 全面推进改革开放

1983年2月8日,党中央、国务院批准了中共四川省委、四川省人民政府《关于在重庆市进行经济体制综合改革试点意见的报告》,重庆成为全国第一个经济体制综合改革试点的大城市。1983年7月,中共重庆市第五次代表大会发出了"坚决而有秩序地进行经济体制综合改革"的号召,对重庆的改革开放作出了总体部署。

在党中央、国务院的直接领导和大力支持下,重庆在实行计划单列和地、市合并的基础上,以增强企业活力为中心,以搞活

流通为纽带，以发展经济中心城市的多种功能为目标，从多方面着手展开了经济体制综合改革试点，很快取得了实质性进展并不断向纵深发展。

党的十一届三中全会以后，为了加快对外开放的步伐，重庆进一步加强和完善了海关、商检、动植物检疫、卫生检疫、外轮代理、口岸外汇管理银行等涉外机构，成立了重庆对外经济贸易局，建立健全了一批市级进出口公司和县级对外贸易公司，全市对外经济技术合作和对外贸易工作的统一管理和协调得到加强。外贸体制的重大改革，极大地增强了重庆对外经贸的活力。到1987年，重庆已同近百个国家和地区建立了经贸往来关系，出口创汇在1983年以后的五年间增长了7.3倍。

同期，中共重庆市委、重庆市政府切实加强了对利用外资工作的领导，制定了相关措施，利用外资和技术引进工作发展迅猛。1984—1985年的两年间，全市技术引进259个项目，项目遍及轻纺、化工、机械、电子、仪表、医药、建材等行业，形成了重庆改革开放以来第一次引进的高峰。1987~1988年的两年间，全市利用外资项目、外资金额分别比1983~1986年4年间的累计数增长56%和近4倍。

在努力扩大对外开放的同时，重庆认真贯彻中央"对外开放，对内搞活经济"的方针，抓住综合体制改革试点的机遇，立足重庆，依托西南，联合沿海，面向全国，积极探索对内开放的路子。

1992年邓小平发表了"南方谈话"，为我国社会主义改革开放注入新动力。重庆的改革开放也勇立时代前列，企业体制改革大刀阔斧推进，到1996年，全市2/3的国有小企业和50%的城镇企业和乡镇企业进行了不同形式的改革。市场体系改革深入推进，至1996年劳动力市场基本形成、资本市场体系初具规模、技术市场发展迅速。同时，城镇体系不断拓展，特别城镇体系规模等级结构发展迅速，至1995年重庆市区人口达540.79万人，名列全国大城市前茅，建设长江上游经济中心城市成为时代发展新的目标定位。

四、开启直辖发展新征程

1997年3月，重庆直辖市的建立，开启了重庆当代历史新的航程。在党中央、国务院的正确指导下，在全国人民的大力支持下，中央直辖后的重庆迎来重大转机。民主法治建设取得重大进展，人民代表大会制度和共产党领导的多党合作制度及政治协商制度更加完善，尤其在依法治市方面取得明显进步，为全面推进富民兴渝、加快建设长江上游经济中心奠定了坚实的基础。

（一）确立重庆直辖体制

中华人民共和国成立以来，重庆作为长江上游的工商业重镇，无论对周边区域还是对全国经济的发展都发挥过重要作用。在中央实施中西部发展战略的新形势下，重庆更有着明显的区位优势和战略地位。为了充分发挥重庆作为特大经济中心城市的作用，进一步加快中西部地区经济和社会发展，党中央、国务院经过认真研究，反复论证，决定设立重庆直辖市，提请全国人大审议。在全国人大审议通过前，由重庆市代管四川省万县市、涪陵市和黔江地区。

1997年3月14日，第八届全国人大五次会议经过审议，做出了关于批准设立重庆直辖市的决定。中央直辖后的重庆，由过去辖11个区、10个县、3个县级市、5.8万平方公里、1520万人，增加到辖11个区、23个县、6个县级市、8.24万平方公里、3002

万人。

（二）完成中央交办大事

中央直辖以后，中共重庆市委按照中央设立重庆直辖市的战略意图，根据重庆市第一次党代会确定的奋斗目标和发展思路，迅速开展各项工作。

中央直辖以来，为办好党中央交办和提出的"四件大事""314"总体部署，以及落实习近平总书记对重庆提出的"两点"定位、"两地""两高"目标和"四个扎实"要求，在重庆市委的领导下，全市展开了一场又一场攻坚战。尤其是党的十八大以来，面对错综复杂的宏观环境和艰巨繁重的改革发展稳定任务，在以习近平同志为核心的党中央坚强领导下，重庆主动把握引领经济发展新常态，创新引领、注重协调、倡导绿色、推进共享，加快形成落实新发展理念和体制机制，努力提高统筹贯彻新发展理念的能力水平，推动实现高效率、公平公正、可持续发展。中国梦和社会主义核心价值观宣传教育扎实深入，群众性精神文明创建活动广泛开展，人民群众思想道德素质、科学文化素质明显提升。

第七章 重庆的经济发展

物华天宝，物阜民丰。风光秀丽、物产丰富的巴渝之地养育了代代重庆子民。从自然经济的初始粗放，到计划经济的勤耕苦作，再到市场经济的激流勇进，重庆人民不断创造着巨大的物质财富。特别是中央直辖以来，全市各族人民紧紧抓住设立直辖市、三峡库区开发建设、实施西部大开发、"一带一路"及长江经济带建设、成渝城市群发展等历史机遇，开拓进取，重庆已建成西南地区和长江上游地区最大的经济中心和重要的交通枢纽。

第一节 重庆自然经济的建立与变化

从大溪文化和巴文化的产生到1891年开埠，重庆的自然经济历经了原始社会、奴隶社会和封建社会三种主要的社会形态。

一、重庆自然经济的发展过程

自然经济在历史的长河中占据了相当长的时间，重庆的自然经济因其地域所在，也呈现出一定的特点。

（一）开埠以前重庆经济状况

重庆在原始社会、奴隶社会乃至封建社会的清代前期都发展缓慢，直到清代中后期才得到较快的发展。在开埠前，重庆以小农经济为主，以种植和养殖为主的农业是最主要的产业，耕织结合，自给自足。重庆是一个封闭的内陆型沿江港口城市，缺乏近代工业、近代水陆交通运输业、近代港口城市基础设施，以及成熟的城市手工业。依托长江黄金水道，重庆商业在清代中后期有了一定程度的发展，以内陆贸易为主，处于商业城市的中间阶段，经营转口贸易，规模不大，远不能与同时期的其他商业港口城市相比较，市场处于封闭状态，未与世界市场对接。

在转口贸易中，重庆输出的主要产品有三种。一是粮食。在清代，四川是国内的粮食生产基地，供给到湖广甚至江浙一带。这些粮食主要靠"官买官运"或"官买商运"[①]的方式流通到各地。重庆作为长江黄金水道运输枢纽，成为了川粮运输的"换船总运之所"。二是食盐。清代四川的川东地区是主要产盐区之一，盐业资源主要分布在云阳、大宁、开县一带。云阳盐场在鼎盛时期开井133眼，烧灶357座，日产盐可达35万斤。[②] 三县所生产的食盐，除满足本地消费外，还销往周边的鄂西十二县。三是土特产和手工制品。如峡江地区和酉秀黔彭地区的桐油；城口的野生厚朴；荣昌的纸扇；梁山县的竹帘；大足的日用小五金用品等。其中，据记载，光绪初年，在秀山县城关就出现了以经营桐油为主的八大商号，俗称"八大家"。该县最盛年的桐油输出量已达到14万桶（每桶重60多公斤）。[③]

（二）开埠后重庆经济的发展

以英国为首的西方列强通过第一次、第二次鸦片战争，利用坚船利炮打开了中国的国门，在中国设立通商口岸，不断扩大在华贸易。1876年9月13日，英国以"马嘉理事件"为借口，迫

[①] 周琳：《重庆开埠前川东地区的商品市场》，载于《西南大学学报（社会科学版）》2009年第7期。

[②] 吴炜：《四川盐政史》，民国二十一年（1932年）排印本。

[③] 思宇：《四川桐油购销简史——〈四川省志·粮食志〉选登》，载于《粮食问题研究》1995年第5期。

使清政府签订了中英《烟台条约》，增开宜昌、芜湖、温州、北海四处为通商口岸。宜昌开埠后，重庆因其独特的地理位置显示出巨大的市场潜力。宜昌开埠第二年（即1877年），重庆进口洋货总值一跃达115.7万两白银，"成为仅次于上海、天津、汉口的第四销售中心"。重庆开埠的市场价值立即突显。1890年3月31日，英国以立德为"固陵"轮事件，迫使清政府在北京签订《烟台条约续增专条》（又称《重庆通商条约》）。在《烟台条约续增专条》签订后第二年，即1891年3月1日，英国控制的重庆海关成立开关，标志着重庆正式开埠。[①]

重庆开埠是以英国为首的西方列强侵略中国的产物，是重庆沦为半殖民地半封建城市的开端，揭开了重庆城市近代化的序幕。开埠给重庆社会经济发展带来了较大的变化。1891～1937年的46年里，重庆经济发展经历了一快一慢两个阶段。其中，1891～1911年的20年间，重庆经济发展快速，商业发展尤其迅猛。商业一跃成为城市经济发展的主导产业。在商业的带动下，重庆近代工业完成了从无到有的转变。1891～1911年的20年里，进口值增长了约14倍，出口值增长了约7倍。重庆的进出口贸易总额都得到迅猛攀升，进口商品增长尤其迅猛，呈现出一边倒的倾销状态。1912～1937年的26年，国外由于经济危机导致资本主义列强之间的矛盾日益加深，并爆发了第一次世界大战，资本主义列强无暇以顾。国内由于封建主义生产关系与资本主义生产关系的冲突加剧，并爆发了辛亥革命等民主资产阶级革命，以及后续的无产阶级革命，导致国内时局不稳，重庆经济发展总体进入低

[①] 王铁崖：《中外旧约章汇编》（第一册），三联书店1957年版，第349、553页。

潮期。商业发展虽不如前期迅猛，却依然向前发展，与之相匹配的金融业和交通运输业也得到较好发展，与商业一起组成了重庆经济发展的支柱产业，近代工业发展严重滞后，亟待加强。

开埠给重庆经济社会发展带来了以下四个方面的深刻影响。

第一，开埠揭开了重庆城市近代化的序幕。开埠打开了重庆贸易的封闭、半封闭状态，把重庆与世界对接起来，置于世界经济发展的序列下。通过商业贸易发展，积累财富，催生新的思想，为重庆城市的近代化奠定了坚实的物质经济基础和思想准备。

第二，开埠促进了重庆成为抗战前的商业、金融和交通中心。从开埠到1937年抗日战争全面爆发，经过46年的积淀，重庆因开埠而起，因商而兴，利用其所处的独特的地理位置、便利的水道运输，获得了长足的发展。在抗战前夕，重庆已经发展成为与上海、广州、武汉相当的西部商业、金融和交通中心。

第三，催生了近代工业在重庆的诞生，重庆近代工业完成了从无到有的转变，并获得较好的发展。1891年邓云笠在重庆成立"森昌洋火公司"，揭开了重庆近代工业化的序幕，此后重庆的火柴业、棉纺织业、缫丝业、矿业、电业、玻璃业、制造业等近代工业如雨后春笋相继出现，到1933年为止，重庆的工业产值和资本额已排到全国第9位。[①]

第四，重庆开埠后农村经济走上了半殖民地半封建社会的发展轨道，自然经济初步解体和商品经济获得较快发展。重庆开埠使得大量的洋货充斥市场，蜂拥而来的洋纱、洋布、海产品、毛织品、煤油、染料、金属制品、白蜡、洋伞、洋烟、洋药、洋糖

[①] 严中平：《中国近代经济史统计资料选辑》，科学出版社1957年版，第106页。

等物品，因"物美价廉"对传统的封建农耕经济造成巨大的冲击，导致小农经济破产。西方列强为获得更多的利润，一方面，因扩大生产而刺激了原材料市场需求的扩大及价格的提升，促使农村出现了商品经济的发展，使自给自足的农民向小商品生产者转化；另一方面，通过操纵价格，进行不等价交换，实施残酷剥削和压榨，把重庆作为倾销商品、输出过剩资本和转嫁经济危机的场所，促使重庆走上了半殖民地半封建社会的发展轨道。

（三）抗战时期重庆经济的状况

从1937年11月20日国民政府主席林森发表《国民政府移驻重庆宣言》，宣布"国民政府兹为适应战况，统筹全局，长期抗战起见，本日移驻重庆"，到1946年4月30日颁布《还都令》（还都南京）的八年半期间，重庆一直是中国的"战时首都"。[①] 同时，国民政府在1940年9月6日颁布了《国民政府令》，正式颁令"明定重庆为陪都""还都以后，重庆将永久成为中国之陪都"。

作为"战时首都"和"永久陪都"，重庆经济在抗战期间得了"跳跃式"发展，缩小了与沿海地区的经济差距，尤其是东部沿海工业的西迁，奠定了重庆作为工业城市的格局，促进了重庆与沿海地区的经济交往，对改变全国生产力合理布局，促进国内统一市场的形成，以及东西部的均衡发展起到了重要的作用。随着《国民政府移驻重庆宣言》的发表，国民政府开始大举迁入重庆，学校、工厂、医院、银行、政府部门等大量机构，以及相应的人、财、物涌入重庆，使重庆经济获得了迅猛的发展。如抗战

[①] 刘志英：《抗战大后方重庆金融中心的形成与作用》，载于《中国社会经济史研究》2013年第3期。

前重庆人口约47万人①，到1941年重庆人口暴涨到70万人，1944年重庆人口突破100万人，1945年重庆市总人口达125万人，比抗战前增长了近3倍。②从1937年7月7日"卢沟桥事变"爆发至1945年8月15日抗日战争结束，重庆经济发展明显分为两个不同的阶段，即1937~1941年的"黄金发展期"、1942~1945年的"停滞和衰退期"。在"黄金发展期"，重庆金融业、交通运输业、工业、城市发展得到了极大的发展，一举奠定了重庆在全国的政治、经济、金融、工业、交通和文化教育中的中心地位。受1941年太平洋战争及1944年豫桂战役失败的双重影响，国际交通中断，造成国内物资紧缺，物价上涨，重庆经济发展受到极大打击。1942年到1945年抗战结束，重庆进入了"停滞和衰退期"。

总体看来，重庆经济在抗战期间获得了巨大的发展，在国内的政治经济地位获得了明显提升，其主要表现在以下六个方面。

第一，重庆转变为中国抗日战争时期的政治中心。在国民政府迁都重庆后，作为"战时首都"和"永久陪都"，重庆汇聚了全国抗日的主要力量，见证了第二次国共合作，是世界反法西斯远东战场的指挥中心，承担起中华民族抗日救亡的主要重任，与华盛顿、伦敦、莫斯科一起被列为世界反法西斯战争的四大历史名城，一跃成为中国的政治中心。

第二，重庆发展成为中国的经济（商贸）中心。重庆是一座因商而发展起来的城市。由于开埠，在其后的40余年里，重庆经济得到迅猛发展，在抗日战争爆发前，重庆已经是名副其

---

① 四川省政府：《四川统计月刊》第一卷，第一期。
② 《陪都十年建设计划草案》，重庆档案馆档案，档号：市府（补全宗）112号。

实的西部经济（商贸）中心。抗战爆发后，上海、广州、南京等东部沿海经济重镇遭受战火浩劫，受到重创。伴随着国民政府的迁入，大量的人、财、物及商业企业涌入重庆，为重庆经济发展注入巨大动力，促使重庆发展成为抗战时期中国的经济中心。①

第三，重庆发展成为中国的金融中心。金融中心是以巨量金融业务为基础，以较强的辐射作用为特征。抗战全面爆发前夕，受益于重庆商业贸易的发展，重庆已经发展成为西部的金融中心。当时，西部地区的新式银行共计25家，仅重庆就有13家，占总行设在西南西北地区25家银行的52%，分支行93处，占西部地区分支行191处的48.69%②，在西部地区具有举足轻重的地位。到抗战结束，重庆有政府金融机构、省市县地方银行和商业银行共94家，有银号、钱庄及信托公司24家，外商银行2家。③重庆作为"战时首都"和"永久陪都"，在抗战期间，是国统区资金融通与划拨中心，是全国抗战资金的调配中心，影响着中国经济的走向，是抗战时期最大、最重要的金融中心。

第四，重庆发展成全国的工业中心。开埠前，重庆几乎没有近代工业。从开埠到抗战爆发的40余年里，重庆完成了近代工业从无到有的转变，并得到一定程度的发展。抗战爆发后，为了保存国内工业，更好地支持抗战，国民政府做出了"工业西迁"的重大决定。到1944年4月，国民政府经济部统计，战

---

① 葛雅兰：《重庆抗战文化遗产的保护对策》，载于《重庆行政（公共论坛）》2011年第4期。

② 中国银行经济研究室：《全国银行年鉴（1937年）》，1937年版，第12~17页。

③ 朱斯煌：《民国经济史》，银行周报社1948年版，第34页。

时大后方有工厂 1300 余家,重庆有 450 家,占整个大后方总数的 1/3。① 重庆成为抗战时期国内工厂最多、规模最大、最重要的工业重镇。

第五,重庆发展成为全国的交通中心。抗战期间,为配合抗战,完成武器装备、医药用品、人员等作战物资的调配,重庆的水、陆、空运输业都获得跨越式发展。在水道运输方面,重庆因独特的地理位置,航运在重庆的交通运输中一直居于主导地位。抗战爆发后,为了保存实力,长江中下游的幸存轮船陆续退入川江,使重庆航运能力大增。为了提高水道运输能力,国民政府大力整治航道,完善港口码头建设,开辟新的航线。在公路运输方面,完成了以重庆为中心的四川公路系统的统一。对重庆公路作了系统规划,统一整修,网状延伸,通过川黔、川湘、川鄂、川桂、川滇、川汉等公路干线,将重庆与大后方各地联接起来,形成了以重庆为中心的大后方公路交通运输网。在航空运输方面,完成了以上海为中心向以重庆为中心的转变。重庆因作为"战时首都",作为中国航空中心的地位更加突显。

第六,重庆发展成大后方文化教育中心。伴随着国民政府的迁移,国内一大批著名大学、一流的科研机构、有代表性的学术团体、文化名人、学术精英等随之迁入重庆,为重庆的文化教育事业注入了鲜活动力,造就了抗战期间重庆文化教育的繁荣和争鸣。抗战期间,重庆出版的报纸达 150 种,通讯社有 40 余家,其中有 20 余家报纸在全国有重要的影响力,包括七大书局及七联处在内的出版机构达 140 余家,全国性的文艺社团几乎全部

---

① 朱丹彤、徐晓旭:《抗战时期国民政府迁都对重庆市民生活的影响》,载于《四川师范大学学报(社会科学版)》2004 年第 3 期。

迁入重庆。抗战爆发时，全国有108所高校，有91所受到不同程度的轰炸，有10所被完全炸毁；1944年，幸存迁入重庆的高校有31所，约占高校内迁数的1/2。在31所高校中，有大学9所，大学研究所1所，独立学院10所。[1] 内迁的文化和教育机构的精英们创造了大后方文化的繁荣。在大后方繁荣的"文化四坝"（沙坪坝、北碚夏坝、江津白沙坝、成都华西坝）中，前三坝皆在重庆。

二、重庆自然经济的基本特点

重庆的自然经济是当时重庆生产力水平低下和社会分工不发达的产物。

（一）封闭性

自然经济是生产力水平低下和社会分工不发达的产物。在开埠前，重庆局限在封闭的内陆港口转货贸易上，产品的粮食、山货等以初级产品为主，贸易方式以官买官卖为主。重庆几乎没有近代工业。由于生产力水平低下，经济活动受自然禀赋、地理环境和交通状况的影响非常大，生产活动很难突破地域限制，生产者局限在封闭经济单位内部，很少或几乎不与外界发生经济联系。在抗战期间，重庆经济获得了迅猛的发展。一跃成为大后方甚至中国的政治、经济、金融、交通、工业和文化教育中心。[2] 然而，在重庆的广大农村地区，自然经济依然占据着很大的比例，生产技术相对落后，生产工具简单，生产效率低下，生产规模狭小，生产过程多为简单再生产，产品多为初

---

[1] 周勇：《重庆通史》《第二册》，重庆出版社2014年版，第489页。
[2] 黄河：《重庆的陪都时期：旧貌换新颜》，载于《文史天地》2016年第7期。

级产品。由于社会分工不发达，各封闭的经济单位之间没有形成明确社会分工，彼此之间相互孤立存在，处于分散状态，产品生产没有形成生产链，社会各封闭的经济组织之间还没形成广泛的交往和紧密的经济联系。各封闭经济单位内部以自然分工为主，每一个生产者各自独立完成单个产品生产的所有工序，生产率取决于生产资料的禀赋和劳动者的熟练程度，社会经济形态表现出明显的封闭性。

（二）农耕性

从大溪文化的繁荣到抗战结束的三四千年里，重庆长期处于奴隶制和封建制政权的统治下，农业是最主要、最重要的产业。在国民政府统治的33年里，重庆经济虽然得到快速发展，但在广大的农村地区依然以小农经济为主。小农家庭和自然村落组成了重庆自然经济的基本单元。农民以家庭为单位，从事农业生产。农村家庭手工业完成农业生产资料和农产品的加工。男耕女织是当时农村经济的真实写照。在以农业为最主要产业的情况下，重庆的自然经济表现出明显的农耕性。

三、重庆自然经济的解体原因

生产力是社会发展的根本动力，在社会经济发展和变革过程中起着决定性作用。重庆自然经济的解体是生产力发展的必然结果。

（一）经济原因

重庆自然经济的解体是生产力发展的必然结果，也是商品经济发展的必然要求，其过程受到西方列强的强力催化。国外商品如潮水般倾销入中国，对国内的自然经济造成强大的冲击。1891年重庆开埠为通商口岸，大量洋货的涌入给重庆经济发展带来了巨大的影响。以自给自足为特征的自然经济，在物美价廉的洋货面前开始解体。另外，西方列强向重庆倾销产品的同时，还把重庆作为原材料的供给地，刺激了重庆对原材料的生产，客观上促进了重庆农业生产的布局和结构化调整。在西方列强商品经济刺激下，重庆农业实现了以获取产品使用价值为目的向以获取产品价值为目的的转变，实现了以产品自用为目标向以产品交换为目标的生产，完成了从产品变成商品的转变，进一步加速了重庆自然经济的解体。

（二）社会原因

开埠后，随着西方列强殖民输入的深入，重庆的商业贸易获得了迅速发展。在封建社会统治下，"农为本，工商为末，重义轻利"的自然经济思想内核受到强有力的冲击，以商业贸易为主导的变革引起了上层建筑意识和一般社会意识的深刻变化。发展农、工、商业的维新思想迅速兴起并传遍全国。重庆作为开埠之地和西南地区的商贸重镇，首当其冲。维新思想、封建文化思想、资本主义文化思想交织并存，既相互冲突，也相互融汇。在重庆，由于开埠带来的西方先进科学技术和资本主义新思想获得了迅速发展，为民众接受、传播维新改良思想奠定了良好的基础，让重庆成为川西南乃至整个西部地区的维新活动中心。

（三）科技原因

生产力作为社会变革的根本动力，生产力的发展变化决定了生产关系的发展变化。科学技术是第一生产力，科学技术对社会生产关系的变革和发展具有决定性作用。重庆作为西部通商口岸重镇，影响尤其严重。大量的洋布、洋纱、洋铁、洋盐、洋火柴、洋油等各种生活用品充斥在市场上，使国人再一次体会到西洋民用科技的魅力。以"男耕女织,自给自供"为主要特征的自然经济生产方式,受到强烈冲击,机器大工业生产逐步取代了小作坊手工生产,逐渐成为社会的主要生产方式。

第二节　重庆计划经济的奠基与贡献

在1956年完成社会主义改造之后,重庆经济发展跟随全国发展前进的节奏,走向了计划经济时期。

一、重庆计划经济的形成与发展

中华人民共和国的成立和重庆的解放,开启了重庆经济发展新的里程。

(一)西南大区时期的重庆经济

为了解放重庆,实现重庆的顺利接管,1949年7月,中共中央和中国人民解放军第二野战军前委确定并任命了接管重庆的主要领导班子,抽调大批干部,为接管重庆做了充分准备。

1949年12月1日,中国人民解放军在重庆市区举行隆重的入城仪式,受到重庆市民的热情欢迎。12月3日,中国人民解放军重庆市军事管制委员会(简称"军管会")、中国共产党重庆市委员会的部分主要领导干部进入重庆,即日发布第一号布告,宣布重庆市军事管制委员会正式成立并开始接管工作。1950年1月23日,重庆市召开了第一届各界人民代表会议,共接收机关、工厂、银行、仓库、公共场所、公共工程等大小单位(不包括学校)374个;接收员工(包括学生)100647人;接收的物资主要有黄金10796两、白银8555两另777公斤、银元148690元、美钞50218元、食米6762石另17吨、稻谷15561石、食盐95758担、大小好坏汽车1883辆。[①] 重庆顺利迈入大西南区管辖时期，一直到1954年11月1日撤销西南行政委员会。

重庆解放后，百废待兴，经济建设的主要任务是实现地方经济的恢复与重建。为了实现重庆社会经济活动的正常开展，1950年3月1日中共重庆市委提出了有计划恢复和发展生产的方针，紧接着成立了重庆市人民政府财政经济委员会，统一管理全市的经济工作。

在组织恢复工农业生产中重庆市人民政府采取了一系列措施。

第一，制定全市公营和私营生产与贸易的大体计划，改变无政府状态，有组织、有步骤的恢复生产。从1950年至1952年，重庆市人民政府紧紧围绕稳定经济与恢复生产这个中心任务采取了各种强有力的措施，促进了重庆国民经济的恢复和发展。1952年比1949年，全市工农业生产总产值增长58.9%。平均每年增长16.7%。1952年全市工农业总产值达到91141万元，其中，工业产值为44784万元，占49%，农业总产值为46357万元，占51%。

第二，利用有限的财政、信贷、资金，支持与国防建设和国计民生密切相关的兵工厂、粮食加工厂、日用品加工厂首先复工或部分复工。1949年6月，全市1000余家大小工厂中停业关闭者已达80%。工商业资金短缺，原料缺乏、工厂停工、商店滞销成为普遍现象，全市从事工商业、交通运输业的工人减为11.2万余人，歇业和被解雇者达12万余人，停产等待复工的达10万余人。即使这样，全市仍有工业企业3137家、轮船

[①] 转引自何瑛、邓晓：《重庆西南服务团移民及文化研究》，载于《重庆师范大学学报（哲学社会科学版）》2011年第4期。

公司27家，银行和钱庄110家，商业企业2.73万家，居全国七大工商业城市之列。

第三，本着公私兼顾的原则，对私营企业采取合同加工、订货、收购、贷款等方式，扶持私营企业尽快复工，仅1950年对私营企业有组织的加工、订货、收购共计达4660多万元，银行贷款1000多万元，扶持了50多个行业的恢复生产。

第四，积极协调劳资关系，仅1950年就调解处理劳资纠纷2180多件，订立劳资协议和契约共670多件，组织建立90多个劳资协商会，使劳资纠纷逐步下降，劳资关系日趋正常。

第五，改革企业经营管理机构，包括清除反动官吏、精简臃肿机构以及建立八小时工作制等一系制度。

第六，积极组织联营社，集中资金，有计划地恢复生产。从1950年到1952年，公私产值中，国营所占比重由18.33%上升到36.68%，合作社由0.04%上升到1.09%，公私合营由13.08%上升到21.11%，私营由55.33%下降为30.03%，个体手工业由13.22%下降为11.09%。仅1950年就组织联营社70多个，参加厂商达1400户。

（二）"一五"计划时期的重庆经济

解放初期，通过土改、镇反、抗美援朝、"三反""五反"等一系列运动后，重庆迅速完成了国民经济的恢复工作。1952年，按照国家的总体部署，重庆在制订本年度国民经济计划的同时，便着手制订第一个五年计划。经过两年多的努力，终于在1954年7月完成编制工作，并在当月的重庆市第一届人民代表大会上批准通过了重庆的"一五"计划。

"一五"期间，重庆经济发展的指导思想是："以国家的重工业建设为中心，根据统一的国家计划，从国家整体利益的观点出发,使地方的利益同国家的利益结合起来。"[1] 重庆经济发展的基本框架为:"为国家社会主义建设需要服务,为中央国营厂矿企业服务,为农业生产及城乡人民生活服务。一方面,积极地组织与领导地方工业生产稳步增长;另一方面,加强对农业、手工业和资本主义工商业的社会主义改造,把它们纳入国民经济计划轨道之内。"

该期间重庆经济发展的主要任务为:第一,完成中央和省属重点项目的建设。"一五"期间,国家在重庆安排了大量的工业建设项目,总计投资达 8.28 亿元,主要用于在渝中央、省属企事业的基本建设。第二,完成重庆地方经济建设的总体规划。"一五"期间,重庆计划总投资 8354.82 万元,实际投资 7979 万元。[2] 第三,工业在重庆经济发展中的地位开始凸显,工业生产能力大幅度提升,经济结构进一步优化。第四,工业布局逐步优化,产业分布趋于合理。从而打破了以往主要沿江建厂的畸形格局,使重庆市的工业生产力布局趋于合理。

(三)"二五"计划时期的重庆经济

1958 年 6 月 9~15 日,重庆召开了第三届人民代表大会第一次会议,会议提出城市发展目标是:"把重庆建设成为一个机械制造、电机交通工具制造、重化工的综合性现代化工业城市。"

"二五"计划期间,重庆逐步从长江上游的经济中心,向单一的工业城市尤其是重工业城市的方向发展。重庆把主要的精力放在工业,尤其是重工业上,如钢、铁、煤和各种有色金属等工业,以钢铁工业为基础,带动精密机械、机动车辆、电器设备、

---

[1] 《"一五"计划在重庆》,中央政府门户网站,http://www.gov.cn/ztzl/cqzx/content_651851。

[2] 谢荣忠:《建设人民的生产的新重庆》,载于《红岩春秋》2007 年第 2 期。

农业器械、天然合成以及医疗化工等工业的发展。

(四)"三线建设"时期的重庆经济

1964年5月15日到6月17日,中共中央召开了工作会议,决定集中力量进行"大三线建设"。①要求"在纵深地区,即在西南和西北地区(包括湘西、鄂西、豫西)建立一个比较完整的工业体系""用三年或者更多一点的时间,把重庆地区,包括从綦江到鄂西的长江上游地区,以重钢为原材料基地,建设成能够制造常规武器和某些重要机器设备的基地";在机械工业方面,"以重庆为中心,逐步建立西南的机床、汽车、仪表和直接为国防服务的动力机械工业"②"以长江上游重庆至万县为中心建设造船工业基础"。根据部署,重庆将成为中国常规兵器基地、重要机器设备制造基地和造船业基地。③作为三线建设区域内最大的中心城市,重庆再次迎来了发展的机遇。

1964年10月,重庆地区三线建设规划小组编制了《重庆地区三线建设规划》。该规划认为,重庆的军工、冶金、机械、化工4个工业部门需要从一线地区迁入一批企业进行配套。以重庆为中心迁建新建的项目有212个。计划从上海地区迁入122个。从广州、南京迁入20个,从东北地区迁入27个,从华北地区迁入43个。在对外交通联系上,除加快川黔铁路建设进度外,在20世纪70年代初还安排了襄渝铁路(湖北襄樊至重庆)的新建。上述项目,仅重庆地区的投资即达42亿元。

---

① 马述林、田姝:《重庆地区的三线建设》,载于《红岩春秋》2007年第2期。
② 周勇:《江山今朝看风流》,载于《重庆日报》2009年11月30日。
③ 张凤琦:《论三线建设与重庆城市现代化》,载于《重庆社会科学》2007年第8期。

在"分散、隐蔽、靠山"和"大分散""小集中"的原则下,重庆从以下四个方面拉开了"三线建设"帷幕。

第一,迁建,即从一线地区迁入一批重庆地区缺口的企业,弥补重庆工业建设的空白。据不完全统计,从1964年到1966年,涉及中央15个部门57个企事业单位从北京、上海、南京、辽宁、广东等12个省市内迁到重庆地区。[①] 这些迁建而来的企业完善了重庆的工业体系,提升了重庆工业的整体技术和水平,为重庆现代工业的发展奠定了坚实的基础。

第二,改建、扩建和新建,即对重庆原有的企业进行改造,提高生产技术,扩大生产能力,对缺乏且迁建时未列入计划的企业通过"老厂包建新厂"的方式新建企业,完善现有的工业体系。改建、扩建和新建企业,提升了重庆自有工业企业的生产能力和水平,为重庆工业的更新升级注入了强有力的动力。

第三,配建,对迁建、改建、扩建和新建于重庆的工业企业,尤其是冶金、化工、机械等重庆的传统优势工业实施配套建设,完善企业配套设施,延伸企业产品的行业渗透力,形成完整的生产链条。配建让重庆原有的优势工业能力得到进一步增强,形成了以冶金、化工、机械、纺织、食品为支柱的五大产业链。

第四,改善交通状况,构筑水、陆、空"三位一体"的立体网络交通体系。"三线建设"期间,为了解决人员、材料和产品的运输,打造便捷的交通网络是重庆"三线建设"的重要内容之一。在水路运输方面,主要对港口进行了扩建、改建。在陆路运输方面,修建了襄渝铁路和川黔铁路,打通了重庆与外界的陆运通道,在长江、嘉陵江上修建了嘉陵江大桥、合川涪江大桥、北

---

① 田姝:《三线建设内迁大移民》,载于《红岩春秋》2006年第3期。

磁朝阳桥、长江大桥四座大桥,将长江、嘉陵江两岸连成一体,促进了重庆工农业的发展和城乡物资交流。在航空运输方面,投资改建和扩建了白市驿机场,并组建了民航第17飞行大队,年旅客发运量达到12万人次,年货邮发运量达到3100多吨。

二、重庆计划经济的历史贡献

重庆解放后,在计划经济体制的强力调控下,经济发展迅速恢复,并获得了长足的发展,建立起了较为完整的现代工业体系。

(一)迅速完成了重庆经济的恢复与重建

解放初期,重庆受国民党政权滥发纸币造成恶性通货膨胀的影响,货币市场极为混乱,银元券、银元、黄金、外币和人民币同时流通。在货币市场统一、物价稳定、财政收支平衡后,计划经济释放出巨大的经济活力。到1952年底,重庆市财政经济状况得到基本好转,工农业生产较大幅度地超过了解放前的水平。在1957年,全市工业总产值达17.01亿元,较1952年增长184.5%,年均递增23.22%,高于同期全国的平均水平,展现出较为强劲的增长潜力。

(二)建立了相对完整的现代工业体系

随着以"优先发展重工业"思想为指导的"一五"规划、"二五"规划的实施,重庆的工业布局和工业结构得到了进一步优化,工业体系不断完善,重工业在工业中地位不断凸显。尤其是1964年开始的"三线建设",国家在重庆地区投资的重点项目118个,总投资达42亿元,为重庆打造了军工、机械、冶金、化工四大工业门类的完整生产链条,形成了独立的国防工业生产体系,工业结构和工业布局得到了极大的优化和完善,重工业成为重庆工业的绝对主体,在经济发展中具有举足轻重的地位。与此同时,与军工、机械、冶金、化工四大工业门类相配套的轻工业也得到了极大的提升,重庆正式步入综合性工业城市,完成了现代工业的奠基。

三、重庆计划经济的遗留问题

(一)高度集中、条块分割的计划经济束缚了工业生产效率,降低了工业经济的发展速度

计划经济是"公有制基础上的有计划的商品经济",强调经济建设和发展的计划性,强调中央和地方的集中统一。在计划经济体制背景下,不同的行业、不同区域,或因国家计划性发展规划获得更多的资金支持和更大力度的政策倾斜,通常会获得更快的发展速度。然而,在高度集中、条块分割的情况下,仅仅加大某一单一部门的资金投入和政策支持,除了短期内扩大部门的生产规模和生产能力外,未必能实现部门的长期、持续、快速、稳定的经济增长。

中华人民共和国成立初期,重庆市人民政府坚决贯彻执行中央人民政府《关于统一财政经济工作的决定》,统一收支,统一贸易、统一现金管理制度的财经制度,导致了行政分割的区域经济格局形成,重庆与云、贵、川、陕等周边地区密切的经济链条逐步中断,重庆作为西南地区唯一特大城市的聚散作用[①],长江上游经济中心的功能受到抑制,逐步转变为单一的工业城市。其间,重庆经历了1954年的第一次计划单列和1964~1967年的第

---

① 张凤琦:《论三线建设与重庆城市现代化》,载于《重庆社会科学》2007年第8期。

二次计划单列。计划单列时，由于条块分割、部门利益、长官意志、统得过死等因素极大地制约了重庆工业的生产潜力。在高度集中的管理体制和局部利益的相互作用下，许多工矿企业生产任务长期不足，设备闲置情况严重，生产潜力不能得到正常发挥，产量长期未达到设计能力。计划单列取消后，企业设备、配件供应渠道堵塞，与中央相关部委和周边地区的协作关系中断，企业因缺乏配件来源、设备维修缺失而被迫停产。

（二）优先发展重工业的计划经济束缚了非重工业生产部门的生产效率，降低了非重工业部门经济的发展速度

计划经济体制的计划性必然导致经济发展的重心和非重心问题。回顾重庆"一五"规划、"二五"规划、"三线建设"等计划经济体制的经济建设，都贯穿着"优先发展重工业"指导思想。优先发展重工业对人才、资金和技术提出了很高的要求，所需资金投入大，建设周期长，成效慢。政府将大量的人力、物力和财力集中投入重工业建设，与重工业关联不大的非工业生产部门的财政支出被大幅度地压缩，长期处于滞后状态，亟须改善。同时，处于重庆辖区内、非重工业规划地的广大农村地区，因长期得不到政府的政策和资金支持，经济发展极为落后。计划经济的计划性使重庆经济发展的重工业与非重工业、城市与农村的二元化结构日益凸显，发展差距日趋扩大。

第三节 重庆市场经济的成就与发展

党的十一届三中全会确立的以经济建设为中心的战略转移，市场经济以其巨大的生机和活力登上历史舞台。

第七章　重庆的经济发展

一、重庆市场经济的形成与发展

重庆人以敢吃螃蟹的精神，在市场经济的发展中开拓进取，书写了和书写着历史新的一页。

（一）计划单列时期的重庆经济

1978年12月，党的十一届三中全会确立了以经济建设为中心的工作思路。以促进经济发展为目的的经济体制改革率先在农村拉开序幕，并在较短的时间内取得重要进展。农村改革的成功，给城市改革提供了动力，也迫切需要城市改革的配合。1983年2月，党中央国务院批准了中共四川省委、四川省人民政府《关于在重庆进行经济体制综合改革试点意见的报告》[①]，确定重庆市为全国第一个经济体制综合改革试点城市，率先在全国大城市中实行国家计划单列，"探索军工生产和民用生产相结合的新路子"。重庆从此进入了长达14年（直到1997年重庆直辖）的国家计划单列期，并以此为契机拉开了探索市场经济的帷幕。

第一，计划单列的特点。首先，国家把重庆市作为一个独立的省级单位加以平衡，在国家计划中单列户头。重庆市在制定和执行计划、管理经济上享有省级权限，可以根据全国计划综合平衡的要求统筹安排，使重庆经济、科技、社会发展直接进入全国的综合平衡，能直接得到产品定点、技改贷款、外汇额度、专用物资等方面的一定支持。其次，与1954年和1964年的部分计划单列不同，本次计划单列是全面的计划单列，包括18类65种计划。在保证完成国家计划和省下达计划的前提下，有权统筹安排

---

① 周天豹、邓全贵、杨安勤：《重庆经济体制综合改革试点的历史回顾和展望》，载于《工业经济管理丛刊》1984年第7期。

全市的生产、建设、流通和分配，直接参加全国性的各项经济活动。再次，重庆在财政收入、能源交通基金的超收部分及城市建设基金等专项资金在计划单列中有稳定的分成留用，供自主安排调用，重庆有计划单列的财政效益，增强了重庆经济的活力。最后，国家在重庆建立了海关、商检、检疫、外轮代理等机构，享有省级机构的权限，增加了重庆在商贸活动中的独立性。

第二，计划单列时期的行政管理体制。计划单列前，重庆的行政管理体制是市县分治、城乡分治。城市分为直辖市、省辖市（地级市）、专辖市（县级市），以管理工业生产为主要任务。农村分为专区（地区）、县、区、乡，以管理农业生产为主要任务。市与县、城与乡之间相互封闭、隔离，城乡经济条块分割，各自孤立地发展。计划单列后，为了适应新的经济管理体制，完成城市经济体制综合改革试点，1983年4月，中共中央、国务院批准永川地区与重庆市合并，实行市领导县的"市带县"行政管理体制。"市带县"体制较好地解决了市县分治、城乡分治的行政管理体制壁垒，打通工业和农业生产相分离的封闭式自然经济格局，有利于促进城乡一体化发展和工、农业协调发展。"市带县"体制实施后，重庆市政府立即做出了《关于搞好市领导县的若干问题的决定》，提出"城乡一体、以市带县、共同发展"的方针。市政府根据地市合并后的城市经济结构和农村资源禀赋，在行政区划内实现了城乡优势互补，工农业协调发展，逐步完成了城乡经济的一体化，并迅速释放出巨大的经济活力。

第三，计划单列时期的经济管理体制。重庆的经济体制综合改革试点，赋予重庆经济管理的省级权限。重庆在财政、金融、价格、流通、外贸等方面获得了更大的自主权，开始探讨计划经济体制的市场化转变，并最终建立了市场经济体制。

第四，计划单列时期的农业发展。1978年初，四川广汉县金鱼公社在全川率先实行联产承包责任制。重庆在金鱼公社的启发下，开始在部分村社试行联产承包的经营机制。打破集体统一经营机制后，重庆在1979年开始对大田实施包产到组，按产量计算报酬。1981年对水田实施包产到户，旱地集体统一生产。1982年对农村土地包干到户，生产全由承包者自己组织，集体不再进行统一分配，形成了以家庭承包经营为基础，统分结合的农村双层经营体制。

第五，计划单列时期的工业发展。为了促进各行业协调发展，首先，实施了以"强化第一产业，优化提高第二产业，大力发展第三产业"为主旋律的产业结构调整和优化。通过调控重工业，加快农业、轻工业的发展速度，解决农业、轻工业、重工业比例失调的问题。随着产业结构调整的进一步推进，重庆一、二、三产业结构趋于合理。其次，为搞活经济，激发活力，重庆进行了以扩权让利—经济责任制—军民结合—股份制—公司制为主线的国有企业体制改革探索。如扩权让利、经济责任制、军民结合、股份制、公司制等进行了深入的探索并取得了较好的成效。

第六，计划单列时期的服务业发展。计划单列之初，重庆服务业发展极其落后，一、二、三产业发展比例严重失调。计划单列后，在"强化第一产业、优化提高第二产业、大力发展第三产业"政策的指导下，重庆对交通、邮电通信、商贸等服务业进行了重点扶持，实施超常规投入和建设。一大批交通、邮电通信等设施建成，使工农业生产尤其是交通运输、批发零售等第三产业获得高速发展。

（二）直辖后的重庆经济

为了确保三峡工程建设，推动长江经济带开发和中西部发展战略的实施，党中央、国务院决定将原重庆市和万县市、涪陵市、黔江地区从四川省划出，设立重庆直辖市。1997年3月14日，八届全国人大第五次会议正式表决通过这一议案，决定设立重庆直辖市。直辖后，重庆市政府在"用好政策"的基础上，进行了一系列的改革和创新，成功实现了重庆经济的腾飞。

第一，重庆的经济总量获得了突飞猛进的增长。1996年重庆地区生产总值仅为1315.12亿元，到2016年达17558.76亿元，是1996年的13.5倍。2011年地区生产总值达10011.37亿元，突破10000亿元。在1997年至2016年的20年里，重庆经济获得飞速发展，除1998年、1999年、2000年、2001年受东南亚金融危机的影响外，其余年度经济发展均处于10%以上，最低的1999年也达到了7.8%。重庆经济增长独树一帜，在"十五""十一五""十二五"规划中，连续实现了15年的两位数经济增长，展示出巨大的经济活力。

第二，人均收入获得极大程度的提高，人民生活水平得到全面改善。1996年全市城镇居民人均可支配收入为5023元，农村居民人均纯收入为1479.05元，农村居民家庭恩格尔系数达63.2%，2016年全市城镇居民人均可支配收入达29610元，是1996年的5.9倍；农村居民人均纯收入达到11549元，比1996年增长7.8倍。2015年末，重庆城镇常住居民恩格尔系数达33.6%，农村常住居民达40.0%，全体居民达35.2%。2016年全市个人储蓄存款年末余额达13399.44亿元，是1996年500.71亿元的26.8倍；人均个人储蓄存款余额为43955元，是1996年1656元的26.5倍。

第三，第一产业发展。以统筹城乡为基础，积极探索大城市带大农村的新路子，是中央交给重庆直辖市的四大任务之一。在

"多予少取放活"的指导下，重庆大力发展名、特、优、新等多种经营方式，完成了农村"粮猪二元型"经济结构向多样化经营方式的转变，逐步向现代农业方向靠拢。2015年，农林牧渔业服务业产值达到26.22亿元，占第一产业的1.5%。2016年全市农林牧渔业总产值达到1968亿元，比1996年的425亿元增长3.6倍。第一产业增加值从1996年的287.56亿元增加到2016年的1303.24亿元，增长了3.5倍。第一产业总产值中农林牧渔的比重由1996年的63.9%：2.7%：30.9%：2.5%调整为2015年的59.5%：3.5%：31.2%：4.3%，种植业下降了4.4个百分点，林业上升了1.2个百分点，畜牧业略有上升，渔业上升1.8个百分点，除农业外，林牧渔业均获得一定的增长，在第一产业中的比例呈上升趋势。

第四，第二产业发展。实施国有企业改革，焕发老工业基地活力，是中央交给重庆直辖市的又一主要任务。重庆在"工业强市"思想指导下"抓大放小"，先后在工业部门实施了"七个一批"的系列改革，实现了全市工业经济的持续、快速发展。2015年"规模以上工业企业主要产品产量占全国的比重"主要集中在维纶纤维、汽车、摩托车、微型计算机、显示器、打印机、手机行业等领域，分别占全国比重的13.4%、12.3%、33.6%、19.7%、11.2%、26.7%、9.7%，形成了以汽车、摩托车为主导的制造业，以计算机、手机、打印机为支撑的微电子产业为支柱工业的发展格局。2016年，重庆第二产业增加值达7755.16亿元，是1996年568.99亿元的13.6倍，占全市生产总值的44.2%。2016年全市工业总产值达到2.6万亿元，电脑产量6765万台，手机产量2.9亿部，汽车产量达到316万辆。汽车、电子两大产业对全市工业增长贡献率达到55%。新兴制造业快速发展，集成电路、新型显示等核心产业链基本成型，生产液晶显示屏3949万片、集成电路芯片3.3亿片，页岩气产能达到70亿立方米。

第五，第三产业发展。直辖后，随着市场经济的发展，得益于便捷的水、陆、空交通，独特的区位优势，直辖的政策倾斜等因素，第三产业异军突起，获得了迅猛发展，成为拉动经济增长的主要动力。十大战略性新兴服务业快速发展，现代服务业比重不断提高。1996年，重庆第三产业增加值为458.57亿元，占全市生产总值的34.9%，同期第二产业占全市生产总值的43.2%，第三产业在全市生产总值比重比第二产业低8.3个百分点。到2008年，第三产业生产总值达2631.68亿元，占全市生产总值的45.5%，超过第二产业成为拉动重庆经济增长的最大产业。2016年，第三产业增加值达8500.36亿元，占全市生产总值的48.4%，同期第二产业占全市生产总值的44.2%，第三产业在全市生产总值的比重比第二产业高4.2个百分点。

城市商圈零售业向休闲性、体验式消费服务转型，批发、零售、餐饮、住宿、交通等服务业提质增效明显。2016年，重庆商品销售总额突破2.3万亿元，外来消费占比超过30%。金融业增加值占比达到9.4%。实现电子商务交易额8500亿元，离岸金融结算达到900亿美元，跨境人民币结算超过1000亿元，服务外包营业收入增长45.1%，软件和信息服务业增长20%。文化产业增加值增长13%。旅游总收入增长17.5%，达到2645亿元。以银行、保险、证券、邮政通信、航空运输、旅游为重点的现代服务业蓬勃发展，成为重庆经济增长的主要动力。

第六，对外贸易发展。直辖以来，重庆对外贸易进出口规模逐步扩大，对外贸易已经成为拉动重庆经济增长的重要抓手。1997—2016年，重庆除1997年、1998年和1999年是贸易逆差外，其余年度的对外贸易均为贸易顺差，且贸易差额逐年增加。2016年，重庆外贸进出口总值达4115.1亿元，是1996年131.7亿元的31.2倍，贸易顺差达1190.3亿元。2015年，重庆新签利用外资协议（合同）达315个，协议合同金额达48.2亿美元，实际利用外资107.7亿美元，是1996年协议合同金额3.6亿美元的13.4倍，实际利用外资4.4亿美元的24.5倍。同时，入境旅游人数和旅游外汇收入也屡创新高。2016年重庆接待入境旅游人数达316.58万人次，旅游外汇收入达16.87亿美元，是1996年入境旅游人数16.2万人次的19.5倍，旅游外汇收入0.7亿美元的24.1倍。

二、重庆市场经济发展取得的成就

改革开放特别是直辖以来，重庆的市场经济发展逐渐取得了一系列的成就。

（一）实现一、二、三产业的协调发展

在第一产业，重庆通过建立家庭联产承包责任制、取消农产品派购，开放农产品市场等方式，实现了第一产业的快速发展，并完成了第一产业从"粮猪型二元结构"向农林牧渔等多种经营形式的转变。在第二产业，重庆实施了扩权让利、经济责任制、军民结合、股份制、公司制等系列国有企业体制改革，完成了以军工、冶金、机械、化工为主体的重工业格局到以汽车、摩托车为主导的制造业、以计算机、手机、打印机为支撑的微电子产业为支柱的工业发展格局，成功实现第二产业的振兴。在第三产业，重庆给予了重点关注，实施了"大力发展第三产业"战略，实现了第三产业的飞速发展，完成了第三产业在全市生产总值比重从第三到第一的转变。1984~1988年，重庆对交通、邮电通信、商贸等服务业进行了重点扶持，实施超常规投入和建设，拉开了重庆第三产业快速发展的序幕。通过"强化第一产业，优化提高第二产业，大力发展第三产业"，重庆的一、二、三产业均获得了飞速发展，三次产业结构得到调整和优化，实现一、二、三产业的持续、快速、协调发展。1983年，重庆计划全市生产总值为120.01亿元，人均生产总值仅为461元，第一产业为45.44亿元，第二产业为50.56亿元，第三产业为24.01亿元，一、二、三产业结构比重为37.9%：47.1%：20%。到2016年，全市生产总值达15717.27亿元，人均生产总值为52321元，第一产业达1150.15亿元，第二产业为7069.37亿元，第三产业为7497.45亿元，一、二、三产业结构比重为7.3%：45%：47.7%。三次产业结构调整和优化完成了"二、一、三"向"三、二、一"的转变。

（二）完成了四件大事的主体任务

1. 三峡库区百万移民

1993年三峡工程动工后，重庆就开始了第一期移民工作（1993~1997年），规划动迁5.49万人，复建各类房屋295.58万平方米，满足90米蓄水需要。直辖后，重庆继续完成了二期移民工作（1998~2003年）规划动迁45.86万人，复建各类房屋1335.93万平方米，满足蓄水135米需要。三期移民工作（2004~2006年）规划动迁移民32.44万人，复建各类房屋942.07万平方米，满足蓄水156米需要。四期移民工作（2007~2008年）满足蓄水175米需要。2008年7月，重庆百万移民工程通过国家验收，完成库区规划移民任务，动迁城乡居民103.79万人（2006年初步调查测算，重庆库区移民最终动迁人口将达120万人），三峡库区百万移民工程的主体任务基本完成，移民工程进入安居、乐业的拓展期。

2. 统筹城乡经济发展

直辖之初，全市有国家重点贫困县12个、省定贫困县8个，处于温饱线以下农村贫困人口达366.42万人，贫困人口分别占全市总人口和农业人口的12.19%和14.48%。直辖后，市政府调整国民收入分配格局和优化财政支出结构，积极探索大城市带大农村的统筹城乡一体化发展机制，建立了统筹城乡的公共财政框架和城市反哺农村的扶贫机制。在公共财政框架下，控制市级财政支出，确保区县和农村发展。以三峡百万移民工程为契机，建立了统筹的就业工作体系，培育"富侨保健""石龙技工""三峡服装"等特色劳务品牌，实现农村劳动力转移就业的技能培训，推动农村劳动力转移就业。到2016年，重庆已经顺利完成了国家"八七"扶贫攻坚计划任务，重庆市"五三六"扶贫攻坚计划，重庆市"十五""十一五"和"十二五"扶贫计划目标，贫困地区农民收入逐年增加，贫困人口数量不断减少，贫困地区经济持续快速发展。

3. 探索国有企业改革

1978年10月，重庆钢铁公司进行扩大自主权探索试点，由此拉开了重庆国有企业的改革之路。重庆以扩权让利—经济责任—军民结合—股份制—公司制为主线，实施了一系列的国有企业体制改革。尤其直辖以后，面对国有企业存量大，传统产业比重高，高新技术产业比重低，国有经济比重高，非公有制经济比重低等系列问题，重庆市开展了以现代企业制度为基础的国有企业改造。国有企业以公司制为主要形式，实行股份制改造，围绕支柱产业、优势行业组建大型企业集团；以联合、收购、兼并、破产等多种方式，促进国有企业资产重组；以优抚弱、优势互补，实现了生产和效益的稳定增长；实施"抓大放小"战略，将市级中小企业下放到所在区县（自治县、市）管理。重庆市还通过"退二进三""退城进园"等系列措施调整产业布局，在老工业基地核心区（都市发达经济圈）形成了"1430"的生产力布局，即北部新区1个龙头，高新区、经开区、长寿化工园、西永微电子工业园4个重点园区，30个特色工业园区的生产力布局，促进了三大经济区、四大工作板块的协调发展。

4. 实施生态环境保护

重庆地处长江上游、三峡库区腹心地带，是我国重要的老工业基地之一，由于历史、人口、资源和生产方式等多方面因素的影响，长期以来城市环境污染严重，库区生态环境脆弱，是全国环境保护和生态建设的重点地区。直辖以后，重庆围绕"山水园林城市工程"和"青山绿水工程"两大战略，以主城区大气污染防治和三峡库区水环境保护为重点，实施了一系列重大决策和行动计划，全市生态环境建设与保护工作取得了明显成效。[①] 直辖以来，重庆相继出台并实施了一系列环境保护标准和制度，确保重庆"蓝天""碧水"和"生态"工程的顺利实施。到2016年，重庆主城区空气质量优良天数达301天，二氧化碳排放量比2015年下降6%；全市森林覆盖率、建成区绿化覆盖率分别达到45%和40.1%；水源地质达标率达100%，在国家水利部考核中位列五个优秀省（直辖市）之一。

（三）转变了经济管理的方法和手段，逐步实现了市场在资源配置中的决定性作用

1983年2月，重庆市成为全国第一个经济体制综合改革试点城市，实行国家计划单列，拉开了重庆探索市场经济的序幕。重庆先后在财政上打破了"统收统支"，实施"收支挂钩，超收分

[①] 黄鸿、杨媚、冯海亮、秦高峰：《PSR模型支持下重庆市主城区生态安全评价》，载于《微计算机信息》2012年第8期。

成"的财政管理体制；在金融上建立完整的银行体系；在价格体制上引入市场机制，逐步放开商品价格；在流通上打破了国营商业独家经营局面，实施"地不分南北，人不分公私，谁都可以来买，谁都可以来卖"的开放式批发；在外贸上设立海关、商检、动植物检疫、外运、外汇管理等涉外机构直接开展对外贸易。通过一系列的改革，重庆逐步将市场机制引入重庆经济发展和管理过程。在企业实现政企分开、政资分开，企业成为自主经营、自负盈亏的独立法人。社会通过价值规律调节生产和流通，以市场为手段实现经济资源的有效配置，逐步实现了计划经济体制向市场经济体制的转变，建立了社会主义市场经济体制。

三、重庆在市场经济发展中的新探索

在探索市场经济体制下区域经济发展路径的过程中，重庆根据自身实际，找到了适合自己的发展方式，实现了发展方式的转变和创新。

(一) 发展方式创新

第一，发展战略从区域上升到国家。重庆经济发展战略是重庆经济发展的基本方略，具有明显的区域性。然而，在2007年全国两会后，重庆经济发展战略上升到国家层面，进而提出了努力把重庆加快建设成为西部地区的重要增长极、长江上游地区的经济中心、城乡统筹发展的直辖市的"三大定位"。在西部地区率先实现全面建设小康社会目标的"一大目标"。加大以工促农、以城带乡力度，扎实推进社会主义新农村建设；切实转变经济增长方式，加快老工业基地调整改革步伐；着力解决好民生问题，积极构建社会主义和谐社会；全面加强城市建设，提高城市管理水平的"四大任务"的"314"总体部署。[①] 积极融入国家"一带一路"和长江经济带等对外开放和区域发展重大战略,进一步拓展对外开放广度深度。依托《成渝城市群发展规划》,实施生态共建环境共治,壮大相关优势产业集群,扩大对内对外开放,加快脱贫攻坚和民生改善。

第二,发展方式从"内引为主"转变为"内引外联,四方联动"。在市场经济体制探索的前期,重庆重点强调"内引",强调对区域经济主体的引导,引导企业完成内部机制改革以适应市场经济发展的需要,向外引进资金、技术、人才等要素以促进地区经济发展。为适应国内外市场发展,重庆经济除了"内引"以外,还扩大了"外联",在"引进来"的同时"走出去",实现"四方联动"。因此,重庆通过引进惠普公司,打造国际性笔记本电脑生产基地;引进中新第三个政府间合作项目,打造国际合作高地;申请成立第一个内陆地区国家级开发开放新区——两江新区,打造内陆开放高地等措施加强"内引"。渝新欧铁路班列实现每天1班常态开行,国际铁路运邮、铁空联运等取得重大进展。建立了两路寸滩保税港区、西永综合保税区、江津综合保税区等措施扩大"外联",成功实现了"内引外联,四方联动"。

第三,发展动力从"工农为主"转变"工商为主"。重庆地处西部内陆,城乡二元结构相当明显,属于典型的大城市带大农村格局。由于曾作为抗战的陪都,又是"三线建设"的中心城市,重庆的工业(尤其是重工业)相对发达。在市场经济建设前期,工业和农业是重庆经济增长主要动力,尤其是工业,成为支

---

① 周慕冰:《重庆建成"长江上游地区金融中心"》,载于《中国经济周刊》2007年第21期。

撑重庆经济发展的核心动力。然而，随着市场经济的发展，重庆因独特的水、陆交通，区位、直辖政策等因素，第三产业得到迅猛的发展，商业发展异军突起，成为拉动重庆经济增长的主要动力。自此，重庆主动适应经济发展新常态，加快转变经济发展方式，加快转换发展动力，推进经济结构转型升级，加强供给侧结构性改革，经济发展质量效益明显提高，扎实推进全面深化改革，重点领域和关键环节改革取得重要突破，经济社会发展动力活力持续释放，完成了发展动力从"以工农为主"到"以工商为主"的转变。

第四，经济增长从"外延粗放"转变为"内涵集约"。重庆地处内陆山区，农业耕种条件相当恶劣，以人力和畜力为主的农业生产力极为低下。重庆工业源于陪都时期和"三线建设"时期东中部工业的西迁，以钢铁、机械、制造、化工等军事重工业为主，工业生产长期处于"高投入、高消耗、高污染、低效益"的"三高一低"状态。以"外延粗放"方式增长的工农业严重制约了重庆经济发展。为了降低消耗，减少污染，提高效益，以有限经济资源推动经济快速发展，重庆以科技创新、技术创新为抓手，以制度创新为驱动，大力发展以服务业为核心的第三产业，扎实推进供给侧结构性改革，供给体系质量和效率提升。围绕"三去一降一补"重点任务，制定实施"1+4+X"工作方案，靶向施策、精准发力，矫正供需结构错位和资源要素错配，努力实现区域经济的"内涵集约式"增长。

（二）机制制度创新

市场经济以市场为手段实现资源有效配置，市场贯穿于社会生产、分配、交换、消费的全过程。1978年以来，重庆对市场经济做出了许多探索和创新，并取得了丰硕的经济发展成果。

1979年，重庆嘉陵厂成功生产出新中国第一辆民用摩托车，拉开了重庆乃至全国军工企业开发民用产品的"军转民"试点，让汽车摩托车、船舶、电子、仪器仪表等成为重庆经济发展的支柱，将军工企业与地方经济发展结合起来，推动了重庆工业的转型升级。

1986年9月，重庆实施资产经营目标责任制试点改革，在全国范围内公开招聘红岩机器厂管理人员，打破国有企业干部任命制框架，探索国有企业"放权让利"机制，在全国掀起了企业承包的高潮。

1987年，重庆桐君阁药厂、重庆中药药材站等14家中药企业联合成立了全国第一家中药股份制企业——重庆中药股份有限公司。同年，成立了全国第一个股份制企业集团——中国嘉陵工业股份公司（集团）。两家公司的成立，拉开了我国国有企业公司制改革和股份制改革的序幕，成为我国国有企业现代制度改革的领头羊。[①]

1991年1月，重庆两路口百货、大石坝工矿贸易公司等11家国有企业率先在全国实施"经营放开、价格放开、用工放开和分配放开"的"四放开"改革试点，率先将企业改革从生产领域延伸到流通领域，并迅速席卷全国。

1991年10月，重庆选择了33家国有大中型企业实施以"生产经营、产品定价、内部分配、劳动用工和技术改造"为核心的"五自主"改革试点，率先尝试"政企分开"改革，引起全国轰动。

2002年末，重庆组建了水务控股、城投公司、高发公司、高

---

① 《三十年：重庆十项改革全国率先》，载于《重庆日报》2008年12月17日。

投集团、地产集团、建投公司、开投公司、水投公司 8 家建设性投资集团，尝试投融资平台及体制改革试点。通过改革试点，构建了以投资企业为导向的社会融资制度，形成了政府主导、市场化运作、社会参与的多元化投资格局，为全国投融资平台及体制建设开启了先河。

2006 年，重庆率先在全国实施以"市级联动、区县放权、乡镇转型"为核心的"三级改革试点"。改革以市、区县、乡镇为基点，分三级进行，厘清了政府权责，探索政府高效运行的行政管理机制。

2007 年 6 月，重庆成为全国唯一以省为单位的统筹城乡综合配套改革试验区，探索工业反哺农业、城市支持农村，破解城乡二元下的"三农"难题，为全国统筹城乡经济发展树立了榜样。

2010 年 6 月，两江新区正式挂牌成立，成为我国内陆地区第一个国家级开发开放新区，尝试内陆地区建设新区的改革试点。到 2016 年，区内生产总值达 2261 亿元，成为重庆经济增长重要基石，为内陆地区建立、发展国家级新区提供了参照。

2011 年 3 月，随着渝新欧铁路全线开通，重庆率先探索内陆开放高地的建设路子。渝新欧铁路全线的建成打破了以东部沿海城市为特征的对外开放和对外贸易格局，改变了重庆内向型经济结构。

（三）科技创新

在重庆市场经济发展过程中，重庆市委、市政府先后颁布了《中共重庆市委重庆市人民政府关于深化改革扩大开放加快实施创新驱动发展战略的意见》《重庆市科技创新"十三五"规划》等系列文件，探索科技创新的方法和路径。

第一，以科技创新为动力，促进产业转型升级，实现重庆一、

二、三产业快速、持续、协调发展。把握科技革命和产业变革的新趋势，紧扣重庆重点产业提质增效升级需求，坚持把数字化、网络化、智能化、绿色化作为提升产业竞争力的技术基点。以产业技术提升为契机，改造传统产业，完成产业结构的调整；聚焦先进制造技术、新一代信息技术和大健康技术，以科技创新构筑现代化的一、二、三产业集群，培育战略性新兴产业，完成重庆产业结构的优化和升级。

第二，以完善科技创新机制为抓手，提升重庆科技创新能力，实现科技创新驱动发展，构建创新驱动型社会。通过营造科技创新环境，完善科技创新机制，激发重庆科技创新主体或组织的创新热情。通过构建高效率的创新组织，优化科技创新资源布局，促进科技创新资源和要素的集聚与整合，实现科技创新资源的合理分配，打造优秀的科技创新支撑平台。通过科技创新主体、平台及运行机制的合理搭配，创造全方位、开放式科技创新生态环境，提升重庆科技创新能力。

第三，以科技创新成果转化为手段，以科技创新引领发展，实现富民兴渝。围绕科技成果的市场化、资本化和产业化，畅通科研成果转化通道，破除科技成果转化的制度障碍，建立完善的科技创新成果孵化体系。以"低能耗、高产出、高效益、绿色、环保、可持续"的创新科技破解传统企业"三高一低"的缺陷，促进重庆经济增长。实施以知识价值为导向的分配政策，创新科技以生产要素方式进入分配体系，体现创新价值，激励创新成果转化，实现科技创新与重庆经济发展的一体化。

第八章 重庆的文化发展

经历了 3000 多年的人文发展与历史积淀，巍巍巴山之中、浩浩渝水之畔的重庆，形成了丰富的独具特色的地域文化。源远流长的巴渝文化、影响深远的抗战文化、灿若星河的三峡文化、开放包容的移民文化、聚力同心的统战文化、与时俱进的现代文化等特色鲜明，潜移默化地滋养着一代又一代勤劳智慧、自强不息、负重前行的重庆人。

第一节 重庆的文化资源

独特的巴渝历史铸就了重庆深厚的文化底蕴、丰富的文化资源。

一、重庆文化资源概述

由于地理环境、政治、人口迁移等因素，重庆文化资源积淀丰厚。

（一）重庆文化资源的基本内涵

重庆文化资源是指重庆人民为发展和提升自己赖以生存的环境质量，在改造自然、利用自然、维系社会规范和塑造人类自身行为，在长期实践过程中所创造的物质文化、制度文化（社会文化）和精神文化的总和。文化资源是社会财富，是潜在的软实力，一定区域的文化资源展示了该区域丰厚的历史文化底蕴，体现了该区域独具特色的地域特征，呈现了该区域与众不同的精神风貌。

（二）重庆文化资源的类别

重庆的文化资源丰富多彩，类别良多，宏观上可划分为物质文化资源、制度文化资源、非物质文化资源三大类。上至古巴国，下至当今，重庆都有一系列独具地域特色的制度，其中蕴含的制度文化是重庆文化资源的重要组成部分，为重庆的发展建设提供了制度保障。重庆的石柱土家啰儿调、川江号子等民间音乐；铜梁龙舞、摆手舞等民间舞蹈；川剧、梁山灯戏等传统戏剧；评书、川东竹琴、车灯等曲艺；梁平木板年画、蜀绣等美术技艺；丰都庙会、秀山花灯等民俗……都属于非物质文化资源。

（三）重庆文化资源与重庆发展

城市文化资源是城市文化的基本要素，可以转化为城市发展的无穷动力，是现代城市核心竞争力的重要组成部分。重庆是一个独具特色的城市，它的文化资源是本区域文化底蕴和根本价值追求，是重庆源于传统、基于现代的文化理念和文明素养的总和，也是有别于其他城市的文化气质和魅力所在。[1] 重庆文化资源体现了重庆的基本品格，是重庆的灵魂，更是重庆财富的最高象征，它对重庆的经济文化和社会发展至关重要。

二、重庆文化资源的内容和特征

重庆作为"历史文化名城"，它不仅有独特的地理位置，广阔的版图，源远流长的历史，还有诸多文化资源。重庆文化资源地域性强、内容丰富、特征明显、价值丰厚。

---

[1] 高建平：《构建和谐社会离不开城市人文精神与城市文化建设》，载于《内蒙古农业大学学报（社会科学版）》2008年第3期。

(一) 重庆文化资源的内容

从文化资源的构成上看，每一种文化资源都是一个主体，每个主体又往往分布在不同的地域，重庆的文化资源地域性强、内容丰富。如因重庆雨水充沛，气候潮湿，生活在山区的土家人喜欢住吊脚楼，房屋为"干栏式"全木结构，底楼作畜舍或搁置农具，楼上住人；山高滩险的三峡中，长江奔腾咆哮而过，在这里负重前行的纤夫喊出的高亢、豪迈的川江号子展示出了重庆地域的特色品质等。

从微观上来说，重庆文化资源主要包含以下内容（见表8-1）。

表8-1　　　　　重庆文化资源主要包含的内容

文化类型	具体资源
饮食文化	重庆饮食喜麻辣，以不拘一格使用各种材料创作新菜见长。重庆亦是火锅的发源地，并对火锅这种饮食文化影响较大，2007年3月，重庆首次荣获中国烹饪协会授予"中国火锅之都"称号
旅游文化	山城夜景：重庆地区三面临江，一面靠山，倚山筑城，建筑层叠耸起，道路盘旋而上，城市风貌十分独特，由此形成绮丽夜景。 朝天门：明初戴鼎扩建重庆旧城，"古渝雄关"。因此门随东逝长江，面朝天子帝都南京，于此迎御差，接圣旨，故名"朝天门"。 长江三峡：丰都鬼城，忠县石宝寨，云阳张飞庙等，它是我国古文化的发源地之一，著名的大溪文化就发源于此，孕育了我国伟大的爱国诗人屈原和千古名女王昭君；曾留下李白、白居易等诗圣文豪的足迹。 吊脚楼：由于地势的缘故，所有的建筑都需沿着山坡依次建造，到处都有几根杉杆撑着的一间间四四方方的木楼，这就是吊脚楼

续表

文化类型	具体资源
旅游文化	歌乐山烈士陵园、白公馆、渣滓洞：重庆歌乐山烈士陵园，修筑于原"中美合作所"集中营旧址。白公馆后面是松林坡，著名的抗日将领杨虎城将军在此遇难。臭名昭著的"渣滓洞"监狱曾关押过1947年"六一"大逮捕、小民革武装起义、1948年《挺进报》事件、上下川东武装起义中的革命者，是典型的红色文化资源集中区。 钓鱼城：钓鱼城被欧洲人誉为"东方麦加城""上帝折鞭处"，是我国古代防御战的最浓重的一笔。 重庆武隆天生三硚：土家人大多生活在山区，喜居吊脚楼，屋基前低后高，部分房屋悬空出来。房屋为"干栏式"全木结构，底楼作畜舍或搁置农具，楼上住人。楼的四周铺设走廊，雕栏花窗，屋檐呈鱼尾上翘。整个建筑飞檐翘角，凿龙画凤，雕栏花窗，描红着绿，色彩斑斓。 洪崖洞传统民俗风貌区：以最具巴渝传统建筑特色的"吊脚楼"风貌为主体，依山就势，沿江而建，让解放碑直达江滨。外来游客可观吊脚群楼、观洪崖滴翠，逛山城老街、赏巴渝文化，烫山城火锅、看两江汇流，品天下美食、玩不夜风情的休闲娱乐新天地。 重庆华岩旅游风景区：华岩风景区是典型的寺庙园林，这里是善男信女拜佛参禅的圣地
美女时尚文化	在公交车上，在马路上，在闹市，在景区，在河边，在校园里，都可以随时看见一片片美丽的风景线——重庆美女，她们衣着时尚大方得体，仪态万千，风情万种，吸引着男人们的目光，形成了一片美丽的风景

续表

文化类型	具体资源
民俗文化	大足石刻：大足石刻是重庆大足区境内主要表现为摩崖造像的石窟艺术的总称，是唐末、宋初时期的宗教摩崖石刻，以佛教题材为主。 川剧：川剧具有巴蜀人的语言特色和音乐风味，渗透着巴蜀人的个性，反映着巴蜀人的民情、风俗，适合巴蜀人的审美情趣和艺术欣赏习惯的戏曲剧种。 川江号子：纤夫负重前行喊出的一声声号子成了著名的川江号子，高亢、豪迈而有力，在峡江之中久久回荡。 苗族花山节：彭水苗族"踩花山"，主要以彭水苗族人民生活劳作的动作，配上彭水苗族音乐，经过文艺人员的编排或广场、院坝舞。"踩花山"又称为"花山节""耍花山"；亦叫"跳场"或"跳花"。 梁平年画：梁平年画表现手法浪漫，画面饱满简洁，造型古朴粗犷，神态生动，构图完整，对比强烈，以驱邪纳福、喜庆吉祥、历史故事等为题材，具有极高的艺术价值。 铜梁龙：铜梁龙灯始于明，盛于清，繁荣于当代，其发展经过了火龙、正龙、肉龙三个阶段
抗战文化	国民政府从南京撤至重庆，并将之定为"陪都"，实为"战时首都"，产生了大量的抗战文化资源

（二）重庆文化资源的特征

虽然重庆文化资源存在着休闲文化过重、文化品牌缺乏、旅游文化观感太盛、历史文化沉寂等负面特征，但是总的来说，重庆文化资源集"特""异""雅""俗""优""野"于一身，这是其他省份所不具备的资源要素，是重庆文化资源独特的优势。

1. 重庆文化资源"特"

第一，有特色：重庆的火锅文化，其能够最集中地体现中国人大一统的思想，火锅可以使中国人以婚姻与血缘关系为基础组成的大家庭，几代同桌，长幼同锅，心往一锅想，劲往一锅使，融融和和，尽享天伦之乐。

第二，有特点：重庆把封闭性的地方文化和开放性的国际视野完美结合起来，形成了"大城市、大农村"的一种共生共存，相互交融，体现了山城文化既立足自己的文化底蕴又走向国际的一个特点。

第三，有特例：重庆的陪都文化是在中国历史上唯一存在的一种文化特例。

2. 重庆文化资源"异"

如巫山文化为重庆古文化史、中国文明史乃至世界文明史的考究提供了有力的例证；巴文化展示了巴人的豁达直爽智勇双全、纯洁善良、勤劳乐观等品质；三峡移民文化蕴含了顾全大局、舍己为公、万众一心、艰苦创业的三峡移民精神等。

3. 重庆文化资源"雅"

大禹"三过家门而不入"的涂山旧痕、"上帝折鞭之处"的合川钓鱼城古迹、长江三峡、大足石刻等都证明重庆的历史文化极为"高雅"。

4. 重庆文化资源"俗"

重庆在先秦时就是巴国的主要地区，本身就有多样而复杂的习俗，自秦之后，随着多次人口的迁移，各种文化交流碰撞，重庆民俗更加丰富多彩，现如今重庆的民俗文化资源异彩纷呈，如春节拜年、十五观灯、清明祭祖、中秋赏月的节令民俗；唱坐歌堂、哭嫁、丧事敲打锣鼓的婚丧习俗；唱川剧、耍龙舞、说评书、奏竹琴的游艺民俗等。

5. 重庆文化资源"优"

如大足石刻、铜梁龙、黄水国家森林公园、丰都鬼城、"重庆武隆喀斯特"等都是优势突出、质量上乘的自然风光抑或人文景观。

6. 重庆文化资源"野"

如大佛寺、慈云寺、钓鱼城、白鹤梁题刻、龙河悬棺群、綦江版画等展示了原生态的美。

（三）重庆文化资源的价值

重庆文化资源的特征决定了其具有重要的价值。

1. 时间价值

重庆的地域文化有着漫长的发展过程，不同的历史时期具有不同的文化，它们见证了时代的发展和社会的进步。如在巴国时期产生了巴文化，抗战时期产生了抗战文化，移民过程中产生了移民文化，现如今又产生了与社会主义发展建设相适应的社会主义文化等。

2. 历史价值

重庆的文化资源承载着重庆丰富的历史，是重庆不同历史时代的精华，它具有浓郁的地域特色，是考究重庆历史文化的基本载体，其通过榜样的力量、思想的引导、精神的鞭策，有效增强了重庆人民的自豪感和自信心，为重庆的腾飞增添强大的驱动力。

3. 精神价值

优秀的文化资源对社会主义精神文明建设具有极其重要的作用，重庆优秀的文化资源能够锻造重庆儿女的性格，塑造他们的精神品质；能够教化重庆人民，形成良好的社会风气；能够阐述重庆人民的追求，校正偏颇的理想信念；能够维系重庆地域的稳定，增强人们的认同感。

4. 学术价值

对重庆文化资源进行深入的研究，有利于人们对重庆文化的整体把握，有利于拓宽巴渝文化的研究视野，有利于深化人们对巴渝文化的认知与感悟，有利于升华重庆文化资源的底蕴，从而为推动巴渝文化的学术升华奠定坚实的基础。[①]

5. 经济价值

把重庆的文化资源发展成独特的旅游资源，不仅可以起到保护历史文化的作用，而且还能为当地居民提供就业机会、增加地方税收、促进当地基础设施建设、促进环境保护工作和改善便民设施等。

三、优化重庆文化资源

在文化愈发凸显和代表地区经济社会发展核心竞争力的当下，重庆要充分借鉴国内外文化资源发掘利用的优良经验，立足重庆本区域的实情，采取"1+8"的措施，全方位、多层次、宽领域的优化重庆文化资源。

"1"即坚持文化资源开发生态至上的原则。文化生态具有不可再生性，在文化生态上绝不能搞"先拆毁、后重建"，必须坚持文化资源开发生态至上的原则。在发掘利用进程中，必须要进一步厘清文化资源开发的思路，坚持整体性开发原则；要完善开发规划的制定工作；要加强文化资源开发的基础设施建设；要加大宣传教育力度，调动民众参与文化资源开发工作的积极性。

"8"即：第一，借鉴国内外优良经验。近年来，国内外在文

[①] 黄晓梅：《重庆文化产业发展的路径选择》，载于《重庆教育学院学报》2010年第4期。

化资源发掘利用方面作出不少探索也取得了较大成功,值得重庆学习借鉴。重庆可以借鉴国内京、沪、陕、豫、皖、苏等地的文化资源开发利用经验,整齐划一,克服文化资源开发的分割状态;塑造精品,打造"特、优、独"的文化特色;立足本地,开辟重庆文化资源新路径。重庆亦可以借鉴欧美的先进理念,重视文化资源开发的整体性和协调性;强调地方政府在文化资源开发中的责任;均衡文化资源的经济价值与精神价值;施行文化管制等。

第二,强化重庆文化资源的认同感。重庆的文化沉淀厚实,隐性文化和显性文化内涵极为丰富,重庆要从3000多年的历史中梳理出本区域文化突出的特点,强化重庆文化资源的认同感,促进资源的转化。

第三,打造一镇一品一特色。目前,重庆有多个村镇入选"全国特色景观旅游名镇",具备雄厚的以镇为单位打造品牌的优势和基础,因此,重庆可以通过打造"一镇一品一特色"形成大量的重庆文化品牌镇,从而实现以点带面,以面布局的文化产业发展模式。

第四,以故事力量活化和整合重庆古镇文化资源。重庆有多个文化古镇,每个古镇都有自己的特色文化,每个古镇都有自己精彩的故事,将重庆每个古镇的特色文化资源"创造"成一个好的故事,通过故事的力量活化文化资源的活态传承,从而打动人、感染人、吸引人。

第五,推进形式的仿古和内容上的创新。重庆拥有丰富的民俗文化资源,因此可以按照一村(镇)一品的模式打造文化古镇,按照古镇的样式保存完整的民俗生态,同时,在保留传统特色的基础上结合时代特征和人们的基本需求创新民俗活动的内容和形式，推进民俗体验村镇建设。

第六，创建重庆文化资源知识产权体系。一方面，要创建重庆文化资源知识产权举报投诉服务中心建设，加强行政执法与刑事司法相衔接的工作措施，严厉打击各种侵犯文化资源产品知识产权的行为[1]。另一方面，要加大服务和支持力度，建立共性技术开发平台，鼓励实体单位申报高新技术产品和高新技术企业，培育一批文化资源开发骨干实体。

第七，强化重庆文化资源开发的民间责任。要实现重庆文化资源科学、有效、合理的发掘利用，就要发挥民间组织对重庆文化资源开发的积极作用，与市场、企业和政府形成良好互动，因此要明确民间组织的地位，细化民间组织的职责范围，合理分配民间组织的经济利益。

第八，产业化开发重庆文化资源。重庆应不断加大文化产业的开放与融合，持续推动数字网络和多媒体等现代科技应用，创新文化传播方式和手段，重点发展壮大广播电视、影视剧制作、传媒出版等优势文化产业，积极培育数字动漫、演艺娱乐、中介咨询、时尚设计和休闲经济等新兴文化产业，深入挖掘红岩文化、抗战文化、三峡移民文化、都市文化等重庆历史文化资源，推出一批有影响力和市场竞争力的文化产品，形成有重庆特色的文化产业集群，并在产业发展中培养起自己的产业发展人才队伍。[2]

---

[1]《创意越远 成功越近——重庆筹划创意产业发展蓝图》，载于《重庆与世界》2007年第12期。

[2] 张莎：《文化产业须走特色发展之路》，载于《重庆日报》2008年8月8日。

第二节　重庆的非物质文化遗产

重庆具有丰富的非物质文化遗产，立足于资源基础及自身特点，其保护传承取得了一定成效。

一、非物质文化遗产的内涵及其价值

2003年10月17日通过的《保护非物质文化遗产公约》将非物质文化遗产定义为：被各群体、团体有时为个人所视为其文化遗产的各种实践、表演、表现形式、知识体系和技能及其有关的工具、实物、工艺品和文化场所。[①] 我国的非物质文化遗产极其丰厚，其保护传承朝着两个方面转变，即从单一保护转向整体生态保护和工作重心从阶段性项目申报转向日常性保护传承。通过不懈努力，我国的非物质文化遗产保护工作取得了积极进展，文化遗产资源普查基本完成，名录体系初步建立，立法工作实现重大突破，经费投入逐年增加，宣传弘扬成效明显，对外交流日益密切，国际影响力不断提高。

我国之所以大力保护和传承非物质文化遗产，是因为其具有重要的价值。一方面，保护传承非物质文化遗产是维护民族文化安全的重要基础。中华民族文化的根，鲜活地存在于非物质文化之中，存活于民间生活和民俗风情之中。非物质文化遗产的保护传承，从根本上讲，是针对经济全球化和西方强势文化资本渗透

[①] 参见联合国教科文组织：《保护非物质文化遗产公约》，http：//unesdoc. unesco. org/images/0013/001325/132540c. pdf。

而作出的文化战略选择。[①] 另一方面，保护传承非物质文化遗产是国家文化软实力提升的重要路径。文化是国家软实力的重要组成部分。非物质文化遗产保护与传承，将有力地促进中华文化的弘扬，推进我国从文化资源大国向文化创新强国迈进，增强中华文化的国际影响力，加快形成与我国经济发展和国际地位相适应的中华文化优势[②]，为我国在国际文化、经济、政治的立体竞争中处于有利态势而起到不可取代的重要作用。同时，非物质文化遗产传承保护是中华民族伟大复兴的必经之路。有着悠久历史的中国非物质文化遗产，包含着中华民族的优良传统和人间亲情，虽然有的民俗样式不可避免地掺杂了宗教色彩，也正因如此，它才有更浓厚的文化情感。非物质文化遗产的传承，正是民族自尊心的一种重要体现。建设好传统文化，保护和传承非物质文化遗产，是弘扬民族精神，增进民族认同，加强民族团结，维护国家统一，复兴中华民族的必经之路。

二、重庆非物质文化遗产的特征

重庆的非物质文化遗产得益于其特殊的地理和人文环境，来源于重庆人民的生产生活方式，具有丰厚的内涵，是重庆人民的个性、审美习惯、生活习性等的集中展示，是重庆人民智慧与文明的结晶和沟通人们情感的桥梁，是维护社会和谐稳定的纽带，具有独特的特征。

重庆的非物质文化遗产主要有以下四个特征。

[①] 郝勇：《留存文化记忆 守护精神家园》，载于《四川日报》2006年10月16日。

[②] 任茂东：《文化软实力举足轻重——深刻认识非物质文化遗产法的重要意义》，载于《中国人大》2011年第7期。

（一）历史性

重庆悠久的历史涤荡出丰厚的文化，主要有巫山文化、巴文化、抗战文化、移民文化、红岩文化等，这些文化一方面体现了重庆深厚的文化底蕴，蕴含了一代又一代重庆儿女优秀的精神品质；另一方面为当代重庆非物质文化遗产的价值阐述提供了历史积淀，同时也为人们认识重庆非物质文化遗产提供了一条可以摸索的路径。以巴文化为例，巴人的尚武精神、巴族的白虎图腾崇拜、巴渝舞的热情豪迈等是当下重庆文化的重要文化基因，也是重庆文化有别于其他文化的重要特质。

（二）多样性

重庆是一座"移民城市"，九次大规模的人口迁移，带来了丰富多彩的地域文化。重庆的兼容开放造就了重庆种类繁多的非物质文化遗产，如包括石柱土家啰儿调、川江号子、南溪号子、接龙吹打等在内的民间音乐；包括铜梁龙舞、北泉板凳龙、大傩舞等在内的民间舞蹈；包括川剧、接龙傩戏、梁山灯戏、面具阳戏等在内的传统戏剧；包括评书、川东竹琴、车灯等在内的曲艺；包括梁平木板年画、蜀绣等在内的美术；丰都庙会、秀山花灯等民俗。

（三）地域性

重庆的非物质文化遗产深深打上了重庆的烙印，以其独特性和典型性与其他地域的非物质文化遗产区别开来。从非物质文化遗产本身的样式和内容来看，重庆地区的非物质文化遗产与本地河流有着紧密的关系。从其在中华文化中所处的位置来看，重庆地区的非物质文化遗产是中国南方长江文化的重要组成部分。从其表现内容来看，重庆地区的非物质文化遗产与江河两岸人民的生活、生产方式有着直接而紧密的联系，而人们的生活、生产方式又在很大程度上取决于所处的地理环境。

(四) 动态性

重庆的非物质文化遗产穿越历史而来，经历了岁月的沉淀，外部环境的催化和内部要素的裂变使重庆的非物质文化遗产呈现动态性特征。一方面，重庆非物质文化遗产形成的外部环境始终处于运动发展的状态，无论是自然环境因素还是社会环境因素都在不断地发生变化，尤其是社会环境系统变化更快。[①] 另一方面，重庆的非物质文化遗产在历史演进中为适应社会发展的需求，自身不断融入新的内容，不断地发展变化。如国家级非物质文化遗产代表作秀山花灯，其唱词不仅有《黄杨扁担》等地方独有的内容，也有与江南地区民歌同样表现内容的《五更调》，还有与四川地区民歌同样表现内容的《绣荷包》和《采茶调》。[②]

三、重庆非物质文化遗产保护传承面临的危机

随着从农耕社会向工业社会的整体转型的不断推进，特别是改革开放以来全球化进程的日益加深，以重庆传统生产生活方式为主要生存土壤的非物质文化遗产正面临着空前的生存危机。

目前，重庆非物质文化遗产保护传承主要面临的危机。

(一) 认识危机

有的人认为非物质文化遗产无论是内容还是形式都是封建迷信的代表，不愿意去保护和传承；有的人没有认识到非物质文化遗产的重要性，认为非物质文化遗产可有可无；有的人只重视非

---

① 王薇：《高校思想政治工作面临的新环境特点及对策研究》，载于《法制与社会》2010年第2期。

② 重庆市音乐家学会：《黄杨扁担——重庆秀山花灯歌曲集》，西南师范大学出版社2003年版。

物质文化遗产中的典型代表，而忽视一般的非物质文化遗产项目；还有的人将非物质文化遗产和物质文化割裂开来，忽视了它们之间的必然联系和利益关系等。

（二）现代性危机

社会现代化带来的生产生活方式变迁导致传统的生产工艺以及围绕传统生产方式而出现的非物质文化遗产样式丧失了生存土壤，面临失传的困境。如享誉海外的川江号子就是长江传统航运的产物，也是船工劳作的有机组成部分，当人力被机械取代的时候，川江号子也走向了消亡。[①]

（三）社会基础危机

社会整体结构的变化导致文化偏好发生转移，从而使得传统非物质文化遗产的传承丧失了社会存在的基础。如传统川剧往往和传统茶馆相伴而生，随着传统茶馆在社会上的日益减少，传统川剧的传承自然也就逐渐走向沉寂。

（四）传承人危机

非物质文化遗产是以人为载体，依靠口传心授的方式传承，其中不少项目属独门绝技，往往因人而存，人亡艺绝。如万州川东竹琴，艺人们大都年事已高，永城吹打的老艺人已经相继去世，竹琴技艺面临失传的危机。

四、重庆非物质文化遗产保护传承面临的不足

重庆非物质文化遗产拥有深厚的历史积淀和文化内涵，其保护传承工作尤为重要，但是就目前情形来看，还存在诸多的不足。

---

① 牟延林：《重庆非物质文化遗产的地域风貌、精神内涵及城市精神的培育》，载于《重庆社会科学》2008年第3期。

(一) 体制机制建设有待加快

非物质文化遗产保护传承涉及文化、教育、规划、文物、国土、财政等政府工作的多个方面，需要从保护传承自身的规律出发设计新的管理运行机制，重庆在这方面尤其需要实现新的突破。

(二) 部分部门和区县重视度不够

有些部门和区县没有充分认识到非物质文化遗产保护工作的重要性和紧迫性，不积极主动申报项目；有些部门和区县重申报轻管理；有些部门和区县重经济效益轻保护性开发。个别区县尚未专设工作机构和专职工作人员。

(三) 经费投入力度有待加大

重庆的非物质文化遗产保护传承工作是一个巨大的工程，需要投入大量的经费，但是从市级财政投入来看，经费缺口高达90%。从区县财政（自治县）投入来看，部分区县因财力有限，安排的保护经费更是严重不足。

(四) 人才队伍建设亟待加强

非物质文化遗产保护工作专业性很强，工作难度大，需要一支业务素质高、有工作热情和奉献精神的人才队伍。但由于种种原因，目前重庆各区县（自治县）非物质文化遗产保护工作人才奇缺，再加上缺乏经费保障，培训机制不健全，致使一些地方人才问题难以解决，严重制约着保护工作的正常开展。

(五) 地方文化研究尚待加深

非物质文化遗产保护传承有效展开的重要前提，是对地方文化的深入研究。相对于其他历史积淀深厚的文化区域而言，对巴文化的研究虽然得到了本土学术研究队伍的重视，但在国内学术界还缺乏具有重大影响力的标志性成果。这将是重庆本土学术研究队伍在未来一个时期需要长期努力的重要方向。

五、重庆非物质文化遗产保护传承工作的成效

2005年，国家启动了非物质文化遗产保护工作。同年10月，重庆市人民政府办公厅下发了《关于加强我市非物质文化遗产保护工作的实施意见》，明确了全市非物质文化遗产保护工作的目标、方针、原则和具体措施。[①] 重庆紧随时代步伐，响应国家号召，非物质文化遗产保护工作确立了"以宣传为先导，普查为基础，研究为支撑，项目保护为中心，传承人扶持为关键，博物馆、传习所或文化生态保护区为拓展"的指导思想，经过几年的不断努力，各项工作虽然存在一些不足，但是仍有序推进，已初步建立起了非物质文化遗产保护机制和体系，并取得了一定成效。

（一）资源普查基本完成

目前，重庆全部区县已基本完成初期普查工作任务。根据普查统计，重庆全市属于保护范围的民间文学、传统音乐、传统舞蹈、传统美术、传统戏剧、曲艺、传统技艺等非物质文化遗产共计17个门类4110项。其中民间文学类732项，传统音乐类841项，传统舞蹈类287项，传统戏剧类69项，曲艺类122项，传统杂技类43项，传统美术类157项，传统技艺类752项，生产商贸习俗类22项，消费习俗类32项，人生礼俗类73项，岁时节令类43项，民间信俗类446项，民间知识类40项，传统体育、游艺与竞技类118项，传统医药类252项，其他类81项。[②]

---

① 周高亮、吕军：《吉林省非物质文化遗产保护产业化战略思考》，载于《东北史地》2012年第4期。

② 《重庆非物质文化遗产达4110项 国家级传承人40名》，中国新闻网，http://www.chinanews.com/sh/2017/01-12/8122007.shtml。

（二）名录体系初步建立

通过各地的积极配合及申报，重庆非物质文化遗产三级名录体系已逐步完善。重庆进入第一、二、三、四批国家级非物质文化遗产名录项目有44个。第一、二、三、四批市级非物质文化遗产名录项目388个①，区县级非物质文化遗产名录项目1852个。"金字塔形"三级非物质文化遗产名录体系已经初步形成。

（三）组织保障系统初步建立

全市非物质文化遗产保护工作的组织保障系统已初步建立。在机构建立方面，组建了重庆市非物质文化遗产保护工作局际联席会议。同时，建成了市非遗保护中心，与重庆文化艺术研究院实行"两块牌子，一套班子"②，统筹管理并组织协调全市的非物质文化遗产保护工作，并落实了人员编制。目前，全市已有37个区县成立了非物质文化遗产保护工作机构。加强了政策的制定和实施。《重庆市非物质文化遗产条例》自2012年12月1日起施行。

（四）代表性传承人的认定、命名及传承扶持工作持续推进

"为做好非遗保护工作，近年来，重庆先后出台《重庆市非物质文化遗产名录项目代表性传承人认定与命名暂行办法》《重庆市非物质文化遗产代表性传承人扶助办法》，2014年则将以上办法合并出台了《重庆市非物质文化遗产代表性传承人管理办法》，加大了对代表性传承人的认定、命名及传承扶持工作。目前，重庆共有国家级传承人40名，市级传承人563名。"③

---

① 何方、兰世秋、匡丽娜：《以文化人 山城春意盎然》，载于《重庆日报》2010年8月26日。

② 刘明华：《重庆市非物质文化遗产保护工作的现状与前瞻》，载于《重庆文理学院学报（社会科学版）》2014年第6期。

③ 《重庆非物质文化遗产达4110项 国家级传承人40名》，中国新闻网，http://www.chinanews.com/sh/2017/01-12/8122007.shtml。

(五) 教育传承成效明显

通过非物质文化遗产主管部门与教育系统的全方位合作，重庆非物质文化遗产保护传承实现了"进校园""进课堂""进教材"，构建了涵盖基础教育、职业教育和高等教育的非物质文化遗产教育传承体系。

第三节 重庆文化事业的建设

文化事业是指为满足社会公共文化需要，由国家或社会出资兴办的事业单位组织。为全体公民或社会某一部分人免费提供的文化产品或文化服务，其目的在于为社会提供公益性文化产品和公益性文化服务，如公共图书馆、博物馆、文化馆、纪念馆、美术馆、科技馆、工人文化宫、文化广场等提供的文化产品和服务。发展文化事业是中国特色经济发展的必然要求，是维护社会稳定的重要手段，是社会和谐发展的内在要求，是文化产业发展的重要前提。重庆历来重视文化事业的发展，中央直辖以前的重庆文化事业总体状况良好，名人辈出、名作繁荣。中央直辖以后的重庆着力加强建设公共文化服务体系、发展现代传播体系、建设优秀传统文化传承体系、加快城乡文化一体化发展，努力实现文化事业的大发展大繁荣。

一、中央直辖以前重庆文化事业的发展

重庆是一座具有3000多年丰厚历史底蕴的文化之城，巍峨的巴山，浩瀚的渝水滋养了一代又一代优秀的巴渝儿女，风云变幻的重庆历史造就了一个又一个重庆名人。1978年改革开放之后，重庆的文化事业得以恢复和发展，迎来了它真正的春天。

（一）直辖以前重庆文化事业的总体状况

20世纪80年代，随着改革开放的不断深入，重庆的经济迅速发展，人们的物质需求得到了基本的满足。在此基础上，为进一步满足人们基本的精神需求，重庆市委市政府采取一系列措施，不断加强文化事业建设。截至重庆直辖前夕，重庆的文化事业已取得了一定的成绩。

1978年，伴随着重庆市文联工作的恢复，重庆市的文学艺术事业得以发展。在文学事业方面，20世纪八九十年代，重庆市涌现出大批的青年作家，创作出大量的优秀作品。在演出事业方面，一大批反映改革开放新面貌和现代化建设新生活的作品应时而生，一大批优秀的文艺人才脱颖而出。在美术事业方面，四川美术协会不断壮大，截至1989年该协会已有理事119人，常务理事34人，荣誉理事34人。重庆的美术院校也不断发展，在中共重庆市委、重庆市政府的支持下，四川美术学院教育教学质量不断提升，为重庆的美术事业建设提供了大批后继人才。

改革开放以后，电子技术和数字技术在我国不断发展，重庆紧跟时代步伐，融合世界先进技术，推动了出版、报刊杂志、广播电视、图书馆、博物馆等事业的快速发展。在出版业方面，1980年，西南人民出版社正式更名为重庆出版社；1985年，重庆大学出版社和西南大学出版社先后成立。这三家出版社成为重庆出版事业的支柱，并取得显著成果。20世纪90年代中后期，重庆出版业将传统出版与音响技术、电子技术结合起来，先后成立了重庆音像出版社、重庆电子音像出版社和西师音像出版社。在报纸杂志业方面，1978年之前，《重庆日报》是唯一公开发表的党的机关报，随着改革开放的深入发展，经济体制改革深入发展，政治局面趋于稳定，人们的思维不断解放，各种专业的、综合的，具有时代特征的报刊杂志迅速诞生。在广播电视业方面,改革开放初期广播事业建设状况不容乐观,截至20世纪90年代末,重庆还只有一个人民广播电台,1989年,重庆才成立第一家专业广播电台——经济台。随着改革开放的深入发展,为满足广大人民日益增长的精神需求,重庆加快了广播电台的建设。20世纪90年代,随着数字技术的发展和彩色电视的发展,重庆电视事业迅速发展,1993年,重庆有线电视台成立,1996年重庆彩电中心建成并投入使用。另外,在图书馆、博物馆等方面,重庆也实现了数字化发展,这为直辖后的重庆文化事业的进一步发展打下了坚实的基础。

（二）名人

名人是人们日常生活中接触比较多、比较熟稔的群体。名人具有强烈的榜样示范效应,人们通过耳濡目染他们的优秀事迹,受到潜移默化的影响,能够产生巨大的正能量。重庆有200多万年的人类史,有3000多年的文明史。巍峨的巴山,浩瀚的渝水滋养了一代又一代优秀的巴渝儿女,风云变幻的重庆历史造就了一个又一个重庆名人。

自古以来,重庆名人辈出、名人荟萃。古有巴蔓子将军、大足宝顶石刻创始人赵智凤、农民领袖明玉珍、著名女将秦良玉等,近现代有著名资产阶级革命宣传家邹容、革命先驱杨沧白、无产阶级革命家赵世炎、著名爱国实业家卢作孚、知名画家胡世钢、著名文学诗人傅天琳、文学作家王群生、川剧演员孙普协、版画大家牛文等。

直辖以前,重庆就确立了正确的名人文化事业建设方向,结合自身实际,求真务实,开拓创新,走出了一条继承传统而又具有时代特征的文化事业发展道路。

第一，清点名人资源，为大批名人正名。党的十一届三中全会之后，经过拨乱反正和相关工作人员的发掘，众多名人被正名，为人们所熟知。

第二，加大财政投入。重庆加大了文化事业建设的财政投入，一方面，为在世的名人提供一些经济补贴，为其已经取得的成果进行奖励，为其进一步进行文化建设提供经费支持。另一方面，建立完善了一批博物馆、图书馆、文化馆，修缮了诸多名人古墓和相关文化遗址，为名人文化的展示提供了平台。

第三，壮大相关从业人员队伍。相关部门公开招聘了一批文化事业从业人员，引进了一批文化事业建设人才，为重庆文化事业的发展建设提供了强大的智力支持。

第四，密切对外交流，提高名人的对外影响力。如重庆的曲艺艺术团队积极走出去，在全国各地进行会演。

第五，制定和完善具体的规章制度。重庆市政府通过调查文化事业的建设状况，分析文化事业建设的不足，征求广大市民的意见，制定和完善了重庆文化事业建设的具体规章制度，出台了一系列科学有效的文件，为重庆文化事业的发展提供了强有力的保障。重庆力争通过发展与这些名人相关的文化事业，来激发广大市民建设重庆的积极性和创造性，增强重庆的魅力和吸引力。

直辖以前的重庆，与名人相关的文化事业也有一定的成果，对重庆的综合发展有一定的积极作用。与名人相关的文化事业的发展改善和提升了重庆的文化面貌，展现了重庆独特的城市精神品质，张扬了重庆的个性，增强了重庆的吸引力，助推了城市文化的有机结合。这些事业为提升重庆的文化品位和质量，振奋重庆市民士气，发扬重庆精神，推动"富民兴渝"，推进重庆国际大都市建设等发挥了不可或缺的作用。

(三) 名作

重庆这一座具有 3000 多年历史的文化名城，民间文学、舞蹈、音乐、美术、戏剧等文化资源积淀深厚，这使得重庆的名作层出不穷。20 世纪 90 年代以来，随着改革开放的深入进行，重庆的经济不断发展，人们的物质生活不断改善，精神境界不断提高，催生出大批的优秀作品。

在文学方面，1951 年创刊、1979 年复刊的《红岩》开启了重庆新时期文学事业的新篇章。《红岩》是重庆乃至全国作家展示才华的重要阵地，它培育出了大批优秀的文学创作者，推出了大量的优秀作品，营造了改革开放初期重庆文坛较为浓厚的创作氛围，有效地繁荣了重庆的文学事业。如在《红岩》推出发表的周克芹的长篇小说《许茂和他的女儿们》获得了首届茅盾文学奖；王群生的短篇小说《彩色的夜》获得了全国优秀短篇小说奖，并被改编为电影在全国放映；李一清的中篇小说《山杠爷》被改编为电影《被告山杠爷》，获得了全国电影"百花奖""金鸡奖"和"华表奖"，后来被改编为川剧，获得了全国"五个一工程奖"。在 20 世纪八九十年代，重庆文学作品成果丰硕。青年作家傅天琳的诗歌集《绿色的音符》获得了中国作协第一届优秀诗集奖；李钢的新体诗歌集《白玫瑰》获得了中国作协第二届优秀诗集奖；黄济人的长篇报告文学《将军决战岂止在战场》获得了首届"四川郭沫若文学奖"等。

在戏剧、歌舞剧、话剧等表演方面，重庆以传统的戏剧、舞蹈、杂技等为依托，脱颖而出了大批的优秀作品，繁荣了重庆的舞台事业。1988 年 12 月，重庆市川剧院赴京参加首届中国戏剧节演出，沈铁梅主演了《三江祭》等传统剧目，并以其精湛的表演荣获"第六届中国戏剧梅花奖"，这是重庆市获得的第一个梅花奖。1995年,反映三峡风情、讴歌库区移民精神和赞颂三峡人文精神的大型舞剧《三峡情祭》和话剧《沙洲坪》分别获得了政府最高文艺奖文化部"文华奖"和全国"五个一工程奖"。1997年,定名为《金子》的川剧由重庆市川剧院经历数年将曹禺的名作《原野》进行改编而来,该剧一问世,便引起了巨大轰动,好评如潮,获得过"文华奖""中国艺术节大奖""中国曹禺戏剧奖""中国戏曲学会奖"等多项国内大奖,它是中国戏剧史上的里程碑。

在美术方面,改革开放之后,随着思想解放的潮流,重庆大批专业的美术工作者和非专业的美术爱好者创制了一大批优秀的美术作品,重庆的美术事业得到了恢复和空前的发展,特别是油画、版画、雕塑等领域的成果在整个西南地区首屈一指,在全国也名列前茅。1980年,四川美术学院青年画家罗中立创作的大型油画《父亲》,在全国引起轰动,该作品至今仍被美术界誉为中国当代油画的经典之作。1982年,重庆美协主席牛文的《芳草地》获得了全国少数民族美展表彰奖;1984年,其版画作品《朝阳》获第六届全国美展铜质奖章、日本日中艺术研究会金质奖章;1986年,其版画《萧何月下追韩信》获第九届全国版画作品展优秀作品奖。1980~1986年,四川美术学院师生耗时6年,为重庆歌乐山烈士陵园创作完成了大型雕塑《烈士群雕》壁画《血与火的洗礼》,以深刻的思想和感人的艺术魅力吸引中外游人。[①] 1984年建成的重庆长江大桥两岸的人体雕塑《春夏秋冬》展示了桥、人体与雕塑的完美结合,曾被评为全国优秀城市雕塑作品,现在是重庆著名的旅游景点之一。1995年,李光灿的美术作品《乡情》在国际文学艺术作品博览会活动中,荣获"美术类一级作品"……

---

① 俞荣根、张凤琦:《当代重庆简史》,重庆出版社2003年版,第382页。

这些名作是重庆深厚文化底蕴最形象的诠释,是重庆不同时代的缩影,是重庆人民情感和心声最丰富、最生动的表达,它们凝聚着重庆人民的情感和智慧,传达了重庆人民的憧憬和理想。重庆相关部门通过开发这些名作,发展与其相关事业,有效地开阔了广大市民的眼界,发散了他们的思维,帮助他们树立了正确的世界观、人生观和价值观。同时,通过宣传、阐释和推广这些名作有效地提升了重庆的城市品质,为重庆带来了良好的经济效益和社会效益。

二、中央直辖以后重庆文化事业发展的成就

直辖以来,重庆市委市政府紧跟国家步伐,大力发展文化事业,经过不懈努力,取得了巨大成就。

(一) 重庆公共文化服务体系建设的成就

重庆作为最年轻的直辖市,作为西南地区重要的经济中心,建设好公共文化服务体系对于促进重庆文化大发展大繁荣具有十分重要的意义,对于实现好、发展好、维护好最广大人民群众的文化权益具有极大的推动作用。总的来说,重庆市公共文化服务体系建设主要有以下六个方面的成绩。

第一,资金和人才落实到位。重庆不断加大财政投入力度,为重大公共文化工程建设提供了充分的保障。法定文化事业投入逐年增长,重大文化工程项目建设投入量大,基层农村文化建设投入逐年增加。在人员配置上,图书馆、文化馆、乡镇综合文化站从业人员逐年大幅度增加。同时,大学生"村官"、退休教师、非物质文化遗产传承人、乡土文化能人等在公共文化中的作用得到了进一步发挥。文化工作者的文化素质和服务水平不断提升。

第二,公共文化设施网络建设不断完善,构建了市、区县

（自治县）、乡镇（街道）、村（居）四级公共文化阵地。在城区，中国重庆三峡博物馆、重庆市图书馆、红岩魂陈列馆等重大文化设施相继建成；在区县，文化馆、图书馆、博物馆、剧院等公共文化设施相继落成；在乡镇（街道），乡镇综合文化站建设全部建成；在村（居），农家书屋全面铺开，全市行政村均已配套文化活动室。

第三，公共文化活动日渐丰富。重庆举办各种文化活动丰富群众精神文化生活，主办、承办了重大艺术活动，群众性文艺活动，这些活动不但丰富了群众的精神文化生活，而且极大地提高了重庆文化的感染力，提升了重庆文化的知名度。

第四，公共文化创作成果丰硕。直辖以来，重庆公共文化创作获得诸多国内和国际大奖，如重庆市委宣传部推出的电影《走过雪山草地》、电视剧《刘伯承元帅》、话剧《幸存者》、广播剧《默默流淌的爱》、歌曲《天地人心》同时获得十三届"五个一工程奖"；重庆歌剧院的歌剧《巫山神女》获得"文华奖""五个一工程奖""首届重庆市巴渝文学奖""中国戏剧奖"等。

第五，公共文化制度体系不断完善。先后出台了《关于加强公共文化设施建设与管理的实施意见》《重庆市公共文化服务单位常规管理办法》《重庆市公共文化服务质量标准》《重庆市美术馆（画院）、公共图书馆、文化馆、乡镇文化站和街道文化中心免费开放专项资金管理办法》等政策方案，使重庆公共文化建设有了有力的制度保障。

第六，示范区建设带动整合。重庆市渝中区是第一批创建国家公共文化服务体系示范区，重庆市充分发挥渝中的示范区带动作用，大力开展国家公共文化服务体系示范区创建工作，不断健全公共文化服务机制，提高服务能力[①]，整合文化资源，逐步形成城镇居民"15分钟文化圈"和农村居民"半小时文化圈"。[②]

（二）重庆现代传播体系建设的成就

近年来，在党和政府的大力支持下，重庆广播电视事业发展迅猛，广电科技工作成效明显，品牌传媒影响力日益增强，重庆在现代传播体系建设上取得了一系列比较明显的成绩。

第一，广播电视事业发展迅猛，由普及向提高转化。一方面，现代化的广播电视网络初步建成，有线与无线、卫星与地面、数字与模拟相结合的多功能多层次的现代广播电视网已经在城市和农村全面铺开。数字高清晰度电视、移动多媒体广播电视、互联网广播电视等新的广播电视手段和应用形式蓬勃发展。另一方面，广播电视的原创能力、舆论导向能力以及行业管理能力日益增强。重庆全市广播电视节目制作经营机构数量迅速发展，电视剧产量突飞猛进，国产动画片增长率远超过全国平均水平。

第二，广电科技工作成效明显，数字化传播体系大力发展。在组织上，通过乡镇以及远郊区县网络整合组建成立了重庆有线的子公司和分公司。在研发方面，建立重庆数字媒体中心，提高了重庆电视数字化、网络化的转化能力，积极探索推动以广电为主导的"三网融合"工程。目前，重庆完成移动电视欧标改国标任务，移动电视已完全达到国家数字地面电视技术标准，移动多媒体广播电视信号在整个重庆市实现全覆盖。

[①] 余新华：《公共文化服务体系终极目标探究》，载于《神州》2013年第29期。

[②] 《重庆：加快创建国家公共文化服务体系示范区》，新华网，http://www.cq.xinhuanet.com/news/2012-01/06/content_24483549.htm。

第三，品牌传媒影响力日益增强。传播是新闻出版业的核心力量，党报、党刊、党网在主流舆论引导上具有十分重要的作用。重庆品牌报纸、期刊、重点网站的舆论引导力不断强化，逐步形成全方位、立体化的主流传播体系。

第四，广播电视村村通唱响，广播电视人口覆盖率显著增长。重庆广播电视村村通工程从1999年开始建设，截至2011年已经基本实现全覆盖。据统计，1998年，全市范围广播电视人口覆盖率分别达到85%和75%，重庆电视台实现了现场直播，截至2007年，全市广播电视综合覆盖率已达到99%。

第五，逐步形成了以移动互联网为核心的现代传播体系。目前，移动互联网新媒体平台建设已取得了比较明显的成效，已初步形成了以手机报、App、微信（微博）为载体，市、区县两级优势互补的移动互联网传播格局。统计资料显示：建成了千万级的手机报平台，手机报订阅量由2014年初的不足200万份快速发展到目前的1019万份；推进"重庆"App建设，并组建了新华龙掌媒有限公司。目前，已有35个区县开发了App，装机量共达到100万；全市已认证的政务微信（微博）账号达到1000余个，"重庆微发布"矩阵群粉丝总量突破1200万人；手机报、App和政务微信（微博）相互呼应，形成了移动媒体平台矩阵。[①]

（三）重庆优秀传统文化传承建设的成就

重庆具有丰富的传统文化资源，它们是重庆最宝贵的财富。建设重庆优秀传统文化传承体系，对于进一步传承重庆优秀传统文化，提升重庆文化品质，提高重庆文化软实力，增强重庆文化

---

① 黄光红：《重庆加快打造以移动互联网为核心的现代传播体系》，载于《重庆日报》2015年12月9日。

第八章　重庆的文化发展

竞争力，具有十分重要的作用。当下，重庆优秀传统文化传承建设取得了斐然成绩，主要表现在文物保护、博物馆事业建设、非遗保护以及少数民族传统文化传承等四个方面。

第一，文物保护工作稳步推进。如基本完成了文物普查工作；建立了市、区县、镇街三级基层文物保护网；修缮了大批古文物，修复了大量的文化古籍，抢救了大批革命遗址、抗战遗址；申遗工作有效推进；文化遗产保护法律法规不断完善等。

第二，博物馆数量显著增加，服务质量显著提高。在数量上，重庆市着力打造"历史、抗战、革命、工业、自然"五大博物馆群，建成并开放重庆自然博物馆、重庆三峡移民纪念馆；建设红岩教育基地、重庆中国抗战大后方历史文化博物馆、大足石刻博物馆、重庆工业博物馆等4个市级重点博物馆；开辟13家抗战遗址专题陈列馆；建成万州等5个区域性中心城市中型博物馆和巫山、奉节等15个区县博物馆；建成人类生命与健康博物馆等5个行业博物馆；截至2015年底，重庆市博物馆总量达到100个。[①] 另外，重庆民营博物馆也发展得如火如荼，截至2016年6月，在市文物局备案登记的民营博物馆有16家。在质量上，博物馆增加了财政投入，改善了服务设施，增添了博物馆事业从业人员，吸纳了诸多志愿者，有效地提高了博物馆的服务品质。

第三，非遗保护力度进一步加强。全面深入地完成非物质文化普查工作。重庆成立非物质文化遗产保护中心，完善了国家、市、县3级名录体系，建立健全了传承人认定、保障、培训3条保护机制。制定《重庆市非物质文化遗产条例（草案）》。非遗宣

---

① 《重庆将打造百个博物馆构筑五大博物馆群》，新华网，http://news.xinhuanet.com/society/2011-06/01/c_121481758.htm。

传教育活动大力开展，人们的非遗保护意识得到提高。

第四，民间技艺、少数民族传统文化得到有效传承。重庆充分挖掘民间技艺能人，对其进行培植，积极开展民间技艺进课堂活动，让许多近乎失传的优秀民间技艺为人们所熟知，并得以传承。通过数字化技术、旅游资源开发等有效途径，大量少数民族优秀传统文化得到了保护和传承。

（四）重庆城乡文化一体化建设的成就

在城乡文化一体化建设进程中，重庆集中力量满足老百姓最直接、最关心、最现实的文化需求。城乡一体化建设成效显著，农村文化信息匮乏状况得以缓解，电影"惠民工程"持续推进，城乡文化互动成效明显，乡镇综合文化站全面铺开，农村书屋不断建成并完善，有效地统筹了城乡文化的发展，遏制了城乡文化发展距离拉大的趋势，推动了城乡文化的大发展大繁荣。

三、优化重庆文化事业的思考

在新时期全面推进文化大发展大繁荣的进程中，优化重庆文化事业是改革深化的需要，也是满足人民群众日益增长的文化需求的重要体现。重庆应从以下四个方面着力优化文化事业。

（一）优化重庆公共文化服务体系的思考

建设好公共文化服务体系，对于促进重庆文化大发展大繁荣具有十分重要的意义，对于实现好、发展好、维护好最广大人民群众的文化权益，具有极大的推动作用。

当下，重庆公共文化服务体系建设不断发展，但仍然有诸多问题，如政府对于公共文化服务的投入不足；公共文化服务队伍素质有待进一步加强；公共文化建设法律、制度仍不健全；公共文化服务基础设施建设不平衡、不均等现象依旧存在等。

针对现实中存在的不足，重庆要从以下四个方面着手。

第一，积极推动公共文化服务需求反馈机制建设。一方面要培育公共文化自觉意识，为需求反馈机制注入原动力；另一方面要畅通公共文化需求反馈渠道，要建立针对不同群体的公共文化需求反馈渠道，要广泛使用社区、学校、图书馆、网络、电话、邮箱等各种社区、媒体征集广大人民群众的文化需求，特别是要关注外来人口、孤寡老人、留守儿童、弱势群体的文化需要，保障他们基本的文化权益。同时，还要构建需求反馈处理回应机制。

第二，积极推动公共文化服务多元投入机制建设。在公共文化服务的投入上，要积极推动公共文化服务多元投入机制建设，多管齐下，不断加大资金、人才、资源投入，给予政策支持，加强立法，完善制度，全面提升公共文化服务的水平。

第三，大力发展基层公共文化。公共文化事业发展的土壤在基层，重庆把基层公共文化建设纳入公共文化建设的统一部署中，促进公共文化的完全生活化，提高广大人民群众的文化建设参与度。

（二）优化重庆现代传播体系建设

在传播媒介日益增多，传播手段日新月异的情境下，建设现代传播体系是推动重庆文化发展进步的必然要求。中共重庆市委、重庆市政府根据市情的变化，对宣传文化工作作出了重要战略部署，通过各项有效措施，不断建设和完善重庆的现代传播体系。

第一，缩小数字鸿沟。充分利用国家的政策性扶植和帮助，缩小重庆与东南沿海城市的数字鸿沟，缩小重庆市内城乡之间的数字鸿沟。以"大数据智能化"为契机，提高重庆农村信息化水平。根据农业信息基础设施建设投资大、外部性强，农业信息系统是公共产品等诸多特点，大力发展农村教育，提高农民的信息化意识。

第二，提高市场化、信息化条件下的舆论引导水平。加强主流舆论网站建设，在网上正面引导上掌握主动权。更好发挥重庆市高校网络舆情与思想动态研究咨政中心等的重要作用，加强网上舆情研判机制建设。

第三，加强对外宣传体系建设。整合运用各种传播手段，通过加强影视宣传、报刊宣传、网络宣传、网络舆情引导与危机公关等措施构建立体化城市对外传播体系。

第四，加强应急通信体系建设。补充完善应急装备和现有机动通信应急通信装备。建设专用应急通信系统，提高重大、特别重大突发公共事件现场的机动应急通信保障能力。

（三）优化重庆优秀传统文化传承体系建设

优秀传统文化凝聚着中华民族自强不息的精神追求和历久弥新的精神财富，是发展社会主义先进文化的深厚基础，是建设中华民族共有精神家园的重要支撑。加强重庆优秀传统文化传承体系建设对发掘和保护重庆优秀传统文化具有十分重要的作用。

在社会主义现代化建设历史新时期，重庆依据国家的大政方针，借鉴其他省市优秀传统文化保护与传承的经验，在优秀传统文化传承体系建设方面取得了一定的成就，但仍需继续努力。

第一，在教育中传承。重庆应充分发挥学校教育"在文化传承创新中的基础性作用，增加优秀传统文化课程内容，加强优秀传统文化教学研究基地建设"。同时，加强市民教育，如在社区定期组织优秀传统文化活动，开展与优秀传统文化相关的讲座等，以此加深人们对优秀传统文化的认识和记忆，提高人们的文化认同，强化人们的保护和传承意识。

第二，优化博物馆建设。博物馆是优秀传统文化保护和传承的重要场地，重庆相关部门应继续加大政府财政投入、拓宽社会融资渠道、加强博物馆从业人员教育培训等。重庆有着丰富的文化资源，因此可以不断开发、拓展以博物馆为据点的旅游业、文化产品仿制业、影像出版业等的发展，实现文物保护与产业经营的双赢。

第三，使用数字化技术传承。当今时代是数字化时代，实现优秀传统文化的数字化，有利于优秀传统文化的保存、保护和传承。重庆相关部门应把大批优秀传统文化转化为电子文稿、数码影像、宣传纪录片等进行保存和宣传展示。

第四，在适度开发中传承。中共重庆市委、重庆市政府应将优秀传统文化保护与传承和人们的生产生活、经济建设结合起来，发展旅游业、文化产业，通过开展适当的群众性活动，通过适度的旅游开发进行优秀传统文化传承。

第五，加强优秀传统文化传承的保障体系建设。目前，重庆相关部门已制定了许多法律、法规、政策、方案等来为优秀传统文化的传承提供必要的制度保障。在今后的发展建设中，重庆相关部门应继续修订和完善相关制度体系，为优秀传统文化传承保驾护航。

第六，培植优秀文化传承人。文化主管部门与科研院所应携手做好对重庆优秀传统文化的排查统计工作，建立优秀传统文化项目统计备案档案。同时要对优秀传统文化传承人进行备案档案，并通过分类治理，加大资金投入，加强制度保护等措施，培植一批优秀文化传承人。

（四）优化重庆城乡文化一体化建设

城乡文化一体化作为城乡一体化的重要组成部分，加快城乡文化一体化建设，能够满足广大人民群众日益增长的文化需求，保障广大人民群众的基本文化权益，是社会主义文化建设的基本要求，也是统筹城乡文化发展和建设社会主义新农村的重要途径。

在社会主义现代化建设历史新时期，重庆市委市政府应根据广大人民群众的精神文化需求，立足于重庆文化发展建设的实际，采取多种措施加快重庆城乡文化一体化发展，将其作为一个系统的工程强抓、狠抓。

第一，将城乡文化工作绩效纳入政绩考核体系。加强城乡文化一体化建设，既要思想上高度重视，又要落实到具体工作上。在具体工作中，要将城乡文化工作绩效纳入政绩考核体系，这样才能敦促广大领导干部思想上重视、行动上落实城乡文化建设工作。

第二，继续加大农村文化建设投入。一方面，加快了城乡文化均等化基本公共服务体系建设，逐步实现城乡公共文化服务财政支出一体化。加大农村公共文化财政支出，使农村人均公共文化财政支出逐渐达到城市的标准，使农村文化建设有充裕的财力保障。另一方面，大力推进以先进城市文化带动农村文化建设工程，统筹协调好城市和农村文化建设，加强文化资源共享，形成城乡之间文化建设的优势互补。

第三，建立农村公共文化需求导向机制。建立农村公共文化公众需求导向机制，使农村公共文化供给与农民的真实文化需要密切相连，实现需求与供给的良性互动，是促进农村文化事业繁荣发展的必由之路。重庆相关部门应为公众提供公共决策程序和平台，通过这个平台，群众可以表达自己的公共服务需求和要求，相关机构可以对群众的众多需要进行分类归纳整理，重视群众反映最迫切，最普遍的需求并形成决策，然后再对决策进行自上而下的贯彻实施。

第四，建立农村文化自给自足机制。重庆在加强城乡文化一体化建设中，必须要正视、重视农村原生态的文化。加大农村文化投入必须与扶植农村原生态文化密切联系起来，加强原生态文化保护。

第四节 重庆文化产业的发展

文化产业即从事文化产品生产和提供文化服务的经营性行业。改革开放以来特别是中央直辖以来，重庆文化管理体制改革锐意创新，文化强市建设扎实推进，文化事业不断繁荣，文化产业加速发展，文化创作更加活跃，文化软实力进一步提升。

一、中央直辖以前重庆文化产业的发展

改革开放以后至21世纪初，我国的文化产业尚处于探索阶段。改革开放之后，随着人们思想的解放，生产生活方式的变化，人们的消费观念和消费方式发生了改变，文化市场和文化产业开始起步。重庆有丰富的文化资源，又是全国经济体制综合改革试点城市，因此，其文化市场和文化产业在全国率先发展起来。

20世纪八九十年代，重庆在探索中前行，通过"以文补文"和"多业助文"等方式发展文化产业。一些文化单位为了解决事业经费的不足，开始创办了一些经济实体，主要从事文化娱乐、文化有偿服务，以及商贸、租赁等经营活动，取得了一定的经济效益。如1983年，沙坪坝文化馆在全市开办了第一家营业性舞厅。1992年，重庆文化局提出了"抓文化经济、促文化繁荣"的思路，短短几年间，重庆初步形成了以文化娱乐为基础，文博展览、图书馆业、影视业为主体的多层面、多门类的文化产业结构。

二、中央直辖以后重庆文化产业发展的成就

第一,投融资平台逐步搭建。重庆文化产业融资担保公司支持了一批文化企业发展;市文资公司成功注册中期票据和短期融资券;成立重庆文化股权投资基金公司和重庆文化产权交易中心。①

第二,文化产业的总量和增长速度加快。随着重庆经济的持续快速发展、文化体制改革的突破进展,重庆文化产业呈现高速增长的明显态势,电影、会展、文化演艺等市场空前繁荣,重大产业项目开始发挥龙头引领作用,新兴产业扩张速度进一步加快。

第三,产业结构不断升级,新兴文化产业迅速兴起。近年来,以数字传媒、动漫、网络等为代表的新兴文化产业加速扩张。2015年12月29日,"西南唯一的国家级动画产业基地暨重庆首个动漫主题城市公园在沙坪坝区大学城正式动工。该项目总投资12亿元,占地面积975亩,五年内全面建成"②。国有文化产业占主导地位,微型文化企业越来越成为重庆文化产业生力军,民营文化产业占比不断上升、活力不断增强。

第四,文化设施设备覆盖率不断提升。截至2015年12月,全市共有艺术表演团体15个,博物馆81个,文化馆41个,公共图书馆43个。全年有线广播电视实际用户478.02万户,数字电视实际用户386.48万户。广播综合人口覆盖率98.61%;电视综合人口覆盖率达到99.06%。

---

① 《关于重庆市文化产业发展情况的调研报告》,重庆人大网,http://www.ccpc.cq.cn/Home/Index/more/id/196090.html。
② 《西南唯一国家级动画产业基地在重庆动工开建》,新华网,http://cq.xinhuanet.com/2015-12/30/c_1117627746.htm。

第五，从业队伍不断壮大。近年来，重庆不断加强人才队伍建设，通过出台《重庆市宣传文化系统"五个一批"人才培养工作实施意见》等文件，重点选拔培养了包括一批高层次文化产业人才在内的 387 名优秀宣传文化人才；同时强化队伍建设投入，市级每年安排 1000 万元用于文化队伍建设。[①] 当下重庆的文化产业人才得到了充分的积累，人才素质得到了极大的提高。

第六，居民文化需求旺盛，文化消费市场明显扩大。改革开放以来，我国的经济有了跨越式的发展，人们的物质需求得到进一步的满足之后精神需求也得到了基本的满足，当前，文化消费已经成为居民消费中重要的组成部分。在重庆直辖的 20 年里，作为我国最年轻的、西部地区唯一的直辖市，重庆市文化消费呈现出良好的增长态势。1997~2014 年，重庆城镇居民家庭人均教育文化娱乐服务消费支出数额从 626.21 元增加至 1713.58 元，平均值翻了近两倍。总体上来说，重庆市城镇居民的文化消费水平呈现上升的趋势。

三、推进重庆文化管理体制的改革

当今时代，文化与政治、经济、生态等相互交融，它在综合国力竞争中的地位和作用愈加突出和重要。重庆积极响应国家号召，切实贯彻和落实党的路线、方针、政策，推进文化管理体制改革，加强制度和机制创新，为重庆文化软实力的提升和竞争力的增强提供了强有力的保障。

（一）制度创新

中央直辖以来，为适应政治、经济、社会、生态的发展，推

[①]《关于重庆市文化产业发展情况的调研报告》，重庆人大网，http://www.ccpc.cq.cn/Home/Index/more/id/196090.html。

进文化事业和文化产业的大发展大繁荣，促进个人的全面发展和社会的发展进步，重庆坚持在文化制度创新中推进文化建设。

党的十七届六中全会审议通过的《中共中央关于深化文化体制改革、推动社会主义文化大发展大繁荣若干重大问题的决定》推动了我国文化大发展大繁荣，为我国文化事业的发展作出了全面的部署。党的十八大通过完善相关政策法规明确了我国文化事业发展的重点任务，丰富了广大人民群众的精神文化生活，提高了人们的精神品质，增强了我国文化事业的软实力和竞争力。重庆顺应时代发展的潮流，响应国家号召，以广大人民群众的根本利益为出发点，不断创新文化制度，促进文化事业的大发展大繁荣。如为加强非物质文化遗产的保护，重庆根据《中华人民共和国非物质文化遗产保护法》等相关法律，修订出台了《重庆市非物质文化遗产条例》（以下简称《条例》）。《条例》于2007年立项，经历5年调研起草，最终于2012年7月26日经重庆市第三届人民代表大会常务委员会第三十三次会议审议通过，在2012年12月1日开始贯彻实施。它首次将《文化部关于加强非物质文化遗产生产性保护的指导意见》纳入条文，指导重庆市非物质文化遗产的生产性保护。[①] 为了继承中华民族优秀的历史文化遗产，加强对重庆抗日战争遗址的保护利用，提升广大市民的爱国情操，重庆市政府先后颁布了《重庆市人民政府办公厅关于切实加强危旧房改造工程中文物保护工作的通知》《重庆市抗战遗址保护利用总体规划》《重庆市人民政府办公厅重庆警备区政治部关于加强抗战遗址保护利用工作的通知》《重庆市抗日战争遗址保护利

---

① 《重庆施行非物质文化遗产条例》，新华网，http：//news. xinhuanet. com/travel/2012 – 12/11/c_124077485. htm。

用办法》等政策法规。其中,《重庆市抗日战争遗址保护利用办法》是中国出台的首部有关抗日战争遗址保护利用的地方性规章,它明确了抗日战争遗址的含义,强化了各级政府和相关行政部门的行政管理职责,细化了保护责任人的主体责任,规定了抗战遗址的修缮、保养的费用承担者,给出了抗战遗址的具体保护措施,强调了如何合理运用抗战遗址,它对重庆抗日战争遗址的保护发挥了巨大的作用。

重庆文化的发展建设是文化事业和文化产业的协同发展建设。重庆市政府在创新发展与文化事业相关的政策法规时,在繁荣发展重庆文化产业方面也出台了一系列具有建设性的规章制度。如为了进一步规范和加强重庆文化产业发展专项资金管理,提高资金使用效益,完善了《重庆市文化产业发展专项资金管理办法》;为了推动重庆市文化产业又快又好地发展,不断提高文化产业的总体实力和竞争力,通过先进文化企业的示范、带动和辐射作用,引导和促进文化产业园区和基地建设,市文广局、市新闻出版局、市文化资产公司共同制定了《重庆市文化产业示范园区和示范基地评选命名管理办法》[①];为了推进文化与旅游的进一步融合,强化文化旅游业的发展,出台了《重庆市人民政府办公厅关于推进文化与旅游融合发展的意见》。

(二) 机制创新

科学、有效的文化机制能够促进文化建设进程中各内部要素实现最优化,使整个文化建设系统合理、有序地运行。因此,重庆从多个方面创新了文化发展建设的动力机制、协调机制、创新

---

① 《关于印发〈重庆市文化产业示范园区和示范基地评选命名管理办法〉的通知》,重庆市政府网,http://www.cq.gov.cn/publicinfo/web/views/Show!detail.action? sid = 4044017。

机制、反馈和评估机制、保障机制等。

重庆市认真总结国内外文化建设中的经验教训，汲取成功经验，结合自身发展建设实际，多层次、全方位地推进文化发展建设机制创新。

第一，完善文化发展建设的动力机制。如建立具有针对性的奖惩机制，健全人才就业机制，完善社会管理机制，优化文化发展产业机制等。这一系列机制为重庆文化的发展建设创造了和谐的环境，充分调动了广大文化建设者的积极性和主动性，极大地提高了人们的生活水平和生活质量，充分地激发了社会活力，提高了重庆文化的软实力和综合竞争力。

第二，完善文化发展建设的协调机制。一方面完善具体的协调机制，如非物质文化遗产工作协调机制、公共文化服务协调机制、文化资源协调机制等。另一方面完善文化与社会各要素间的协调机制，如文化产业与旅游产业协调机制、综合管理协调机制、城乡文化协调机制等。

第三，完善文化发展建设的创新机制。重庆从多个角度建立健全文化发展建设的创新机制。通过加强思想教育，为文化创新提供了政治导向；通过整合各种文化资源，为文化创新奠定了坚实的基础；通过加强政治文明建设，为文化创新建立了有力的制度保障；通过加强经济建设，为文化创新夯实了物质基础；通过联系群众，为文化创新挖掘了动力源泉。

第四，完善文化发展建设的反馈和评估机制。重庆主要从两方面着手建立健全文化发展建设的反馈和评估机制，一方面建立健全重庆文化评估指标体系，丰富重庆文化评估指标体系的指标，当前，重庆在文化建设进程中已建立了全方位、多层次、宽领域的评估指标体系，如软实力指数评估体系、文化强省（市）指数评估指标体系等。另一方面研究制定各级政府对重庆文化发展建设的考核，把重庆文化发展建设工作的考核结果纳入对领导班子和党政干部的综合考核之中，[①] 将文化建设的责任落实到了人头。

第五，完善文化发展建设的保障机制。重庆不断加强社会主义意识形态建设，强化思想保障；不断加大资金投入、拓宽融资渠道，强化物质保障；不断制定科学有效的文化政策，强化政策保障；不断地强化教育、引进人才，强化人才保障。

（三）优化重庆文化管理体制的思考

重庆文化管理体制的创新发展，为重庆文化事业和文化产业的大发展大繁荣提供了强有力的保障，有效地增强了文化事业和文化产业的活力，壮大了重庆的文化软实力，提高了重庆的综合竞争力。同时，满足了全市人民的精神文化需求，提高了全市人民的精神文化境界。

在社会主义现代化建设历史新时期，重庆应不断适应形势的发展和满足人民群众的文化需求，把社会效益放在首位，经济效益和社会效益相统一，进一步进行深入改革和创新文化管理体制机制。重庆在优化文化管理体制机制进程中，应做到"三个坚持""四个着力"。

"三个坚持"：第一，坚持社会主义先进文化前进方向，培育和践行社会主义核心价值观。在社会主义现代化建设历史新时期，以社会主义核心价值观为核心内容的我国主流意识形态，正面临着因经济全球化、社会信息化、文化格局多元化、社会多样化等带来的前所未有的挑战。因此，在进行文化管理体制改革中，重

[①] 孟东方：《重庆文化发展理论与实践研究》（上卷），重庆出版社2012年，第346页。

庆应坚持社会主义先进文化前进方向，大力培育广大人民群众的社会主义核心价值观，贯彻实施社会主义核心价值观，将其渗透到建设的各个方面中去，整顿思想，凝聚共识。

第二，坚持以人民为中心的工作导向。我国是人民当家做主的社会主义国家，党的一切工作都是为了人民，在社会主义现代化建设历史新时期，一切工作都要把强化人民群众的观点作为首要前提，把为人民群众谋福利作为根本取向，把人民满意作为唯一标准。重庆市委、市政府应积极贯彻党的路线方针政策，畅通群众的文化需求反馈渠道，广泛使用网络、电话、邮箱等各种大众媒体征集广大人民群众的文化需求，根据市民具体的需求完善制度、制定方案，加强公共文化建设。

第三，坚持创新。党的十八届五中全会指出："坚持创新发展，必须把创新摆在国家发展全局的核心位置，不断推进理论创新、制度创新、科技创新、文化创新等各方面创新，让创新贯穿党和国家一切工作，让创新在全社会蔚然成风。"[1] 因此，重庆应按照此要求，坚持把文化体制机制创新纳入全面深化改革的总体格局，以此来增强重庆文化软实力，走重庆区域特色文化道路，把重庆建设成文化强市。

"四个着力"：第一，在政府职能转变上着力。"推动政府部门由办文化向管文化转变、推动党政部门与其所属的文化企事业单位进一步理顺关系是深化文化管理体制改革的重要部分。"[2] 重庆市政府应认清自己的角色，准确定位自我，进一步转变政府职

---

[1] 《中国共产党第十八届中央委员会第五次全体会议公报》，财新网，http://www.caixin.com/2015-10-29/100867990.html。

[2] 《以深化改革推动文化管理体制创新》，求是理论网，http://www.qstheory.cn/zl/bkjx/201401/t20140118_314167.htm。

能，继续深入地推进政企、政资、政事、政社分开，全力解决职责不清、职能交叉的问题。

第二，在保障体系上着力。重庆应以国内外先进的政策法规为参考，立足重庆的区域特色和世情、民情，进一步完善法律法规和规章制度，为重庆文化建设提供必备的制度保障；同时，要进一步加大投资力度和拓宽融资渠道，为重庆文化的发展建设提供充足的资金保障；此外，还要加大人才投入，为重庆文化事业和文化产业发展提供必要的人员保障。

第三，在综合服务上着力。加快建设完善博物馆、歌剧院、电影院、图书馆、美术馆、购物中心、金融网点、医院诊所和学校等设施，大力发展文化、金融、教育、医疗、咨询、中介等现代服务业，在满足消费与服务需求、增加税收、扩大就业的同时，不断增强城市研发、设计、管理、控制和创新能力，创造优越的人文环境，构建美好的生活环境，提升城市综合服务功能，大大优化重庆投资兴业、居家生活的城市生态。

第四，在推动文化产业市场主体发展上着力。一方面，优化文化产业结构。自重庆全面推进区域发展战略以来，各区域呈现出差异发展、特色发展、协调发展的良好态势，成绩显著。当前，重庆可以根据区域特征，创新发展原有的文化产业，同时打造与时代同步、与世界接轨的新的文化产业。另一方面，运用数字技术，打造文化创意产业龙头企业。"互联网+"时代，重庆应综合运用数字技术，在重庆重量级文化企业中打造具有较强竞争力的一个或若干个文化创意产业龙头企业，通过其高超的要素整合能力、产业链整合能力以及知识外溢、示范效应和竞争效应，使其成为发展引擎，带动中、小、微企业协同发展，在整体上推动重庆文化产业做大做强。

四、增强重庆文化产业竞争力

立足重庆文化产业发展实际,参考借鉴国内外先进地区文化产业发展的经验,坚持社会主义先进文化前进方向,结合未来文化产业发展趋势提升竞争力。

(一)优化文化产业生产要素

重庆文化产业的发展思路应另辟蹊径,将多种传统产业(如广播影视、报纸等)与现代科技相融合,将民族特色文化与新兴文化业态相融合,将重庆文化产业的多种生产要素进行整合和优化。这样才能在文化产业市场激烈的竞争中找到出路。要围绕文化遗产保护开发和资源整合利用,因地制宜开发独具特色的文化产品和文化服务。要做大做强文化创意企业,通过收购、兼并、重组等方式,在工业设计、咨询、策划等领域分别培育一到两家大型示范性企业,发挥龙头带动作用,引领行业发展。对文化创意企业入驻工业园区优先给予用地支持,促进工业设计、营销策划等文化创意产业与制造业融合。要注重对民间传统手工艺和传统文化艺术的保护和扶持,培育非物质文化旅游和地域民族文化体验的新型文化旅游门类。要做大当前重庆文化旅游产业,吸引外地游客消费购物,形成完备高端的产业体系,促进文化经济、会展经济、旅游经济、休闲娱乐经济、地产经济等的全面发展。

(二)拓展文化产品消费市场

第一,应对文化产品的消费市场进行细分。即根据不同消费者文化需求的差异性(需求的特点、购买能力和购买习惯)等不同特征,将一个统一的大市场划分为若干子市场,其中每个子市场都是由具有一定共同特征的消费者组成的。这样有利于锁定目标消费群体，明确市场目标和市场定位的方向，有利于重庆文化产品消费有针对性的拓展。

第二，文化产品不同于一般其他产品，它以满足消费者的精神享受为目标，消费者在消费过程中容易出现"消费过度，消费怪癖"等问题。同时，近年来文化产品市场在日益繁荣的同时，文化产品中良莠不齐、精华糟粕并存的现象严重。因此，重庆在拓展文化产品消费市场的过程中，必须坚守经济效益与社会效益并重，社会效益优先的原则。

第三，在扩大文化产品消费方面，政府应该引导、扶持企业进行模式创新，提供个性化、分众化的文化产品和服务，拓展大众文化消费市场，并给予适当的财政补贴，应该建立全国性文化产业税收优惠体系。拓展文化产品的消费需求是一项系统工程，提高居民收入水平、改善社会保障体系、政府对文化产品消费进行补贴等都是有效的方式，目前重庆人均GDP在西部领先，在全国处于中下游水平，因此要提高重庆文化商品的消费需求，最重要的是提高居民收入水平。

第四，政府对文化产品的引导与支持，主要有政府对文化产品的采购以及对文化生产企业进行政府补贴。如果政府采购部分文化产品，既能有效解决公共文化需求，又能促使企业创造更多更好的作品。如一部电影或剧团演出，政府采购部分场次，来满足低收入群体、农民工的需求，同时也帮助企业带来了收入和推广效果。此种良性循环，对文化消费会起到潜移默化的推进作用。优化居民的文化消费结构同样也很重要，要从传统文化消费项目中培育出新增长点，开拓新型消费项目，使其日常化、生活化。

（三）培育文化产业集群业态

第一，增强文化产业竞争力离不开文化产业集聚发展和文化产业群的建立。文化产业集聚不仅有利于产生规模效应以及文化智力资源的共享，运作成本的节约，同时还会产生关联效应，带动所在地区的餐饮、交通、房地产和金融行业等发展，促进生产的规模化和专业化。产业集聚化发展是加快重庆文化产业发育的有效途径，有利于近距离建立原料配置链、市场供应链及相对完整的产业配套链。[①]重庆文化产业的关联产业虽然内容繁多、数量庞大，但是产业间的联系还不太紧密。

第二，重庆文化产业发展集中度较低，突出表现为文化产业集群空间布局不合理、核心层自主创新能力不足、辐射带动效应不明显、国际化程度不高等。因此，以大力培育文化产业集群为着重点，形成集发展文化产业、扩大文化交流、拓展文化市场、开发文化产品、培育文化品牌、保护文化资源、制定文化政策为一体的文化生产力发展。

第三，政府应该发挥其协调职能，促进产业之间的联系，加强互动联合，使重庆文化产业多元联动、产业群的形成成为其核心竞争力。要加强对特色文化产业集群的规划、建设和培育，建设并完善一批特色鲜明、优势突出的文化创意产业基地和园区，打造较为完整的文化创意产业链，实现文化产业规模效应和产业集群发展。要在优势行业上形成前端研发、中端拓展、后端衍生、资源反复开发的产业链结构。

第四，重庆还应大力引进和培育一批有较强实力的文化企业，使之发展成为龙头企业，打造一批具有较强辐射功能的文化创意产业品牌。重视发展产业链中附加值较高的上游和下游研发、设

[①] 朱旭光：《基于"钻石模型"的浙江省文化创意产业竞争优势分析》，载于《经济论坛》2008年第13期。

计和品牌运作、产品销售环节。

（四）鼓励多种所有制共同发展

应进一步创新制度机制，打破职能分割和交叉，形成更加统一、规范的文化产业管理体制机制；增加重庆文化产业发展专项资金规模，重点扶持文化产业龙头企业、重点文化产业基地、重点文化产业园区等建设；借鉴外省市经验，进一步研究出台促进文化产业发展，特别是文化与信息、汽摩、旅游、科技等实体产业融合发展的财政、税收、金融扶持措施。[①] 推动国有和民营文化企业协调发展。贯彻落实文化体制改革中经营性文化事业单位转制为企业和支持文化企业发展的若干优惠扶持政策，毫不动摇地支持和壮大重庆报业集团、重庆广电集团、重庆出版集团、重庆新华书店集团等国有文化企业，发挥国有文化企业的主导作用。鼓励非公有资本进入政策允许的文化产业领域，参与政策允许的文化市场竞争。大力促进小型微型文化企业和个体工商户又好又快发展。鼓励文化企业多渠道筹资。支持有条件的文化企业进入主板、创业板上市融资，推动股权结构多元化。支持符合条件的文化企业通过发行企业债券，以及项目融资、股权置换等渠道筹措发展资金。

（五）健全文化产业人才发展政策

要想出高水准的文化产品，并产生较好的社会效益和经济效益，必须有大批高水准的编、导、演艺及专业制作人才和高素质的经营管理人才。[②] 这就需要通过完善人才政策来引进之、培养

---

① 吴进科：《文化产业转换为支柱产业的路径选择》，载于《重庆日报》2012年8月21日。

② 周斌：《试论文化产业政策的制定原则》，载于《江苏省社会主义学院学报》2005年第3期。

之、发展之。

第一,优化文化产业人才引进政策。应设立"文化产业人才开发专项资金",用于扶持和奖励创意企业人才引进、培养和使用,以及文化产业教育培训机构。制定专门针对文化产业高级人才的引进办法,在职务晋升、子女入学、医疗服务、住房保障、项目经费、成果奖励等方面给予政策倾斜。建立文化产业发展顾问制度,聘请国内外著名艺术家、优秀文化企业家、文化行业的专家学者等担任顾问,为重庆文化建设和文化产业发展提供咨询。

第二,优化文化产业人才培养政策。完善文化产业职业技能培训,支持高等院校、培训机构与文化企业创建人才培养、教育培训、项目策划、职教实训等基地,着力培养实用性、复合型技术人才。加强经营型人才、应用型人才、产业型人才的培养,着力培养理论和实践相结合的高素质人才。加强文化与文化产业的学科建设、师资建设,提升培养人才的能力。

第三,完善高素质文化产业人才发展政策。通过国家级人才选拔等工作加强高精尖人才的培养;支持以博士后研究项目、省部级以上青年课题等形式积极培养高层次青年人才。加大人才培养的国际合作力度,培养一批熟悉海外文化企业运作的创意、研发、管理等高端人才。进一步突破年龄、资历、身份和比例限制,积极探索和完善符合高技能文化产业人才成长规律的多元评价机制。对重庆急需的高新技术业态文化企业高级经营"操盘"人才和文化艺术专家型人才,实施个税奖励政策。

(六)推动文化产业统筹发展,打造区域特色文化产业

推动文化产业统筹发展,既可以从总量上扩展产业生长点,实现产业聚集,打造协同发展平台,又可以为重庆文化产业的产品提供广阔的文化消费市场，培养壮大消费群体。在重点发展都市文化产业的同时，加大发展区县文化产业力度。要加大保护和开发文化资源力度，围绕文化遗产保护开发和资源整合利用，因地制宜开发独具特色的文化产品和文化服务，以打造区域特色文化产业为重庆文化发展增强竞争力。

第九章 重庆的社会治理

重庆具有3000多年的文明历史，每一次社会变迁，每一次朝代更替，重庆的社会治理都有所演进。但真正开始走向善治则是始于中华人民共和国成立之后，改革开放以来更是取得了长足的进步，特别是重庆由中央直辖之后所推行的一系列举措，又使重庆的社会治理取得了新进展。

第一节 历史上的地方属地式管制

我国自周代以来为建立众多藩屏抵制少数民族的扰掠，实行分封制，采用地方分权方式，将土地分封给王公贵族，早期的社会治理模式便清晰地呈现出来。秦汉时期，郡县制取代分封制成为国家行政体系的主要形式，中央对地方实行垂直管理，实现统一集权的君主专制；隋唐时期，三省六部制度的确立，使中央集权制度达到了完善。从分封制到郡县制再到三省六部制，地方属地式管制以郡县制为基础，经历了一个从低级到高级不断发展完善的过程，权力分配的出发点都体现了加强中央集权的意愿。

重庆在不同的历史时期也有相应的属地式管理体制。为了巩固封建专制统治，加强中央对地方的管理，秦时在巴国设立巴郡，隋唐时期在巴渝地区设置州道，明清时期中央政府分别在巴渝设立重庆府和夔州。

一、地方属地式管理原因

封建时期的巴地主要施行属地式管理,这是封建王朝为达到中央集权目的的必然手段,究其原因,主要是政治、经济、文化三个方面。

(一) 政治原因

在秦时,秦灭巴、蜀国后,首先在巴国北部地区设立巴郡,并为完成其"霸天下"的壮志,对拥有丰富人力、物力资源、特殊地理位置以及复杂民族成分的巴地采取以"优宠"为基本倾向的民族政策,其主要特点是政治上的刑罚从轻、民族分封制和经济上的赋税从轻,以及封建土地私有制的推行。改革政治制度,设立以地域划分的郡县制,相较以血缘关系划分的分封制更具稳定性。

隋唐时期在巴渝地区设置州道。隋朝因东晋以来的滥设州县,废除了全国的大部分郡县。在巴渝地区设有渝州、合州、信州、南州、开州、黔州、庸州。并在要冲之地的信州,设置总管府。唐朝时,在政区设置上有很大变革,贞观年间,为解决地方州县事务纷繁的问题并集权中央,依地形之便,划分全国为10道。巴渝地区属于南山道和江南道,开元年间又将全国划分为15道,巴渝地区分属山南西道、山南东道和黔中道。此外,为避免少数民族的动乱,稳固边疆,从唐代起中央政权开始在少数民族地区和边疆地区设置"以夷治夷"的政策——羁縻州县。巴渝地区的黔州都督府所领的羁縻州就多达40余个。

明王朝控制重庆和四川后,中央政府分别在巴渝设立重庆府和夔州府,管辖重庆地区的州县。明朝时实行里甲制度,重庆地区也普遍建立里甲等基层统治机构;在重庆城内建立坊、厢统治机构。里甲坊厢制度的推行，使明王朝的赋税徭役征调得到了保证。清代在巴渝地区先后设有重庆府、夔州府、忠州直隶州、黔彭直隶厅、石砫直隶厅。清代继续在巴渝城乡施行里甲制度，重庆城内外也仍按坊厢编制。此外明朝的土司制度虽然在清代仍继续推行，但是土司控制地区由于其残酷的压迫统治，阶级矛盾尖锐。为缓解矛盾，加强对该地区的统治，清王朝逐渐削弱了土司的力量，以待时机成熟时进行改土归流。

（二）经济原因

秦汉时期提出的"重本抑末"主张是实现地方属地式管制的经济基础。通过压低商人地位并防止农业劳动力外流，积极推行封建土地私有制，以"人头税"为主的秦汉时期，征收田赋和租税，使小农经济飞速发展，成为封建国家财政的主要收入。经济基础决定上层建筑，分散的小农经济为地方属地式管理奠定了稳定的经济基础，对巩固封建制度起了积极作用。巴蜀的农业经济，由于地理的、历史的、民族的、文化的巨大差异，其生产水平差异很大，发展极不平衡。为扶植小农，两汉从惠帝起，实行了普授民爵的制度，这种制度的推行，给小农一些经济上的实惠，起到保护小农经济的作用。两汉除了具有较为固定的租赋更徭制度外，还经常根据不同的原因和需要或给部分地区、部分小民，或给全国的小民减免租赋与赐复，以减轻小农的负担。到西汉晚期，巴蜀地区已成为公认的单独经济区之一，人称"天府之国"。

盐铁经济巩固了地方属地制管理。随着盐铁经济的发展，为了方便地方管理，实现郡县发展规模和经济支撑作用相匹配，郡县范围逐步实现由大到小划分，以便于加强中央集权，削弱地方郡守权力。秦朝时期最初在西南设巴郡、蜀郡；西汉时期，随着

第九章　重庆的社会治理

盐铁经济的发展，巴郡开始逐步分化，黔中郡西部即黔江、酉阳、秀山、武隆四县纳入巴郡。东汉时期，巴郡划分为巴西郡、固陵郡、巴东属国、宕渠郡等四郡和一个属国，奠定了重庆直辖前的行政区划的基本格局。

秦汉巴蜀区的内部经济发展极不平衡是实现地方属地式管理的直接原因。当时的秦汉巴郡各地主要分为江州和峡江黔中两个经济区。江州农业经济亚区地形平坦，土地肥沃，以农业为主，渔猎业为辅。主要的农作物有水稻、麦粟、豆类等。而峡江黔中经济亚区渔猎农并重，但碍于地形条件的劣势，该地居民长久以来仍处于刀耕火种、广种薄收的生产状态。由于内部经济发展的不平衡性需要具体问题具体分析，因此在江州和峡江黔中两个经济亚区也就有了相应的分类管理模式，促进了地方属地式管制的发展。

隋唐时期，随着经济的发展，巴郡不断分化使属地式管制得到了进一步发展。一个地区的开发程度可以从其政权机构的设置来考察，以西部的渝碚地区为例，唐代就有31个县星罗棋布，遍及渝碚各地。隋唐之际巴蜀境内比较安定，没有经历过比较大的社会动荡，人口增长较迅速。此外，大量的无地农民纷纷涌入统治力量比较薄弱的州县边界地区，开垦土地。这在很大程度上促进了巴渝地区经济的发展。

宋朝时，由于土地进一步开发，巴渝地区的农业较前代也有一定的发展。宋代巴渝农民对土地开发的最大功绩就是在丘陵和中山区建造了大量的梯田，把山坡改造成了耕地。当时的水稻种植业比较广泛，长江沿江台地一带，地热早熟，很多地方种植早稻和中稻。宋代巴渝的手工业也有了进一步的发展。例如，纺织业中，昌州的筒布和各州的斑布已成为著名的纺织物。商业方面，宋代在巴渝地区第一次有了关于商税收入的具体记载。同时宋代的场镇集市也普遍涌现。

元朝时，随着重庆政治地位的上升和辖区的扩大，重庆开始成为四川仅次于成都的重要城市。明朝控制重庆后，一直到明中期，重庆的工商业有了进一步的发展。明清时期，农业的进一步发展，重庆已成为嘉陵江流域的物资集散地、四川水陆交通的中心和商业繁盛的区域性中心城市。[①]

（三）文化原因

文化通过对社会政治、经济、人类生产生活方式的影响同社会管理交叉融合，某种程度上来说，社会管理就是文化管理。文化的发展变化是社会管理方法和方式发展演进的重要因素之一，我国古代施行属地化管理，离不开其特殊的文化要素。

文化交融奠定了巴地属地化管理的基础。巴地是一个典型的移民区域，历史上有过多次大型移民活动，每一次大型移民不仅改变了巴地的政治形态和经济结构，也改变了巴地的文化状况。如廪君带领清江下游的白虎巴人部落的迁移，秦灭巴国后的大规模人口迁移，清代前期"湖广填四川"的移民等。巴族的文化与中原文化有较大的差异，人口迁移使巴地文化与其他文化摩擦碰撞、相互交融，形成了独具特色的巴文化。这些文化来源于人们的生产和生活，又反过来影响和改变着巴地人民，这为封建统治者治理巴地奠定了基础。如秦灭巴国建巴郡，大量人口迁移，促进了巴族文化与中原文化的交融互惠，进而推动了先进的生产技术、生活模式等在巴地的传播，为秦进一步治理巴地、管控巴人

---

① 梅芳、侯京京：《从军事重镇到工商重镇——重庆城市发展轨迹研究》，载于《重庆交通大学学报（社会科学版）》2009年第4期。

奠定了基础。

文化政令强化了巴地属地化管理。封建王朝推行文化政策，颁布文化政令，一方面选拔了大量的人才为封建王朝的统治服务。巴地物华天宝人杰地灵，诞生过诸多杰出人才，如英勇大义的巴蔓子将军，"断头将军"严颜，蜀汉"四名相"之一的董允，北宋状元、名臣冯时行等，这些人才为封建王朝的发展壮大提供了人力和智力支持，有效地巩固了中央集权，强化了中央对地方的治理。另一方面控制了广大民众的思想，约束了人们的行为，进而达到中央集权的目的。文化对人具有潜移默化的影响，通过文化建设，能够在不知不觉中改变人们的生产行为和生活习惯，强化对社会的治理。秦王朝在全国范围内施行焚书坑儒，官方办学，严禁创办私学，统一文字等政策来进行文化管控，从而束缚了人们的思想，约束人们的行为。唐朝政治较为清明，文化政策较为宽松，但是统治者仍是通过文化活动和文化政令约束人们的思想和行为，如弘扬佛法，推行并完善科举制度等。由于多种要素影响，宋朝的文化政策更为宽明，曾出现过"皇帝与士大夫共治天下"的局面，虽然皇权对文化约束宽泛，士大夫们思想自由、精神独立，但是中央统治者并不是放任自流，仍采取一些措施加强文化建设，进行思想和行为约束，从而达到中央集权、管控地方的目的。

二、地方属地式管理内容

各封建王朝推行的地方属地式管理管控了当时社会的方方面面，其中最为突出的是政治和经济两个方面。

（一）政治管理

封建王朝统治者的终极目的是一统天下，管控全国，实现高度的中央集权。地方属地式管理有效助推了这一政治目的达成。

秦的政治管理。秦灭巴国设巴郡,把巴地变为了其统治下的郡级行政区,对其进行了有效的政治管理,其中最主要的是制度改革。

第一,推行郡县制。秦在巴地改革政治制度,设立以地域划分的郡县制,相较以血缘划分的分封制更具稳定性;精心设置行政区划统一管理。郡,是中央政府辖下的地方行政单位,辖行政、军事、监察、宫职四大系统;郡以下设县或道,县以下设乡、里和亭,由此郡县制城镇体系形成;重视权力制约,郡守,为一郡最高行政长官,掌全郡政务,直接受中央政府节制;郡尉,辅佐郡守,掌管全郡军事;郡监,掌监察工作,有分权制约之效。

第二,推行封建土地制度。秦在巴地推行"废井田、开阡陌"的办法,废除了秦奴隶制土地制度,并通过税制改革,强化了封建土地私有制。秦设立农官督促农业生产,地方农官管理的农业事务至微至细。如管理农具和耕牛等生产资料、组织生产、计户授田、征收刍稿税和田租、传授生产技术等。

第三,实行军功爵制度。其主要包括两项内容:其一,"有军功者,各以率受上爵"。也就是说凡立有军功者,不论出身、地位,都可以享受爵禄。其二,"宗室非有军功论,不得为属籍"。这使以血缘关系为纽带的贵族世袭特权得以破灭。但若后期有犯罪行为,可用爵位抵销。

隋唐时期的政治管理。公元581年,杨坚代北周,建立隋朝。20余年后,农民起义推翻了隋的统治,建立了唐。隋唐时期,巴渝地区始终处于中原王朝的统治之下,成为皇帝避乱的最佳场所,唐玄宗、唐僖宗先后"幸蜀",故隋唐王朝对巴蜀地区的控制从未松懈。开皇三年(583年),针对当时郡县过多,有的不足百里地，有的不满千户人家，且百姓少官员多的情况，大力整顿东晋以来乱设的州县，取消了全国的郡，代之以州，州直接统治县，形成了州县二级制。大业三年，又效仿秦，改州为郡，推行郡县二级制。巴渝地区设巴郡、涪陵郡、巴东郡、黔安郡。

明朝在重庆设重庆府，下辖3州15县。为进一步扩大重庆辖区，明朝实行由重庆府管理整个巴渝地区的尝试，后因交通不便，管理困难等原因结束了此次扩大政区管辖范围的尝试。洪武十三年（1380年），为保证赋税徭役的征调，明王朝在全国推行里甲制度，在重庆各州县普遍设立甲、里等基层统治机构，在重庆城内建立坊、厢统治机构。为加强对巴渝、川南及贵州一带少数民族的统治，在此地大力推行土司制度。土司制度是由封建王朝采用册封的方式，任命少数民族的首领、豪酋充任地方官吏，对本地区或本部落实行世袭统治的一种政治制度。土司的设置，充分考虑到了少数民族的特殊性，以"土官治土民"的方式实现中央对该地区的管理，也有利于将少数民族地区纳入郡县制的轨道。土司由中央王朝册封，有地方的管制权，但也要对中央王朝承担一定的义务，包括定期朝贡，中央王朝在遇战事时有权征调士兵，缴纳赋税等。

（二）经济税制

经济基础决定上层建筑，封建王朝政权的巩固离不开物质财富的积聚。在古代，国家财政收入形式非常单一，主要采取经济税收的方式增加国库收入。

秦汉的经济税制。秦汉时期提出重本抑末的主张，压低商人地位并防止农业劳动力外流，极大程度上增加了土地的面积，增加了农作物种类，促进了耕作技术的进步，提高了粮食的产量，带动了牧、副、渔的发展。秦汉时期积极推行封建土地私有制，以"人头税"为主的秦汉时期，征收田赋和租税，使小农经济飞速发展，成为封建国家财政的主要收入，对巩固封建制度起了积极作用。秦在巴地施行属地式管制，实现了土地所有权，占据了巴地的物质资源，掌控了巴地的经济命脉。

秦在巴地推行了它的税收制度，敛取了大量的物质财富。具体说来，主要是以下四个方面：一是人头税。秦灭巴地后以按户按口的封建赋税征收办法代替了之前的贡赋制度，即人头税。二是田租。秦常年对外征战，徭役沉重而繁多，粮食需求量大，秦王朝担心即便是钱币充足也买不到粮食，出现有价无市的状况，因此在田租征收上主要以实物为准。三是刍稿税。所谓刍稿即喂养牲畜的牧草、农作物秸秆。秦为满足战争的需求，坚持征收刍稿实物，在具体征收过程中，按照每户田亩的顷数，以每顷收刍三石、稿二石的比例进行征收。四是盐铁官营。盐、铁作为重要的生产资料，谁掌握了就可富甲一方。为打击富商大贾和地方势力，削弱地方割据，巩固中央集权，西汉武帝时期至西汉末，官府对盐铁实行垄断专营。官府通过对盐、铁的专卖，压制了地方反动势力增长的趋势，盐铁经济进一步推动了地方属地式管理的发展。

唐代的经济税制。唐代在农业生产工具上较之以前有所进步，开元年间发明了曲辕犁，还出现了新的灌溉工具水车和筒车，因此促使粮食产量逐年提高。唐前期的赋税制度，承袭隋朝，但于624年颁行均田制与租庸调制。唐朝前半叶，户税逐年上升，唐高宗时约收户税十五万余贯，至唐玄宗时已高达二百多万贯，安史之乱后，户口逃匿者增加，租庸调制无法继续实行，所以在唐朝后期出现了两税法。

明清时期的经济税制。明朝推行"一条鞭法"。"一条鞭法"

是我国赋役史上的重大改革，说明农民对封建国家的人身依附关系松弛；赋役征银的办法，适应了商品经济发展的需要，有利于农业生产的商品化和资本主义萌芽的增长。清朝时期奖励垦荒；宣布"更名田"；实行"摊丁入亩"。这样，人头税废除了，封建国家对农民的人身控制进一步松弛。

（三）军事钳制

在封建王朝年代，中央政府在从政治、经济上加强对重庆的控制与治理外，实行军事上的钳制，更是其重要形式和内容。

早在公元前 316 年，秦惠王命张仪、司马错率兵进攻蜀巴并先后征服之。公元前 314 年，秦在原巴国所辖之地置巴郡，设其治所于江州；郡下设县，分别派遣郡守县令，代表秦国进行统治。张仪镇守巴郡期间，为巩固统治，开始在江州筑城。是为重庆筑城之始，也是重庆作为川东地区政治、经济区域性中心的开端。经汉直至三国两晋时期的西晋，以重庆为中心的渝东川北地区，仍沿袭秦制设置巴郡，其统辖区域虽多有变化，然均以江州为治所。

三国两晋南北朝时期，国家分裂，战争频繁，重庆的隶属统辖也多次变化，先后置有荆州（311 年）、巴州（553 年）、楚州（557 年）。公元 581 年隋朝建立后，在地方实行州县两级制，开皇三年（583 年），隋改"楚州"为"渝州"（因嘉陵江又名渝水），辖巴县、江阳（今江津）、汉平（今涪陵）三县。下迄唐、前后蜀及北宋，管辖区域和隶属关系虽多有变化，但重庆地区皆名"渝州"，且一直沿用到北宋末年，时间长达 500 余年。但从社会治理来说，中央政府对重庆的管理依然采取军事钳制。特别是 1242 年，南宋政府任命余玠为权兵部侍郎四川安抚制置使兼知重庆府。余玠迁川峡四路制置司到重庆，全面经营四川防务。重庆也因此首次成为四川地区政治、军事的中心。

  1271 年元朝建立后，在各地置行中书省，下设路府州县。重庆曾一度是四川行省的驻节地，四川行省西迁成都后，1279 年，改置重庆路总管府，作为四川南道宣慰司驻地，下辖一司（录事司）、三县（巴县、江津、南川）、四州（合州、涪州、忠州、泸州）。明朝在重庆地区置重庆府，府治巴县，下领合州、忠州、涪州三州，巴县、江津、永川、荣昌、大足、綦江、南川、长寿、黔江、铜梁、定远（今武胜）、丰都、垫江、武隆、彭水等 15 县；又置重庆卫，辖石柱、酉阳二宣抚司；成化年间又置璧山、安居（铜梁）二县，其区域与现在重庆市的区域大致相当。为加强对川东地区和贵州的统治，明朝还在重庆设兵备道，管辖重庆府、卫和各州县以及贵州、酉阳等地土司，且以重兵驻守。这表明在明朝重庆已成为川黔地区的军事重镇，也是全国重要的商埠要地。公元 1657 年，重庆纳入清朝统治之下。清袭明制，仍于重庆地区设重庆府，辖厅一，即江北厅；州二，即合州、涪州；县十，即巴县、江津、长寿、永川、荣昌、綦江、南川、铜梁、大足、定远（今武胜），并于重庆建镇，置总兵署，设分巡川东道署，以作为统治重庆地区的政权军事机构。①

  三、地方属地式管理特点

  地方属地式管理经历了分封制、郡县制、三省六部制等诸多具体形式，它们各有各的特点，其共有的特点主要为：维护中央地位、推行地方自治、松散式的管制。

---

  ① 重庆市人民政府办公厅、重庆市人民政府发展研究中心、重庆社会科学院：《重庆发展六十年》，重庆出版社 2009 年版，第 37~38 页。

（一）维护中央地位

秦在统一六国之后，将其灭亡归因于六国的吏治腐败，中央政府无能，权力集中度不够。因此，秦对国家管理体制进行了彻底的改革，建立了高度统一的中央集权的君主专制制度。

秦汉时期，废除分封制，推行官僚制，建立中央政府和地方政府机构，中央集权制度在秦汉时期得到确立和巩固。皇帝具有绝对的决策和统治权的基础上，政府是由中枢宰相、中央机构和地方机构三部分组成，形成上下逐层负责的关系。在中央主要设置了监察、军事、行政、宫廷府四大系统，这四大系统相辅相成、相互渗透、相互牵制共同服务于皇帝。在地方设置郡县，设郡守、尉（丞）、监和县令、尉（丞）、监。君臣关系是臣下必须无条件地听命于皇帝，实行君主独裁专制。在中央政府和地方政府的关系上，则是中央集权，郡县两级政府均为中央政府的派出机构，形成了中央垂直管理地方的形式，有力地维护了中央地位。[1]

（二）推行地方自治

地方自治体现在直接参与和间接控制两个方面，通过自上而下的规范和约束，促使地方郡县的管理制度不断完善发展，加强中央宏观调控的同时发挥地方基层自身主观能动性，使地方成为维护封建专制主义中央集权制度的有力工具。

秦汉时期的统治者为了维护社会稳定，积极推行地方自治，逐步形成了层次分明的城镇体系。秦时全国已形成了自上而下的以政治所在地中心城市为体系的城镇网络，其首都—郡城—县城

---

[1] 袁刚：《秦朝专制官僚政体的确立和政府机构的设置》，载于《郑州轻工业学院学报（社会科学版）》2003年第1期。

的三级城市等级体系已基本稳定,县下又设乡、亭、里等,更进一步完善了城市体系。汉代又在首都之下增设了司隶部、刺史部管辖各郡、县,形成了层次分明的四级城镇体系。[①] 秦汉通过在郡县下面置乡里、设里吏,控制和管理基层百姓。里吏常年与百姓接触,与百姓有着密切的联系,他们是封建王朝控制和管理百姓的主要抓手,其主要职责是上传乡里乡情,下达统治阶级命令,并且进行基本的社会治理,防止和杜绝一切危及社会治安,破坏社会秩序的案件发生。

(三) 松散式的管制

封建王朝统治者施行属地化管理,虽然最终目的是强化中央集权,但是他们亦明白水能载舟,亦能覆舟的道理,所以各王朝并不是一味地推行严格的政令、严酷的刑罚,而是采取松散式的管制,与民休息,维持社会秩序,维护社会稳定。特别是自元明及清前期封建王朝对我国西南、西北等少数民族地区实施的土司制度,在重庆的民族地区也得到推行。如重庆民族地区的土司在石柱、酉阳和秀山统治长达数百年之久,直至清朝乾隆年间"改土归流"。在官僚制度下,通过松散式的管制与统一的规范和制度进行管理。一方面,地方经济有了进一步发展,为封建王朝运行提供了足够的人力、物力支撑;另一方面,不同经济,不同政治,不同文化风俗,不同血缘的民族都实现了统一管理,这种管制不仅加强了中央对地方的统辖,也促进了版图的扩张。

---

① 魏亚儒、张波:《郡县制城镇体系形成及国家控制的强化》,载于《宁夏社会科学》2014 年 3 期。

第二节　中华人民共和国成立以来的政府包办式管理

中华人民共和国成立以来，面对巩固新生政权以及国内外严峻的政治、经济和社会形势，需建立高度集权的政府包办式管理维持社会秩序。国家通过对资源的计划管理和分配，把社会划分为各个单位，通过对单位的管理来实现对整个社会的整合和控制，由此产生了高度集权的计划经济体制、社会管理和行政管理体制。在解放初期，重庆社会经济非常困难，基本处于停滞、凋敝、混乱的局面。主要表现为：交通不畅，水陆交通受阻，物资匮乏，工厂大面积停工，社会动乱，币制混乱等。尤其是物价的飞涨问题，若不能及时解决，将关系到新生的人民政权能否稳定局势、各项民主改革能否顺利进行。从此，一直到改革开放前夕，重庆的社会治理模式推行与全国一样，即始终置于计划经济条件下的政府包办式管理模式。

一、政府包办式管理的内涵

社会管理是政府和社会相关组织为保证社会正常运行、合理运转，通过采取一系列措施对社会进行组织、协调、规范、监督等的过程。政府包办式管理即政府在社会管理中占主导地位，通过绝对的方式对社会的各个方面都进行严格的管制。

（一）管理的范畴

中华人民共和国成立以后，维护国家和社会稳定是社会管理的首要任务，政府的各项工作都围绕这个任务展开。

在改革开放之前，政府包办式管理集中体现在国家一元化行政力量推动为主，稳定秩序和巩固政权是社会建设的核心取向，如在重庆解放之初，为建立新的社会秩序，在中共重庆市委、重庆市政府主导下，采取了以下四个方面的措施。

第一，镇压反革命。解放初期的重庆，各种反动势力、特务组织、社会余毒聚集，重庆俨然又一次成了国民党军、警、宪、特的大本营。这些残存的反动势力向新生的人民政权进行疯狂的报复和破坏。中共重庆市委、市军管会、市政府在中共中央西南局的直接领导下，断然采取了一系列治乱措施。有效镇压各种反革命势力，从而稳定了社会秩序，巩固了新生的人民民主政权，保障了生产的正常进行，也保证了土地改革及其他各项运动的顺利开展。

第二，遣送旧军政人员和安置游民乞丐。重庆解放后，除匪特组织外，还有反动的会道门组织和旧有的军政人员、散兵游勇。面对如此复杂的局面，中共重庆市委、重庆市人民政府在坚决镇压那些罪大恶极、不思悔改的反革命的同时，也针对不同情况，采取不同的管制措施，先后颁布实施了《关于蒋匪军溃散官兵的登记办法》《关于着令解散非法党团组织的布告》《关于着令蒋匪宪兵登记的布告》《关于颁发"重庆市社会团体暂行登记办法"的布告》《关于处理旧人员的通令》《关于颁布"重庆市国民党特务人员申请悔过登记实施办法"的布告》等。与此同时，政府对那些继续作恶、顽固不化者也进行严厉的打击。对于解放初期散布于重庆各地的旧有的军政人员和游民乞丐，政府则采取收容、资遣和录用的不同安置办法。这些措施，及时消除了解放初期重庆市的混乱局面，稳定社会秩序，保障人民的生命财产安全，保证生产建设的顺利进行。

第三，救济失业，整顿市容。针对20世纪40年代后半期，重庆工商企业纷纷倒闭，形成为数众多的失业大军。根据中央

"以工代赈为主,以生产自救、转业训练、还乡生产、发给救济基金为辅"的原则,通过各产业工会的登记审查。失业工人或由政府安置就业,或采取以工代赈。经过一年的安置处理,全市工人失业问题基本解决。同时,针对解放初期市面既乱又脏的现象进行了大整顿,基本上克服了交通混乱的现象。此外,市政府还发动各界人民进行了有史以来的卫生大扫除,清除了历年积留下来的垃圾污垢,使全市面貌焕然一新。

第四,建立户籍制度。解放初期,市内人口增减不定,户政情况非常混乱,不设法控制城市户口,就不能控制城市的治安。为了建立正常的户政秩序,结合当时治安肃特的中心任务,1950年颁布了《户籍登记管理办法》,建立起了户籍制度。[①]

中共八届九中全会决定对国民经济施行"调整、巩固、充实、提高"的八字方针,纠正之前犯的错误。重庆紧跟国家步伐,对市内经济进行调整,并召开多次工、农会议,对之前的错误进行反思总结,加强全市的思想政治教育,强化马克思主义意识形态。

改革开放前期,形成了政府职能部门对社会从宏观到微观,从上到下的管理方式。不同层级的政府,在物资供应上,采取按计划统一分配的政策;在物资管理上,分为国家统配和部管物资两种,对社会资源进行管制。

(二)管理的形式

管理的形式从主体、方式、对象和取向等角度研究。政府包办式管理的形式集中体现在政府成为了唯一的管理主体实现全能

[①] 重庆市人民政府办公厅、重庆市人民政府发展研究中心、重庆社会科学院:《重庆发展六十年》,重庆出版社2009年版,第127~130页。

型管理，运行方式是政府权力自上而下的单向运作，社会管理主要是通过政治动员和行政管理来实现的，一方面，运用自上而下方式进行政治动员，组织动员群众参加各种社会运动；另一方面，政府通过"单位制"行政管理将所有社会事务纳入国家行政计划，通过控制单位负责人由此实现组织化管理。重庆也基本按照这一全国统一的管理形式和方式推进工作。

解放初期，重庆市人民政府为组织恢复工农业生产采取了六个方面的措施。

第一，制订全市公营和私营生产与贸易的大体计划，改变无政府状态，有组织、有步骤地恢复生产。市政府组织编制了1951年生产计划、1952年国民经济计划，指导恢复生产。

第二，利用有限的财政、信贷、资金，支持与国防建设和国计民生密切相关的兵工厂、粮食加工厂、日用品加工厂首先复工或部分复工。

第三，本着公私兼顾的原则，对私营企业采取合同加工、订货、收购、贷款等方式，扶持私营企业尽快复工，仅1950年对私营企业有组织的加工、订货、收购共计达4660多万元，银行贷款1000多万元，扶持了50多个行业恢复生产。

第四，积极协调劳资关系，仅1950年就调解处理劳资纠纷2180多件，订立劳资协议和契约共670多件，组织建立90多个劳资协商会，使劳资纠纷逐步下降，劳资关系日趋正常。

第五，改革企业经营管理机构，包括清除反动官吏、精简臃肿机构，建立八小时工作制等一系列制度。

第六，积极组织联营社，集中资金，有计划地恢复生产。仅1950年就组织联营社70多个，参加厂商达1400户。这些措施使重庆工商业普遍复苏。同时，为治理市容市貌，市政府发动各界人民进行了有史以来的卫生大扫除，清除了历年积留下来的垃圾污垢，使全市面貌焕然一新。

重庆市在进行社会主义改造的同时，逐步建立健全了计划经济制度。在刚刚完成接管工作的1950年3月1日中共重庆市委就提出有计划地恢复和发展生产的方针，开始对公营和私营生产与贸易实行计划指导。1950年3月重庆市政府决定成立重庆市人民政府财政经济委员会，负责全市的计划经济管理工作。1954年9月1日根据中央的要求，成立了重庆市人民政府计划委员会，代表市政府行使计划管理职能。1955年3月28日经中共重庆市委批准，成立了市计委党组，建立健全了重庆市计划管理机构。同时，在干部中树立了计划经济观念，培训了计划工作干部，开始组织了计划的编制与实施。

1956年以前，先后编制了重庆市1951年生产计划、重庆市1952年至1955年各年度的国民经济计划、重庆第一个五年计划。对国营经济实行直接计划，在国营工厂建立了计划管理制度，政府下达指令性计划指标，主要生产资料由各主管部门按计划供应，产品由商业、物资部门收购或调拨。对国营商业、合作商业部门实行计划收购和计划销售制度；对关系国计民生的主要产品政府下达指令性计划。对其他经济成分根据典型调查编制估算性计划，实行间接的指导性计划管理，主要通过各种经济政策、杠杆、合同等手段把其纳入国家计划的轨道。同时政府对不同的所有制和不同的行业、不同的产品区别规定税率、利率，建立相应的税种，对整个经济进行调控，基本的原则是：通过货物税调节生产，营业税调节流通，所得税调节收入。

"一五"计划时期，尤其是1956年以后，重庆市对全市国民经济的计划管理制度逐步建立健全起来。重庆市根据中央人民政府政务院财政经济委员会制定的《关于加强计划工作大纲（草案）》《国民经济计划编制暂行办法》和西南军政委员会财政经济委员会制定的《西南区国民经济计划编制暂行办法》《西南区1952年各省（市）国民经济计划编制范围说明》等规定，对重庆市计划管理的任务和计划的内容及计划编制程序作出了明确的规定。1955年进一步健全了1952年开始实行的基本建设项目"限额以上"和"限额以下"分级审批的制度。1957年进一步健全了中央统一分配物资的制度。"一五"时期建立起来的上述制度，是重庆市计划经济制度的基本方面，此后30多年一直是经济管理中的基本原则。①

二、政府包办式管理的特点

政府包办式管理是特定历史时代的产物，是为特殊历史时期政治、经济服务的，这一模式适应了社会发展的需求，其特点主要体现在政府的主导性和政府的全能性。

（一）政府主导性

在政府包办式管理组织体系方面，以单位制为运行基础，通过单向的自上而下的行政组织实现对整个社会的控制和管理。由此，社会依附于国家，国家在社会中起着主导性的决定作用，政府对社会资源具有极大的管控和配置权。如改革开放之前，重庆粮食供需长期处于紧张的状态，因此，在粮食管控上，重庆建立统购统销的制度。1953年11月，开始施行粮食计划供应，对粮食相关事宜进行严格的管理。1955年10月，中共重庆市委、重

---

① 重庆市人民政府办公厅、重庆市人民政府发展研究中心、重庆社会科学院：《重庆发展六十年》，重庆出版社2009年版，第168~169页。

庆市政府制定了粮食定量供给暂行办法的实施方案,控制粮食的供给,同时对果蔬、植物油、猪肉等生活必需品也进行了严格的规定。1957年9月,重庆市人民代表大会常务委员会公布:"全部封闭郊区农村的国家粮食市场,以后农民需要的粮食品种,调剂和必要周转,一律通过国家粮店进行,严禁私人粮食交易及贩运。"[①]

(二) 政府全能性

在政府包办式管理模式下,政府以政治职能为重心,以行政手段直接掌管经济,重计划、轻市场,强政府、轻社会。

政府凭借对社会资源和权力的垄断,以"全能型"的方式包揽一切社会事务,即国家通过自己的权力机关对社会生活的方方面面如人口调控、社会服务和保障的供给以及社会利益的调节进行规划、指导、组织和控制,由此形成全方位的社会管理,政府通过行政手段对这个社会进行整合和控制来实现包办一切。重庆的集体企业实行在国家计划的指导下,由职工自主经营、自负盈亏、国家征税的管理体制。

三、政府包办式管理的缺陷

解放伊始,百废待兴,在特殊的历史时期,政府施行的包办式管理在一定程度上维持了社会秩序,稳定了社会局面,推动了社会的发展,但是它的缺陷不容忽视。政府包办式管理在很大程度上抹杀了社会积极性和创造性,制约了社会资源的高效配置,影响了人们的生活。

---

① 重庆市地方志编纂委员会:《重庆大事记》,科学技术文献出版社1987年版,第399页。

（一）挫伤社会积极性

经济基础决定上层建筑，受计划经济的影响，从建国到改革开放前夕，我国主要施行政府包办式管理。这一管理模式虽然改善了当时的发展建设状况，但是从某种维度上来说也挫伤了社会的积极性。

政府包办式管理挫伤社会发展进步的积极性。政府包办式管理由于一元治理和高度集权等原因，集中体现在国家对资源的占有和单位对国家的依赖，基本上没有自主的社会体系，严重扭曲了国家和社会关系，出现"以党代政""政企不分""以政代企"等问题，社会成为了国家的附属，挫伤了社会积极性，抑制了经济和社会发展。

"大跃进"和人民公社化运动。始于1958年，是中国共产党为探索中国社会主义建设道路所作的一项重大决策。主要表现为：工业上以钢为纲，大炼钢铁；农业上浮夸冒进（人有多大胆，地有多大产），谎报粮食产量；公社的事情集体做，做多做少无所谓；公社的食堂大家免费吃，能吃多少吃多少；它急于求成，违背了生产关系应与生产力相适应的原理。它严重侵犯了农民的经济利益，打击了农民的积极性，破坏了农村的生产力，给农业经济带来了巨大的损失。

重庆积极响应国家号召，大力开展人民公社会化运动。1958年8月15日，沙坪坝区红旗人民公社宣告成立，开启了重庆市郊区农村人民公社化运动的先河。9月7~11日，中共四川省委第八次会议在重庆召开，要求在9月底以前，将全省17万多个农业社合并成为4000多个万人或万户的人民公社。于是，人民公社便在重庆郊区一哄而起。10月，沙坪坝区再次走到全市前面，辖区内红旗、石桥、井口、歌乐山4个公社的农民率先实现"吃饭不拿钱，干活不领工钱"的半工资、半供给制。到 1959 年初，重庆建立了近 33000 个公共食堂，搭伙人数占农业总人口的 95% 以上。①

人民公社化不仅在农村如火如荼地进行，在城市也逐渐发展起来。重庆的城市人民公社主要以发展较好的企业、学校、机关、街道等为主。如以三钢厂为中心的江北香国寺人民公社；以四川政法公安学院（现西南政法大学）为中心的磁器口人民公社；以七星岗街道为主的七星岗人民公社等。② 人民公社化在很大程度上是一种对共产主义理想模式的盲目模仿和简单拼凑，相应地出现了冒进、急于求成的现象，给重庆经济的发展带来严重破坏。

（二）制约资源高效配置

计划经济虽然在一定阶段具有合理性，能够保证国家的正常运行，但是对社会资源分配制约严重，实践证明，市场才能更好地促进资源的合理配置。在计划经济体制影响下，政府对社会施行包办式管理模式不利于资源的高效配置。

政府包办式管理不仅制约资源的合理配置，而且严重地影响了人们的生活。20 世纪 50 年代，在计划经济的体制下，凭票购物开始实行。共和国成立初期，百废待兴，生产、生活物资匮乏，1955 年全国第一套粮票正式流通，拉开了中国长达 38 年之久的"票证经济"的帷幕。

在这种体制下，政府用票证对经济进行宏观调控，这严重影响了人们的日常生活。一些贵重物品，如电器、自行车、手表更是一票难求，在百货公司上班是最令人羡慕的职业。可见仅是有

---

① 中共重庆市委党史研究室：《中国共产党重庆历史大事记》，重庆出版社 2001 年版，第 59 页。

② 《城市人民公社化运动简报》第 18 期，重庆市档案馆藏，1023 全宗，35/1 卷。

钱在那个年代似乎并不吃香，重庆亦是如此。1953年，随着重庆城镇人口的快速增长，粮食的供应矛盾日益尖锐。加上自然灾害的影响，粮食的供应出现严重的问题。1953年11月，重庆开始实行粮食计划供应。1955年10月，市委制定了粮食定量供应暂行办法，确定"以人定量"的供应原则，形成了城市粮食计划供应制度。继粮食定量供应后，植物油、棉布、猪肉等生活必需品先后实行了计划供应。一票难求的现象在重庆比比皆是。街头随处可见排着长队等待购物的人们。按照户籍，还将农村户口的居民与城镇户口的居民区别对待，城镇居民比农村居民更容易得到票证。因此矛盾进一步激化，不仅严重影响了社会经济的发展，还给人们的生活也带来极大的不便。

第三节　中央直辖以来走向善治式的管理

伴随着改革开放的脚步，特别是直辖的大好机遇，在现代社会文明的大潮下，重庆紧紧围绕党中央的新要求，围绕重庆人民发展的新诉求，不断推进社会治理的理念创新、内容创新和方式创新，社会治理日益走向善治。

一、治理理念的发展

直辖以来，在社会管理向社会治理转变的过程中，坚持树立现代治理理念，与时俱进地进行了社会治理理念的变革，推动政府治理、社会自我调节、居民自治良性互动，从而使社会治理更加科学化、精细化、法治化，探索出了一条符合重庆实情、体现时代要求、顺应人民期待的社会治理之路。

（一）由国家本位转向社会本位

改革开放前，重庆与全国各地一样一直实行全能统制型政府治理范式，践行"国家本位"的理念。改革开放以来，随着我国社会步入快速转型时期，社会矛盾与日俱增，必须创新社会管理理念，实行由"国家本位"向"社会本位"的转换。经过改革开放以来的努力，特别是重庆直辖以来的努力，当前的重庆已从发展战略规划、领导观念转变、市民意识提升等多方面实现了社会治理理念由国家本位转向社会本位。

（二）由重经济转向重全面

改革开放以来，我国坚持"以经济建设为中心"，取得了显著成绩。但是，国家在重视经济发展的同时，在不同程度上忽略了经济、社会与人的协调发展，忽略了自然生态环境的保护。经济是发展了，但环境却遭到了严重破坏，森林资源的过度砍伐、"三废"的过度排放，沙尘暴、雾霾、酸雨等一系列的"报复"接踵而至。于是，国家意识到生态环境保护的重要性，党的十六大提出了科学发展观，提倡全面、协调、可持续发展。党的十八大提出"五位一体"总体布局，把生态文明建设列入其中。党的十八届五中全会提出创新、协调、绿色、开放、共享的"五大发展理念"，把绿色发展作为全面发展中不可或缺的一部分。重庆市委、市政府在社会治理理念上与时俱进，实现了从重经济转向重全面。从社会治理来看，实际上这是综合考虑人口、资源、环境、经济、社会、文化等因素的结果。

（三）由管制型转向服务型

长期以来，我国政府在管理社会事务的过程中盛行"行政管制"风格，重庆也不例外。党的十八大以来，善治成为社会治理新的要求。为此，在实践的发展中，重庆积极与时俱进，实现社会治理从管制型向服务型转变。一方面，根据我国市场化改革的进展和社会发展的需要，厘定公共服务内容，扩大公共服务供给，创新公共服务供给方式。另一方面，构建起高效便捷的网格化管理和社会化服务体系。根据重庆市城乡之间、地区之间发展不平衡的现状，确定公共服务的范围和标准。其中考虑到城镇和广大农村协调统筹；考虑到主城和各区县的协调统筹。特别是根据市场经济的发展和依法治国的根本要求，着力实现公共服务的市场化、社会化和法治化，重点是要通过一系列实体法和程序法的构建，为公共服务提供制度性保证。

二、基本做法与实效

重庆直辖以来，由于体制机制的不断优化与创新，为重庆经济的持续发展注入了强劲动力。积极推进共享发展，从文化、就业、人居等社会民生服务方面下大力气，最大限度地激发社会活力、增加和谐因素、减少不和谐因素，确保人民安居乐业、社会安定有序、国家安全和谐。

（一）以促进文化发展为引领，筑牢了市民共同精神家园

重庆直辖以来，把提高人的素质、优化社会细胞作为基础工作来抓，把提高人们的思想道德和科学文化素质放在重要位置，紧紧抓住提高人的思想道德素质不放，抓好思想道德工程，构建社会主义核心价值体系，形成良好社会公德、职业道德和家庭美德。

树立高度的文化自信和文化自觉，高度重视文化在培育人、熏陶人、感化人方面的重要作用，以文化人。一是健全思想引领机制，用社会主义核心价值体系引领多样化的思想观念和社会思潮。二是健全正确的舆论引导机制，弘扬社会正气，通达社情民意，引导社会热点，疏导公众情绪。三是不断加强公共文化服务体系建设。四是推动群众文化活动蓬勃开展。五是认真落实文化

惠民工程。

（二）以就业、增收为重点，构建起城乡一体社会保障体系

围绕这些需求和目标，近年来，重庆市高度重视就业再就业工作，就业局势基本稳定。按照"五个坚持"原则，从解决群众最关心最直接最现实的利益问题入手，织就密实的民生保障网。一是加强技能培训、创业扶持和就业援助，推动重点群体充分就业和自主创业，鼓励创业带动就业。二是促进城乡居民增收。三是健全城乡统筹的社保体系。四是健全社会救助体系。五是建立社会养老服务体系。

（三）以优化人居环境为载体，营造了安居乐业良好氛围

重庆直辖以来，重庆市充分抓住战略机遇，推崇科学发展，围绕经济、城市、社会的"三个转型"，加快推进以环境保护、环境治理、生态环境建设、城乡交通为重点的宜居环境改善建设。一是推进绿色循环低碳发展，持续实施"五大环保行动"，着力解决影响群众健康和可持续发展的环境问题。二是加大城市住房改造力度，居住品质得到提升。三是加快城市绿地建设，提升城市公园的品质，优化公共空间。四是加强城市环境保护，加快城市服务设施建设步伐，服务条件显著改善。五是道路交通设施建设步伐明显加快，交通条件显著改善。

（四）以平安建设为抓手，营造了良好社会治理发展氛围

近年来，重庆市深入推进社会矛盾化解、社会管理创新、公正廉洁执法三项重点工作，平安重庆建设迈上了新台阶。一是完善社会治安防控体系，推进治安防控网格化信息化建设，促进跨部门信息资源共享。二是加强治安乱点整治，依法打击各类违法犯罪，严防电信网络诈骗等网络新型犯罪。三是进一步完善应急管理体系，提高突发事件防范控制、应急响应、有效处置能力。

四是全力实施重点项目，开展好对重点人群、重要社会组织服务管理和重要方法手段等的创新。

（五）以基层组织建设为突破，夯实了社会治理工作基础

社区是社会的基础细胞，抓好社区建设，完善基层自治，不仅使社区成为人民群众能办事、办好事的基层单元，也是构建社会治理创新的重要载体。各级党委和政府紧紧围绕"阵地建设标准化、党群互动常态化"目标，着力抓好以下工作：一是开展社区标准化建设。二是解决"社区用房难、工作人员待遇低"的问题。三是拓宽基层民主渠道。四是深入基层服务为民。

（六）以建立健全体制机制为支撑，确保了社会治理长效

在加强制度建设的同时，重庆更通过良好机制的建立健全来确保工作落到实处取得实效。一是落实民主权利保障制度，巩固人民群众当家做主的政治地位。二是健全完善司法体制、机制。三是健全完善公共财政制度，增强公共服务供给能力。四是建立和完善化解社会矛盾机制，促进社会平安稳定。五是建立创新创造的激励机制，不断激发社会活力。六是健全完善社会管理、服务体系，提高公共服务水平。七是建立健全利益调节机制，规范收入分配秩序。

三、主要经验与启示

实践在发展，创新没有止境。重庆直辖以来，在社会治理中的大胆探索与创新，所取得的成绩是巨大的，从内容和形式上留下了诸多启示。

（一）创新社会治理，要解放思想，不断推动理念创新

改革开放以来，由于经济结构和阶层结构的变化所引起的社会领域的各种矛盾不断凸显，尤其是传统的社会建设与管理方式、手段和思想等已滞后于经济发展的问题越来越突出,客观上要求把社会建设和管理创新置于了一个更加重要的位置。社会管理观念的创新,是首当其冲的首要问题,因为只有通过社会管理理念的创新才能引领社会管理实践的创新。为此,一是要树立以人民为中心的管理理念;二是要树立服务至上的理念;三是要树立多方参与、共同管理的理念。直辖以来,在重庆社会治理创新实践中,作为由自然人组合而成的社会,社会治理是对人的管理。

创新社会治理必须先创新管理理念和思路。因此,在实践过程中,在社会管理的观念上,始终要践行以人民为中心的管理理念。在社会管理的方式上,实现了由传统防范控制型管理向人性化服务型管理的转变,由单一运用行政手段管理向综合运用法律、政策、经济、行政、教育等手段转变,由政府的单向管理推向了整合社会力量的多元管理,由事后处理、被动应付向事前预防、主动处理转变,这样既保持社会安定有序,又激发创造力。在管理格局上,抛弃传统政府一包到底的惯性思维,形成了党委领导、政府主导、社会协同、公众参与、法治保障的社会治理格局,充分激发和调动社会的力量,形成了推进社会和谐发展的强大合力。

(二)创新社会治理,要立足民生,大力提升民众素质

社会治理说到底是对人的治理。民众作为社会的主体,既是社会文明的受益者,也是社会文明的创造者和体现者,这种创造和体现都寓于民众素质之中。因此,加强和创新社会治理,最为根本的就是要努力提升民众的素质。一方面是提升民众的科学文化知识;另一方面是提升民众的基本技能。重庆市在社会治理创新实践中,以着力优化市民服务、促进民生发展为导向,有力促进和保障了市民素质的提升,为重庆市社会治理朝着管理有序、服务完善、文明祥和的社会生活共同体的目标实现,奠定了坚实

的基础。

(三) 创新社会治理，要整合资源，完善社会治理格局

改革开放以来，为适应经济结构、阶层结构的变化所产生的社会主体多元化的变化，经过不断地探索，我国提出并构建起了具有中国特色社会主义的社会管理格局，即"党委领导、政府负责、社会协同、公众参与"的社会治理格局。这一社会管理格局为我国社会管理指明了发展方向。但这一治理格局在实际的运行中，还有许多需要亟待发展和完善的地方。

在社会治理创新实践中，多年来重庆市坚持党委领导、政府主导、社会协同、公众参与、法治保障，进一步完善社会管理体制，优化社会治理格局，充分释放社会组织活力，构建起高效便捷的网格化管理和社会化服务体系、畅通有序的社会矛盾调处和权益保障工作体系、全方位立体化的公共安全体系，推进社会治理精细化、科学化和法治化，人民群众安全感、满意度显著提升。

(四) 创新社会治理，要突出重点，破解关键领域问题

重庆市在社会治理创新实践中，坚定不移落实以人民为中心的发展思想，始终把保障和改善民生作为社会治理工作的出发点和落脚点。在工作思路上，牢固树立以人为本、服务为先，多方参与、共同治理，关口前移、源头治理，统筹兼顾、协商协调，依法管理、综合施策的理念；在工作内容上，紧紧围绕重庆经济发展转型，人口流动等实际，以排查化解矛盾纠纷、开展治安专项整治、服务特殊人群、坚持安全发展、夯实基层基础和强化队伍建设等工作为抓手，积极探索社会治理创新模式。这样切实解决了人民群众最关心的公共安全、权益保障、社会公平正义问题，为经济社会又好又快发展和人民安居乐业，创造了和谐稳定的社会环境、公平正义的法治环境和优质高效的服务环境。

（五）创新社会治理，要突出实效，推动方式方法创新

随着改革开放的深入，社会治理工作任务繁重，社会治理环境日益复杂，原先一些行之有效的治理理念、制度、手段、方法难以适应。为适应新形势新任务对社会治理工作提出的新要求，要积极探索加强和改进社会治理工作的新途径、新办法。

重庆市在社会治理创新实践中，立足实际，突出实效，创新了一系列的社会治理方式方法。通过项目推进，大胆创新，明确急需解决的重大事项和项目设计，形成了社会管理的专门项目，并制定了具体的实施方案，在实践运行中取得了良好成效。通过畅通诉求渠道，将矛盾排查调处网络延伸到各部门、行业、企事业单位、村和社区，实现全覆盖无盲区。通过充分发挥现代信息技术在社会管理中的强大作用，加大投入力度，加强新技术研究，建立起了全方位、全天候、立体化的社会治安动态防控网络，为群众提供优质、方便、快捷、高效的服务，等等。这样重庆市社会管理在空间维度上实现了"横向到边，纵向到底"的无死角、无断层管理，在时间维度上实现了一以贯之、常抓不懈、持之以恒的不间断管理。当前，重庆社会治理正从粗放式向精细化、随意性向规范性转变，社会治理的日趋人性化、科技化，社会治理科学化水平日益提高。

（六）创新社会治理，要面向未来，推动机制体制创新

改革开放以来，我国社会体制改革和社会建设方面确实取得了很大的成就，但同时也暴露了需要深化改革的诸多问题。尤其当下我国面临的情况是，传统的社会治理体制早已不能适应快速发展的时代要求，新的社会治理体系又未及时建立，一些人对新阶段出现的新问题新矛盾感到十分被动甚至束手无策。同时，社会治理任务的长期性和艰巨性更需要建立起一套制度化的管理程

序，以确保社会治理能长期长效有序进行。因此，加强社会治理领域的创新，尽快建立与我国社会快速发展相适应的治理体系便成为当务之急。

重庆市在社会治理创新实践中，立足重庆实际，大胆开拓，坚持专项治理、系统治理、综合治理、依法治理、源头治理相结合，推动政府治理、社会自我调节、居民自治良性互动，创新社会治理体制机制，如推进基层民主协商和农村社区建设试点，完善社区、社会组织、社会工作者三者联动机制等等，不断提升社会治理水平。

第十章　重庆的生态建设

生态兴则文明兴。巴山渝水养育了代代巴渝人民，热爱自然、保护自然也一直是巴渝人民良好的传统。重庆3000多年的社会历史文明过程也是生态文明建设的过程。中华人民共和国成立以来，特别是重庆直辖以来，中共重庆市委、重庆市政府高度重视生态文明建设和生态环境保护工作，坚持把加强生态文明建设摆在更加突出位置，坚持走生态优先、绿色发展之路，环境质量持续改善，建设长江上游重要生态屏障，生态安全得到有效保障，生态文明建设从认识到实践发生深刻变化，不断优化生产、生活、生态空间，推动生态保护与经济社会协调发展，美丽重庆正在路上。

第一节　历史上重庆人对生态的保护

重庆3000多年的经济社会发展史，也是热爱自然的历史。重庆先民即崇尚"同胞无语"、追求"天人合一"；共和国成立以来重庆人民在保护生态方面更是与时俱进，着力整治环境优生活、优化布局促发展、因地制宜兴产业，充分体现了重庆人民敬畏自然、协调发展和厚重的人文情怀。

一、重庆先民对生态保护的认识和实践

受当时的历史条件的限制，重庆先民在践行人与自然和谐发展的过程中，形成了独具特色的生态文化，无论是对生态保护的认识还是相关的生产实践，反映的都是重庆先民理解的人与自然、

人与人的关系,体现的都是巴渝地区独特的文化特征,进行独有的生态保护的实践探索。

(一) 重庆先民对生态保护的基本思想

每一种地方文明,都代表着不同地域内不同的社会生产力和生产方式,反映了当地人与自然、人与人的关系状态,作为中国生态文明思想的一部分,重庆先民对生态保护的基本思想主要体现在巴渝文化的生态保护思想之中。

"天人合一"的生态保护理念。天人合一的生态保护思想体现首先考虑的就是生态环境容量的合理性。"天人合一"的生态保护思想就是把人置于自然之中,重视人与自然的联系,尊重现实,在人的发展过程中与自然和谐共处,顺应自然、利用自然、改造自然形成特有的山地生态保护思想。

"和谐共生"的生态保护理念。"和谐共生"的生态保护思想主要体现在重庆先民在发展过程中无论是从事物质生产还是创造历史文化,都非常重视生态关联的自然性。重庆的生态环境复杂,山地城镇的建设发展直接影响重庆地区的生态系统,"凡山形势崩伤,其气散绝谓之死",生态环境的变化也会对整个地区的发展产生巨大的影响。在重庆先民的生态保护思想中非常重视"和谐共生"的理念,将重庆人的发展置于生态保护之中,顺应自然、利用自然、改造自然形成独有的地区文化。

"和天时地脉物性之宜"的生态保护理念。重庆先民的生态保护思想中农业生态保护思想占据很大比重,重庆的生态环境复杂,山地河流等自然环境产生的天然产物给人们提供了生产生活的材料,但是山林川泽不是取之不尽的,所以重庆先民不违背自然节律,以时杀伐,对自然有度地开发,因时、因地、因物制宜保证了自然资源的供给。

（二）重庆先民对生态保护的实践探索

重庆先民的生态文明理念，强调保护自然的生态法规，体现地域特色的传统民居和永续发展意识。独特、融合的多元文化特征，创造出独有的重庆先民对于生态保护的实践探索。

先秦时期。夏商周至春秋时期的民族大迁徙、大融合使巴人逐步建立起巴国。"土植五谷，牲具六畜"，巴人充分利用丰富的自然资源，从以渔猎畜牧为主过渡到以农业生产为主。比如在商周时期，先民们就知道采用"长排式"房屋的布局，并在四周挖出"井干式"沟渠，既排洪又防止野兽侵袭。从出土的文物可以看出，距今约5000年前的新石器晚期，巴人先民们群居在一起，已开始使用比较精细的陶器，陶器上以较细的交错绳纹和划纹为主要装饰，器物以深腹罐类器较多。在重庆市酉阳县邹家坝和清源两处新石器时代晚期遗存中，发现了数十个灰坑，这就是现在的垃圾场雏形，先民们将生活垃圾和生产垃圾都堆放在灰坑之中。在出土的文物中，还有大量的破碎石球，约有2000多个，呈椭圆形。和石球配套的，还有如碗口大小的石砧，为砂石所造。这套工具可用来榨取浆汁、研磨带壳食物、敲击坚果等，这是最原始的"榨汁机"雏形。

秦汉、三国至南北朝时期。秦灭巴国，在重庆置巴郡后巴渝地区的社会相对稳定地发展，"秦氏万家"入巴蜀后，民族融合带来了生产技术的发展，中央集权的统治发展了重庆的水路交通，逐步建立起以军事据点为主的城镇。比如，巴人的城市和建筑的山地文化特色鲜明，城市都滨水而筑。具有重庆山地建筑特色的"吊脚楼"能灵活适应地形的变化，体现重庆先民对于环境的适应和保护。从汉代开始，先民们开始将房子修成"吊脚楼"式样，在地上用柱子做支撑，在柱子上再铺上木板做地面，在木板上再搭建房子。吊脚楼是重庆先民在特定的自然环境中，创造出的独树一帜的建筑手法和风格，增强了山地建筑特有的空间层次感。

唐宋、明清时期。这个时期的重庆地区经济繁荣发展，除了农业生产外手工业、商业和交通运输业都得到了空前发展。总之，古代的重庆，山区、丘陵、平坝都是原始森林密布。虽经历代伐木垦殖以及天灾人祸，森林植被遭到破坏，但由于人口稀少（1722年，重庆府人口约56万人），土壤和气候条件又极利于植物生长与森林植被恢复，尤其是高山峻岭和中低山区仍为原始森林覆盖。当时，重庆古城建于绿树丛中。清康熙四十三年（1704年）和乾隆三年（1738年），均有虎入重庆城的记载。近代直到民国时期，重庆郊县仍有较为茂密的森林。

重庆先民正是依靠着良好的自然环境，不断利用自然、改造自然，建造城镇，开发发展，和着时代前进的脚步走向新世纪。

二、中华人民共和国成立以来重庆人民保护生态的做法

改革开放后，在依靠高投入高消耗的资源战略所造成的国家经济建设快速发展背景下，重庆的经济建设也获得了较快的发展，同时经济建设和生态环境保护之间的矛盾开始突出，环境保护成为国家的基本国策，可持续发展成为国家发展战略。重庆紧跟国家发展战略的实施，结合本地区实际情况，从整治环境优生活、优化布局促发展和因地制宜兴产业三个方面入手，在生态环境保护方面取得了关键性进步，为重庆的生态文明建设奠定了坚实的基础。

（一）整治环境优生活

为市民营造良好的生活环境一直是党委和政府的重要大事。中华人民共和国成立初，为了尽快改变旧社会遗留下来的落后面貌，

重庆市人民政府组织实施了一场较大的环境整治和生态保护活动。

第一，义务植树活动。重庆市人民政府非常重视护林造林，为制止乱砍滥伐森林，于1950年颁布了森林采伐的规定，其中规定确需采伐的树木，须申报并经当地政府批准；同时，自20世纪50年代起，就组织开展大规模的群众性义务植树活动，在每年宜栽种树木的春秋季节，机关、部队、学校、团体都带头组织人员参加植树。重庆市人民政府还关注防治水土流失，在水土流失严重的地区（如北碚西山坪）开展水土保持试点，1956年又扩大试点，采取简易工程措施拦砂蓄水，控制水土流失。1957年，全市完成初步控制面积19.3万亩。

第二，清洁卫生运动。20世纪50年代，重庆市在环境卫生工作中做了不少防治环境污染性质的事。重庆市人民政府为了整顿市容，保护人民健康，曾发动群众，搞了几次大的清洁卫生运动。1949年12月，首先恢复城区的30个主要交通岗，划定了93个停车场，经过5个月的大整顿，基本上克服了交通混乱的现象。同时，调查了全市摊贩的种类、数量、分布情况，以及能够摆摊设点的空地，以不妨碍市容、交通，并兼顾摊贩营业为原则，在市区指定摊贩区41处，采用编组管理的办法，将全市摊贩编为381个小组，由政府发给营业执照，定点经营。1950年4月，发动全市首次清洁大扫除和当年秋季为迎接重庆解放一周年而开展的第二次清洁大扫除，清除垃圾等污物3696吨，使城区和城郊七个区的公共场所、集市网点环境，呈现一派干净整洁的新面貌。1953年以后，于每年3月20日至4月20日开展爱国卫生突击运动，不仅在清洁大扫除基础上整顿了环境，同时还发动群众开展了绿化环境、维护饮水卫生等工作。1958年在全市开展大规模的"除四害，讲卫生"运动，清除了大批的污水坑、臭水沟、垃圾堆，并开凿了 2500 米的渠道，疏通和治理珊瑚坝大污水塘。

第三，早期污染防治。在经济建设中，当时从工业卫生到资源综合利用的角度，注意了工业"三废"对厂区环境的影响，做了一些污染防治工作。同时有关的职能部门还进行了一些环境质量的调查与测定工作。

（二）优化布局促发展

早在 1950 年 4 月 20 日，为了适应新兴的人民民主政权管理的需要，中共重庆市委做出《市委关于建立区级党委组织及政权机构的决定》，认为过去的区划建制是不合理的，已经不符合当今人民政权管理的需要，因此，不能沿用旧的行政区划而必须拟订重新划区的方案。根据居民的特点、地理交通条件以及工作的便利等因素，方案将原有的 19 个区（1950 年 4 月，北碚区划归重庆）重新调整划分为第一至第八区，即第一区（今渝中区）、第二区（今江北区）、第三区（今沙坪坝区）、第四区（今九龙坡区）、第五区（今南岸区）、第六区（今南岸区弹子石、窍角沱、鸡冠石、龙门浩等地及郭家沱地区）、第七区（今江北区寸滩、溉澜溪、唐家沱地区）和第八区（今北碚区）。这次区划调整，突出了第一区的商业金融功能，第三区的文化功能和第四区、第五区、第六区的工业功能，把以往被肢解的 7 个商业区合并为一个区，突出了以解放碑、朝天门为中心的商业功能。这次区划调整，初步形成了重庆当代城市区域分工的架构，对以后城市发展产生了重要影响。另外，在此次区划调整中，由于北碚区划归重庆，使重庆土地面积和人口分别增加为 716 平方公里和 110 万人。

在恢复时期，尽管城市千疮百孔，百业待兴，但重庆市委、市人民政府根据重庆城市的地理特征、生产力布局状况和居民聚居地等特点，按照"建设生产的人民的新重庆"的城市建设方针，很有远见地确定了"大分散、小集中"和"向西发展"的城市发展原则，促进了西部新区的发展。

（三）因地制宜兴产业

生态就是资源，生态就是生产力。靠山吃山，靠水吃水，把资源优势转化为经济优势。重庆人民在解放以来，面对经济发展的需要，发挥主观能动性把目光转向生态环境。同时改变"靠山吃山，靠水吃水"惯性思维，避免短视效应，在保持维护山的生态基础上，因地制宜，充分发挥人的主观能动性，"建设好保护好生态环境，既要青山绿水，又要金山银山"。特别是在能源、加工和农业特色产业方面打下了良好基础。

加大能源开发和建设。一方面，按照国家"水火并举"的方针，重庆重点建设了重庆电厂和长寿龙溪河梯级电站。重庆电厂是国家156个重点建设项目之一，其发电装机容量2.4万千瓦，工程投资达3614.13万元，占"一五"期间重庆重工业投资总额的6.28%。另一方面，建设煤炭工业和天然气工业。重庆处于四川盆地的丘陵地带，特殊的地质构造使重庆拥有较为丰富的矿藏资源。

新中国成立初期，西南局领导极为关注对重庆和西南地区矿藏资源的勘探和开发。1950年初，邓小平曾约见著名地质学家黄汲清，询问西南地区地质勘探情况。后经西南军政委员会研究决定在重庆成立以黄汲清为所长的西南地址调查所，下属三个普查勘探队、两个石油队、一个水文队。之后，该调查所相继对中梁山煤矿、綦江铁矿、九龙坡铁路工程以及巴县和綦江一带的石油、天然气地址情况进行了调查，为重庆煤炭工业和天然气工业的发展奠定了基础。这一时期，西南煤炭管理局和重庆市人民委员会先后投资上亿元，改造了南桐、天府、东林、永川等一批骨干矿井，并新建了南桐鱼田堡煤矿、砚石台煤矿和中梁山煤矿。其中鱼田堡煤矿兴建了西南地区第一对年产60万吨的竖井——鱼田堡一号竖井。1955年，甘肃永昌钻探队发现了巴县石油沟气田和綦江东溪气田。于是，1956年，重庆在綦江建成第一个碳黑工厂和第一条就地供气系统，重庆的天然气工业由此发轫。

发展传统手工业。自近代以来，重庆逐步发展成为一座工商业城市，传统手工业在社会经济中占有突出地位。为了尽快提高重庆手工业的整体水平，满足城乡人民的需要，解放初期，市人委就采取"加工订货"等方式，对维系国计民生的重点行业如食糖、罐头、木竹器、铁作、土布毛巾针织品、玻璃、电灯等进行了大力扶持，逐步引导手工业者走组织起来的道路。这些产业有效利用和发挥了重庆地方特色资源优势。

同时，这一时期更积极推动粮食、蔬菜、油料、果类、生猪、小家禽、水产的生产。党的十一届三中全会以后，重庆首先调整了农业内部结构，在不放松粮食生产、积极开展多种经营方针指导下，着重调整了粮食作物和经济作物的种植结构，冲破了"以粮为纲"的束缚，注意发展林牧副渔多种经营。之后，在种植业、大农业两个层次上对农村产业结构进行了逐步调整。在种植业内部结构调整方面，主要是利用重庆优越的自然资源和气候条件，大力发展粮、油、菜、麻、茶、烟、蚕桑、中药材等多种农作物。

在大农业内部调整方面，主要是充分利用山地、低洼地、沼泽、水面等不同的自然条件和资源，大力发展林牧副渔业。经过调整，重庆以种植业为主的农业结构，开始向农林牧副渔各业全面发展转化。全市农村逐步由单一的粮猪型结构，改变为以粮食为基础、乡镇企业为主体、多种经营全面发展的新格局。

三、中华人民共和国成立以来重庆人民保护生态的启示

共和国成立以来，重庆在大力发展经济，促进政治经济体制改革的大背景下，在生态保护方面取得了很大的成果，有正反两方面的经验值得汲取。

（一）敬畏自然

在政府发展经济的同时要时刻保持对自然的敬畏之心，不能以破坏人与自然关系为代价获得表面利益。在生态环境保护方面古人倡导"天人合一""道法自然"，这也就是讲人与自然要和谐共生。不能为了追逐眼前利益最大化，违背自然规律，严重破坏生态环境，要在发展经济提升人民生活质量的同时尊重自然、顺应自然、保护自然，促进人与自然共生共存、共同发展。[①]

"大跃进"时期的教训是，当时重庆的生态环境遭受了较为严重的破坏。1958年秋后，重庆也和全国一样，掀起了"大跃进"和"大办钢铁"的高潮，毁林开荒，砍伐树木以炼钢铁，导致了大规模的森林植被被破坏和生态环境恶化。

"文革"时期的教训是，当时重庆的生态环境进一步遭到大规模的破坏。首先是乱砍滥伐现象日益严重。20世纪60年代初，重庆对毁林开荒进行了一些管制，重新确定了山林权属，颁布了林权执照，加强经营管理，森林资源得到了部分的保护和恢复，同时加强了水土保持工作。可是，到1966年，"文化大革命"开始后，乱砍滥伐重新抬头，森林再次遭到严重破坏，生态环境的恶化造成了灾害发生频率的增大。

[①]《守住生态底线，做到"五个决不能"》，载于《重庆日报》2014年8月5日。

据历史资料记载，重庆市自 1470 年到 1980 年共发生旱灾 130 次，平均每 3.9 年出现一次。而其中 1950 年至 1980 年，平均 1.2 年就出现一次。同时，工业污染问题日益突出。20 世纪 60 年代中期，国家基于"备战备荒"的考虑，在西南地区以重庆为中心进行了大规模的"三线建设"，沿海大批工业企业内迁重庆，同时新建、扩建了一批企业，使重庆迅速成为全国首要的重工业基地。与此同时人口也大量增加。工业企业和人口的迅速增加，给重庆市的城市环境带来了很大的压力，工业"三废"和生活"三废"排放量迅速增大，环境污染状况日益严重，大部分废水都未经处理向江河进行排放，使江水受到严重污染。大量有害粉尘、烟气和其他有毒气体也直接排空污染大气，废渣弃土基本上是倾入江河，淤塞航道。同时生活"三废"尤其是生活废水排放量不断增大，全市近 200 万城镇居民每天均有 10 万吨生活废水排入江中。①

（二）协调发展

在生态保护过程中要注重各方面的协调发展。注重挖掘重庆特色文化以及三峡生态移民文化、渝东南生态民俗文化等文化中的生态思想，从重庆的实际出发整体布局，协调发展。比如大跃进后，尤其是"三线建设"后，在"一切为了备战"的方针指导下，为了尽快做好战争准备，"先生产、后生活"的建设方针得到进一步强化，重庆城市建设和人民生活方面的欠账问题更加突出，城市公用事业和生活设施严重不足的矛盾日益严重。

比如在这一阶段由于用地狭小，人口过多，生活空间与人口数量失去平衡，由此给市中区带来一系列严重问题。一是城市布

---

① 《重庆》课题组：《重庆》，当代中国出版社 2008 年版，第 413~414 页。

局混乱，各种用地紧张。二是房屋密度进一步加大，居住环境十分恶劣。三是道路交通十分拥挤。四是环境污染严重。五是由于人口拥挤，城市供水紧张，公用设施不配套，各项公共福利设施很不健全。六是由于房屋密集，人口拥挤，新建和改建房屋拆迁量很大。

事实上，市中区存在的种种问题，只是这一时期重庆城市建设和城市发展方面的一个缩影，同时期的沙坪坝、九龙坡、南岸等老城区也不同程度地存在上述问题。解决这些问题，既成为广大市民的迫切诉求，更成为新时期党委政府务必解决的大事。伴随着改革开放特别是重庆直辖的脚步，这些问题正得到逐步解决和改善。

(三) 人文情怀

中华人民共和国成立以来，重庆人民的生态保护给以后的生态文明建设传递出代代相续的持续发展理念。重庆作为一个大城市，突出的人地矛盾，资源能源的节约集约，污染问题解决与节能减排的需要和城市化带来的环境压力，都需要树立持续发展观念，在生态文明建设过程中，要统筹规划，综合决策从长远的角度看问题解决问题。在生态保护中要实现人与自然、人与万物能和谐相处，生态环境的保护要同时兼顾生态环境和人的发展，人要同生态环境和谐共生，共同发展。

为了提高人们对重庆环境保护的认识，重庆开展了一系列活动。一是开展环境保护宣传月活动。从20世纪80年代起，党和政府开始高度重视环境保护工作，各级环保部门也大力开展各种形式的宣传教育活动。二是创办环境保护学术刊物。三是编制《重庆环境质量报告书》。四是进行环境科学和环境管理人才培训。五是开展环境软科学研究。①

第二节 中央直辖以来生态文明建设新探索

重庆由中央直辖以来，市委、市政府认真贯彻落实中央关于坚持环境保护基本国策、实施可持续发展战略，紧紧围绕"山水园林城市工程"和"青山绿水工程"两大战略，以主城区大气污染防治和三峡库区水环境保护为重点，实施了一系列重大决策和行动计划，建设长江上游生态屏障，全市生态环境建设与保护工作取得了明显成效。

一、中央直辖以来推进生态文明建设的做法

重庆作为中西部地区唯一的直辖市和国家重要的中心城市，在整个生态文明建设的工作中重庆的生态文明建设同西南地区的生态安全、三峡工程的经济效益和长江经济带的可持续发展都息息相关，为此重庆在生态文明建设中进行了多方面的积极探索。

（一）实施"蓝天工程"

为改善主城区大气环境质量，重庆市政府采取了一系列措施，加强主城大气污染防治。从1998年起，重庆市编制并组织实施了《重庆市酸雨控制区二氧化硫污染综合防治规划》。在此基础上，又相继实施了主城区"清洁能源工程""五管齐下"净空工程和进一步控制尘污染措施。同时，加强了建筑工地扬尘控制的监督检查，对重点施工工地通过安装降尘缸进行监控，督促主城区

---

① 林定恕：《重庆环境保护十五年》，载于《重庆环境科学》1988年第5期。

2000余家建筑工地通过设置围挡等措施控制扬尘污染。主城区主干道翻修、改造道路全部使用改性沥青路面；开展了带泥带尘车辆上路行驶查处工作；强化城区主次干道清扫保洁，对主城区易扬尘物质全部实行加盖密闭运输。完成了工业炉窑粉（烟）尘和餐饮业油烟治理；主城区已基本建成无煤区，并启动了无煤区建设。在此基础上，市政府从2005年起全面实施主城"蓝天行动"。从控制扬尘污染、燃煤及烟（粉）尘污染、控制机动车污染、保护及建设城市生态环境等四方面，采取一系列具体措施，有效改善主城区空气质量。"蓝天行动"年度目标任务进展顺利，主城区空气环境质量出现明显好转。

（二）实施"碧水工程"

为确保库区水质安全，重庆市采取了一系列措施，加强了库区的水环境保护。

第一，加快了污水处理厂和垃圾处理场的建设。直辖以来，全市着力推进城市污水处理厂和小城镇污水处理项目，项目建成区服务范围内的污水和垃圾处理率达到72%和90%。

第二，完成了一批重点工业废水排污口和所有污水处理厂在线监测装置的安装和调试工作。开展了电镀行业、碳酸锶行业污染整治，完成了对全市生产企业（厂点）的污染整治，关停了一批小碳酸锶企业。

第三，修订了饮用水源保护区管理办法，重新划定了饮用水源保护区，启动了桃花河、清水溪和梁滩河等污染严重的次级河流的综合整治。开展了水上船舶流动污染源治理，严把准入关。

第四，开展了三峡工程二期和三期库底固体废物清理，并顺利通过国家验收，全面完成二、三期清库危险废物应急处置工作，消除了三峡水库环境安全隐患，为按期蓄水创造有利条件。

第五，重庆市政府于 2005 年启动实施"碧水行动"，从饮用水源保障、城镇生活污染整治、工业污染防治、农村面源污染防治、船舶污染防治、次级河流综合整治、环境监控和风险防范、环境监管等方面采取措施，有效改善了全市水环境质量。

第六，市委、市政府将饮用水源保护列入"民心工程"。全面完成了 40 个区县（自治县、市）乡镇集中式饮用水源保护区划定方案的制订工作，正陆续上报区县政府批准实施。重点开展了一级饮用水源保护区内的工业排污口搬迁和网箱养鱼的清理整顿工作，此外，其他各项工作进展顺利。

（三）实施"生态工程"

直辖以来，重庆市紧紧抓住西部大开发国家加大生态建设与保护投入的历史机遇，采取多种措施加强了生态建设和保护工作。在此基础上，重庆市政府在 2005 年启动实施了"绿地行动"，该行动以生态示范区、环境功能区和自然保护区的建设以及环境优美乡镇的创建等为重点，推进生态环境的保护与建设；以全面开展生态环境质量监控和评估为突破口，建立生态环境统一监管机制，特别是协调好生态建设与保护之间的关系，促进生态环境状况持续改善。开展了畜禽养殖污染专题调研和畜禽养殖敏感区划分，加强了集约化禽类养殖与屠宰场所的环境监管。启动了全市农村土壤污染调查。启动了全市生物物种资源调查。通过国际赠款有效保护生物多样性。

积极推进库区消落带适生植物筛选等工作。加强缙云山、中梁山、铜锣山等城市周边绿色屏障的保护，对管制区的相关规划和建设项目进行了调整和清理。完成了重庆市矿山地质环境调查和评价，编制了全市矿产资源开发利用规划。完成了石漠化防治规划的编制。主城已完成 5 区绿线划定工作。渝北区和北碚区相继建成国家环保模范城区；大足区创建成为国家生态示范区；巫山县创建成为国家生态示范区；南岸区黄桷垭镇和璧山青杠镇创建成为国家级环境优美乡镇；丰都名山、永川重野和巫山小三峡成功创建为市级环境保护示范景区。直辖以来，全市还新建了各级各类自然保护区、森林公园、风景名胜区。积极促进山水园林城市（区）、园林式单位的建设。加大发展农村户用沼气池和生态农业试点示范区县建设。

（四）不断深化环境综合整治

中央直辖以来，重庆在推进系统工程建设的同时，更加积极深化全市环境的综合整治。

第一，强化了辐射环境监管。按照国家要求对全市辐射环境统一监管职能进行了划转调整。开展了"清查放射源，让百姓放心"专项行动，完成了电磁污染源申报登记及核查，解决了一批人民群众反映强烈的电磁辐射扰民问题。

第二，深化了噪声污染控制。全市在继续加强对工业和交通噪声控制的同时，重点强化了对夜间建筑施工噪声的监管。重点开展了社会生活噪声专项整治，强化了文化娱乐项目的环保审批。全市共建噪声达标区333平方公里。2006年，市政府审议通过了"宁静行动"实施方案，通过全面推进工业噪声、建筑施工噪声、交通噪声、社会生活噪声的污染防治工作，各部门在噪声污染防治工作各司其职，加强机制和政策创新，以管理为核心，以先进技术和必要的工程手段为辅助，着力解决影响人民群众的生活和身心健康的噪声污染扰民问题，营造和谐、安静、舒适的安居环境。

第三，加强了危险废物污染防治。建立并严格实施固体废物转移许可和联单制度，大力推行危险废物经营许可证制度，开展了全市危化品环境安全的清理普查，摸清了家底，编制完成了危险废物污染防治规划。

（五）积极推进发展方式转变

要"金山银山"，也要"绿色青山"，积极推进发展方式的转变，是重庆直辖以来加大生态建设的重要一环。

第一，制定产业环境准入地方法规。积极推进制定重庆市产业环境准入制度等地方制度、标准，引导、促进经济结构和产业布局优化调整。

第二，严格控制新污染。严格禁止不符合产业政策的企业和项目进入市场，促进宏观调控和产业结构调整，促进经济增长方式向清洁生产转变。

第三，积极开展了环境友好企业创建、企业环境信用等级评价和清洁生产强制审核，引导、督促企业通过技术改造实施清洁生产，发展循环经济，降低资源能源消耗。

第四，积极开展绿色 GDP 核算试点，推进建立发展与环境综合决策机制。完成了环境保护部的试点工作任务，初步摸清了全市环境污染损失在国民经济发展中的比例，为下一步建立相应的财政、税收等机制打下了良好的基础。

（六）妥善处置环境突发事件

妥善处置环境突发事件是重庆直辖以来高度重视的工作。

第一，采取有效措施，积极应对紧急疫情。如在非典防治工作方面，市环保局及时成立了非典防治工作领导小组和办公室，设立了防治非典环境应急指挥中心，抽调人员组成环境污染督查小分队；各区县（自治县、市）环保局也成立相应的工作机构，积极配合市非典办，提出了加强环境保护防治非典的指导性意见和具体工作要求，加大了对医院病毒病菌废水和医疗垃圾处理的监管。

第二，强化环境污染防范，维护环境安全。先后出台了《重庆市环境保护系统突发环境事件应急处理暂行办法》；制定了《重庆市三峡库区环境安全预案》，指导区县开展环境风险防范和突发环境事件应急处置工作。积极开展环境安全大检查，集中开展了电镀企业污染、饮用水源保护等专项执法检查。

第三，开展了环境风险排查。认真开展了环境风险排查工作，依法解决企业在环境安全中存在的突出问题。

第四，妥善处理环境污染事故应急监测，有效保障了环境与人民群众的安全。

（七）促进其他各项环保事业发展

在做好上述工作的同时，重庆直辖以来，在促进其他各项环保事业的发展方面也做了大量的探索。

第一，环境宣传教育工作取得新的成绩。规范了环保新闻发布与采访制度，持续开展了"六五"世界环境日、"重庆环保世纪行"和环境警示教育等新闻宣传系列活动。大力倡导绿色文明，深化绿色社区创建活动。

第二，环境科研水平不断提高。组织开展了主城区大气环境容量和地表水环境容量核算，开展了"三峡库区环境背景值调查""二氧化硫环境容量研究"等工作。

第三，环保产业蓬勃发展。组织完成了小城镇生活污水处理工艺技术征集、筛选和优化工作。加强对环境污染治理资质证书和持证单位的监督管理，开展了环境保护产业基本情况调查。

第四，国际交流与合作日益频繁。中央直辖以来，重庆与美国、挪威等20多个国家和地区以及我国香港特区的环保交流日益频繁。积极参与控制温室气体排放、生物多样性保护、持久性有机污染物控制、核安全履约等项目的谈判和合作。

第五，环境管理信息化步伐加快。制定了全市环境保护信息化系列规划并启动实施，全面启动环保信息化项目建设。开发了污染物排放申报和排放许可证信息系统，实现了排污许可证信息的共享。编制完成库区水环境安全监管信息系统建设实施方案，完成了主城区饮用水源信息系统建设。

二、中央直辖以来推进生态文明建设的成效

由中央直辖以来，重庆生态文明建设的理念清晰，目标准确，顺应经济与社会发展趋势，尊重法律法规，注重生态保护同法制紧密结合，注重综合治理，在绿色循环低碳发展、生态保护与建设、环境质量、生态环境安全、生态环境保护和管理、生态文明法治水平和生态文明体制改革等方面取得成效。

（一）绿色循环低碳发展取得新成效

严格执行产业投资禁投清单，产业布局和城市功能布局得到优化，战略性新兴产业增长快于一般工业，现代服务业增长快于传统服务业。关闭搬迁256家重污染企业，主城区基本实现"四个没有"（没有钢铁厂、没有燃煤电厂、没有化工厂、没有燃煤锅炉）。推进产业结构调整，提前完成国家下达的"十二五"淘汰落后产能任务。以重点项目和试点示范为抓手，推动循环经济发展，大宗工业固体废物综合利用率达到83%。抑制高耗能行业过快增长，规模以上工业六大高耗能行业占全市规模以上工业能耗比重持续下降。开展可再生能源建筑应用示范城市和绿色生态城区的国家示范建设。大力发展可再生能源和页岩气等清洁能源，非化石能源占一次能源消费比重提高到13.5%。主要污染物排放量与单位地区生产总值能耗、水耗、二氧化碳排放量均超额完成

国家下达的控制任务。2015年,全市环保产业产值近1200亿元,占全国环保产业总产值的6.3%。

(二) 生态保护与建设成效显著

积极推进退耕还林、天然林保护、水土流失及石漠化治理、矿山恢复与复垦、水源涵养保护与水生态修复、生物多样性、园林绿化等生态保护与建设工程,新增森林面积963万亩,森林蓄积量达到1.97亿立方米,森林覆盖率达到45%,累计治理水土流失面积8560平方公里。全市建成各级各类自然保护区58个。在重庆市城乡总体规划等重大规划中强化美丽山水城市建设,各区县(自治县)城乡总体规划及乡镇、村规划中强调生态空间的保护和城乡人居环境品质的提升,生态空间管控的制度体系基本建立。城市公园建设取得明显成效,新建了园博园等一批大型综合公园、社区公园、专类公园和带状公园,基本实现了"市民300米见绿、500米见园"的目标。成功创建国家园林城市,开展国家水生态文明城市试点、低碳城市试点,全市所有区县(自治县)均创建为市级山水园林城市(城区),建成5个市级生态县(区)和一批生态乡镇、生态村。

(三) 环境质量持续向好

2015年主城区空气质量优良天数达到292天,自2013年执行环境空气质量新标准以来增加86天,细颗粒物(PM2.5)年均浓度比2013年下降18.6%,二氧化硫、可吸入颗粒物(PM10)年均浓度分别比"十一五"末下降66.7%、14.7%,重污染天气保持在较低水平。全市地表水水质良好,长江干流水质为优,集中式饮用水水源地水质安全,三峡库区水环境保持稳定。新建各类农村饮水工程15.42万处,农村集中供水率、自来水普及率及水达标率大幅度提升,农村饮水安全问题基本得到解决。主城区56

个湖库污染整治进展顺利，完成1600个农村环境连片整治，环境民生实事卓有成效，畜禽养殖污染得到进一步控制。全市土壤环境总体安全，声环境、辐射环境质量保持稳定。

（四）生态环境安全得到有效保障

全市建立了调查与评估、隐患排查整治、事故处置和损害评估机制等环境风险全过程管理体系。深入开展"四清四治"，对清理出来的违法建设、违法排污、环境安全隐患和监管盲点逐一分类整治。重点领域环境风险防范卓有成效，重金属污染防治重点项目完成率达75%，危险废物规范化管理考核达标率达94%，化学品环境风险防控体系建设、核与辐射安全监管得到加强。地质环境灾害防治水平明显提高。强化农业生物资源保护，建成国家级农业野生植物原生环境保护区6个，防除外来入侵生物面积230万亩。

（五）生态环境保护和管理的基础能力明显增强

直辖10年时，全市已建成29座城市污水处理厂和11个小城镇污水处理项目，形成171.5万吨的日处理污水能力，建成18座城市垃圾处理场和9个小城镇垃圾处理项目，形成7133.5吨日处理垃圾能力，项目建成区服务范围内的污水和垃圾处理率达到72%和90%。"十二五"期间累计建成城镇污水处理设施861座，城市污水处理率达到91%；累计建成城镇集中式垃圾处理场61座，城镇生活垃圾无害化处理率达到90%。在全国率先实现乡镇环保机构全覆盖，横向到边、纵向到底的市、区县、乡镇三级环境监管网络基本形成，乡镇环保机构规范化建设加快推进。监管能力标准化建设全面推进，环境监测通过国家认证，市级监察、应急、宣教、信息、辐射等均达到国家标准化建设要求。农村饮水卫生监测体系不断健全，实现所有区县（自治县）全覆盖，建成农业面源污染定位监测国控点 20 个。生态环境管理信息化、现代化水平得到提升。

（六）生态文明法治水平逐步提高

认真贯彻落实新修订的《环境保护法》，全面规范环境行政处罚裁量权。《重庆市环境保护条例（修订草案）》《重庆市大气污染防治条例（草案）》通过市人大常委会一审，修订、出台《重庆市大气污染物综合排放标准》等近 20 个地方环保标准，环保地方性法规及标准体系日益完善。建立环境保护行政执法与刑事司法衔接机制，市公安局成立了环境安全保卫总队，市高法院在渝北区、万州区、涪陵区、黔江区、江津区设立 5 个环境资源审判庭，对环境资源案件实行跨区域集中审理，初步形成了"刑责治污"格局，生态文明治理能力和执法监管水平明显提升。

（七）生态文明体制改革顺利推进

围绕"五个导向"进一步完善生态环保考核办法。特别是市委、市政府出台《关于加快推进生态文明建设的意见》。水、能源、土地等资源节约集约使用制度不断完善。环保投融资体制改革取得重要进展，成立了重庆资源与环境交易所、重庆环保投资有限公司和重庆环保产业股权投资基金三大功能性平台。环境污染第三方治理、绿色信贷、环境污染责任保险以及水权、碳排放权、排污权等市场机制建设取得突破。在全国率先实行环境影响评价豁免管理。全面执行矿山环境治理恢复保证金制度。产权清晰、多元参与、激励约束并重、系统完整的生态文明制度体系逐步建立。

三、生态文明建设任务仍然艰巨

虽然重庆在生态文明建设方面有了长足的发展，但是生态文明建设是要同经济建设、政治建设、文化建设和社会建设融入贯穿的长期工程，重庆的生态仍处于恢复性的发展阶段，面向未来的发展要求和人民群众的期盼，重庆生态文明建设的任务依然艰巨。

（一）绿色转型面临诸多困难

重庆市总体上仍处于欠发达阶段、属于欠发达地区的基本市情没有根本变化，经济社会发展不平衡、不协调、不可持续的问题依然突出，循环经济发展尚未形成较大规模，经济结构、能源结构调整任务依然繁重。到2020年，预计全市经济总量不断扩大，人口呈现净流入，城镇人口持续增加，但产业结构的优化调整和环境公共服务水平的提升在短时间内难以实现，工业化、城镇化快速推进仍将面临资源环境约束趋紧的重大挑战。重化工业所占比重仍较大，短期内实现产业结构由"重"转"轻"较为困难，控制能源消费总量、碳排放总量形势严峻；环境质量改善的拐点尚未到来，污染物排放总量仍然高于环境容量。

（二）生态环境安全保障压力大

全市森林资源总量不足、分布不均、林相单一，森林生态系统保护与建设压力依然较大。重庆市是全国八大石漠化严重发生地区之一和水土流失最严重的地区之一，水土流失、石漠化、开发建设活动造成生态破坏等问题比较突出，地质灾害点多面广。山、水、林、田、湖缺乏统筹保护，生态空间、生物多样性受威胁程度加剧，乱占林地、乱伐林木、填埋河道、生态孤岛等问题易发多发，局部地区生态环境仍然脆弱。贫困地区保护与发展的矛盾比较突出，严守生态保护红线压力大，生态扶贫任务繁重。部分老工业区土壤污染较重，景观和生态修复难。全市环境风险源量大面广，三峡库区水环境风险防控难度大。

（三）生态环境质量继续改善的难度增大

人民群众对美好生活的向往，对生态环境提出了更高的要求，但目前全面小康社会应有的优质生产生活环境供给不足，与群众需求还存在一定差距。空气污染因子更趋多样化、复杂化，区域性、复合型特征更加明显，主城区PM10、PM2.5年均浓度仍然超标，二氧化氮年均浓度不降反升（比"十一五"末上升15.4%），臭氧在夏季超标明显，部分远郊区县（自治县）PM2.5超标程度超过主城区。水环境质量"大河好、小河差"的不平衡局面还没有扭转，三峡库区部分支流污染严重，水华现象时有发生，不少流经城镇的河流黑臭问题突出，农村供水整体保障水平与全面建成小康社会要求相比仍然存在较大差距。噪声扰民投诉量仍在高位运行，臭气、噪声、电磁辐射等环境问题引起的"邻避"现象不时出现，"城市病"问题日益凸显，人民群众日益高涨的环境诉求与城市精细化管理水平之间的矛盾比较尖锐。畜禽养殖和农业面源污染形势严峻，不少农村沿路、沿河的暴露垃圾比较普遍。全市城市绿地规模总量仍然不足，各区县（自治县）城市绿地建设与管养水平发展不平衡，城市园林绿化的生态效益仍有较大提升空间。

（四）生态文明制度建设滞后

全市生态文明法治体系、制度体系、执法监管体系和治理能力体系还不健全，吸引社会资本进入生态环境治理领域的体制机制和政策措施还不明晰，政府监管职责缺位、越位、交叉错位等问题仍然存在，生态文明体制改革亟待进一步深化。全民参与生态文明建设的动员机制、激励机制、宣传教育机制有待完善，各类受保护区域的生态科学教育和生态文化展示功能发挥不够。

第三节　重庆的地理环境与自然资源

生态文明建设就是人与自然和谐，是一种人与自然和谐发展的文明和社会状态。重庆的生态文明建设具有一定的特点，独特的区位以及大山与大江、高山与峡谷构成了重庆复杂的地理环境，这一环境同时也赋予了重庆丰富的生产资料和自然资源，为重庆的生态文明建设提供了现实基础。

一、重庆的地理环境

地理环境是生态文明建设的物质基础。重庆的地理环境总的来说就是地区内的自然条件的综合，包括空间的气候、地域内的土壤、地区内的水系和各种矿产等要素。这些要素在不同的生产力发展阶段，结合当时的科学发展水平对重庆的生态文明发展产生不同的影响。

（一）地理位置

重庆市位于中国内陆西南部、长江上游，四川盆地东部边缘，地跨东经105°11′~110°11′、北纬28°10′~32°13′之间的青藏高原与长江中下游平原的过渡地带。地界东临湖北、湖南，南接贵州，西靠四川，北连陕西。

（二）地质地貌

重庆地处四川盆地东南缘，地貌组合差异大。东部和南部靠大巴山、武陵山两座大山脉，西北部和中部以丘陵、低山为主。地域内江河众多，长江干流自西向东横贯全境，在重庆境内流程665公里。以长江干流为轴线，上百条大小支流入江，地势沿河流、山脉起伏，形成南北高、中间低，从南北向长江河谷倾斜的地貌，构成以山地、丘陵为主的地形形态。地形高低悬殊，地貌结构比较复杂。

（三）气候特点

重庆地区属于典型的夏热冬冷地区，冬季湿冷，夏季闷热，气温日差较小。重庆地区的气候特点带有典型的中亚热带季风性湿润气候特征，夏冬两季风向更替比较明显，气候随风向的改变产生变化，夏季南风，降雨较多，气温较高，气候湿热，冬季北风，降雨较少，气候较冷。重庆地区的气候特点具有典型的山地地貌地区特征，因为山地的屏障作用，地区内风速较小，冬季相较于同纬度地区少霜雪温度较高，夏季地势低洼地区风力弱，空气湿度较大，夏季异常闷热，且冬秋两季多雾，日照值比较低。

（四）总体评价

重庆独特的地理环境塑造了独特的重庆城市特色。作为我国西部最大的山地城市，重庆地形"一山一槽二岭"起伏有致，具有很强的立体感。作为由"大江托起著名城市"的重庆位于长江与嘉陵江汇合处，主城区三面环水，是山城也是江城。有山因山有水因水，复杂的地形地貌和丰富的水系资源使重庆形成气候闷热多雨多雾的气候，形成了"山水城"立体交融的重庆特色。

二、重庆的人口和资源

生态文明建设离不开人口和资源的问题。从重庆的生态文明建设过程来看，重庆人口多、资源消耗大，工业化和城镇化的现代化建设与生态文明建设间存在不小的矛盾，要大力推荐生态文明建设，就要从重庆的人口和资源实际出发，合理开发利用，才能走环境与资源相互协调的可持续发展道路。

（一）人口分析

重庆市拥有中国56个民族中的55个（缺乌孜别克族）。人口最多的为汉族（93.5%）。少数民族总人口210.3万人（占全市人口的6.5%），主要为土家族（142.4万人，占全市人口的5%，少数民族人口的72.2%）、苗族（约50.2万人，占全市人口的2%，少数民族人口的25.4%）等。少数民族较多的乡镇有45个，有8个民族乡。2007年底，重庆户籍人口总量已达到3235.32万人（中国省级行政区第20名）。人口密度379人/平方公里（中国省级行政区第12名）。人口自然增长率为3.76‰（2007年）。人均期望寿命76.05岁，比全国人均期望寿命73岁高出3.05岁，接近发达国家水平。

1996~2015年，重庆市的人口增长速度呈波动状态：2004年以前重庆市人口增长速度低于全国的人口增长速度；2005年之后，重庆市的人口增长速度高于全国的人口增长速度且逐年增加。造成人口变动的原因除了人口的自然变动，就是改善医疗环境，出生率的增长超过了死亡率的增长，更重要的是重庆经济发展吸引了大量的外来人口。同时人口密度也呈逐年上升的趋势。

同时，随着重庆市经济社会的快速发展，政府强化了对教育事业的投入，加强对整体人口科学文化素质提高工作的重视，重庆市的基础教育得到普及，中等职业教育得到发展，接受高等教育的人数增加为重庆市的经济发展创造了丰富的人才资源。

（二）矿产状况

重庆市矿产资源总体而言比较丰富。现已发现矿产（含亚矿种）68种，其中查明资源储量的矿产44种。查明资源储量的矿产地415处，累计保有资源储量的潜在总值（未计入地热水、矿泉水等）为3585.82亿元，列全国第25位；人均潜在价值和单位国土面积潜在价值分别列全国第25位和第21位。主要特点表现为：矿种比较齐全，分布普遍；非金属矿产多，金属矿产少；人均占有资源量少贫矿多；富矿少共伴生综合矿产多；单一矿产少；赋存及开采条件变化大。

（三）生物资源

动物资源。重庆市动物种类较多，有兽类69种、鸟类191种、爬行类27种、两栖类28种、鱼类146种。属国家1~3级保护的珍稀动物近100种。这些珍稀动物，不仅具有很高的观赏价值，而且是研究生态环境变迁和生物演化的活标本。除野生动物外，饲养动物有70多种。畜禽类有猪、牛、羊、鸡、鸭、兔等40多种，其中猪、牛、兔在全国有一定优势：著名的"荣昌猪"名列中国3大猪种之首，石柱土家族自治县为全国最大的长毛兔生产基地。

植物资源。重庆地下、地表资源丰富，组合条件较好，利用价值高，开发潜力大，是我国自然资源富集地区之一。市域植物资源丰富，6000多种各类植物中，有被称植物"活化石"的桫椤、水杉、秃杉、银杉、珙桐等珍稀树种，森林覆盖率20.49%。重庆药用植物资源极其丰富，是全国重要的中药材产地之一，大面积山区生长的野生和人工培植的中药材有2000余种。

农作物。全市有栽培植物560多种，主要是水稻、玉米、小麦、红薯四大类，尤以水稻居首。除粮、油、蔬菜等农作物外，还有油菜、花生、油桐、乌桕、茶叶、蚕桑、黄红麻、烤烟等名优经济作物，有"柑橘之乡""油桐之乡""乌桕之乡"的称号。

（四）旅游资源

重庆悠久的历史文化、众多的人文景观和风景名胜，以及独特的"山城"风貌，既丰富了重庆这座文化名城的内涵，也给重庆旅游发展添色增辉。在这座名城里，自然风光与人文景观互相交融，相得益彰，吸引着越来越多的国内外客人前来旅游观光，探踪寻觅。重庆旅游资源得天独厚，是中国旅游资源最富集的地区之一，已开发出20多处大景区、300多处旅游参观点。

重庆就旅游景观资源而言有以下十个方面。一是长江三峡等自然风光；二是钓鱼城、大足石刻等历史古迹；三是磁器口等特色古镇；四是杨尚昆、聂荣臻、刘伯承等名人故居；五是华岩寺等寺庙道观；六是红岩村、白公馆、渣滓洞等红色旅游景点；七是铜梁龙灯、綦江版画等民俗风情；八是三峡博物馆、重庆美术馆等文化艺术馆；九是朝天门广场、南滨路、洪崖洞等观光休闲区；十是解放碑、观音桥步行街等购物商圈。另外，陪都文化、移民文化、红岩精神、三峡移民精神等形成了丰富多彩的旅游文化资源。

三、重庆的资源透视

重庆的生态资源从整体来看表现为以下三个特征。

第一，从整体上看，生态资源的绿色开发和利用处于欠发达阶段、属于欠发达地区的基本市情没有根本变化，经济社会发展不平衡不协调不可持续的问题依然存在，循环经济发展尚未形成较大规模，经济结构、能源结构调整任务依然繁重。

第二，生态环境安全保障压力大。全市森林资源总量不足、分布不均、林相单一，森林生态系统保护与建设压力依然较大。

第三，生态环境质量继续改善的难度增大。人民群众对美好生活的向往，对生态环境提出了更高的要求，但目前全面小康社会应有的优质生产生活环境供给不足，与群众需求还存在一定差距。重庆的生态面临着三峡工程的影响，三峡大坝修建后，上升的水位淹没土地，造成用地流失和生物栖息地受损、地质结构被改变，其对重庆生态的影响具有不确定性。

第十一章　重庆的城市品质

重庆是中国著名的历史文化名城。宋孝宗淳熙十六年（1189年），宋光宗先封恭王，后继帝位，自诩"双重喜庆"，升恭州为重庆府，重庆由此而得名。1891年3月1日，重庆海关成立，标志着重庆的正式开埠。抗战时期，重庆人民为抗战胜利做出了重大贡献。中华人民共和国成立以来，重庆的巴渝文化、抗战文化、红岩精神激励着一代又一代勤劳朴实的重庆人民奋发图强、砥砺前行。直辖以来，重庆在经济、政治、文化、社会、生态等领域取得了重要成就，重庆的发展度、开放度、统筹度、持续度、和谐度、知名度、美誉度等获得了大幅度提升。重庆城市品质的提升和优化，是重庆历史发展的必然趋势和推动重庆经济社会健康发展的现实反映。

第一节　重庆城市品质的建设

城市品质建设是城市建设的重要内容。重庆城市品质建设对重庆的发展繁荣有着重要的意义。重庆城市辉煌的发展历程为城市品质的提升奠定了坚实的基础，未来发展展现光明前景。

一、城市品质的含义

城市是人类文明的结晶。中国2010年上海世界博览会的主题"城市，让生活更美好（Better City, Better Life）"所诉求的，对"品质城市"的追求和实践贯穿人类社会的发展历史，并且正越来越彰显在人们为未来城市所描绘的蓝图之中。

(一) 城市的含义

城市最早出现在人类文明的四大发祥地,即中国的黄河流域、南亚的印度河流域、西亚的两河流域及埃及的尼罗河流域。《辞海》认为,城市是以非农业活动和非农业人口为主,具有一定规模的建筑、交通、绿化及公共设施用地的聚落。城市的规模大于乡村和集镇,人口数量大、密度高、职业和需求异质性强,是一定地域范围内的政治、经济、文化中心。城市化水平是指衡量城市化发展程度的数量指标,一般用一定地域内的城市人口占总人口的比重来表示。

城市是经济社会发展到一定阶段的产物,既是政治、经济发展的主要载体,又是一个复杂的社会系统,是具有一定自然条件、资源禀赋以及人文环境等要素的人群集聚地。如重庆城市的形成与发展,既是军政要塞发展、区域经济兴盛的产物,又是巴渝文化繁荣、两江文明传承的体现。在我国,城市是包括按国家建制设立的市、镇等在内的行政区划管辖的地域,这里所称的重庆城市泛指重庆直辖市所辖全部地域。

(二) 城市的分类

我国城市按性质大体上可分为七类:一是工业城市,包括多种工业城市(如大连市等)和以单一工业为主的城市(如大庆市等)。二是交通港口城市,包括铁路枢纽城市(如徐州市、郑州市等)、海港城市(如青岛市、秦皇岛市等)和内河港埠(如九江市)等。三是商贸城市(如义乌市、台州市等)。四是科研、教育城市(如重庆大学城等),各地正在兴建。五是综合中心城市,既有政治、文教和科研等主要职能,又有经济、信息和交通等方面的中心职能(如北京、上海、天津、重庆和广州等)。六是县城，是县域政治、经济、文化中心，同时又是联系广大农村的纽带，工农业物资的集散地，在我国城市中数量最多。七是特殊职能的城市，包括革命纪念性城市（如韶山市、延安市等）、风景旅游城市（如黄山市等）、边贸城市（如牡丹江市等）。

重庆市是中西部地区唯一的直辖市，是全国统筹城乡综合配套改革试验区，是国家中心城市之一，是国家历史文化名城，是长江上游的经济中心。重庆集工业城市、铁路枢纽城市、内河港埠城市、商贸城市、科研教育城市、综合中心城市等多重性质于一体。

（三）城市品质的含义

城市品质是一个复合概念，城市品质是彰显城市本身品位的"品（是可以主观感受的）"和反映城市内在质量的"质（是客观存在的）"的统一体；优化城市品质是指进一步提升和优化一个城市的品位和质量；在优化城市品质的系统工程中，城市发展是基础，城市外形特色是体现，城市内涵特质是灵魂。城市品质涵盖了城市硬件和软件的各个方面，其主要元素既包括城市空间结构、建筑形态、道路交通、产业结构、居住条件、环境景观等外形特色，又包括城市历史、地域文化、城市精神、管理水平、市民素质等内涵特质。高品质的城市"品""质"俱佳，是美好的外形特色与优秀的内涵特质的结合。

二、优化重庆城市品质的背景

随着人类物质文明、政治文明、精神文明和生态文明的不断发展，国内外城市化进程特别是高品质城市建设步伐越发加快，优化重庆城市品质日益迫切。

（一）国外城市发展趋于成熟完善时期

在18世纪中叶开始的工业革命的推动下，世界许多国家和区域的城市进入快速发展阶段，城市数量和规模都有了巨大的增长。从1800年开始，世界城市人口占总人口的比重以加速度增长，1800年为5%，1850年为6.4%，1900年为13.3%，1950年为29.1%，1990年上升到43%（1990年发达国家的平均城市化水平已达71.2%），2008年超过50%。目前，美国的城市化率已达80%以上，英国的城市化率已达90%以上。

1. 全球性城市三霸鼎立、诸强紧追[①]

全球性城市是国际城市的高端形态，是指在城市国际化进程中处于最高层次，集中了远远超出常规比例的国际商品、资本、信息、技术、人员等要素和世界上最重要的经济活动，能够在世界经济、政治、文化领域发挥全球性影响的国际城市。当城市的集散力和影响力超出国界，从相邻区域到洲际最终在全球范围内发生作用，方能成为全球性城市。

世界公认的全球性城市只有3个：纽约、伦敦、东京。这三个全球性城市至少有三大特征。第一，具有辐射世界、服务全球的共性特征，是全球范围内商品、资本、信息、技术、人员等生产性要素流动的集散地。第二，具有当今世界城市文明发展的最高水平和先进理念，其经济发展的动力从资源依赖、环境依赖转化为知识依赖、人才依赖、创新依赖，社会结构由生产型逐步向消费型和可持续发展型过渡。第三，具有承担世界城市功能的自然禀赋、基础条件和国际品质，能够反映市民和所在区域民众的利益和诉求，体现国家战略和地区发展的独特性要求。

在追赶纽约、伦敦、东京，争创全球性城市的进程中，新加

[①] 段霞、文魁：《基于全景观察的世界城市指标体系研究》，载于《中国人民大学学报》2011年第2期。

坡、巴黎、马德里、芝加哥、首尔、洛杉矶、悉尼等城市，在国际经济、政治、文化、社会生活中具有重要洲际影响力，可以被称为洲际性国际城市。多伦多、华盛顿、旧金山、波士顿等城市，从总体发展水平判断，属于能够在相邻区域有一定国际影响力的区域性国际化城市。

2. 特色型城市璀璨缤纷、风格各异

不同的国家和不同的民族有着不同的城市形态和空间组合，这种城市形态和城市空间组合，展示着包括国家政治、价值取向、民族传统、时代主张等各要素在内，形成了多样化的丰富多彩的世界城市体系。欧美国家，尤其是欧洲，由于历史文化传统的缘故，几乎每个城市都保持了自己的地方性文化特色，而且"都有一个清晰的品牌定位来描述这种城市的鲜明个性特征"。

第一，维也纳绽放音乐之光。维也纳是奥地利的首都，也是奥地利的一个州。世界乐坛上许多最有名的作曲家、演奏家和指挥家都与之结下了不解之缘。维也纳通过打造"新年音乐会"，建设先进的音乐设施如国家歌剧院、金色大厅、维也纳音乐街，打造"音乐家的圣地与摇篮"，培育高水平的音乐乐团，提升市民的音乐素养等，使其"音乐之都"的城市品牌定位深入人心。人们通过音乐认识了维也纳的历史、经济、文化、环境、人文景观、教育等各方面的情况，"音乐之都"使维也纳获得了较高的知名度和美誉度。

第二，日内瓦延伸会展之链。日内瓦是瑞士名城，也是世界上知名度比较高的一个城市。自1815年瑞士被确认为永久中立国后，日内瓦以其中立地位、迷人的景色、温和的气候、便利的交通，成为召开国际会议的理想地方。1919年，美国威尔逊总统决定将国联总部设在日内瓦。目前，共有240多个国际组织和非政府组织总部设在日内瓦,每年大约有8000个国际会议在此举行,另外还有150多个国家的外交使团在此常驻,因此日内瓦常被称为"国际会议城市"。以会展为核心,日内瓦打造了产业价值链。这些会议展览给日内瓦带来了相当大的收益,促进了城市经济、社会、文化的综合发展。

第三,威尼斯洋溢浪漫之水。威尼斯是闻名世界的"水上之城",这座位于意大利东北部亚得里亚海滨、四周环海的城市代表着一种顶级的浪漫,几乎成了浪漫、品位的代名词。威尼斯因其是世界上独一无二的水上城市,具有世界性历史文化遗产的价值,已被相关组织列入世界文化及自然遗产保护名录。威尼斯每年都吸引世界各地无数游客到此旅游,成为闻名遐迩的旅游胜地。

(二)国内城市发展进入创新提质阶段

2016年,全国31个省、自治区、直辖市(不包括港、澳、台)的城镇化率前三名依次为上海、北京、天津,分别达89.12%、86.51%及82.62%。紧随其后的分别为广东省、辽宁省、江苏省、浙江省和福建省。

现在不少城市争建"国际化大都市",国际化大都市的评价标准主要有7项:基础设施国际化、经济国际化、贸易国际化、金融国际化、第三产业国际化、教科文国际化和外语环境国际化。如从GDP总量划分,国际化大都市往往在所在国家,甚至全球都需占有相当大的比重。

(三)重庆城市发展进入重大战略机遇期

重庆市在1997年直辖时,城市化水平较低,仅为29.5%,低于全国平均水平;到2006年重庆的城市化率为46.7%,已经高于全国平均水平(全国为43.9%)。2016年,年末全市常住人口

3048.43万人，比上年增加31.88万人。城镇化率62.60%，比上年提高1.66个百分点。[1]

历史赋予重庆以重任，也给重庆带来发展的机遇。

第一，重庆直辖市的设立，提高了重庆在国家行政管理体系中的地位和在国家宏观经济调控体系中的层次，给了重庆一系列发展资金市场、资源市场、人才市场、信息市场等的大政策，把重庆推上了一个崭新的起点。

第二，重庆直辖市的设立，使三峡库区连为一体，实现巴渝大地在资源、经济、科技、人才和政策优势上的互补，有利于形成新的综合优势。

第三，重庆直辖后，百万移民对重庆来说既是严峻的挑战，又是重庆振兴和发展的巨大机遇。

第四，设立重庆直辖市所产生的直辖效应，将极大地提高重庆在国内外的知名度和对外影响力，更有利于对外开放。中央直辖后的重庆已经成为当今中国最重要的投资热土之一。

三、优化重庆城市品质的实践基础

由于城市品质优化是复杂的过程，其内部复杂的相互作用和环境的多变性，使其对象呈现动态特征，优化重庆城市品质是一个动态过程。

（一）厚重的历史成就重庆城市品质底蕴

重庆具有3000多年的悠久历史，鉴于重庆的战略地位和特殊区位，中央设立直辖市不仅是为了重庆自身的发展，完成三峡工

---

[1] 蓝庆华：《经济社会齐发展"十三五"良好开局》，载于《重庆日报》2017年3月20日。

程百万移民、库区生态保护、振兴老工业基地和深化国企改革，还希望重庆肩负起承东启西、振兴西部尤其是长江上游的经济，带活一条线（长江上游）、辐射一大片（西部地区尤其是西南地区）的时代使命，在西部大开发中发挥巨大作用。历史赋予了重庆发展的机遇，也让重庆担负了更多的责任，厚重的历史成就了重庆底蕴。

（二）直辖以来发展令人瞩目

直辖以来，重庆经济社会发生了历史性巨变。面对复杂多变的国际国内形势，在党中央、国务院正确领导下，重庆国民经济和社会发展取得了巨大成就。直辖以来是重庆发展最快的时期，经济增长平均增速达到10%以上；直辖以来是重庆城乡发展面貌变化最大的时期，高速公路从当初不到100公里发展到2016年的2818公里，机场跑道从一条到三条；直辖以来也是重庆老百姓得到实惠最多的时期。

（三）未来的发展阶段是重庆城市品质提速期

重庆发展面临诸多机遇和有利条件：直辖以来形成的一系列发展优势将进一步释放效应，在西部大开发中的特殊战略地位将更加明显，经济社会发展基础将更加坚实。

从国家层面看，习近平总书记对重庆提出的"两点"定位、"两地""两高"目标和"四个扎实"要求，是做好重庆各方面工作最切实的行动指南。"一带一路"和长江经济带战略深入实施，西部大开发深入推进，有利于重庆融入国家区域发展和对外开放新格局。

从重庆自身层面看，区域差异发展、协调发展的巨大潜力不断释放。在重庆市委、市政府的带领下，全面加强经济建设、政治建设、文化建设、社会建设、生态文明建设和党的建设，确保如期全面建成小康社会、开启社会主义现代化建设新征程。就城市推介而言，重庆还树立了"山水之城·美丽之地"的旅游形象以及"行千里·致广大"的旅游价值，为城市品质提升营造了良好氛围。

第二节 "五名"打造是优化重庆城市品质的路径

重庆城市品质的打造要结合重庆市独特的人文、地貌、历史、产业、产品、节会展等资源，重点突出"名城、名人、名景、名品、名节"等亮点，打造"厚重大气，特色鲜明"的城市文化风貌，从而进一步全面提升与优化城市的知名度、美誉度和影响力。

一、"五名"的基本内涵

"五名"打造包括"名城、名人、名景、名品、名节"，"五名"打造要相互协调、相互配合、相互促进，共同构成优化重庆城市品质的总体框架和目标任务。

（一）"名人"的基本内涵

一个城市和一个地区需要自己的特点来推动自己的发展。这些特点有的是资源优势，有的是历史和文化，最主要的就是生活在这个城市这个地区的人以及在各行各业出现的佼佼者——名人。自古以来，重庆就是名人荟萃之地，从巴蔓子、明玉珍到邹容，名人成千上万，他们作为历史人物，已被载入史册。

所谓"名人"，指在社会上有一定知名度、美誉度以及特定的人格魅力等的人士。汉语词典中"名人"指著名人物，又可称作名流（Celebrity）。有影响的人、不同岗位做出贡献的名人，泛指各行各业中能力崇高而备受景仰的人物，知名人士、杰出的或引人注目的人物，显要人物。"名人"已经成为一种对外宣传的名片，名片运用得好，往往能起到事半功倍的作用。"名人"是人们生活中接触比较多，且比较熟悉的群体，"名人效应"也就是因为名人本身的影响力，而在其出现的时候达到影响加强的效果，这就是名人效应。[①] 名人效应相当于一种品牌效应，它可以带动人群，它的效应可以如疯狂的追星族那么强大。

重庆古代有巴蔓子，近代有邹容，抗战时期有周恩来，当代也出现了一大批知名人物。除了著名人物外，还有许多对重庆发展做出贡献的普通建设者。通过对名人、对重庆发展做出突出贡献的建设者的宣传和学习，激发广大市民建设重庆的积极性和创造性，增强重庆城市魅力，吸引市外民众对美好重庆的向往。进一步优化城市品质，一定要积极挖掘、培育本城市拥有的名人群体，借助其影响力广泛提升城市知名度和美誉度。

（二）"名城"的基本内涵

城市（City）：是以非农业产业和非农业人口集聚形成的较大居民点（包括按国家行政建制设立的市、镇）。一般而言，人口较稠密的地区称为城市，一般包括了住宅区、工业区和商业区并且具备行政管辖功能。城市的行政管辖功能可能涉及较其本身更广泛的区域，其中有居民区、街道、医院、学校、写字楼、商业卖场、广场、公园等公共设施。城市的出现，是人类走向成熟和文明的标志，也是人类群居生活的高级形式。[②] 城市的起源从根本上来说，有因"城"而"市"和因"市"而"城"两种类型，因"城"而"市"

---

① 韩继贤：《试析民族地区动画产品的营销定位》，载于《现代装饰（理论）》2012年第5期。

② 郭晓蓓：《"城市生活"今昔：民生伦理的审视视角——当代中国城市化进程的道德思考》，载于《唐都学刊》2011年第3期。

就是城市的形成先有城后有市，市是在城的基础上发展起来的，这种类型的城市多见于战略要地和边疆城市，如天津起源于天津卫；而因"市"而"城"则是由于市的发展而形成的城市，即是先有市场后有城市的形成，这类城市比较多见，是人类经济发展到一定阶段的产物，本质上是人类的交易中心和聚集中心。[①]

名城（famous city）：著名的城市。汉贾谊《过秦论》说："隳名城，杀豪俊，收天下之兵，聚之咸阳。"重庆有山城、江城、桥都、温泉之乡、美食之都、时尚之都等美誉。重庆作为历史悠久的文化名城，也是第二次世界大战中国抗战的大后方、抗战时期的陪都，同时，还是"三线建设"的重要城市。"名城"给重庆带来的除了日益提升的国际形象，世界知名度，还有纷至沓来的国际投资。按照国务院通过的《重庆市城乡总体规划（2007—2020年）》，明确了重庆是我国重要的中心城市、国家历史文化名城、长江上游地区的经济中心、国家重要的现代制造业基地、中西部地区综合交通枢纽、城乡统筹的特大型城市。要运用好自然、传统和现代的资源来进一步用好"名城"重庆这张品牌。重庆"名城"建设不仅能为重庆经济发展注入新的活力，更能为重庆城市品质优化打下坚实的基础。

（三）"名景"的基本内涵

景（Scenery），实质上是在一定的条件之中，以山水景物，以及某些自然和人文现象所构成的足以引起人们审美与欣赏的景象。[②] 景物、景感和条件则是构成风景的三类基本要素。景物是

[①] 李季、冼宁：《商业景观设计教学多元化体系的构建研究》，载于《吉林建筑工程学院学报》2011年第2期。

[②] 蒲兴芬、王鸿毅：《体验型景观规划设计在森林旅游开发中的应用分析》，载于《中国林业产业》2017年第2期。

风景构成的客观因素、基本素材，是具有独立欣赏价值的风景素材的个体，包括山、水、植物、动物、空气、光、建筑以及其他诸如雕塑碑刻、胜迹遗址等有效的风景素材。景感是风景构成的活跃因素、主观反映，是人对景物的体察、鉴别和感受能力。

"名景"专指一个国家，一个地区，一个城市中具备某种特色或独特卖点的与众不同的景观（自然的、人文的、历史的、现代的等等），能吸引其他地方人们游览，能作为"名片"进行推广，起到宣传效果。"名景"是一个城市品质优化的招牌，体现城市的历史文化资源与得天独厚的自然资源，反映着一个城市的独特气质，使一个城市形象更加鲜明。

重庆作为历史文化古城，最年轻的直辖市，世界上最大的内陆山城，有着丰富的景观资源，既有全国知名的历史文化景观，也有世界级的自然景观。重庆有美不胜收的夜景、鬼斧神工的三峡风光、文化韵意深远的大足石刻、形态各异的溶洞和温泉；有国内独有的抗战遗址、红岩联线；还有移民新城、两江四岸的滨江风景……这些独特的"名景"都是重庆能够借以走向全国、走出国门的不可多得的宝贵资源。"名景"是重庆城市品质的灵魂，体现城市的历史文化资源与得天独厚的自然资源，反映着城市的独特气质，是城市的魅力所在。1987年以来，我国入选世界遗产名录项目达50处，人类非物质文化遗产代表作名录项目达31项。目前重庆市有大足石刻1项入选世界文化遗产，武隆喀斯特地貌和金佛山入选世界自然遗产。

（四）"名品"的基本内涵

产品是指能够提供给市场，被人们使用和消费，并能满足人们某种需求的任何东西，包括有形的物品、无形的服务、组织、观念或它们的组合。产品一般可以分为三个层次，即核心产品、形式产品、延伸产品。核心产品是指整体产品提供给购买者的直接利益和效用；形式产品是指产品在市场上出现的物质实体外形，包括产品的品质、特征、造型、商标和包装等；延伸产品是指整体产品提供给顾客的一系列附加利益，包括运送、安装、维修、保证等在消费领域给予消费者的好处。[①]

"名品"也就是"知名产品""著名产品"，具有独特卖点与独特优势的产品形式，包括著名的核心产品、形式产品、延伸产品等，且具有相当程度的知名度与美誉度。"名品"是一个城市不可复制的记忆，同时也是城市形象的视觉窗口和宣传抓手。"名品效应"是优化城市品质的必然措施，能为培育和塑造城市形象打下良好的基础。

重庆作为中国六大老工业基地，长江上游地区的商业、贸易、金融中心，聚集了大量的知名工商业企业。截至2015年，重庆拥有128件"中国驰名商标"。著名产品是提升一个城市品牌的重要内容和手段。如极具城市魅力的重庆火锅，那就是最能体现重庆城市品质的一道绚丽风景线。重庆的摩托车、长安汽车、笔记本电脑等；国家级非物质文化遗产名录项目：荣昌陶器、川剧、梁平年画、竹帘、中国四大名绣之一蜀绣，重庆漆器、中医"少林堂"、乌江榨菜、"桐君阁"等都是重庆名品。通过"名品"促进重庆城乡经济快速发展，为提高重庆城市品质打下物质基础。重庆以"名品"为突破口可以提高重庆产品的市场竞争能力，使资源优势转化为竞争优势、经济优势，提高核心竞争力。"名品效应"能持续不断促进重庆企业技术创新、产品创新，推动产业结构优化升级。建立起以企业为主体、市场为导向、产学研结合

[①] 《品牌资料》，载于《品牌》2006年第7期。

的有效机制,增强企业自主创新能力,培育和发展"重庆创"名牌,从而优化重庆的城市品质。

(五)"名节"的基本内涵

节日是世界人民为适应生产和生活的需要而共同创造的一种民俗文化,是世界民俗文化的重要组成部分。城市节日文化发展已成为新型战略课题,是区域竞争软实力的根本体现。因此,能够集中体现一个地区城市文化底蕴和特质的品牌化节庆活动也日益受到推崇和重视。它不仅优化了城市的形象,也为城市的发展与转型带来了内在活力,并逐步创造一个城市的独特个性和风格气派。

"名节"是指能够集中体现一个地区或者城市文化底蕴和特质的,一系列的品牌化节庆活动,是为优化城市的形象,激发城市的发展与转型的内在活力,并逐步创造一个城市的独特个性和风格气派的节日活动。"名节"能够集中体现一个城市文化底蕴,不仅提升了城市的形象,也为城市的发展与转型带来了内在活力,并逐步创造一个城市的独特个性和风格品质。重庆市有丰富的节庆资源,在全国乃至全世界都有一定的影响力,"名节"对重庆市经济社会发展、城市品质优化有着巨大的价值。丰富的节会资源不仅能促进旅游业快速发展,有效拉动经济增长,还有利于培育和传播一个城市的文化。因此具有地方特色的知名节会对优化一个城市的品质具有重要的战略作用。

重庆市有丰富的节庆资源,在全国乃至全世界都有一定的影响力。如重庆国际茶文化旅游节、重庆投资贸易洽谈会暨三峡国际旅游节、重庆首届西部国际动漫文化节、中国·黄桷坪国际(新年)艺术节、重庆CED娱乐节、重庆摩托车节、中国重庆国际三峡旅游节、都市旅游节、重庆服装节、重庆啤酒节、重庆文化艺术节、重庆美食节、大足石刻艺术节等都具有一定的知名度。中国国际智能产业博览会落户重庆，首届"智博会"于2018年8月举行。"名节"对重庆市经济社会发展，城市品质优化有着巨大的价值。"名节效应"是一个城市品质的综合展现。结合重庆"名节"资源的现状，通过由外而内打造独特的有价值的"名节"品牌，才能达到夯实城市实力，提升城市品质的目的，重庆城市的魅力才能凸显。

二、"五名"助推重庆城市发展

位于长江上游的重庆，无论在历史上还是现实中，都有举足轻重的地位。抗战时期，中国民族工业最后的血脉和长期抗战的希望被转移到重庆，也奠定了这座城市的力量和气魄。重庆城市发展日新月异，以"五名"为抓手，将大力推进重庆城市发展，优化重庆城市品质。

（一）"五名"助推重庆城市可持续发展

城市可持续发展又可称城市持续发展，与此相近的还有城市可持续性、可持续城市和生态城市三个名词。这三个名词分别从不同角度即城市可持续发展强调事物的发展过程，城市可持续性和可持续城市则更注重事物发展的条件和状态。城市的可持续发展是一种系统的城市发展观，是可持续发展观在城市空间单元的运用，其核心是经济可持续是基础，生态环境可持续是条件，社会可持续是目的的发展观，强调城市发展的公平性、系统性和全面性。重庆承载着3000多年的文明史，有丰富的文化内涵和资源，是重庆城市可持续发展的一笔宝贵的财富。

"五名"助推重庆城市可持续发展表现在以下四方面。

第一，"五名"助推重庆城市"生态系统"的可持续发展观。

城市是一个在有限空间地域单元内的各种经济要素相互交织在一起的网状系统，是一个城市的"生态系统"。基于城市系统论的城市可持续发展观点，强调人口、经济、资源、环境和社会等各要素的和谐统一，协调发展。"五名"是一个系统，从五个不同的维度解释着重庆城市的人口、经济、资源、环境和社会各要素。"名人"带给重庆精神力量和思想源泉，起到模范带头作用和宣传的作用，是一张亮丽的"名片"。"名城"是对重庆历史和现代、城市文化、特色资源、优势和发展趋势的最好表达和阐述。"名景"展示的是重庆独有的历史文化资源和自然禀赋，将使重庆赢得更多的人才、技术和资本，实现可持续的科学发展。"名品"展示的是重庆可持续发展的经济实力，"名品"向世界展示一个重庆的底蕴，重庆城市的综合实力。"名节"不仅优化了城市的形象，也为城市的发展与转型带来了内在活力，"五名"以五种不同的角度预示着重庆可持续发展的未来，以不同的方面维持城市"生态系统"的可持续发展。

第二，"五名"助推"以人为本"的城市可持续发展观。以"五名"为载体，实现城市的可持续发展，其出发点和归宿都是为了重庆人民的自我发展，提高生活品质，以人的发展实现城市品质的优化。以"五名"为突破口，将极大地优化重庆城市品质，吸引人才、资金、技术等，实现重庆经济的新突破和城市的可持续发展。而经济的发展最终还是全体重庆人民得到实惠，重庆城市发展的目的和归宿都是全体重庆人民，以重庆城市经济的可持续发展实现自身的可持续发展。

第三，"五名"助推经济、环境和社会的可持续、协调的发展观。重庆城市的可持续发展不能继续走片面强调经济增长的老路，而必须整合各种发展要素，合理配置，促进社会和谐发展的良性循环。重点突出"名城、名人、名景、名品、名节"等亮点是重庆不断追求其内在的自然潜力得以实现的过程，其目的是重庆城市各方面的协调发展。"五名"合理地利用重庆的各种资源，寻求城市品质的优化，并注重其中的使用效率，不仅为当代人着想，同时也为后代人着想。"五名"在优化重庆城市品质，推广重庆城市形象的过程中，不仅仅是为了经济的发展，它还涉及经济、环境、社会的协调发展。"五名"以五个方向，以亮点的方式实现这一目的，实现城市的可持续发展。

第四，"五名"助推城市可持续发展的保障机制的形成。城市的可持续发展不仅依赖于经济、社会、环境等要素，还依赖于科技、教育、决策机制等社会的因素。"五名"的城市品质推广路线，每一个都涉及可持续发展的保障机制的维护与形成。科技、教育、决策机制都在为"五名"每一个要素的成功实施施展其作用，让每一个"五名"要素都能在城市可持续发展、城市品质优化上发挥最大的作用。"名城、名人、名景、名品、名节"中的每一个要素都需要相应的保障机制保障其正常运转，如"名人"需要尊重人才，吸引人才，要让重庆市每一个人展示其才能，发挥其最大的效用，而与之伴随的机制不可缺少。

（二）"五名"助推重庆城市产业发展

产业是国民经济的组成结构，城乡产业配置得当是城乡经济协调发展的重要前提。因此，探讨城乡产业的统筹发展，推动城乡经济社会资源有效配置，促进城乡经济协调发展，推进城乡产业的转换升级和协调发展，对重庆城市品质优化具有特殊的意义。重庆城市品质的优化，城市形象的推广，经济实力是这一目的的强大后盾，而强大的经济实力必须以一个完整的产业体系为支持。以"五名"为突破口，其目的是从各方面打造重庆的产业，提升经济实力，促进城市品质的优化。

第一，"名人""名城"助推重庆产业发展，优化产业结构。"名人""名城"提升重庆知名度，改善重庆城市面貌，展现城市品质，吸引着国内国外的大量资源进驻重庆，推动重庆产业发展，优化产业结构。重庆历史悠久，是历史文化名城。"名城"展示着重庆独特的人文地理和城市性格，也展示着产业发展的风貌和强大的发展后劲，还展示了重庆旅游业的强大实力。一座城市产业的发展，需要大量的"名人"充分发挥其效益，从社会的不同角度包装，树立起"名城"品牌，加强推动重庆市招商引资，宣传推广城市形象，激发敢拼奋斗热情。一个产业的杰出人物会对这个产业起到示范作用，聚集这个领域的人才，为这个产业提供大量的人力资源。一个城市一个产业需要特色，"名人"正是这一产业的代表，"名城"是对重庆历史、文化、资源、优势和发展趋势的最好表达，会较大地推动相关产业的发展。

第二，重庆旅游产业发展、城市品质优化与"名景"息息相关，"名景"也是重庆提升城市知名度的一个重要窗口。重庆最精彩的旅游精品是长江三峡、大足石刻、乌江画廊、山水都市和武陵风光等，其中长江三峡尤为著名。目前，旅游业已成为重庆市发展最快、最具活力的新兴产业，成为应对金融危机和金融危机后重庆经济发展的重要产业。依托"名景"大力发展旅游业时，也能在"名景"这一支点上宣传重庆城市形象，营造发展环境，吸引人才、技术、资金等，带动其他产业的发展，从而促进城市经济社会的全面发展，优化城市品质。

第三，"名品"能促进重庆各个产业产品的技术创新，推动产业结构优化升级，增强企业自主创新能力，培育和发展"重庆创"名牌。重庆是全国六大老工业基地之一，中国最大的摩托车生产基地，有独具魅力、享誉中外的重庆火锅，有具有地方历史特色的文化艺术产品，有走向世界的笔记本计算机和长安汽车等等，它们都是重庆产业历史与现实发展的代表。"名品"能聚集更多的资源，吸引更多的人才，更好地展示重庆的城市形象，从而加快形成一批具有自主知识产权、核心技术和知名品牌的产品，使重庆产业具有可持续发展的后劲。"名品"在相当程度上对重庆城市品质优化也起到了助推器的作用，而城市品质优化反过来又能推动各个产业的发展。

第四，"名节"助推重庆相关产业发展，优化城市品质。随着重庆经济社会各方面的快速发展，城市形象的进一步优化，重庆市委市政府及其相关部门审时度势，打造了一大批国内外知名的节日，有力地推动了相关产业的发展。重庆国际茶文化旅游节有力地带动重庆地区茶产业与茶经济的发展。重庆国际动漫文化节有效地提升重庆地区文化创意产业及游戏动漫高新产业发展。中国黄桷坪国际艺术节、重庆文化艺术节、重庆CED娱乐节的举办构建了重庆与国际交流的又一个窗口，这对提升重庆城市文化艺术产业形象起到非常积极的作用。中国西部国际投资贸易洽谈会、中国重庆国际三峡旅游节、都市旅游节提高了重庆旅游形象和三峡旅游的知名度和美誉度，促进重庆旅游产业发展。

"五名"对重庆城市品质优化、产业发展有着巨大的价值。"五名"伴随的城市产业发展是一个城市品质的综合展现。"五名"通过由外而内助推重庆相关产业发展，能达到夯实城市实力，优化城市品质的目的。

(三)"五名"助推重庆城市文化发展

文化与经济一体化趋势日益明显，文化以其强大的创造性激发城市的活力，引发和改变人流、资金流、信息流等流量和流向，改善城市内部结构，重塑城市形象，优化城市品质。重庆是一座举世闻名的历史文化名城，历史名胜众多，文脉悠长。重庆具有良好的人文环境和很强的文化发展潜力，具备提升文化竞争力的基础和条件。必须坚定不移地推进文化强市战略，着力提升城市文化竞争力，迅速增强和壮大城市综合实力与持续发展能力。以"五名"为突破口，能极大地推动城市文化大发展大繁荣。"五名"助推重庆城市文化发展主要表现在以下五个方面。

第一，极具影响力的"名人"本身就是城市文化的重要组成部分，是城市文化的代表，是影响城市文化形象的重要因素。一座城市经济要发展需要各方面的人才通力合作，需要各个岗位的人做好本职工作，为城市的经济发展做出自己应有的贡献。在城市品质提升的历史进程中，必然会遇到许多前所未有的挑战和困难。面对这些考验，人是关键因素。在各行各业做出突出成绩的"名人"能在这个过程中带头构筑"精神支柱"和"共同理想"，彰显一个城市克服前进道路上的艰险，不断攀登新的高峰的独特文化，起到带头作用，也是优化城市品质的一张"名片"。

第二，独显重庆特色的"名城"，桥都、山城、陪都、温泉之都、巴国故都、山城、江城、美食之都、时尚之都等城市别名，展示着重庆这浓厚的历史与现代相结合的文化底蕴，构筑起重庆人文精神的历史华章。重庆历史悠久，文化灿烂，在世界范围内都享有较高的知名度的"名城"，要重点突出"名城"亮点，形成"厚重大气，特色鲜明"的城市文化风貌，彰显城市品质。

第三，扬名中外的重庆"名景"，体现城市的历史文化资源与得天独厚的自然景观资源，反映着城市文化的独特气质。重庆既有集山、水、林、泉、瀑、峡、洞等为一体的壮丽自然景色，又有熔巴渝文化、民族文化、移民文化、三峡文化、陪都文化、都市文化于一炉的浓郁文化景观。① 重庆独特的自然与历史人文景观，凸显出重庆特有的巴渝文化与山城特色，这些都是将重庆打造成世界名城，彰显城市文化的重要资源。

第四，象征重庆经济实力的"名品"和独具特色的历史文化"名品"造就了重庆独特的、民族的、个性化的城市文化。"名品"是一座城市文化的载体，是一个城市文化的生产结晶。著名产品是推广一个城市发展的重要内容和手段。如极具城市魅力的重庆火锅，那就是最能体现重庆城市品质的一道绚丽风景线。通过"名品"促进重庆城乡经济快速发展，为提升重庆城市文化打下坚实的物质基础。

第五，各行各业大发展的"名节"是能够集中体现重庆城市文化底蕴和特质的名牌化节庆活动。把"名节"塑造和实践纳入改革开放和现代化建设全过程，使其成为全体市民认同的旗帜，独特的重庆"名节"形成一种风尚、一种追求、一种动力，从而不断优化城市品质。如重庆文化艺术节、三峡文化周、中国三峡国际艺术节、中国武陵山民族文化节、重庆书市等大型文化节庆活动能发挥与外国政府间、友好城市间、民间的文化交流，推动重庆城市文化的发展。

"五名"为重庆打下了深深的文化烙印和个性鲜明的城市文化符号。冲击了文化产业发展迅速，增强了文化实力。大大优化了文化发展环境，增强了重庆城市文化发展活力。

（四）"五名"塑造重庆城市形象

重庆是一个拥有丰富城市形象资源的城市，它拥有壮美瑰丽、

---

① 杨红、杨柏：《长尾理论视角下的重庆旅游业网络营销分析》，载于《江苏商论》2010 年第 12 期。

特立独行、璀璨梦幻的激情景观；豪爽耿直、热情火辣的激情民风；吃、穿、行、玩、说的激情生活；热情奔放的激情艺术；凌寒吐艳的山茶花，热情粗犷的黄桷树，浴火重生的火凤凰；直辖以来城市规划和城市经济的激情发展；钟灵毓秀的山川地理和亚热带季风性湿润气候；以及长期受巴渝文化、移民文化、抗战文化和红岩精神交融的历史文化等。在重庆城市形象传播过程中，以"五名"为抓手是构建良好城市形象的必由之路，"五名"可以潜移默化地影响人们对城市社会形象的认知，从而塑造重庆城市形象。

1. "五名"塑造重庆社会形象

强调个性和特色一直是人类社会追求的终极目标，城市社会形象的打造现成为世界各国的重要课题。重庆市紧紧抓住直辖和西部大开发的机遇，社会各项事业迅速发展，城市面貌焕然一新。但是，从总体上看，重庆的影响力与作为长江上游经济中心和中国西部唯一直辖市的地位还不相称，在国内的形象还不够鲜明，在国际上的知名度还不够高。重庆在新的历史发展机遇上，城市品质的优化上，社会形象的塑造上，以"五名"作为一个系统工程，各要素相互协调、相互配合、相互促进、各有侧重，从不同角度打造和塑造重庆的城市社会形象。

第一，"名人"既充分反映了时代特点，又与重庆大力提升的文明素质和城市文明程度的历史进度相吻合。"名人"的社会形象，能给重庆市民树立先进、文明的榜样，同时在某个领域又具有影响力和号召力[1]，显示这一相关领域的最高水平，向外界

---

[1] 熊怡、刘汪洋：《古力 李云迪 重庆代言人》，载于《今日重庆》2009年第7期。

展示重庆人杰地灵、人才辈出的社会形象。热爱重庆,山城独特的"精气神",是他们身上共有的特征,他们对重庆形象的推广,必将让重庆更好更快地走向全国,走向世界。

第二,"名城"充分展示着重庆这悠久浓厚的历史与现代相结合的文化底蕴,又具有国家战略发展要地和独具重庆特色的地理、地貌,以及现代化的时尚大都市的社会形象。重庆历史悠久,文化灿烂,是我国重要的中心城市、城乡统筹的特大型城市,在世界范围内都享有较高的知名度和美誉度。以"名城"为载体的社会形象,吸引越来越多的关注和投资,增强了重庆人民建设美丽重庆的力量和不断前进的社会形象。

第三,"名景"在城市品质的优化和文化建设的发展上将给重庆这座历史文化名城带来无可估量的社会效益。重庆既有熔巴渝文化、民族文化、移民文化、三峡文化、陪都文化、都市文化于一炉的浓郁文化景观,又有集山、水、林、泉、瀑、峡、洞等为一体的壮丽自然景色。独特的"名景"都是重庆能够借以走向全国、走出国门的不可多得的宝贵资源。还将展示重庆人合理开发利用自然历史、景观、人文的资源,建设美丽重庆的社会形象。

第四,"名品"展示的不仅是重庆某几个企业的形象,而且还代表着重庆是一个整体、一个富有创造力的社会形象。"名品"是重庆宣传的主要载体,是一个城市生产力的结晶。极具竞争力的重庆"名品",那就是最能体现重庆城市品质的一道亮丽的风景线,和一个极富创造力的社会形象。向全国乃至全世界展示重庆人民的创造力,重庆产业素质和综合竞争力,从生产力上塑造着重庆的社会形象。

第五,"名节"预示着重庆充分打造、利用节气资源,以独特开放,具有战略的眼光的"视角"宣传重庆,以一张张独具特色的"名节"品牌展现重庆魅力,展现重庆城市的开放、包容的社会形象。名节不仅是展示重庆与国际交流的又一个窗口,更强调的是重庆对提升城市文化艺术产业重视的社会形象。

2. "五名"塑造重庆经济形象

随着我国城市化进程的加快,城市间经济竞争的日益激烈。重庆是我国重要的中心城市、国家历史文化名城、长江上游地区的经济中心、国家重要的现代制造业基地、中西部地区综合交通枢纽、城乡统筹的特大型城市。"五名"从不同层面,诠释着重庆经济形象。

第一,"名人"是重庆市一张张活动的宣传"名片",在"名人"涉及的相关行业,他是杰出代表,代表着这个行业的最高水平。重庆作为有着厚重的历史和文化底蕴的城市,必须依托自己的优势发展经济,塑造经济形象。现代社会,好酒也怕巷子深,必须大力推广宣传,形成有影响力的城市战略品牌,同时需要更多在自己特定领域有着突出成绩的"名人"来吸引世界目光,优化城市品质,夯实城市经济。"名人"对重庆城市经济的作用,愈发重要。

第二,"名城"是对重庆城市的独特解释,有其地理因素的原因,但更重要的是对重庆人民战胜自然,热爱生活的注解,也是重庆人民发展经济,彰显城市个性的评价。重庆是一个融传统与时尚为一体的现代化国际大都市,国家级中心城市具有独特的地理与区位优势。"名城"能很好地展示重庆城市的品质,发展重庆经济,有利于增强对投资者和旅游者的吸引力[①],形成"洼

[①] 李芹燕、张锐、张燚:《基于激情理念的重庆城市文化空间形态整合分析》,载于《重庆文理学院学报(社会科学版)》2010年第3期。

地"效应，植梧引凤，发展重庆经济，彰显重庆经济形象。

第三，"名景"是重庆得天独厚的自然历史与人文资源，大力推广和包装，能带动重庆市旅游业的发展，大力发展旅游经济。能够带动当地特色资源开发，招商引资。往往一个城市的知名度与一个城市特有的景观资源有重要的联系，优美的景观资源是带给他人这个城市的第一印象，起到一种有力的宣传推广作用。著名的"名景"资源是一种实实在在的城市宣传"名片"，能在不同层面展示重庆城市的面貌，吸引投资，发挥自身优势推动重庆经济的发展。

第四，"名品"代表的是重庆经济发展的历史和现状，以及未来的很好体现。经济的发展，要落实到企业，企业的发展要落实到自己的产品上面。"名品"不仅能实现经济效益，更重要的是能推广城市，优化城市知名度和品质，展示重庆强大的制造实力和经济实力。"名品"能促进人流、物流、信息流的合理流动，促进重庆的经济发展和人民生活水平的提高，提升重庆经济形象，彰显城市品质。

第五，"名节"是重庆市在充分利用历史和现实资源的情况下，提升重庆城市品质的一种重要手段。独具特色的节庆资源对城市形象有着强有力的助推效果，城市形象优化又能带动城市经济的快速发展。"名节"还能带动一批相关产业的发展，提升经济实力和优化城市品质。

（五）"五名"塑造重庆文化形象

重庆是一座具有悠久历史和灿烂文化的名城，在中国经济社会发展中具有重要的战略地位。城市形象包括"形"和"神"，"形"是城市形象硬件上的存在，而"神"则是附着在"形"上面的文化，是灵魂和核心。

中央直辖以来，经济的快速发展为重庆综合实力的提高奠定了坚实基础。但是，与日新月异的经济发展步伐相比，重庆本身的城市文化影响力建设尚不成熟，城市文化形象建设还不到位。重庆城市文化影响力不足主要体现在：对丰富的文化资源开发力度不够，还未将其转化为文化影响力。[①] 作为一个具有丰富历史文化资源的城市，"五名"以全方位的视角，发展文化产业，成为解决这个问题的有效途径之一，展现了重庆文化形象。扬名中外的重庆"名景"，独领风骚的"名品"，名扬国内外的"名人"，和充满浓郁重庆特色的"名节"都是重庆城市文化品质的生动展示。"五名"战略的实施正是从各个角度展示着重庆的文化品质。

第一，"名人"的形象代表的是一座城市的形象。文化以其强大重塑城市形象，优化城市品质。从神话传说的大禹治水，巴民族之魂巴蔓子将军，从周恩来到当今著名青年钢琴大师李云迪、围棋冠军古力、奥运冠军李雪芮等名人，都从不同历史角度展示着重庆的文化形象，他们不仅是重庆城市品质的体现，更是重庆人民的精神力量和思想源泉。借助"名人"的影响力广泛提升城市知名度和城市文化形象。重庆历史和现实的状况预示着重庆巨大的文化潜力，有着优化文化品质的基础和条件。"名人"本身就是重庆城市文化品质的代表，他们的成就都与这座城市的文化品质相关。

第二，"名城"的每一要素都展示着重庆的文化品质，从历史走来的巴国故都，到正在书写新的历史的时尚之都、美食之都

[①] 杨柳：《论文化产业提升城市形象的策略——以重庆为例》，载于《重庆社会主义学院学报》2010年第2期。

等，都展示着重庆文化品质。重庆是第二次世界大战中国抗战的大后方、抗战时期的陪都，同时，还是"三线建设"的重要城市，这一切展现的也是重庆的一个文化发展脉络。重庆作为历史悠久的文化名城，从历史上的巴国故都到时尚之都，3000多年的重庆历史生动地展现在世界的面前，这也是重庆城市品质的发展脉络。重庆既有历史的底蕴，也有现代都市的激情。重庆"名城"不仅能为重庆经济发展注入新的活力，更能为重庆城市文化形象提升打下坚实的基础。

第三，"名景"是一个城市文化形象提升的"宣传片"。"名景"是重庆城市品质的灵魂，数千年历史的重庆历史文化"名城"，有着誉为神奇的东方艺术明珠的大足石刻，世界自然遗产武隆喀斯特地貌和金佛山，被誉为"东方麦加城"的钓鱼城，世界著名的三峡美景，独一无二的山城夜景等"名景"，它们都是重庆城市品质的真实体现，反映着城市的独特的文化气质，是城市的文化魅力所在，人们联系重庆二字时，在头脑中首先想到的就是那独一无二的重庆美景和历史文化遗产，在重庆城市的宣传、城市品质的优化中，"名景"发挥着巨大的作用。

第四，"名品"是优化城市文化的必然措施，能为培育和塑造城市文化形象打下良好的基础。"名品"是一个城市文化不可复制的记忆，同时也是城市文化形象的视觉窗口和宣传工具。从体现重庆人独特饮食文化的重庆火锅，中国"四大名陶"之一的荣昌陶器，"梁山三绝"之一梁平年画，"四大名绣"之一的蜀绣，被誉为世界三大名腌菜之一涪陵榨菜等重庆"名品"，其灵魂都是一种文化，是一个城市文化的展现，代表的是一个城市的文化品质，一种文化底蕴。

第五，"名节"能够集中体现重庆城市文化底蕴和特质的品牌化节庆活动，它不仅优化了城市的形象，也为城市的发展与转型带来了内在活力，并逐步创造一个城市的独特文化个性和文化风格。利用重庆市丰富的节会资源打造的一系列节日，以及这些节日的连续成功举办，形成浓郁的文化氛围，从而带动相关产业发展，形成产业发展的文化氛围。从文化艺术节到创意动漫节，从旅游名节到特色产品，这些都无一不是重庆依托"名节"资源，展示其独特文化的真实写照。

三、"五名"优化重庆城市品质

城市品质不仅取决于经济总量和人均经济量，还取决于这个地方的自然环境、居住条件、安全状况、人际关系，以及市民气质、精神状态、主人翁感觉等方面。挥手之间，山城巨变。高峡平湖舒展开放胸怀，这些都是重庆城市品质的凸显。

以"五名"优化城市品质，把重庆建设成为西部地区最美丽城市之一。突出重庆城市的自然风貌和历史文化底蕴，提升重庆的城市品质。优良的城市品质也即城市在人们心目中展现出一幅融入大自然，环境优美，空气清新，人与自然和谐相处，共同发展的画卷。

"五名"以系统论的思想，从五个要素出发，厘清重庆各种资源状况，有历史的、人文的、自然禀赋的，也有大力推广打造的，还有需要改变的。以一种大手笔的方式把管理分解到城市品质提升的各个相关环节，各个击破，系统打造。"名城""名景"的打造，都在于融入自然文化环境，保护利用各种资源，增强吸引力，发展经济，目的都是为了人的发展，为了重庆市民能更好的生活，提升城市的生活品质。"名品""名节"战略也是从不同纬度上提升城市生活品质，出发点和归宿都是全体重庆人民。

"五名"是一个系统，每一个要素都是围绕着人这个主题，都是为了提高人的生活品质。"五名"个个都实实在在，结合起来就是科学发展，而且丰富多彩，全部实现以后，会给重庆人民带来实实在在的利益，并优化城市品质。[①]

（一）"名城"是优化重庆城市品质的重要基础

一个城市的魅力，往往在于历史的积淀和现代的交融，在于它独特的人文地理和城市性格。悬挂在联合国大厅的世界地图上，仅仅标出了中国四个城市的名字，其中一个就是重庆。重庆是座特别的城市，山水相依，令人印象深刻。重庆是一座充满活力的城市，"五名"将推动重庆城市向前发展。

名城效应给重庆带来的除了日益提升的国际形象、世界知名度，还有纷至沓来的跨国投资，重庆日益成为一个国际化的大都市。重庆与北京、天津、上海、广州一起，被确定为国家五大中心城市，在中西部地区一枝独秀。[②] 重庆的战略位置能辐射中西部的广大市场以及丰厚的资源，正在吸引越来越多跨国公司的关注和投资。重庆已成为众多跨国公司竞相争夺的战略要地，"名城"效应逐渐显现。

第一，名城能提升重庆城市资源优化城市品质。内陆的重庆如想赶上世界发展的潮流，必须在重庆现有的城市资源基础上，大做"名城"文章，向全国全世界展示自己的特色，探索一条利用名城效应加速重庆发展、提升重庆城市品质的道路。山城、江城，意味着重庆这座城市的"海纳百川、有容乃大"的城市形

[①] 刘元、张桂林、汤耀国：《转型中国的重庆突破》，载于《瞭望》2010年第16期。

[②] 雷兆玉：《以城市文化实力塑造中心城市形象》，载于《重庆社会主义学院学报》2010年第6期。

象。巴国故都展示着重庆浓厚的历史文化底蕴,构筑起重庆人文精神的历史华章,为其"开放"的城市品质寻觅到长远清澈的源头。"桥都"的美名代表着政府的积极谋划、英明决策和重庆人民的勤劳勇敢。每一座桥的通车都标志着隔江对望的重庆人民在沟通上迈进了一大步,这对拉大重庆城市框架,完善市区道路交通系统,改善市区市民的生活环境,提高重庆的投资价值,优化城市品位起着积极的作用。陪都重庆展示了重庆民族勇于反抗侵略、自我牺牲的爱国主义精神;顾全大局、胸襟宽广的群团精神;坚持真理、敢于斗争的革命精神,是重庆人民拥有的无价的精神价值。时尚之都使重庆成为一个更有特色的城市,一个有魅力的城市。时尚是这座城市文脉的主线,是这座城市的性格,是这座城市的灵魂,也是这座城市居民性格特质最好的概括。美食之都浓缩的是重庆人对生活的无限激情,折射的是重庆人对生活的无限追求和踏实享受,展示着重庆人民对生活的追求和美好生活的向往。只有被誉为温泉之都的匈牙利首都布达佩斯的温泉量可以和重庆相提并论,带给重庆这座城市的是一种天生的优质自然资源,热气腾腾的温泉之都正是热气腾腾的、积极向上的重庆城市品质。

第二,名城能优化城市管理水平,而管理品质的彰显也是城市品质提升的最终归宿。城市管理是指以城市为对象,以城市各种资源为基础,运用决策、计划、组织、指挥、协调、控制等一系列机制,采用法律、经济、行政、技术等手段,通过政府、市场与社会的互动,围绕城市运行和发展进行的决策引导、规范协调、服务和经营行为。[①] 城市管理品质是重庆城市品质提升的强

---

① 郭理桥:《现代城市精细化管理的决策思路》,载于《杭州(生活品质版)》2012年第11期。

有力的工具，"自然品质、经济品质、生活品质、文化品质"提升的实现都得依赖城市管理品质的提升。对于城市品质优化，要依托"五名"的城市管理平台，能很好地优化重庆城市品质。城市品质的优化也是城市管理品质的展现，而管理品质的彰显也是城市品质优化的最终归宿。

第三，"名城"能以一种独特的视角向全国全世界展示重庆的形象，增强对投资者和旅游者的吸引力。有着和"名人""名景""名节""名品"相同的效果，还能帮助旅游业的发展。独一无二的历史自然资源，造就了重庆的"名景"，对于发展相关经济，优化"名城"品质，具有重要的历史与自然条件。城市的创造力和竞争力在物化的形态上表现为"名品"，各种人造和自然形态的"名品"以物质的形式表达着一个"名城"的创造品质。"名节"是在所有历史与自然资源的基础上，以一种有效的推广方式，展示着重庆的城市品质。"名城"是对重庆历史、城市文化、特色资源、优势和发展趋势的最好表达，是对重庆山、水、城、人、精神、生活、事业的真切反映，能很好地展示重庆城市的优良品质，增强重庆人建设美好重庆的信心，有利于增强对投资者和旅游者的吸引力。[①]

第四，"名城"优化城市品质的出发点和归宿都是城市中的人。城市生活品质也即是全体重庆人民生活品质的提高。因为经济的发展，自然品质的展示，文化品质与管理品质的最终目标还是要落实到人，以实现人的全面发展为目标。城市品质优化战略的出发点和归宿都要落实到人身上。"名城"体现了重庆人民改

---

① 李芹燕、张锐、张燚：《基于激情理念的重庆城市文化空间形态整合分析》，载于《重庆文理学院学报（社会科学版）》2010年第3期。

造自然，融入自然的品质。重庆因其独特的地理环境，有山城、江城的美称，也有雾都、火炉的不雅。近年来重庆环境治理初见成效，雾都、火炉的称号已成为历史。重庆正在紧扣"山水之城·美丽之地"目标定位而务实行动。"名城"中各行各业的"名人"代表不仅推广着重庆城市品质，也代表着他们是这个城市的一部分，他们是全体重庆劳动人民的杰出代表。他们以自己奋斗的成就表示着重庆城市品质的优化，而城市品质的优化又带来人们生活质量的提高，最终归宿点落实到城市中的每一个人。

（二）"名人"是优化重庆城市品质的重要节点

优化一个城市的形象，重庆用名人提升自己的知名度和改善自己的城市文化面貌，是一种巨大进步。要让这些名人焕发出新的效应，成为重庆人的精神力量和思想源泉。

第一，"名人"是展现重庆独特城市精神的节点。尤其是"名人"，已经成为一种对外宣传的名片，名片运用得好，往往能起到事半功倍的作用。一个城市乃至一个地区实现发展通常需要一些"精神特色"。这些"特色"有的是资源和特产优势，有的是历史和人文遗存，还有的则是"名人"效应。借助名人，可提高城市的文化品位，也可提高城市精神的影响力。提炼或塑造"名人"效应，进而优化城市品质，以名气带动重庆大发展，通过城市品质提高重庆知名度，加强推动重庆市招商引资，通过"名人效应"激发市民士气，提振人心，发扬艰苦奋斗精神和敢闯敢拼的意志，实现物质和精神文明的跨越式发展。[①]

第二，"名人"张扬重庆美誉度的节点。"名人"是一座城市

---

① 何德珍：《广西民族文化与城市品牌创新双向推动战略研究》，载于《广西社会科学》2012年第1期。

的识别符号和形象大使。单说一座城市，人们可能记不住，但如果这座城市有"名人"，人们会通过"名人"来联想这座城市，并了解到这座城市的特质。通过"名人"，会把这座城市的形象和品质传递到世界各地，这对于提高重庆城市品牌的关注度、知名度和美誉度都是有好处的。

第三，"名人"展示重庆独有魅力，让更多人记住重庆，向往重庆，增强重庆城市的吸引力。"名人效应"古已有之，通过"名人"，优化重庆城市品质不仅能够获得较好的经济效益，而且还能获得较高的社会效益。社会名流、文化名人、体育明星、科技名家等，通过各行各业共同打造，塑名牌、创名品、出名家、扬名声，不断提高知名度，不断从不同侧面对城市进行包装，树立起名牌城市的整体形象。[①]

第四，"名人"如同网络之节点，将城市品质串联了起来。理所当然，一个城市有千千万万个普通百姓灵魂，人民群众才是城市的创造者。但是另外一个方面，这些千千万万群众必然会造就具有代表性的"名人"。正是因为有代表性的名人存在，一座城市也就有了灵魂并使之得到升华。"名人"不但能助推城市经济发展，还能形成模范效应。一座城市，犹如一家企业，一种产品，也必须按照市场机制的要求，实行整体经营。只有变过去单纯的建设城市为"经营城市"，将城市整合成一个有机整体来经营，才能使城市在经营中增值，在经营中发展，在经营中振兴。[②]重庆要真正成为国际化的大都市，必须形成有影响力的城市战略品牌，同时需要更多名人来吸引世界目光，优化城市品质。一个

[①] 王国杰：《试析经营城市》，载于《山西建筑》2003年第11期。
[②] 赵应文：《城市经营理论研讨观点综述》，载于《湖北财税》2003年第6期。

城市可以演绎经济增长的跨越，却无法实现人文精神的跨越。作为有着厚重历史和文化的城市，重庆面对新的时代、新的发展，要做好"扬名"文章，有着深刻的意义。

优化城市品质，一定要积极挖掘、培育本城市拥有的名人明星和文化精英群体，借助他们的影响力广泛提升城市知名度和城市文化形象。[①] 城市管理者要善于使用名人效应，用科学办法整合资源，让名人效应为优化重庆城市品质添光彩。

（三）"名景"是优化重庆城市品质的重要空间

"名景"专指当地具备某种特色或卖点的景点、能吸引游客的潜能的景点、历史古迹，或者可以进行包装推广的景点等。"名景"是重庆城市品质的灵魂，体现城市的历史文化资源与得天独厚的自然资源，反映着城市的独特气质。城市品质优化和"名景"效应存在着相辅相成的关系，城市品质借助于"名景"得到发扬，"名景"又促进城市品质优化，城市形象更加鲜明。

"名景"是优化城市品质的重要空间。优化城市品质，依托"名景"，以名景带动重庆的特色项目开发，通过城市品牌形象提升和品牌知名度的传播、影响力的加强推动当地招商引资，通过"名景"效应的激活进而激发居民士气，提振人心，发扬艰苦奋斗精神和敢闯敢拼的意志，实现当地物质和精神文明的跨越式发展。[②]

第一，"名景"提高城市品位，增强重庆的吸引力，改善环

---

① 樊传果：《城市品牌形象的整合传播策略》，载于《当代传播》2006年第5期。

② 何德珍：《广西民族文化与城市品牌创新双向推动战略研究》，载于《广西社会科学》2012年第1期。

境质量，提高城市文明程度和树立大开放现代化城市形象有着十分重大的战略意义。① 名景效应能实现重庆人共享巴渝山水的心理需求，带给所有重庆人最能切身体会的实惠，将名景资源转化成为现实生活最大的利益福祉。重庆的自然优势和独特景色，能够有效地提升城市形象和宜居水平，让外来客人流连忘返，让广大市民享受其中。名景效应能实现重庆人共享巴渝山水的心理需求，带给所有重庆人最能切身体会的实惠，将名景资源转化成为现实生活最大的利益福祉。

第二，"名景"能有效提高城市文明程度和市民素质的综合性工程，也是带动全市对外宣传工作上档次、上水平的系统工程，对凝聚人心、振奋精神起着重要作用。重庆拥有丰富的自然历史人文资源，对重庆旅游产业发展，城市形象宣传起着重要的作用。"名景"还可以提升城市的文化品位，又可以体现城市的精神内涵，对于展示城市形象、增强市民自豪感意义重大。

第三，"名景"使重庆加速向国际化的大都市迈进，成为国际国内交通便捷，住宿、游览、娱乐、餐饮及商业服务、会议展览设施齐全配套，旅游业发达、万商云集的现代化大城市。重庆"山城风貌"的城市特征在国内外是比较少有，是首先能吸引游人的魅力所在，是发展重庆市旅游业的宝贵财富。重庆不仅具备旅游业的必备条件，而且拥有优化城市品质不可替代的优势。名景效应能打造重庆旅游品牌，发展壮大旅游产业，带动城市社会和经济协调发展。独特的城市风貌和旅游名景资源是优化重庆城市品质的重要条件。体验三峡魅力、山城都市风情、武隆自然风

---

① 常江等：《浅析安康山水园林城市建设的优势与意义》，载于《黑龙江农业科学》2011 年第 9 期。

光,对提升重庆旅游形象、拉动三峡国内外游客数量、营销城市名片,优化城市品质具有非常重要的作用。名景还成为重庆这座繁华的现代化大都市的具有标志性意义的文化符号,以独具特色的核心旅游区带动周边地区迅速发展。

第四,"名景"除了在城市品质的优化和文化建设的发展上将给重庆这座历史文化名城带来不可估量的社会效益外,还将以旅游区域经济带动城市经济的可持续发展。青山、秀水、蓝天,形成了"壮丽三峡、画廊乌江、俊秀武陵山、避暑仙女山"等名景资源,带给了重庆城市形象品质的一道亮丽的风景线。这些得天独厚的自然资源,吸引着大量的游客和纷至沓来的投资,在对外宣传中发挥自己的作用,带动旅游及其相关产业,实现城市经济的可持续发展。

(四)"名节"是优化重庆城市品质的重要方式

"名节"对于城市品质优化,在于系统打造产业发展脉络,提升其经济品质。直辖以来,重庆市委市政府充分重视节庆资源的重要性,以"名节"为平台,结合重庆"名节"资源的现状,通过由外而内打造独特的有价值的"名节"品牌,发展重庆经济。这也展示了市委市政府在发展经济,造福人民上的一种创新性。"名节"不仅优化了城市的形象,也为城市的发展与转型带来了内在活力,并逐步创造一个城市的独特个性和风格品质。[1]重庆市有丰富的节庆资源,在全国乃至全世界都有一定的影响力,"名节"对重庆市经济社会发展,城市品质优化有着巨大的价值。

第一,做大重庆文化艺术节、黄桷坪新年艺术节,以艺术为

---

[1] 葛星:《做大节庆活动提高城市软实力——以泰安市为例》,载《建设经济文化强省:挑战·机遇·对策——山东省社会科学界2009年学术年会文集(4)》,2009年4月24日。

桥梁，构建重庆与国际交流的又一个窗口，这将对引导地区产业结构调整，优化重庆城市品质起到非常积极的作用。以打造西部文化高地为目标，以满足人民群众日益增长的精神文化需求为宗旨，用不同的艺术方式呈现出不同风格、不同阶层的原创艺术，奠定重庆西部原创艺术和当代艺术高地的地位，扩大重庆的国际影响力，向世界展现重庆城市的品质。重庆CED娱乐节奠定重庆西部原创艺术高地和当代艺术高地的地位，扩大了重庆的国际影响力。成功举办三届的重庆CED娱乐节，已成为重庆娱乐行业的一张名片，使重庆成为继北京、上海之后最能够代表中国原创艺术和当代艺术的名片。也是重庆中央娱乐区每个元旦前夕回馈消费者，引领时尚娱乐的一项标志性活动，是重庆市打造时尚之都，提倡健康娱乐的一个典范。

第二，重庆首届西部国际动漫文化节创建重庆地区首个动漫文化与游戏产业的品牌活动，以重庆为核心，在西南地区培养好良好的发展环境，使其成为全国所关注的动漫游戏产业重镇，形成一个具有实质意义的创意产业展示城市发展平台。使重庆在国内甚至国际上树立重庆游戏动漫产业、电子娱乐产业及知识产权保护的新形象，展现城市品质。

第三，重庆国际茶文化旅游节、中国国际三峡旅游节、山水都市旅游节和重庆投资贸易洽谈会暨三峡国际旅游节促使重庆不断提升城市美誉度和知名度，使其成为推介重庆旅游经济的一张特色名片，成为发展重庆旅游经济和城市品质的一个重要平台，在促进重庆市由旅游名市向旅游强市的历史性跨越、促进招商引资以及丰富市民文化生活、促进市民文明素质提升、塑造内陆开放城市形象、优化城市品质等方面起到了积极作用。

第四，重庆啤酒节已经被打造成为一个真正意义上的国际性啤酒文化盛宴。成为展示重庆文化、城市形象的平台。重庆国际啤酒节各种文化在此相互碰撞和交融,使啤酒节成为世界了解重庆城市品质的桥梁。重庆服装节加强重庆服装产业对外联系,吸引国际品牌入驻重庆,在对外交流中推广重庆品牌,引导重庆服装企业走出重庆、走出中国、走向世界,借助服装的魅力展示重庆城市品质。

"名节效应"是重庆城市品质的综合展现,结合重庆"名节"资源的现状,通过由外而内打造独特的有价值的"名节"品牌,才能达到夯实城市实力,优化城市品质的目的,"名节效应"的魅力才能凸显。

(五)"名品"是优化重庆城市品质的重要手段

名品在重庆城市中具有不可替代的经济、文化内涵,是重庆城市经济发展最直接的产物,"名品"的效应与经济发展正相关。重庆市委市政府非常重视对重庆产业发展的支持,大力培养"重庆创""名品"形象,保护知识产权,培养自主品牌,彰显重庆城市的品质。它以高度凝练的形式,集中展现了一个城市品质的高低。"名品"是优化重庆城市品质的重要方式。城市品质、知名产品是当今城市形象中最为醒目的形象,对每个城市、企业来说,美好形象是制胜的法宝。每个城市因名品、名企而出名,每个企业又以城市品质为依托,加速自身的发展。通过"名品"与重庆品质的紧密结合,使产品顺利走出重庆,走向全国乃至世界,也使重庆的城市品质得到认可从而优化重庆城市品质。

第一,企业是城市持续发展的经济基础,"名品"是城市形象的视觉窗口和宣传抓手,"名品"是优化城市品质的必然措施,为培育和塑造城市形象打下良好的基础。以"名品"为突破口可以提高重庆产品的竞争能力,使更多资源转化为商品优势、经济优势，提高核心竞争力。"名品"产生的"名品效应"能促进重庆市企业技术创新、产品创新，推动产业结构优化升级。建立起以企业为主体、市场为导向、产学研结合的有效机制，增强企业自主创新能力，培育和发展"重庆创"名牌，优化重庆的城市品质。

第二，"名品"是重庆城市形象的重要组成部分，为重庆城市形象建设添了彩，通过城市形象和"名品"之间的良性互动，为重庆经济和社会的持续发展注入更加强劲的推动力。"名品"着力利用重庆独特的自然条件，产业优势与文化底蕴，培养重庆市各产业中的自主品牌，加快形成一批自主知识产权、核心技术和知名品牌[1]，提高重庆产业素质和综合竞争力，有利于支柱产业的建立，保证经济可持续发展。"名品"是一个城市不可复制的记忆，同时也是城市形象的视觉窗口和宣传抓手。优良的产品宣传城市形象，而伴随城市形象的优化又进一步助推"名品"的发展。"名品"是优化城市品质的必然措施，能为培育和塑造城市形象打下良好的基础。

第三，"名品"效应推动重庆产业发展，能不断满足重庆市居民日益增长的物质文化需求。重庆作为中国六大老工业基地之一，长江上游地区的商业、贸易、金融中心，聚集了大量的知名工商业企业。通过"名品"促进重庆城乡经济快速发展，以"名品"为突破口可以提高重庆产品的市场竞争能力，使资源优势转化为竞争优势、经济优势，提高核心竞争力。增加物质产品的多元化来满足居民的物质需求，而且可以促进社会精神文明的发展、人际

---

[1] 周毅：《城镇化机制创新与城乡区域经济发展方式转变》，载于《西北师大学报（社会科学版）》2010年第6期。

关系的有序，满足居民对产品、服务、工程等精神文化的需求。

"名品"效应促使重庆在城市竞争中，只有塑造出独特的、民族的、个性化的城市文化与产品，才能产生巨大的城市凝聚力，增强城市的交流性、世界性、竞争性，促进重庆的经济发展和人民生活水平的提高，使重庆在城市之间的竞争中获得优势。[①] 重庆培养并造就了一大批在国内外市场上有竞争力的"名品"，是塑造良好城市品质的突破口和最佳途径。

第三节　优化重庆城市品质的对策

要实施城市品质优化精品战略，打造一批具有重庆特色的又有国际影响力的名城、名人、名景、名节、名品，着力优化城市品质，大大促进重庆落实"山水之城·美丽之乡"目标定位和"行千里·致广大"价值定位，成为世界性、现代性、民族性的东方名城。

一、加快转变重庆城市品质发展方式

加快转变重庆城市品质发展方式，是落实"山水之城·美丽之地"目标定位和"行千里·致广大"价值定位的必然选择。

（一）发展手段由较为单一向立体化、持续化转变

从远古的巴郡到古代的重庆府，从近代的商埠到现代的陪都，再到今天的中央直辖市，这一路风雨兼程不仅给重庆留下了许多珍贵的历史记忆，也给这座城市留下了丰富的自然资源和人文资

[①] 宋聚伟：《浅析城市规划与人居生存环境相结合的重要性》，载于《黑龙江科技信息》2011年第6期。

源。"十二五"期间，全市共有国家A级旅游景区198个，其中，国家4A级旅游景区68个，国家5A级旅游景区由2个增加到7个。温泉旅游景区33个，荣获"中国温泉之都"和"世界温泉之都"称号。合川钓鱼城、涪陵白鹤梁列入世界文化遗产预备名录。新增国家文物保护单位35处。新增国家非遗项目15个，川剧列入联合国非遗预备名录。重庆还是川菜主要代表地域之一，发源自重庆的火锅更是闻名遐迩。另外，重庆历代名人辈出，如巴蔓子、赵智凤、秦良玉、邹容、赵世炎、杨尚昆、刘伯承、聂荣臻、卢作孚和邱少云等等。进入21世纪以来，重庆市结合自身的城市特色资源，举办了独具重庆特色的历届大型节日活动，明显提高了重庆在国际上的知名度和影响力，如重庆国际茶文化旅游节、重庆投资贸易洽谈会暨三峡国际旅游节、重庆首届西部国际动漫文化节、中国重庆国际三峡旅游节、都市旅游节等。

目前，重庆城市发展虽取得了喜人的成绩，人民群众的幸福指数也不断攀升，但与我国其他四个中心城市相比，重庆城市发展尚存一定的差距。从城市发展的手段来看，当前重庆市城市品质优化面临的问题之一就是重视城市内部的发展，即城市的社会公共基础设施、公共服务、生态环境等各方面改善力度大，范围广，效果也十分显著，但与城市发展相配套的推广手段较少。从总体上看，目前重庆城市品质传播手段比较单一，在传播载体方面仍以电视、网络、报纸为主。另外，在日常工作中也忽视了整合运用好各种新闻媒体，尤其是电视、网络、报纸、杂志，缺少全方位、多层次传播城市形象。

在城市发展传播中，重庆利用"名人效应"和具有亲和力的故事情节，成功地把成都这个"美食之都、休闲之都"深深地打入了公众的内心。由此可见，一座城市如果没有相应的内在品质，最终也得不到公众的认可；同时，如果没有公众对城市的印象和评价，城市发展也得不到实质性的进步，城市品质更难以得到提升。重庆城市品质的优化不仅需要有实质性的城市发展基础，也需要善于整合当代科技载体，多方位、多角度、全面地将"山水之城·美丽之地"目标定位和"行千里·致广大"价值定位的名声打响。

（二）发展层次由相对较低向精品化、协调化转变

当前各大城市建设的所谓现代化大都市到处都充斥着"水泥森林"，千篇一律的石灰墙和建筑物，很少见到或是感受到城市的个性或城市的特色形象，每到一座城市，人们的感受几乎相同，只是经济发展速度有别，社会环境不同而已。这样的城市自然不会给公众留下极为深刻的城市印象。在人们惊叹城市飞速发展的同时，也感觉到现代化大都市缺少了一些历史底蕴，缺失了一种城市精神。一个现代化城市，不仅仅是拥有充满时代气息的高楼建筑，更需要有城市的灵魂来凝聚这座城市，需要有城市的精神来感召这座城市。这是一种辐射到全球的魅力。重庆也是如此。对于当前重庆城市品质而言，重庆城市发展状况与其他各大城市发展也有类似之处，如缺乏具有重庆特色的、个性鲜明的城市精品，其整体发展档次并非很高。

重庆的城市定位是中国重要的中心城市之一，长江上游地区经济中心和金融中心。另外，重庆的别名也很多，有"山城""桥都""陪都""温泉之都""巴国故都""江城""美食之都""时尚之都"等。但由于在城市发展中缺乏一条城市形象塑造、城市品质优化的主线，导致已有的研究成果和决策内容显得有些"杂"，没有真正打造出代表重庆城市精神的文化名片，社会各界对重庆城市的认知和评价仁者见仁，智者见智。因此，当前优化

重庆城市品质的关键应在城市发展的基础上打响重庆最突出、最具特色的产品，将城市发展的普遍性要求与先进性要求结合起来，着重将城市发展层次向精品化、协调化转变。

（三）发展意识由不够开放向国际化、现代化转变

重庆直辖、三峡工程、西部大开发都为重庆城市发展带来了千载难逢的发展机遇。重庆城市发展也正经历着日新月异的变化。在看到重庆发展取得的成绩，看清重庆发展所拥有的优势和潜力的同时，也要看到与东部经济发展地区相比的劣势。四个直辖市中，京、津、沪地处东部沿海，紧靠海岸线，离最近的出海港口距离分别为177公里、40公里、1公里，而重庆地处西部内陆，远离海岸线，离最近的出海港口距离1486公里，区位劣势不仅决定了重庆承接世界产业转移、接受海外资金、技术、信息等生产要素辐射的方便程度大大低于京、津、沪，也决定了重庆人的思维观念的局限性。由于地处封闭性盆地地理的原因，重庆总体在开放意识上还不够强，交通不便，信息比较闭塞，观念相对保守落后，自我整体意识也要比其他地方强。

机遇一直与重庆市同在。2000年1月，国务院成立了西部地区开发领导小组，开发包括重庆在内的12个省区市和3个少数民族自治州。因2006年5月20日全线建成的三峡大坝遗留下来的三峡库区建设工程，2007年3月份"两会"期间，胡锦涛参加重庆代表团讨论的时候提出重庆的"314"总体部署。2009年2月，在城乡建设部编制的《全国城镇体系规划》中，重庆跻身国家五大中心城市。[1] 2010年，中国社科院将重庆列为未来中国最具竞

---

[1] 李和平、张邹：《重塑山地城市滨江地段的文化生态特色——以重庆市井双片区城市设计为例》，载于《南方建筑》2010年第5期。

争力的一线城市之一。中国特色社会主义进入新时代，习近平总书记对重庆提出的"两点"定位、"两地""两高"目标和"四个扎实"要求，为推动重庆新的更大发展指明了方向。因此，当前重庆城市的发展，城市品质的提升应借势而上，城市发展着眼于国际化，抓住机遇，放开手脚，加快城市发展速度，提高城市的品位和质量。

（四）发展内容由相对局限向全面化、系统化转变

当今城市已成为一个集经济中心、生产中心、管理控制中心、国家乃至世界的资本集散地等多功能于一体的有机体。随着工业化、信息化、服务业和相关制度的产生、发展或转变，城市也随之不断发展。尤其是经济的迅速发展，加快了城市化的进程。目前全世界的城市人口在以每周100万人的速度持续增加，预计到2030年，世界人口约60%将生活在城市。全球城市化趋势愈来愈明显。自改革开放以后，我国逐步放开了原有对人口流动的控制，大量农民工流向了城市，同时加快了城市化的进程。[①] 高品质的城市，其发展内容不仅包括经济指标，还应包括政治、文化、社会、生态等多项指标的全面的系统的发展。简言之，城市的软实力与硬实力共同推进、相得益彰、相辅相成，坚持双轮驱动，"软""硬"兼施，共同提升城市综合实力和核心竞争力。

当前，随着现代经济社会的发展，软实力对城市发展的影响与作用越来越突出。但在很多城市发展过程中，往往对软实力的重视程度不够，存在着重经济建设、轻社会发展，重硬件建设、

[①] 李婧怡：《构建城市化进程中的"田园城市"》，载于《国土资源》2012年第5期。

轻软件配套的现象，结果在不同程度上造成城市有了"筋骨肉"，却缺乏精气神。[1]

重庆作为国家历史文化名城，城市本身已经具有一定的品牌优势。尽管重庆具有一定的资源优势、发展优势和政策优势，通过直辖以来的发展，重庆城市形象得到了极大改善，城市品质也有相应的提高，但与京、津、沪比较起来仍有较大差距，重庆城市发展的内容范围相对局限。

世界范围内的文化热，也激励着重庆的城市发展。文化是凝聚城市的核心力量，对城市发展和城市品质的优化起到了巨大的推动力。重庆拥有3000多年的建都史、204万年前的人类遗址的考证，文化类型之多、资源之丰富，有重庆历史文化、红色经典文化、名树古木文化、名人故居文化、园林文化、宗教文化等。在城市品质优化过程中，应从思想上认识到重庆本土文化的重要性，而非简单地复制其他城市地方文化，尽可能地融入重庆本土化文化，突显出城市的独特品位，用自己的城市文化作为城市发展的"王牌"，致力打造具有"很重庆"的特色城市文化形象。

因此，重庆城市品质的优化应吸取有益经验，在实践基础上总结经验，转变城市发展方式，着力提升城市软实力，打响"文化牌"，充足城市精神气，优化城市的品位和质量。

二、优化重庆城市品质的思考

优化重庆城市品质，还要找准抓手，精准施策。

---

[1] 侯彦霞：《基于大学文化的衡水城市软实力建设研究》，载于《考试周刊》2011年第47期。

（一）以培育精致产业为抓手，加大经济发展力度

1. 走科技创新、循环经济之路，推动发展方式转变

自重庆直辖以来，重庆市经济社会都取得了快速的发展，发展环境不断优化，各项指标逐步提高，人民生活幸福指数节节攀升。重庆以加快转变经济发展方式为主线，在经济结构调整上取得积极进展。第一、二、三产业结构由2005年的13.4∶45.1∶41.5 调整为2010年的8.7∶55.3∶36，至2015年，三次产业结构比为7.3∶45.0∶47.7。"6+1"支柱产业集群发展壮大。重庆坚持把科技进步和创新作为加快转变经济发展方式的重要支撑，推动经济实现了发展速度更快、结构更优、质量更好和效益更高。重庆多项经济指标增速位居全国前列，实现了经济增长与民生改善的良性循环，快速增长的经济发展水平为重庆城市发展和城市品质提升增添了内在动力。

2. 优化城市产业结构，着力打造现代龙头企业、名牌企业

一座城市的发展，离不开优势产业的支撑。在优化第一、二、三产业结构的同时，合理布局，突出城市特色，着力打造现代名牌产品、龙头企业，为优化城市品质夯实物质基础。近年来，重庆深入贯彻落实创新驱动发展战略，主动迎战新科技新产业革命，落实产业调整振兴规划，抓好大项目、大产业、大基地建设，推动工业高端化、高质化、高新化。重点发展电子信息、机械装备制造、重化工三大板块，打造亚洲最大的笔记本电脑基地、国家重要的现代制造业基地和中西部重要的重化工基地。开发出重庆的文化精华，培养一批批高素质、高技能、高水平的人才，着力打造现代化龙头产业、名企。

3. 挖掘和展示城市特色，推动旅游经济发展

为了城市的科学发展，城市应充分挖掘和展示自身的特色和

个性，以旅游业为推手，重点发展服务业，从而推动经济的发展。近年来，重庆充分利用城市的人文景观资源和自然景观资源，深入挖掘其文化蕴涵，大力打造和推荐精品旅游景区和旅游线路，着力提升旅游品质，推动旅游经济发展。发掘巴渝文化，培育品牌文化企业，推进一批重大文旅融合项目等。通过一系列有力举措，重庆的旅游品牌效应凸显，重庆成为一座"非去不可"的城市。

（二）以提高城市文明程度和市民素质为抓手，推进城市的法治建设和社会建设

1. 以重庆创建国家环境保护模范城市为契机，提升市民文明素质

城市文明程度基于城市的经济社会发展水平，表现为城市整体、群体和个体的文化素养，是城市品质的重要软件。要以创建国家环保模范城市为抓手，凝聚各方力量，推进城市环保程度的整体提高。

第一，充分利用城市文博资源，通过多种形式向市民宣传重庆的历史和优秀文化，自觉维护城市的美好形象。

第二，在文明城市创建中，既要抓硬件，也要抓软件，从市民行为规范养成的小事抓起，提高市民的公德意识，纠正影响城市形象的不文明行为。

第三，从儿童、青少年抓起，将重庆的优秀文化和城市精神植入孩子的心灵。

第四，发挥党政机关、公共服务窗口单位在城市文明建设中的示范作用。

2. 深化和谐重庆建设，为市民提供良好环境

树立执政为民的理念，提高依法执政、依法行政、依法办事

能力，善于利用法治力量，协调处理好城市经济发展与环境资源的矛盾，产业调整与职工就业的矛盾，城市化推进、旧城改造与部分居民利益的矛盾等各种社会矛盾和利益关系。提高普法教育的针对性和实效性，培养市民知法守法，依法办事的公民意识。保障市民依法行使民主的权利，把群众普遍关心的涉及其切身利益的问题作为政务公开的重要内容，保证市民有序参与城市发展决策过程，以凝聚民心、集中民智。

3. 提高城市公共服务水平，增强城市发展质量

城市的公共事业是体现城市风貌，彰显城市文化，展示城市活力的重要方面。在重庆城市化现有的基础上，应当进一步发挥优势，提升层次，增强城市发展质量。

第一，实施中长期教育改革和发展规划纲要，提高教育现代化水平。

第二，加快文化事业全面发展，培育和提升重庆文化软实力。

第三，完善城乡居民社会养老保险制度，推进事业单位养老保险制度改革。

(三) 以完善和落实规划为抓手，提升城市生态建设水平

1. 借鉴国内外成功理念，提升规划的指导思想

借鉴美国波特兰、意大利罗马和国内杭州、青岛等城市的成功经验，将控制用地无序蔓延，坚持紧凑、内涵式发展的精明增长模式和保护、延续城市文脉、合理开发城市历史文化遗存的经验，体现在重庆各层次城市规划的指导思想中；将重庆的地域、自然、文化特色和生态、人文优势，贯穿于城市规划和建设的全过程。

2. 科学城市规划，优化空间结构

按照"内畅外达、均衡高效"原则，优先发展公共交通，大

力发展城市轨道交通，完善城市路网体系，依托公共交通，由快速路、快速轨道连接为城市组团；合理划定边界，引导城市有序拓展。

3. 将"山水城市"理念体现在各项规划设计及建设中，创建国家生态园林城市，塑造出具有鲜明重庆特色的城市形象

"山水城市"是提倡人工环境与自然环境相协调发展，其最终目的在于建立"人工环境"（以"城市"为代表）与"自然环境"（以"山水"为代表）相融合的人类聚居环境。[1] 可见，山水城市并非简单地指有山有水的城市，其核心理念是协调城市空间与自然环境之间的相互关系，将自然景观有机融入人造环境中，达到一种人与自然和谐的理想城市形态。

根据重庆酷暑炎热，夏季较长的气候特点，绿化建设时，应采取重林轻草的原则；根据重庆群山耸峙、层峦叠嶂、两江环绕、气势恢宏的地貌特征，形象定位时，应区别于苏州、杭州山水园林城市形象；根据重庆巴渝文化"顺应自然"的精神脉络，巴渝文化景观的开发时，应充分继承这一文化"脉络"，将人文景观的开发与自然景观有机地结合起来；根据重庆是全国特大城市中唯一拥有原始森林的城市，在进行山水园林城市建设时应考虑将市区、市郊、郊外、原生林带有机联系起来，建成一个绿色生态城。

4. 科学规划城市通道，营造便利、人性化的交通环境

随着城市化的不断发展与进步，城市经济加速发展，给城市带来了繁荣的同时，也给城市生活带来了许多问题。如随着城镇

---

[1] 沈湘璐、王娟、陈天：《中国传统特色山水城市理论》，载于《城市住宅》2016年第11期。

人口的增多，城市功能的不完善，城市交通拥挤堵塞，已成为各城市普遍面临的"通病"。直辖以来，重庆市着力破解交通瓶颈制约，水、陆、空立体交通体系建设全面提速。重庆在"十三五"时期，将建设"米"字形高速铁路网和"两环十干线多联线"普速铁路网，形成"三环十二射多联线"高速公路网，形成以"一干两支四枢纽九重点"为骨架、以航运集聚区为支撑的内河航运体系和"一大四小"机场格局，建成"一环八线"城市轨道交通网，主城区形成"六横七纵多联络"快速路网结构，为生产要素集散、城市形象提升、方便市民出行奠定坚实的基础。

5. 按照建设世界名城的要求，提高城市建设质量

第一，加强对城市建设项目的统一领导、沟通协调和跟踪督查，使市政道路桥梁建设、城市河道整治、园林绿化及街景美化亮化、市容整治、为民办实事、功能性设施建设等各类项目的具体实施单位都从全局考虑，形成建设项目联动互补。

第二，对有影响的大型工程可开展设计公开招标，引进国内外高水平的设计大师，精心设计传世精品和地标性建筑，确保工程质量水平的提升。

第三，要加强城建科技研究、应用与人才培养，加快提高专业队伍素质。

第四，要打造具有巴渝特色城市风貌，提高城市空间品质、改善人居环境，全方位优化城市发展品质和综合竞争力。

6. 构建生态环境目标体系，保护城市生态环境

城市化需要大量土地、能源与水等资源的支撑，无节制的城市扩张会使城市不断掠夺外围郊区与农村。由于城市化是人口从农村向城市集中，城市本身固有的缺陷与人口的集中居住，地面变形、地下水流场改变和地质生态环境恶化等都对城市居民的健

康与安全形成不利影响。

尊重自然、顺应自然、保护自然，推动生产方式、生活方式和消费模式绿色转型，把重庆建成碧水青山、绿色低碳、人文厚重、和谐宜居的生态文明城市。

7. 整合城市管理资源，提升综合管理效益

探索整合部门日常管理资源的途径，将分散在治安、交通、环境、市容市貌、公共事业等各方面的日常管理协调起来，形成指挥畅通、分工明确、各负其责的指挥和执行网络。进一步提高城市应急能力，尽快将"数字化城管"、道路交通管理、疾病防控、医疗救助、灾害应急中的粮油水电气供应等纳入全市统一的应急中心管理系统，并与日常管理网络有机对接，以科学的管理机制和统一的数字化管理系统，提升城市综合管理水平和管理效益。

8. 以精致为追求，提升市容市貌管理水平

市容市貌是一个城市的脸面，反映一个城市的综合管理水平。重庆以精致为追求，多措并举提升市容市貌管理水平。如开展道路、照明、排水、消防等基础设施整治，通过清理恢复及新建停车场（楼）的方式增加停车位，加强乱占道、乱扔、乱涂乱画、乱设户外广告及建筑垃圾运输整治，规范影响市容的空中、地下管线，解决违法占道及城市乱象，实施城市生活垃圾收运系统清洁工程，实施景观照明建设和灯光亮化工程，等等。重庆市通过对城市商业业态设计、垃圾处置、市容保洁、街景改造、灯光亮化、户外广告设置、公共设施及摊点定位等多个环节实行全方位精细管理和长效管理，美化市容市貌，提升城市品位。

（四）开展重庆城市形象建设资源普查，启动《重庆通志》编撰工作

重庆市是著名的历史文化名城，是国务院公布的第二批国家

历史文化名城之一，有着大量的各种形态的历史文化资源。此外，重庆是以各个地方为单位进行通志编撰，缺乏有效的统一与协调。针对上述情况，必须开展城市形象资源普查，并且启动《重庆通志》的编撰工作，优化城市品质。

1. 在文物普查、非物质文化遗产资源普查的基础上，开展重庆城市形象建设资源普查

文物普查是重庆城市发展的重要组成部分，也是确保国家历史文化遗产安全的重要措施。在文物普查、非物质文化遗产资源普查的基础上，开展重庆城市形象建设资源普查。普查以"五名"为统计口径，分为"市内知名""周边知名""国内知名"和"国际知名"四个层级，完成对重庆城市形象建设的资源摸底，并结合《重庆市城乡总体规划》，对抗战遗址、工业遗产、近现代重要建筑、乡土建筑、传统老字号遗存以及主要河流流域两岸，以全面普查和重点调查相结合，档案史料查询收集与现场拉网式调查相结合，进行全面登录。

2. 尽快启动《重庆通志》编撰工作，结束重庆直辖以来没有统一的地方志的尴尬局面

地方志是记录历史、传承文明、具有独特历史文化价值的资料性文献，必须客观真实，可信可用。《重庆通志》必须充分体现以习近平新时代中国特色社会主义思想为指导，坚持辩证唯物主义、历史唯物主义的观点，客观反映重庆记述时限范围内的历史与现状，揭示历史发展规律。尽快启动《重庆通志》编撰工作，结束重庆直辖以来没有统一的地方志的局面。同时，修志的过程也是对重庆城市形象塑造进行深度挖掘的过程，所挖掘的资源有助于当前城市形象塑造。

（五）以世界级遗产项目为抓手，造就一批具有世界影响力的城市亮点

从世界范围来看，入选各种世界遗产名录，既是对地域自然景观和文化传统的承认和肯定，也是对相关城市品质的提升给予了认可，并直接推动当地旅游业的发展。直辖以来，重庆市自然和文化景观的基础设施都有了大幅的提升，为具备条件的项目申报世界遗产名录提供了良好的条件。

1. 启动钓鱼城、丰都鬼城申报世界文化遗产的工作

钓鱼城和丰都鬼城都是重庆市在全国具有较高知名度的文化遗产。钓鱼城在一定程度上改变了人类文明的演进历程，在西方历史研究中被称为"上帝折鞭处"，在欧洲具备较大的影响力；丰都鬼城是中国鬼文化集大成的代表，是重要的地方文化空间，是中国文明发展进程的重要见证和遗迹。从项目本身的价值和现实基础来看，上述两个项目都具备成为世界遗产项目的条件。要大力推进钓鱼城和丰都鬼城申报世界遗产项目的工作，力争申报成功。

2. 与湖北省联合，启动三峡申报世界自然与文化双重遗产或者文化线路的工作，建设世界顶级的山水文化旅游精品

长江三峡是全国知名的自然景观，是我国最为重要的自然和文化景观之一。考虑到三峡的地理分布，可以联合湖北省，共同将长江三峡申报世界自然与文化双重遗产，或者进一步扩大申报范围，申报"长江三峡文化线路"，从而使其成为国内最为集中的文化线路项目，以此为依托，打造世界级的山水文化旅游精品项目。同时，针对三峡申报世界"双遗"的特殊性、复杂性，明确优势、找出不足，对症下药，开拓性地探寻适合本地实际的申

报世界"双遗"的新思路、新方法。①

3. 启动川江号子申报人类非物质文化遗产代表作的工作

重庆市目前还没有项目入选人类非物质文化遗产代表作,川江号子作为世界三大大河号子之一,代表着开拓开放、自强不息的长江水文化的精神内核,是长江航运史发展的重要见证,已经具备称为人类非物质文化遗产代表作的基础和条件。国家非常重视非物质文化遗产的保护,2006年5月20日,川江号子经国务院批准列入第一批国家级非物质文化遗产名录。②所以,可以联合四川省立即启动川江号子申报人类非物质文化遗产代表作的工作,争取尽早实现重庆市人类非物质文化遗产代表作零的突破。

(六)充分利用重庆的"名城、名人、名景、名品、名节",打造一批文化精品

通过将地方性自然文化资源与打造文化精品项目相结合,一方面,独特的地域自然景观和文化资源可以成为影视作品的内容基础,为观众带来独特的审美享受;另一方面,通过影视作品的拍摄和推广,为城市文化品质的快速提升提供了契机。地方自然文化资源和影视作品相得益彰的双赢效果,已经被国内外城市的发展经验多次证明。

1. 拍摄古装战争史诗大片《巴蔓子将军》《决战钓鱼城》和神话片《大禹治水》

巴蔓子将军是重庆历史上的重要人物,其故事在后世曾广为流传,影响深远。钓鱼城是元、宋之战的焦点地区,正是当地人民艰苦卓绝的抵抗,使蒙古大汗蒙哥在攻打钓鱼城的一次战斗中

---

① 骆永菊:《长江三峡自然和文化遗产与"世界双遗"研究》,载于《经济师》2003年第11期。
② 黎莉:《论川江号子的传承与发展》,载于《大众文艺》2012第15期。

受伤，不久病逝，从而迫使蒙古大军从欧洲撤军，改变了欧洲的战局，蒙古铁骑止步东欧。根据《华阳国志》的记载，大禹之妻涂山氏籍贯应在今天的重庆，而且其"三过家门而不入"和治水的主要地域也是在重庆，所以，以大禹治水神话作为基础，完全可以打造一部讲述中华民族早期祖先治理山河的神话大片。

这三个故事已足够成为三部商业大片的情节基础，加之风景秀丽的自然景观，动人心魄的战争场面，再加上荡气回肠的人物和情节，这对一部商业大片来说已成为票房的足够保证。市文化主管部门可以将上述项目作为重庆市文化产业对外合作的重大项目，争取引进国际化的影视集团，由其进行高端策划、高端运作，从而打造真正的影视精品。

2. 打造动漫系列剧《巴蔓子将军》《红岩》等

重庆的动漫产业虽起步晚，但发展速度也非常快，在全国能排进前十。重庆市拥有国家级动漫制作基地之一，同时也是重庆市文化产业发展的龙头项目之一。如何将动漫产业发展与地方自然和文化资源有机结合，在促进产业腾飞的同时，有效优化城市品质，是当前重庆市动漫产业发展必须解决的重大课题。

在对创意产业发展给予了强有力的政策扶持的同时，同时扩大和完善企业贷款担保资金的规模和渠道，引入民营资本和风险投资，壮大创业产业实体。[①] 通过对动漫系列剧《巴蔓子将军》《红岩》等的打造，进行系列化产业化发展，将创意、剧本、故事、制作、推广等完美结合并做好相关衍生产品的推广工作等。将重庆的自然景观、历史文化、红岩文化通过动漫的形式进行推广，将有助于打造重庆城市形象，从而优化重庆城市品质。

---

① 吴秀萍：《我市加快动漫产业布局》，载于《重庆日报》2006年6月19日。

（七）以"重庆节"为平台，开展重庆市树、市花、市歌、形象代表、城市吉祥物和城市形象标志的评选活动

城市的对外形象是一个囊括从理念到具体物态的复杂系统。目前，重庆市的城市形象虽然资源丰富，但在特色城市形象、优秀城市品质等方面还没有形成与"五名"系统相匹配的措施，严重制约了重庆市发展进程。

1. 整合现有节庆资源，设立"重庆节"，打造节会品牌[①]

第一，创设"重庆节"。1997年6月18日，是重庆直辖市挂牌的日子。为了让重庆市民更深刻地铭记这一天，为了让全国人民关注重庆的建设和发展，为了让海内外和国际友人更多地了解、关心和支持重庆的建设和发展，建议将每年6月18日确定为"重庆节"，就像"十一"国庆节一样。努力将"重庆节"打造成为重庆人的盛大节日。可以将每年"618"定为重庆城市的节日。既纪念了1997年"618"重庆直辖成立的生日，又是重庆城市固定的节日，两者巧合地包含了"双重喜庆"的含义，沿袭了重庆得名的传统。同时"618"可视为两个"314"的象征：一方面是1997年3月14日，全国人大通过设立重庆直辖市的决议；另一方面是2007年3月8日，胡锦涛在参加重庆市全国人大代表团时，代表党中央对重庆提出了"314"的发展战略。

第二，创设重庆节的目的。弘扬巴渝文化，展现直辖风采；推动经济建设，构建和谐重庆；丰富市民生活，增添城市魅力；强化对外交流，提升山城形象。

第三，创设重庆节的定位。重庆节应以文化为载体、推广重

[①] 孟东方：《关于创设"重庆节"的建议》，载于《科学咨询（决策管理）》2007年第9期。

庆品牌（如美景、美食、美女的三美；著名的名片：如山城夜景、重庆火锅、温泉之都、解放碑、新三峡，以长安、摩帮、太极等为特色的产业、桥都、美食之都、时尚之都、钓鱼城、第 N 城），提升市民素质，拓宽重庆影响的一个综合性的节日，"618"是每年 6 月 18 日举办重庆节的固定时间。

2. 创设重庆节的意义

第一，有利于整合资源对外宣传。直辖以来，重庆在不同时期举办了不少节日，如首届中国重庆文化艺术节、都市旅游节、"一会一节"、火锅节、丰都鬼城庙会、大足石刻艺术节等，有些节日和活动的档次、规模、特色、气氛都有待提高，虽在国内外有影响力，但不集中、不固定、没有统一的标志和宣传的口径，其影响力有限，甚至有的是昙花一现。创设重庆节能使其成为固定的节庆，通过文化活动、产业博览等多种方式，集中反映重庆直辖以来经济建设和社会发展的新成就，张扬重庆文化的特色，提高重庆城市品位，加快基础设施建设有利于整合资源，对外进行宣传。

第二，创设重庆节有利于招商引资、铸造重庆品牌。通过重庆节的活动，既可以发挥传统的文化搭台，经济唱戏的作用，又可以促进第三产业特别是会展经济的发展。注重创意产业的培育，打造并提升重庆的软实力，让世界友人、国内外同胞、重庆市民更好地认识重庆、热爱重庆、建设重庆。扩大重庆的知名度，增加城市竞争力，努力"使山城变平"，吸引全国和世界的眼球，形成经济与社会以及重庆与全国、全球的良性互动。

第三，创设重庆节有利于大力发展会展经济、培育创意产业，发展旅游产业、增加休闲项目，将会展、论坛、庆典、旅游等活动有机结合，培育新的消费热点，强化它们之间的互动效应。

第四，创设重庆节有利于市民积极参与、普遍受益。重庆节的各种活动，需要广大市民人人认可、人人参与，政府要引导市民更加认识重庆、热爱重庆、建设重庆，提高市民对重庆的归属感和自豪感，丰富市民的物质文化生活。

重庆节的活动，不仅要在主城区办好，各区县还要积极参与，有组织地抓一些有特色的点（如丰都鬼节、大足石刻节等），要注重点面结合，进而落实到重庆市的各个乡村社区、普及到每个家庭和市民。

3. 突出重庆节的特色

第一，突出文化特征。以当代重庆人文精神为主，弘扬红岩精神、移民精神、黔江精神、重庆精神，挖掘巴渝文化的精髓，增加科技、时尚、喜庆等元素，突出特色文化，培养重庆人的文化内涵，提升重庆市民的综合素质。

第二，加强城市整体形象的宣传。对重庆节要加大宣传力度，通过电视、电台、报刊、新媒体等宣传一年来重庆的大事要事，精心包装重庆的各种资源，树立整体形象，突出重庆人的精神风貌。要加强重庆节的全程跟踪报道，使重庆节的吸引力和影响力要立足重庆、覆盖西部、着眼全国、面向世界。

第三，重庆市民要人人认同、普遍参与。举办重庆节是"形"，其"实"是调动重庆市民热爱重庆、建设重庆的积极性和实际行动，所以要使活动有"气势"、有"声势"、有"优势"，从而通过活动使市民对重庆有强烈的归属感，热爱这座城市进而更好地建设这座城市。具体到节庆的主题、内容和形式，需要发动市民、专家献计献策，使重庆节更加贴近市民、营造喜悦环境、增加城市的综合竞争力。

第四，要由政府主导、社会配合、市场运用。政府要统一策划,抓大放小;各单位、社区要结合自身的特点,积极配合,如开展一些志愿者活动、读书日活动、企业和个人献爱心活动,倡导每位市民做一件有益于重庆发展的事等。适度加大重庆节的市场化运作,运用市场手段,解决举办重庆节的资金,比如通过门票、广告、赞助、交易会、冠名权、摊位出租、委托承办、买断举办权、媒体和企业投资或入股参与、拍卖活动等方法进行。使优秀企业投入更多的资金进行宣传、举办一些献爱心的活动来提高其知名度,实现政府、社会、企业、市民的共赢。

4. 办好重庆节的做法

第一,形成共识,成立机构,加强协调,务求实效。成立重庆节的政府协调机构,加强对重庆节的策划、管理和宣传,充分调动各部门、各区县、各企事业的积极性,注重软实力,增强吸引力,夯实发展力。

第二,注册名称,确定标志,固定主题,动态调整。市委市政府一旦决定成立重庆节,应将重庆节注册,成立网站,注册域名,并通过重庆市人大立法明确重庆节。形成体现重庆节的统一标志,亦可用"人人重庆"代之;相应固定每年重庆节的主要内容:如××庆典、××活动、××论坛、××会展等,同时每年根据形势的发展确定相应的创新活动,各行业各区县根据统一安排,结合自己的特色,举行相应的活动。

第三,整合资源,放假庆贺,邀请嘉宾,扩展形象。整合重庆的"三峡国际旅游节""火锅节"等,将这些节会与重庆节对接起来,放在6月18日这一周甚至半月期间举行,这段时间重庆天气好,适合举行各种会展、论坛、活动。重庆各个区县根据自身不同特色,积极开展活动,与主城区相互呼应和补充。

第四,地方立法,每年6月18日这天放假,既能欢庆重庆节,又能提供时间促使市民消费,更能在全国形成一个吸引力强的宣传点。同时重庆节这一周甚至半月期间的各大公园、各种文化娱乐设施尽量免费开放,有实力的企业多做些公益事业。

5. 创设"重庆节"是"整合资源、统一规划、形成效益"的需要

创设"重庆节"的初衷是:"整合资源、统一规划、形成效益"。一方面,整合并形成统一的在重庆市举办各类节日、庆典、会展的资源;另一方面,统筹涉及以重庆为主题的在各地举办的相关节、庆、会的资源,进行统一规划,形成规模效益。

从传媒学的角度来看,提出设立"重庆节"就是为了增强知名度和注意力;从创意产业的角度来吸引世人、扩大内需、增强软实力,特别是强化对城市的整体包装,加大对重庆的宣传力度,扩大重庆在全国、世界的知晓度。

从经济学的角度来看,设立"重庆节"还可以扩大消费、促进经济发展、提高城市影响,可以推动重庆市的国际化进程,加强与国内外的经济贸易合作,强化重庆的硬件、软件建设,努力使重庆节成为经济增长的一个推动力。

从文化的角度来看,文化是城市的灵魂,当前是文化宣传的大好时机,可以借鉴国内外好的经验,深入挖掘重庆文化内涵,并通过"重庆节"品牌创造出社会、经济和综合的效益。通过品牌运营项目,以无形资产启动有形资产,带动重庆文化产业、会展经济、创意经济以及相关产业的发展。努力把"重庆节"办成重庆对外开放、经贸合作的窗口,推动经济社会发展的平台,进一步提升形象,塑造城市品牌,提高重庆的知名度和美誉度,将其办成全新的重庆人民的节日。

以重庆节创设为平台和契机,借助"世界是平的"之力,将

"好个重庆城，山高路不平"打造成"重庆是平的"，消除山城自然的屏障和人的思想观念的束缚；将"重庆：三个月就更换一次地图的城市"的口号，进一步做好包装、广为宣传，来比喻重庆翻天覆地、日新月异的巨变；将"世界最大的城市叫重庆"（星期日法兰克福快报语）来描述重庆地域之大、人口之多，在世界都是名列前茅，进而吸引世人的眼球，不要忽视世界最大的城市——重庆，这里存在着无限的机会，是一块充满活力、生机盎然的城市；用"人比GDP重要"来强调重庆市"以人为本"，构建和谐重庆，打造文明家园；不仅将"重庆火凤凰"标志作为集重庆文化、历史、风情于一身的文化旅游标志，而且将其作为重庆经济"一圈两翼"的象征，作为"人人重庆"相补充的重庆市节的标志。[①]

6. 创设"重庆节"有利于促进重庆经济的建设和发展

第一，以"重庆节"来统领重庆的各种"会、节、庆"，提出放假一天，将相近一周的两天休息放在一块，形成三天左右的小黄金周。放假的先例在各少数民族地区或一些企事业单位都有，就是重庆开创先河，从整体经济效益评价对重庆经济发展也是很有利的。

第二，健全组织机构，可以整合目前假日办的组织系统，重新定位、明确职责、健全功能、充实人员，强化对重庆节的实施和管理，突出文化活动的特色性、独创性、地域性、娱乐性，提高重庆节的影响，通过市场运作尽可能减少政府开支。

第三，能够增加覆盖面。以往办"会、节、庆"就在主城

[①] 《重庆的都来投个票：你同意成立"重庆节"吗》，重庆发展论坛—华龙网两江论坛，http：//bbs. cqnews. ne。

区，就是少数人办少数人看，有的情况是"办的人为了应付，看的人为了应酬，大多是圈内的热闹"，市民不知晓，没有深入市民、区县。提出创建重庆节的初衷，一方面要像国庆节一样，作为市庆，重点突出市民如何进一步认识、热爱重庆和激发建设重庆的积极性和创造力；另一方面要像春节这样传统的节日，突出欢庆为主、突出文化和对外宣传的基调，变成市民自己喜庆为主的综合性节日，通过努力做到"1+1+1……大于无穷"的效果。

第四，通过市场化运作，有助于提高经济效益，推动节会庆的良性运行，使政府、企业、社会、市民互动。

7. 创设"重庆节"应制度化

设立重庆节的目的不仅仅是为了庆祝重庆直辖，更重要的是有利于优化文化产业、会展经济、创意经济的结构和发展，使之成为新的经济增长点。让世界了解重庆，认识重庆，需要不断地强化宣传，贵在坚持。

第一，将重庆节制度化、品牌化、产权化、规范化，以重庆节为主题，来统揽目前重庆市分散的"节、会、庆"，做到形散而神不散。形成规划，建立和完善重庆节策划与创新体系，把重庆节打造成为营销重庆的品牌，做好品牌的注册与保护；落实专项资金，为重庆节提供物质保障。

第二，立体结构、三层推进。要把重庆节打造成影响全市乃至全国、全世界的节日。立足重庆这一层面，渗透到重庆的各区县，要整合各种力量，形成横向和纵向的网络结构；面向全国这一层面，要发挥各省市兄弟城市支持三峡建设以及现有的合作关系，积极开展经济、社会和文化的多方交流，让全国各地的人尽可能地参与到重庆节的活动中来；着眼世界这一层面，要利用好国际友好城市的资源以及亚太市长会、市长顾问团等资源，在节日期间开展友好的交流，让世界更多的人了解重庆。

第三，坚持重庆节一年一庆，五年、十年大庆的制度，大力宣传重庆的发展和人民生活的变化，把重庆节打造成重庆名片，建立相应的宣传规划，年年搞庆祝，主旋律不变，年年有特色。

8. 依托现代传媒手段，开展重庆市树、市花、市歌、形象代表、城市吉祥物和城市形象标志的评选活动

依托现代传媒手段，开展市树、市花、市歌、吉祥物和代言人的评选活动。通过网络媒体和平面媒体进行公选，广泛征集市民建议，使各项城市名片的出台过程受到全体市民的关注，形成媒体热点，吸引眼球，聚集人气，提高城市知名度。

市树备选建议：黄桷树（又名黄葛树），1986年，黄葛树被正式命名为重庆市市树；市花备选建议：山茶花、珍珠兰、太空荷花；1986年，山茶花被正式命名为重庆市市花；市歌备选建议：《太阳出来喜洋洋》《黄杨扁担》《红梅赞》；也可以进行新创作市歌征集活动；城市形象代言人备选建议：巴蔓子、古力、李云迪、罗中立、三峡百万移民群体、大足石刻"吹笛女"等；城市吉祥物：公开征集创意设计，通过网络媒体和平面媒体进行公选；城市形象标志：建议以"人人重庆"作为城市形象标志；以"火凤凰"作为城市旅游标志。

（八）深入挖掘重庆历史文化特质，凝练城市形象主题

重庆厚重的历史文化，集中展示重庆古老文明，追溯3000多年文化的根源。近代的重庆历史则是展示重庆面临的若干机遇及发展，包括城市变迁、商业金融中心地位的形成、工业的崛起等。扫描对重庆起推动作用的人物、事件，展示重庆直辖后的风采，以及突出表现在中国抗日战争和世界反法西斯战争中，重庆这座城市和重庆人民为人类和平进步事业所做出的贡献与牺牲等。历

史不仅展示了重庆这个城市的底蕴、文化特质，更展现出重庆这个城市的发展后劲与城市形象，展示出重庆人民继往开来的精神风貌与奋发向上的积极态度。挖掘历史文化，凝练城市形象主题，优化城市品质。

（九）建立微缩景观博物馆，打造都市旅游精品

目前国内还没有省市建立系统的城市微缩景观博物馆，已有的也是一个城市的某一部分或者单独是知名建筑物。建议重庆建设国家级黄桷树风景区、世界名桥（微缩）博物馆，将世界名桥收集于一体，并以模拟仿真形式修建，让游客领略世界各地名桥的壮观，这将具有非常大的借鉴价值。

重庆拥有丰富的自然和文化遗产，具有独特魅力的"山城"，可根据现有资源按一定比例微缩，建立景观博物馆，集中展现重庆景观。利用3D技术、电子沙盘、数字化网络、图片、视频、音频等方式，全面再现重庆城市和文化的特质和风貌，使游客真正实现身临其境。也可以借鉴上海世博会的网上世博园，实现在网络中就能浏览重庆城市的全貌。让游客不用舟车劳顿就能欣赏重庆城市的整体面貌，在无形当中就能起到宣传推广作用，展现年轻直辖市的全貌，这也是优化重庆城市品质的一个有效手段。

（十）推进重庆的新发展，全面优化城市品质

重庆的发展承载着前所未有的历史使命和责任。重庆要深入贯彻落实习近平总书记对重庆提出的"两点"定位、"两地""两高"目标和"四个扎实"要求，坚持以人民为中心的发展思想，把中央的战略意图与重庆的特殊市情结合起来，推动经济社会发展迈上新台阶，全面优化城市品质，增强重庆知名度和美誉度。

第十二章　走向世界的重庆

改革开放以来，尤其是重庆由中央直辖以来，面对复杂多变的宏观环境和艰巨繁重的改革发展任务，重庆在党中央坚强领导下，全面落实中央决策部署，紧密结合实际，科学谋划和大力实施经济社会发展战略，全面加强经济建设、政治建设、文化建设、社会建设、生态文明建设和党的建设，改革发展稳定各项事业取得新进展。中国特色社会主义进入新时代以来，重庆正深入贯彻落实习近平总书记对重庆提出的"两点"定位、"两地""两高"目标和"四个扎实"要求，将"立足内陆"作为基本落点和目标起点，扎根内陆广阔的经济腹地，深耕内陆、服务全国；将"面向国际"作为路径取向和发展方向，树立国际视野和战略眼光，不断提高国际影响力和竞争力；将"当好枢纽"作为功能所系和关键所在，加快建设内陆国际物流枢纽和口岸高地，让重庆与世界互联互通，由此阔步迈上发展新阶段，走向世界。

第一节　科学的顶层设计

顶层设计作为一种战略思维和宏观设计，具有系统性、整体性、协同性、贯通性、前瞻性等特性。[①] 高端定位、体制优势、政策优势凸显出重庆发展的科学的顶层设计。

[①] 齐卫平：《处理好顶层设计和摸着石头过河的关系》，载于《人民日报》2013年9月16日。

一、高端定位

现代意义上的战略是从传统"战争"与"策略"含义上的演变，泛指统领性的、全局性的、左右成败的谋略、方案和对策。重庆独特的区域位置，及其在经济、政治、文化等方面的发展和历史积淀，使重庆无论在中华民族的历史推进中，还是在现实的发展中都凸显其重要的地位。"高端定位"是中央将重庆发展上升为国家战略的举措，是新重庆发展的定向导航。

(一) 高端定位是重庆发展现实的需要

重庆市是我国特大城市之一，具有3000多年的悠久历史，是西南地区和长江上游最大的经济中心城市和重要的交通枢纽。设立重庆直辖市，是党中央贯彻邓小平"两个大局"战略思想，为推动重庆和西部大发展而做出的重大决策。经过第一个十年的发展，重庆已站在一个新的发展起点上，2007年3月，党中央、国务院作出"314"总体部署，对重庆未来发展定向导航。在全面建设小康社会的关键时期与深化改革开放、加快转变经济发展方式的攻坚时期，中央把重庆定位为国家中心城市。习近平总书记对重庆提出的"两点"定位、"两地""两高"目标和"四个扎实"要求，为重庆发展带来了崭新机遇。

第一，重庆市对西南地区和长江上游地区的经济建设和对外开放发挥着越来越重要的作用，设立重庆直辖市是加快中西部地区经济和社会发展的需要。重庆市作为长江上游最大的经济中心城市和与海外经济往来的重要内河口岸，经济基础比较好。重庆直辖有利于充分发挥重庆市作为特大城市的作用，特别是进一步发挥它的区位优势、"龙头"作用、"窗口"作用和辐射作用，带动西南地区和长江上游地区的经济、社会发展。重庆直辖还有利于三峡工程的建设和库区移民的统一规划、安排、管理。

第二，从重庆直辖以来发展的情况看，已经取得了巨大的成就，但从重庆承担的巨大的历史重任审视，重庆还面临着极大的挑战，发展任重道远。因此，必须有前所未有的紧迫感，对重庆经济社会发展作出准确的判断、科学的谋划、切实的部署。党中央作出"314"总体部署，为重庆未来发展指明了目标和方向，就是要紧紧抓住西部大开发和老工业基地振兴的机遇，完善思路，真抓实干，把重庆加快建设成为西部地区的重要增长极，成为长江上游地区的经济中心，成为城乡统筹发展的直辖市，率先在西部地区实现全面建设小康社会的目标。

第三，把重庆定位于国家中心城市，是我国深化改革、扩大开放和区域发展战略调整的重要方向和战略需要，是中央一项事关全局的设计。中国改革开放和政策试验的实践过程中，大致经历了从南到北、从沿海到内陆推进的过程。直辖以来特别是党的十八大以来，地处西部内陆的重庆通过扩大开放推动城市统筹发展建设国家中心城市，具有现实的可行性和优势。

第四，"两点"定位、"两地""两高"目标和"四个扎实"要求是一个有机统一的整体，高瞻远瞩、统揽全局，是做好重庆工作的科学指针。习近平总书记明确指出，重庆作为我国中西部地区唯一的直辖市，区位优势突出，战略地位重要，是西部大开发的重要战略支点，处在"一带一路"和长江经济带的联结点上，在国家区域发展和对外开放格局中具有独特而重要的作用。重庆要充分发挥承东启西，连南接北的区位优势，融入国家西部大开发战略、"一带一路"倡议和长江经济带建设，努力把重庆建设成为"内陆开放高地"和"山清水秀美丽之地"。重庆要建设成为丝绸之路经济带战略支点、21世纪海上丝绸之路产业腹地和长江经济带西部中心枢纽,必须以"两点""两地"为基础。"两点""两地"把重庆在西部大开发中的功能和在"一带一路"、长江经济带中的作用统一起来,实现了重庆发展与国家发展战略的统一,将重庆的经济建设与生态文明建设结合在一起,让重庆在国家区域发展和对外开放格局中实现独特而重要的作用。习近平总书记指出,重庆要在"崇尚创新、注重协调、倡导绿色、厚植开放、推进共享"的理念下,充分发挥在国家战略格局中的功能作用,发挥"战略支点"和"联接点"作用;要积极推进全面深化改革,力争把重庆从"内陆沿江开放城市的桥头堡"建设成为"内陆开放高地";要努力发展绿色、低碳、循环经济,深入实施"五大环保行动",打好大气、水、土壤污染的防治攻坚战,努力改善库区生态环境,努力实现人与自然的和谐发展。习近平总书记嘱托重庆努力推动高质量发展、创造高品质生活。推动高质量发展与创造高品质生活,是内在联系、有机统一的,要通过推动高质量发展为人民群众创造高品质生活,通过创造高品质生活来激发高质量发展的动力活力。重庆将坚定不移用新发展理念引领高质量发展,深入推进供给侧结构性改革和大数据智能化创新,加快构建现代化经济体系。突出抓好乡村振兴和城市品质提升,让城乡居民有更多获得感、幸福感、安全感。[①]习近平总书记还指出,重庆要抓住经济发展的牛鼻子,有重点地开展经济建设工作,做到"四个扎实"的工作要求,即扎实贯彻新的发展理念,扎实做好保障和改善民生工作,扎实做好深化改革工作,扎实落实"三严三实"。

---

① 重整行装再出发 团结一致向前行——专访中共重庆市委书记陈敏尔,新华网,http://www.xinhuanet.com/2018-04/17/c_1122697034.htm。

（二）重庆发展高端定位的基本路径

1. 通过战略设计，凸显重庆重要地位

重庆是巴渝文化的发祥地，其独特的区域位置和资源优势，使重庆的战略位置充分凸显，在历史上曾历经三次建都。中华人民共和国成立后，重庆又经历了三次实行国家计划单列城市和两次设立直辖市的重大变化。这在中国城市史上是绝无仅有的。通过中央政府对重庆的战略定位，不难看出，中央政府每一次对重庆进行新的更高的战略定位，往往都出现在历史发展的关键时刻，是历史赋予重庆的重大使命，重庆也因此对中国历史进程发挥了重要作用。

改革开放以来，从中国发展度的板块学说来看，东部是发展地区、中部是较发展地区、西部是相对落后地区。在区域位置上，重庆地处中国西南部，辖区主要分布在青藏高原与长江中下游平原的过渡地带，也是中国经济发达的东部地区与资源富集的西部地区的接合部。因而，重庆的发展兼具大城市带大农村的典型西部地区特点。如何定位重庆的发展，即通过顶层设计，谋划重庆发展的蓝图，不仅是重庆自身发展的需要，更是全国一盘大棋的需要。

2. 中央政府审时度势，对重庆的发展作出了科学的定位

1997年3月，重庆成为中国第四个、中西部地区唯一的直辖市。2007年3月，党中央提出的"314"总体部署，开启了重庆科学发展的新境界；2010年2月，在国家住房和城乡建设部编制的《全国城镇体系规划》中，重庆跻身国家五大中心城市，拓展了重庆科学发展的新视野；2011年10月，国务院发布关于重庆市城乡总体规划的批复指出，重庆市是我国重要的中心城市之一，国家历史文化名城，长江上游地区经济中心，国家重要的现代制

造业基地，西南地区综合交通枢纽，要逐步把重庆市建设成为经济繁荣、社会和谐、生态良好、特色鲜明的现代化城市，通过战略设计，构架起了重庆发展美好的蓝图。今天的重庆作为长江上游经济中心城市和中国中西部地区唯一的直辖市，在西部大开发中已越来越发挥出它的窗口作用和辐射带动作用。中国特色社会主义进入新时代，习近平总书记对重庆提出的"两点"定位、"两地""两高"目标和"四个扎实"要求，有战略目标，有战略定位，有实现战略的路径和方法，必将更好地推动重庆发展。

3. 通过夯实基础，突出重庆发展特色

直辖以来，重庆历届市委市政府高度重视重庆发展的战略定位。在全国全面建设小康社会的大背景下，如何更好发挥重庆的作用、凸显重庆的地位，成为重庆发展战略目标首要思考的问题。显然，这样的高端定位是在国家发展战略这个宏观的层面来思考重庆的发展。为促进和保障高端定位的实现，重庆人民做出了巨大的努力，夯实了基础，突出了重庆发展特色。

近年来，重庆在落实"314"总体部署和打造国家中心城市战略目标中取得了重大成就。重庆通过直辖体制优势、承东启西、连接南北的区位优势、现代工业产业技术优势和科教人才优势大力推进全面小康社会的建设。重庆紧紧抓住西部大开发的机遇，打造增长极。西部大开发10年之后，中西部地区已经逐步形成一种资源的配置体系，同时，重庆作为西部交通枢纽，在物资集散上具有中心位置。加上直辖以来重庆市的经济发展积淀，都具备了使其成为增长极的基础。重庆致力于建设长江上游经济中心。为了实现这一目标，重庆市制定了"三中心、两枢纽、一基地"的规划，为重庆成为上游地区经济中心创造了具体条件。

近年来，重庆一直围绕"三中心、两枢纽、一基地"在努力。"十一五"规划末期,重庆市基本搭建起这样的框架,对整个长江上游地区发挥广泛而深入的基础设施支撑、生产要素配置、产业发展带动、可持续发展示范等综合功能,起到经济中心的辐射带动作用。重庆高度重视加快发展现代农业,扎实推进社会主义新农村建设,促进城乡统筹发展。

重庆高度重视全面加强城市规划建设管理,大力提升城市发展品质,着力打造卫星城市,促进"二环"发展,形成了"二环八射"高速公路网,努力实现城市管理现代化,加强节能减排工作,改善生态环境。重庆通过扩大开放推动城市统筹发展建设国家中心城市。重庆正成为西部地区最大的现代化交通枢纽,等等。显然,这些特色优势的发挥,奠定了重庆发展的坚实基础。

(三) 重庆发展高端定位的主要启示

科学的理论推动伟大的实践。重庆发展的高端定位描绘了重庆未来的蓝图,为保证这些定位战略目标的实现,重庆发展的举措启示我们,实现高端定位要有富于前瞻的视野,要突出发展民生导向,要凸显城乡发展共进,要搭科学的载体建平台。

1. 高端定位要富于前瞻的视野

高端的定位是发展的导向,富于前瞻的视野是高端定位应有之义。所谓前瞻视野,就是要立足现实,面向未来,实现现实性与未来性的有机统一。重庆实现高端定位中,前瞻视野渗入其中。

第一,凸显了全国一盘棋的大局观。从直辖到"314"总体部署,再到国家中心城市,要求重庆在西部地区率先实现全面建设小康社会的目标,扎实推进社会主义新农村建设,切实转变经济增长方式,积极构建社会主义和谐社会,这些都是放到党和国家总揽全国经济社会发展的大局中来考量的,放到党和国家对中国特色社会主义建设的总体布局和重大战略部署中来考量的。对于重庆来说，最鼓舞人心的是，习近平总书记对重庆提出的"两点"定位、"两地""两高"目标和"四个扎实"要求，高瞻远瞩、统揽全局，是做好重庆各方面工作最切实的行动指南。

第二，实现高端定位，充分体现了矛盾普遍性和特殊性的统一。重庆发展的高端定位，一方面，它是在立足于中国正处于并将长期处于社会主义初级阶段这个普遍性的前提下，结合重庆改革开放和现代化建设的特殊性而制定出来的；另一方面，那些被重庆改革开放和现代化建设实践所证明了的行之有效的发展战略，通过上升为国家战略的方式，又具有了普遍性意义，对全国的经济社会发展发挥着指导作用。

第三，高端定位要做好科学的规划，确保战略定位目标的实现。比如重庆在建设国家中心城市中推出的实施城乡总体规划，推进城市规划科学化；努力实现城市建设集约化；努力实现城市管理现代化；加强节能减排工作，改善生态环境，提升城市发展品质等，都是有效举措。

2. 高端定位要体现民生的理念

发展是时代的主题。发展为了人民则是中国特色社会主义事业永恒的主题。为解决民生问题，促进重庆的发展，重庆在发展中，从直辖到"314"总体部署，再到国家中心城市的高端定位，尤其是习近平总书记对重庆提出的"两点"定位、"两地""两高"目标和"四个扎实"要求，民生理念深深根植于发展的全过程，并伴随着系统的科学设计方案和重庆人民的艰苦努力而实现。应该说重庆的市情既符合西部省市的基本特征，又符合中国国情的基本特征，重庆市情就是中国国情的缩影，重庆发展无疑具有放大效应。先行先试成功地解决重庆城乡统筹等问题，对全国都具有现实意义。

3. 高端定位要保障城乡的统筹

重庆高端定位是基于重庆城乡发展实际的战略决策，就发展的内涵来说，最基本的要义就是要实现城乡的统筹发展。重庆致力于保障城乡的统筹，完成了中央交办的"四件大事"的主体攻坚任务；基础设施建设取得较大突破；库区发展和移民安稳致富取得重大阶段性成果；转变经济增长方式取得较大进展；新农村建设取得显著成绩；推进人与自然协调发展、增强可持续发展能力取得可喜进步。

总之，重庆统筹城乡的特点既不同于成都乡村旅游的模式，也不同于沿海地区单纯的农村工业化的做法，而是充分发挥出重庆作为特大型工商业城市大企业大集团相对集中、经济基础雄厚、网络信息密集的优势，有针对性地参与重庆的城乡统筹发展。

4. 高端定位要抓好平台的建设

良好的载体平台是实现五大发展的有效举措。从哪些环节建立载体平台和如何建立什么样良好的载体平台，这要依据各地自身的发展实际来决定。

从重庆高端定位的内涵来看，"314"总体部署、国家中心城市等，尤其是习近平总书记对重庆提出的"两点"定位、"两地""两高"目标和"四个扎实"要求，都有明确的内涵，要求很高，必须对标对表办好。而目前重庆的基础设施、能源资源、企业创新、资本规模、技术人才存量，与"建设西部地区重要增长极"的要求有差距；重庆的总体经济实力、产业结构、对外经济规模以及对区域的辐射带动能力，与"建设长江上游地区经济中心"的要求有差距；重庆的城乡二元结构、机制体制障碍、城乡要素配置，与"建设城乡统筹发展直辖市"的要求有差距；重庆全面小康实现的程度和现状，与"在西部率先实现全面小康社会"的要求有差距。现实和目标的距离,就是重庆的差距。

同时,目前的重庆与国家中心城市还有较大的差距,主要是大城市、大农村并存,城市化尚处于预备阶段,城镇体系不合理,城市功能还不完善,城乡二元结构突出,重庆的整体规划尚不完善,城市的空间布局也不尽合理,在产业之间、区域之间、经济与社会发展之间存在着一定失衡。文化软实力也有欠缺,文化领军人物缺乏,这是一个渐进的过程。

注重载体平台打造是实现重庆高端定位的有效举措。这集中体现在:近期建设国家中心城市,远期瞄准国际性中心城市建设目标;推进内陆开放,带动区域发展;构建综合性交通枢纽;建设长江上游经济中心;先行先试,建设全国统筹城乡示范区。

依托这些载体平台的建设和打造,重庆正从"起跑"到"领跑"提升,承担着中国西部经济发展的增长极使命,肩负着国家赋予的区域辐射带动功能的重要战略性使命。

5. 高端定位要关注好人的发展

高端定位最根本的是为了实现人的全面发展,这是社会主义区别于其他社会形态的本质特征,是社会主义发展定位优越性的集中体现。重庆发展的高端定位,既考虑到了经济社会发展的需要,更凸显了人的发展需要,从经济、政治、文化、社会和生态全方位深深体现了人的发展需要和价值诉求。历史规律不是外在于人,而是人自身的活动规律即人的物质生产的运动规律。这就要求推进人的自由而全面发展。推进五大发展,促进社会进步,在本质上就是要实现人的全面发展。重庆发展作为全国践行五大发展理念的实践案例,其突出的成效充分揭示了实现高端定位要体现人的全面发展需要这一真理。

二、体制优势

确立重庆直辖体制,既是国家基于重庆区域战略位置意义的顶层设计,也是国家基于战略新谋划赋予重庆发展新优势的需要。

(一) 赋予重庆直辖体制优势的缘由

直辖市,即"直接由中央政府管辖的城市",法律和行政地位相当于省、自治区。一个城市能否成为直辖市,涉及国家经济布局、行政规划、社会统筹等全局性宏观战略考量。

重庆直辖的决策缘起邓小平的战略构想。1985年1月19日,针对时任国务院副总理李鹏说"正在考虑成立三峡行政区,用行政力量来支持三峡建设,做好移民工作"时,邓小平讲:"可以考虑把四川分为两个省,一个以重庆为中心,一个以成都为中心。"[①]

1997年3月14日,全国人大八届五次会议通过关于批准设立重庆直辖市的决定。1997年6月18日,重庆直辖市挂牌,时任国务院总理李鹏授牌。重庆成为继北京、上海、天津之后的第四个直辖市。

(二) 重庆直辖体制优势的内容

重庆作为新兴直辖市,发展机遇与发展挑战并存。如何按照又好又快发展的要求,结合重庆现实发展的需要,取得新进展、实现新突破,完成中央赋予重庆直辖市的使命,是重庆发挥直辖体制优势的重要内容。

重庆直辖肩负行政体制创新的任务。重庆将探寻"省直管

[①] 《〈众志绘宏图——李鹏三峡日记〉前言》,中国共产党新闻网,http://cpc.people.com.cn/GB/64162/82819/83773/83777/5750599.html。

县"体制,为国家精简地市行政层级提供实践经验;探寻"低成本"政府体制,为精简机构和人员,建立规范、高效的行政运行机制提供实践经验;规范政务管理,改善投资环境,为实现由管制型政府行政模式向法治型、责任型、服务型、效能型政府模式转变提供实践经验。1997年12月,撤销了万县市、涪陵市和黔江地区,设立重庆市万县移民开发区和黔江开发区。同时,撤销原万县市所辖的龙宝区、天城区、五桥区,合并设立为万县区(1998年5月22日更名为万州区);撤销涪陵市所辖的枳城区、李渡区,设立涪陵区。经过此次行政区划调整,重庆市区县级行政管理单元由直辖初的43个减为40个,其中,市辖区13个、县18个、自治县5个、县级市4个。

(三) 重庆直辖体制优势的影响

直辖以来,重庆综合经济实力和可持续发展能力明显增强,库区经济社会发展步伐明显加快,城乡居民收入和基本公共服务水平明显提高,社会文明程度明显提升。重庆发展的成效充分证明,中央设立重庆直辖市的决策是完全正确的。

1. 在经济方面充分发挥直辖市辐射力与影响力

重庆直辖市的设立,实现8万平方公里巴渝大地在经济、科技、资源、人才和政策优势上的互补,有利于形成新的综合优势。

一方面,老重庆的工贸、金融和科技优势,便于与两市一地丰富的自然资源和广阔市场结合起来,统筹规划,使之互为市场、互为基地、相互支援、共谋发展,发挥各自的优势,在更大的区域内实现资源的合理配置。如西南铝通过技术、装备、人才优势,投身自主研发,最终突破了7050合金超大规格铸锭成型、冶金质量控制、强变形轧制、强韧性热处理等关键核心技术难题,一举填补了国内空白,成为国内唯一的国产大飞机项目铝材供应商。

另一方面，可以更加科学地进行生产力布局与调整，促进地区产业结构的合理化和科学化，增强经济发展整体功能。重庆直辖不仅吹响了党中央、国务院关于实施西部大开发战略的序曲，而且推动了重庆加快建设长江上游经济中心，为重庆发展成为新的增长极乃至国家中心城市奠定了坚实基础。2018年5月17日，我国首枚民营自研商用亚轨道火箭"重庆两江之星"成功发射，标志着民营航天领域迈出重要一步，中国航天领域出现"国家队"与民营企业互促互补的新格局。

2. 在政治方面充分发挥直辖市行政体制优势

重庆在国家行政管理体系中地位提高，在国家宏观调控体系中层次提高，同时提高了行政管理效率，降低了政府运行成本。重庆直辖市的设立，给了重庆发展资金市场、资源市场、人才市场、信息市场等一系列大政策，把重庆发展推上了一个崭新的起点。

行政体制的变化使重庆拥有了中央直辖市的种种权益和沿海城市享有的经济优惠政策，能够根据重庆的实际采取相应的对策和措施，营造更加宽松的、适宜经济发展的人文环境和政策环境。

3. 在文化方面充分发挥精神动力作用

重庆直辖有利于进一步传承红岩精神和三峡移民精神，培育重庆精神，增强干事创业动力，并且有利于优化巴渝文化走向世界的文化开放格局，客观上使得文化繁荣发展的人才保障更加有力。2018年7月14日，重庆市文化委、市旅发委联合举办的"2018年重庆文化节"在俄罗斯明斯克开幕。此次活动为期7天，意在推动中华文化"走出去"，加强与世界各国特别是"一带一路"沿线国家的文化交流与合作。

4. 在社会方面充分发挥以城带乡功能

有利于按期完成三峡工程重庆库区百万移民并使移民安稳致

富，也有利于带动贫困地区和少数民族地区的发展，实现社会全面协调可持续发展。同时重庆直辖立足"大城市、大农村、大库区、大山区"的特殊市情，有利于探索大城市带大农村的社会发展模式，统筹城乡社会保障体系，促进城乡基本公共服务均等化，实现在西部率先建成全面小康社会的目标。

三、政策优势

政策作为一种既定的行为准则，其关键是要在实践中发挥它应有的作用，用足用活政策就是最为根本的一环。重庆发展注重发挥政策优势是在遵循这样的思路前提条件下，按照科学发展的要求，在重庆发展现实的需要以及政策本身功能发挥的基础上进行的。

（一）重庆发展注重发挥政策优势的依据

1. 实现科学发展的要求

科学发展是重庆发展注重发挥政策优势的重要依据。政策的制定与完善，政策的用足用活必须以科学发展为要求，科学发展通过用好各种政策来落实。

以人为本是用好政策的核心和本质。必须把以人为本贯穿经济社会发展各个方面，体现到党和国家各项方针政策中。用好政策，必须坚持从人民的根本利益出发谋发展、促发展；必须正确反映和兼顾不同地区、不同部门、不同方面群众的利益；必须切实保障人民依法享有各项权益，维护社会公平正义。

全面、协调、可持续发展是用好政策的基本要求。用好政策，必须全面、系统、准确地理解、掌握党和国家大政方针，深入贯彻中央战略意图，将科学发展理念、科学发展目标具化为科学发展"路线图"；必须综合运用行政、规划、税收、金融、财政、法律等手段，将科学发展思路、科学发展任务细化为全面调控经济社会发展进程的实际举措。必须妥善协调各方面的利益关系,增强经济社会发展的协调性。必须科学地分析、判断形势,因地制宜地出台符合形势发展要求的配套政策体系,积极发挥政策的倍增效应,把优势政策持续转化为优势生产力。

2. 重庆发展现实的需要

重庆发展涉及的政策从层级上看,可以分为中央政策、市级政策、行业及区县政策。这些层面的政策设计构架起重庆实践完善的政策体系,为推动重庆又好又快的发展提供了必不可少的制度设计。用好这些政策,最大限度发挥各项政策的作用和优势,是满足重庆发展现实的需要。

从中央赋予或批准实施的政策来看,中央立足全国发展大局、区域发展实际以及重庆发展现实,按照必须处理好解决当前存在的问题与实现今后要达到的长远目标的关系的原则性要求出台了一系列政策,包括国务院批复同意修订后的《重庆市城乡总体规划(2007—2020年)》、《国务院关于推进重庆市统筹城乡改革和发展的若干意见》、"五区"政策、西部大开发政策、三峡移民政策、《武陵山片区规划》等。

从重庆结合市情出台的政策来看,在重庆经济社会发展过程中,必须灵活地处理好把握全局与突出重点的关系,处理好发挥市场经济体制的作用与政府行使宏观调控机制的关系。在此现实要求下,重庆市各行业、各区县(自治县)出台的政策,必须注意针对性、有效性和可操作性。

(二)重庆发展注重发挥政策优势的路径

注重发挥政策优势是无产阶级政党在社会主义事业建设中,必须具备的基本能力。列宁指出:"无产阶级作为一个领导的统治的阶级,应当善于规划政策,以便首先去解决最刻不容缓的和最'迫在眉睫的'任务。"① 毛泽东深刻指出："政策和策略是党的生命"②。重庆通过领会精神，用足用活现有政策；面向未来，争取中央政策支持；注重实效，制定地方发展政策，这些都是有效促进重庆快速持续发展的政策保障。

1. 立足实际，用足用活现有政策

当一个地区发展的方针政策已定、方向已明，关键就是如何从实际情况出发，科学地运用政策。直辖以来，中央政府和重庆市委、市政府，为促进和保障重庆的经济社会发展出台了系列的政策、制度、条例等。重庆在用好这些政策的实践中，立足市情实际，通过深入学习，领会政策精神，使各项政策在实践中得以用足用活，发挥应有效能。重庆通过深入学习，明确各项政策出台的目的、目标、意义，特别是掌握政策自身本质的要求，在此基础上，发挥主观能动性，立足实际、瞄准实效，统筹考虑如何贯彻落实政策，对西部大开发各项政策的应用就是鲜明例证。

重庆准确把握党和国家支持的导向和重点，找准地方发展所需和中央政策的结合点，最大限度地用活政策，使这些优惠、扶持政策切实成为促进地方经济社会又好又快发展的重要支撑，从《国务院关于推进重庆市统筹城乡改革和发展的若干意见》到三峡移民政策，再到《武陵山片区规划》等，就是用活政策的范本。重庆树立抢抓意识，乘势而上，借力而为，在吃透政策上下功夫，在用足政策上想办法。通过制度建设，确保政策运行、落实各环节的畅通有效，最大限度协调人、财、物的有序流动，在各地区各部门间形成合力，推动政策效应充分释放。

---

① 《列宁选集》第 4 卷，人民出版社 1960 年版，第 541 页。
② 《毛泽东选集》第 4 卷，人民出版社 1991 年版，第 1298 页。

2018年6月,《国务院关于同意深化服务贸易创新发展试点的批复》发布,将重庆两江新区纳入深化服务贸易创新发展试点。这意味着,两江新区将用两年时间深化改革,打造服务贸易创新发展试点升级版。

2. 面向未来,争取中央政策支持

实事求是是中国特色社会主义实践的思想路线。坚持全国一盘棋,遵循在党中央的统一领导下,充分发挥中央和地方两个积极性,是推进中国特色社会主义建设的基本要求。从用好政策的基本内涵要求来看,它既包括用好中央制定的一般性、普惠性政策,也包括用好中央就某区域发展赋予的特殊性、针对性政策,以及用好各地出台的配套性、自主性与差异性政策。

重庆作为一个新兴的直辖市,肩负着重大的历史使命。中央政府出台的大政方针政策以及面向西部地区的政策,为重庆的发展提供了导向和保障。但重庆独特的市情民意及其战略使命也需要中央政府相应的政策照顾和倾斜。因此,面向未来,争取中央政策,也成为重庆用好政策的重要内涵。在中央统一指导的前提下,争取中央政府根据重庆发展实际赋予重庆必要的地方权力,给重庆发展更多的独立性,办更多的事情。如设立保税港区、《重庆市城乡总体规划(2007—2020年)》、重庆自贸区等。中央在做出重大部署、制定方针政策时,既要考虑整体利益和长远利益,也要照顾不同地区、部门的特点和利益,区别对待,对重庆加以关注。如西部大开发政策的续用、颁布实施《国务院关于推进重庆市统筹城乡改革和发展的若干意见》、敲定"中新(重庆)战略性互联互通示范项目"等。中央政府强有力的政策支撑,为重庆的发展注入了坚强的保障动力。

经中央批准,主题为"智能化:为经济赋能、为生活添彩"的2018中国国际智能产业博览会,8月23~25日在重庆国博中心举办。举办智博会，有利于提升重庆智能产业创新力和竞争力，助力重庆抢抓"一带一路"倡议逐步融入世界分工体系，辐射带动西部地区产业向价值链中高端迈进，加快建设内陆开放高地，带头开放、带动开放。

3. 注重实效，制定地方发展政策

基于重庆独特的战略地位，国家出台了一系列优惠政策，重庆基于市情民意实际，也开创性地制定和推行了一系列推进经济社会发展的政策举措，从而构建起推进重庆实践发展的制度安排。如直辖后，重庆市委、市政府根据中央关于西部大开发的有关政策，结合重庆的实际，出台了加快西部大开发的意见并制定了涵盖财政税收、金融信贷、土地和资源开发、对内对外开放、人才和科技创新等五个方面的西部大开发50条优惠政策，是比较全面、系统、优惠幅度大的综合性政策文件。为推进城乡统筹，落实《国务院关于推进重庆市统筹城乡改革和发展的若干意见》，建设国家中心城市，重庆市委市政府把加快城镇化作为全面建设小康社会的重大举措，从2000年以来连续出台了7个推进城镇化建设的决定或意见。尤其是针对"三农"问题先后制定了加强农业和农村工作、落实粮改政策促进粮食结构调整、减轻农民负担、深化农村税费改革、加强生态环境保护、退耕还林加快林业发展、加快渔业发展、促进农民增加收入和加快农村土地流动、实施百万农村劳动力大转移的优惠政策，极大地推动了农村经济的发展和"三农"问题的缓解。2018年6月，两江新区出台《重庆两江新区国家自主创新示范区建设实施方案》。按照规划，到2020年，两江新区将初步建成具有重要影响力的长江上游创新中心。

（三）重庆发展注重发挥政策优势的启示

1. 要领会精神

注重发挥政策优势，首要的是要通过学习，深入领会政策的精神实质,这是第一条重要启示。直辖以来,中央、重庆市出台了一系列有利于重庆经济社会发展的文件和政策,重庆在发展过程中,通过学习、研究和思考,及时领会文件新内容,吃透政策新精神,避免了该用实的政策没有用实、该用活的政策没有用活、该用足的政策没有用足,使各项政策充分发挥最大效应。毛泽东指出:"要使同志们懂得,共产党领导机关的基本任务,就在于了解情况和掌握政策两件大事。"[①] 政策出台后就要贯彻落实,而干部掌握好政策应首当其冲。目前,一些干部存在着干事热情高,但效率不高、效果不明显的问题,症结就在于对政策学习领会不透,以致政策落实不到位。

领会政策的精神实质主要体现在以下两个方面。一方面,明确重大政策导向。实现经济社会发展目标,必须紧紧围绕推动科学发展,统筹兼顾,改革创新,明确重大政策导向。另一方面,明确政策的针对性。政策是根据发展战略需要制定的,用于解决实施发展战略过程中的一些重大问题,确保战略目标更好更快地得以实现。因此,必须认真学习领会,把握政策之间的内在联系,明确每项政策的针对性。

2. 要注重整合

战略目标的实现是一个需要长期努力和坚持的过程,政策在一定时期一个阶段应当保持稳定性,同时也应当保持政策的连贯性。因此,用好政策尤其需要注重对政策资源的整合,使其发挥最大效能。重庆发展中总是把国家的大政方针政策与重庆的地方政策,把经济社会发展中各领域各行业的政策通盘考量,有效整合政策的力量,极大地为重庆经济社会发展提供了保障。如整合

[①] 《毛泽东选集》第3卷,人民出版社1991年版,第802页。

政策，打造内陆开放高地，实施创新驱动发展战略。

第一，要注重政策的配套性和连贯性，对已经不合时宜的政策，要依理依据及时废止。

第二，进一步争取中央政策支持。取得中央支持是用好政策的前提。要寻求机会甚至创造机会，争取所提政策、建议和项目得到党中央、国务院、国家有关部委的支持，或纳入国家战略规划、政策文件，努力将地方意志上升为国家发展战略。尤其是在先行先试一段时间，形成比较成熟的政策及建议后，可积极争取中央支持。

第三，做好相关政策的具体配套措施。特别是在落实党中央的大政方针中，要精心研究，开动脑筋，从中央、市委的政策部署中找准自己的"坐标"，从具体政策中找到本地区本部门发展的出发点、立足点和着力点，结合自身的优势，采取措施，因地制宜，走出一条上符合中央、市委要求，下体现百姓需求的新路。2018年5月26日，"央企重庆行"在重庆悦来国际会议中心启动。重庆市与央企召开工作座谈会并签署项目合作协议，共商合作大计，共享发展机遇，推动各领域深度合作。

3. 要推陈出新

政策特别是重大政策的出台，往往与形势发展、任务变化有极大的关联，对于重庆而言就是这样。因此，推陈出新，及时修订完善既有政策，是重庆实践用足用活用好政策的重要举措。

第一，要坚持发展政策原则性和灵活性的辩证统一。这既是马克思主义的内在要求，也是科学发展观的题中之义。在中央政策的大力支持下，重庆紧紧把握发展机遇，在发挥政策优势上下功夫，比较好地体现了这一真理。怎样把政策的原则性和灵活性辩证地统一起来，正确运用政策，有效解决新问题、化解新矛盾、取得新成效，具有重要而迫切的现实意义。

第二，要适时调整既有的政策。政策是根据客观实际情况制定的，由于客观事物是发展变化的，作为客观事物主观反映的政策也必须相应地发展变化，因此要根据形势的变化对政策做出相应的调整修订。

第三，通过经验考证来完善政策。毛泽东指出："凡政策之正确与否及正确之程度，均待经验去考证；任何经验（实践），均是从实行某种政策的过程中得来的，错误的经验是实行了错误政策的结果，正确的经验是实行了正确政策的结果。"[①] 用好政策不是一劳永逸的事，用好政策是一项长期性的任务。因此，用好政策是一个出台、落实，并清理、完善，再实施的系统而长期的工作。需要以理性的态度，正确分析政策落实中的基本问题，要科学施政，做到既对已有的政策进行认真梳理，逐一落实，又要把先行先试的新鲜经验总结好、运用好、发展好，试点推广一批新的政策。要积极发动广大党员群众参与政策的制定、完善，广泛听取党员群众的意见。

第二节 系统的战略推进

重庆发展之系统的战略推进使决策体现民意，由此激发市民的主动性和创新性，进而确保改革发展的顺利推进。重庆发展战略的系统性使载体平台打造建立在理性分析的基础上，将区县谋划体现在因地制宜的运行上，这样，整个发展的科学化水平不断提高。

---

① 《毛泽东文集》第5卷，人民出版社1996年版，第74页。

一、系列的载体平台支撑

重庆发展的系列载体平台支撑,是为实现重庆发展目标,而量身打造的一系列实践平台或发展载体。重庆发展载体平台的培育是基于促进重庆发展的要求、重庆发展现实的需要与发展载体平台固有功能的体现来确定和打造的。

(一) 重庆发展注重系列载体平台支撑的依据

1. 实现科学发展的要求

内陆如何开放、城乡如何统筹、不同发展水平的地区如何实现共同发展,是重庆实现科学发展进程中必须破解的"三大难题",也是当前我国全面建设小康社会必须解决的三大难题,同时也是世界发展意义上的难题。重庆的发展承载着前所未有的历史使命和责任,因此,在践行科学发展观中,重庆如何在推进科学发展过程中发挥自身的优势和特点,准确把握地方经济社会发展的脉搏,把中央的战略意图与重庆的特殊市情结合起来,找到实践科学发展的突破口,确立可行的建设载体平台。

2. 重庆发展现实的需要

直辖以来,重庆抢抓机遇,加快发展,逐渐成为中国西部地区开发战略的重点、中国内陆腹地对外开放的热点、长江经济带发展的新增长点。在此基础上,重庆立足市情,扎扎实实地培育各种载体平台以适应发展现实的需要。

第一,在经济全球化背景下优化投资环境。区域经济开放度越高,其市场化程度和市场化运作效率也就越高。区域基础设施越完备,生产成本与交易成本(如物流成本等)就越低。文化水平、教育水平越高就越能向劳动力市场上提供高素质的劳动力。区域科技创新能力越强,对于高新技术的消化吸收与创新的能力就越强。内陆开放高地、教育高地、科技创新高地等载体平台呼之欲出。2018年5月25日，第二十一届中国西部国际投资贸易洽谈会在重庆悦来国际会议中心开幕，"渝洽会"从2018年起更名为中国西部国际投资贸易洽谈会（简称"西洽会"），升级为国家级展会。

第二，在重大战略机遇期构建比较优势。重庆积极建设统筹城乡试验区、两路寸滩保税港区、西永综合保税区、两江新区、成渝经济区等载体平台，就是要发挥这些载体平台的政策优势，促进招商引资。江津综合保税区（一期）于2018年4月通过国家验收，江津综保区是重庆市继两路寸滩保税港区和西永综合保税区之后的第三个海关特殊监管区域，它具备"水公铁"多式联运优势，串联起长江黄金水道、中欧班列（重庆）、中新互联互通项目"渝黔桂新"南向铁海联运通道，是重庆打造内陆开放高地的重要开放平台。

第三，在改善民生的呼声下促进公平正义。必须大力发展社会事业，促进经济社会协调发展。要重视对科技、教育、文化、卫生、体育等事业的投入与建设。必须解决关系群众切身利益的问题，促进社会公平正义。必须坚持民生优先，努力使发展成果惠及城乡，科技创新、教育高地、文化高地等载体平台培育顺势而为。2018年，以行政审批服务为主的重庆市网上办事大厅全新改版上线，变身"政务服务超市"，行政执法信息、企业减负政策、惠民利民政策、财政奖补政策、招投标信息五类政策信息和统一的问政咨询平台崭新亮相，为各类市场主体和办事群众提供更好服务。

3. 发挥载体平台功能的体现

在创新、协调、绿色、开放、共享发展的重庆实践过程中，载体平台起着实践主体与实践客体之间的衔接作用,实践范围内即中央与地方、市内与市外之间的互动作用,实践目标与实践结果之间的关联作用,同时载体平台会对重庆发展的强度、速度、广度及效度具有烘托、提高、深化、增强等作用。

如今,由两江新区,自贸试验区和中新互联互通项目,7个国家级高新区和经济开发区,3个保税区、3个保税物流中心和1个检验检疫综合改革试验区构成的开放平台体系,为推动重庆全域开放奠定了坚实基础。

(二) 重庆发展注重系列载体平台支撑的路径

载体平台是实现五大发展必要的条件,载体平台培育是落实五大发展理念的必经过程。近年来,重庆在践行五大发展理念实践中,基于重庆发展的资源优势,突破制约重庆发展的"瓶颈",注重重庆全面发展的需要,努力培育和打造一系列发展载体平台,体现出了很强的针对性、实效性,从而有效促进了重庆的又好又快发展。

1. 基于重庆发展的资源优势,培育好载体平台

立足重庆发展的资源优势,科学培育和打造发展载体平台,是重庆发展的重要内涵。集中起来看,重庆的做法主要表现在三个方面。

第一,立足于重庆的区位优势,培育载体平台。重庆是典型的内陆之地,作为国家中心城市,应当成为内陆特别是整个西部地区直接对外开放的开放型城市。重庆作为国家中心城市,承担着中国西部经济发展的增长极使命,肩负着国家赋予的区域辐射带动功能的重要战略性使命。为此,重庆推出了建设内陆开放高地的这个战略目标和发展载体平台。

第二,依托重庆发展的政策优势,培育载体平台。重庆直辖

以来，中央赋予了重庆发展诸多的优惠政策，如西部大开发政策、直辖政策、"314"总体部署、全国统筹城乡综合配套改革试验区、国家中心城市等。立足这些资源优势，重庆着力构建"二环"发展、部市合作、引智引资等。

第三，立足重庆发展的积淀，培育载体平台。基于重庆生态建设和可持续发展的需要，重庆推出了渝东南文化生态实验区等载体平台的培育和打造；基于重庆工业基础雄厚，门类齐全，综合配套能力强。重庆推出了打造全球"云"计算中心、科技创新等载体平台；基于重庆投资环境良好，着力于为投资者提供投资便利化服务，大力改善硬件环境、市场环境、政务环境、人文环境和生活环境，规范行政管理，完善企业服务，简化办事程序，营造出企业满意、产业快速发展的优质服务环境，推出了打造教育高地、文化高地、环境综合整治等载体平台，等等。

2. 突破制约重庆发展的瓶颈，培育好载体平台

历史和现实赋予了重庆重大的使命，完成这些使命是重庆人民的荣光。努力突破制约重庆发展的瓶颈，培育好发展载体平台，是推进重庆又好又快发展的重要举措。

在发展过程中，重庆依然面临诸多的问题。一是"小马拉大车"。重庆农村面积大，农村户籍人口多。二是资源环境约束。重庆虽然地处西部，但与其他西部省区相比，资源贫乏。三是地处内陆的区位劣势。重庆资源匮乏，但物流成本又很高。四是增长方式较为粗放。增长方式效率低、能耗高。五是发展的协调性有待改善。

因此，城乡统筹发展是当前重庆面临的主要任务，也是人民群众的急切期盼。目前重庆的基础设施、能源资源、企业创新、资本规模、技术人才存量，与"建设西部地区重要增长极"的要

求有差距；重庆的总体经济实力、产业结构、对外经济规模以及对区域的辐射带动能力，与"建设长江上游地区经济中心"的要求有差距；重庆的城乡二元结构、机制体制障碍、城乡要素配置，与"建设城乡统筹发展直辖市"的要求有差距；重庆全面小康实现的程度和现状，与"在西部率先实现全面小康社会"的要求有差距。现实和目标的距离，就是重庆的差距。

同时，目前的重庆与国家中心城市还有相当大的差距，主要是大城市、大农村并存，在产业之间、区域之间、经济与社会发展之间存在着一定失衡。这些都是制约重庆发展的"瓶颈"，由此，基于重庆发展的现实，从突破制约重庆发展的"瓶颈"的角度先后推出了建设内陆开放高地、引智引资、教育高地、创新驱动发展、重庆自贸区等系列培育好发展载体平台的行动并取得了实效。

（三）重庆发展注重系列载体平台支撑的启示

重庆发展培育的各类载体平台承载着前所未有的历史使命和重大责任，现有载体平台也取得了不同程度的进展和成效，总结重庆发展培育载体平台的经验，最少可以启示我们：培育载体平台不仅要坚持从实际出发，更要注重发展可持续，要坚持系统的设计。

1. 培育载体平台要坚持从实际出发

唯物史观认为：社会存在决定社会意识，社会意识具有相对的独立性并且能动地反作用于社会存在。这就要求我们在认识世界的过程中，必须始终坚持从社会存在的客观实际出发，来制定我们的行动方案，并将其付诸实施，才能增强我们改造世界的针对性和实效性。

重庆直辖以来，为了切实推进改革开放和现代化建设，立足结合重庆集大城市、大农村、大库区、大山区和少数民族地区为一体的客观实际，传承历史、面向西部、胸怀全国、放眼世界，通过构建内陆开放高地、推进城乡统筹、建设两江新区、重庆自贸区等，扎实推进重庆发展的载体平台培育工程，取得了众多实质性和开创性成效，为重庆实现"加快"和"率先"的目标，发挥了积极作用。

各地在践行科学发展观过程中，立足自己的区位特点、资源现实、发展基础等，培育和发展好适宜自身发展需要的载体平台，这既是遵从马克思主义的唯物史观，即坚持实事求是、从实际出发的需要，也是实现五大发展理念的基本要求。如在西部地区可考虑从资源要素培育载体平台，在东部地区可从技术、品牌等培育载体平台。

2. 培育载体平台要注重发展可持续

实现经济社会的可持续发展，是科学发展观的基本要求。可持续发展，是指发展要有持久性、连续性，不仅当前要发展，而且要保证长远发展。重庆在发展载体平台的培育上，按照可持续发展的基本要求，深度谋划、科学规划、培育载体、夯实基础、增添措施、推动落实，使重庆经济社会的发展，呈现出持续发展的蓬勃态势，重庆人民获得了更好更多的实惠。

究其根源，我们不难发现，重庆实现科学发展能取得让世人瞩目的成就，其重要的经验之一就是培育出了一系列可持续性的发展载体平台的支撑和促进。当前，我国正处于改革开放的关键时期，我们经济社会的快速持续发展，既要越过资源要素短缺的"瓶颈"，也要跨越技术力量制约的"瓶颈"，只有坚持了发展的可持续性，才能为经济社会发展增添持久动力，夯实永续发展的坚实基础。当然，对于现有取得了不同程度的进展和成效的载体平台，还需在实践中不断探索和完善创新，以使载体平台的培育更加优化。

3. 培育载体平台要坚持系统的设计

重庆发展是全面的系统的，培育载体平台也要坚持系统的设计。重庆发展的载体平台培育考虑到了经济、政治、文化、社会等全面发展的需要。同时，从工作推进的层面，也充分考虑到了目的的实现、动力的激发、政策的保障等。

第一，培育指向发展目的、任务的实践载体平台。如"内陆开放高地""西永综合保税区""两路寸滩保税港区""两江新区""成渝经济区""重庆自贸区"等载体是为了努力把重庆加快建设成为西部地区的重要增长极、长江上游地区的经济中心；提升重庆发展软实力等载体是为了推进在西部地区率先实现全面建设小康社会的目标；金融发展、"两江新区"等载体是为了建设国家中心城市。

第二，培育能贯彻落实好各项政策、建立健全体制机制的工作载体平台。如培育统筹城乡试验区、西永综合保税区、两路寸滩保税港区、两江新区、成渝经济区等平台，部市合作、引智引资等载体。

第三，培育能充分激发活力，为人民群众所欢迎和参与的综合建设载体平台。各省市、地区发展是全国发展棋局中的一子，着眼不同时期、不同阶段实际和发展要求，自觉把自身的改革发展置于全国发展大格局、大背景乃至全世界发展视野中去布局设计，作为实践发展中的载体平台显然需要坚持以系统的方法去承前启后、谋划全局、统筹安排，努力使培育出来的载体平台相互影响、相互作用、共同构成一个有机的统一体，从而增强科学实践的实效性和发展的持续性。

二、因地制宜的区县谋划

致力于振兴区县，因地制宜谋划区县发展，是重庆市委市政府的战略决策。

（一）因地制宜谋划区县发展的缘由

区县兴则全市兴，区县强则全市强。重庆的发展依托于区县的振兴，区县不仅是重庆发展的主战场，更是重庆发展的基础。重庆发展抓区县，就是强调发展的突出性、人本性、均衡性、持续性。例如，南岸国家物联网产业示范基地致力于打造全国极具特色的物联网产业集聚区、应用示范高地和科技创新中心，为重庆市经济转型升级和产业结构调整注入新动能。又如，2018年4月15日，西部地区目前唯一一个全面承接国家信息中心数据、人才和技术资源的产学研智库平台——重庆西部大数据前沿应用研究院在渝北区仙桃国际大数据谷开院。再如，2018年2月，国内首个页岩气LNG（液化天然气）工厂——中石化涪陵LNG工厂一期顺利建成，产能100万立方米/天。

（二）因地制宜谋划区县发展的内容

与重庆主城9区相比较，非主城的区县发展问题表现在许多方面，这些问题都需要解决，如经济总量及发展水平存在着一定差异；资源分布不均衡，资源开发程度不同；产业分工不明确，产业结构层次不同；经济内部联系松散，整体性有待改善；科技投入水平偏低，劳动力资源整体水平不高；等等。振兴区县体现了全市经济发展的整体性和统一性，表现为总体目标的共同性和利益与责任的共同性，即要确立经济一体化的理念和机制，并构建相应的制度规范与政策体系。

要引导区县依据区域发展定位，紧紧围绕"6+1"传统优势产业、十大战略性新兴制造业、十大战略性新兴服务业和七大特色农业产业链,开展集群式招商引资。建立招商引资协作机制和利益分享机制,鼓励区县和企业开展集团式、链条式的联合招商、互荐招商,鼓励有条件的区县开展合作建园。强化产业空间布局的市级调控,严格执行产业禁投清单,推动各区域产业有序落地。建立市级招商引资协调联席会议制度,协调区县间招商引资行为,强化招商引资行为监控,防止形成新的无效供给和低端供给。严格执行税收基数划转政策。

要推动"万开云"板块同城化、一体化建设,充分发挥其引领带动作用,有序推进梁平、丰都、垫江、忠县、城口、奉节、巫山、巫溪等县城开发建设。突出民俗文化特色,加快黔江和秀山、武隆、石柱、彭水、酉阳等区县城联动发展。

(三) 因地制宜谋划区县发展的意义

因地制宜谋划区县发展是破解发展难题的重要突破口。因地制宜谋划区县发展夯实了重庆发展的经济根基;因地制宜谋划区县发展锻炼了重庆的干部群众;因地制宜谋划区县发展优化了重庆发展的环境基础。

第三节 重庆人的务实创新

务实创新是促进事物发展的可贵品质。务实创新,是围绕发展目标,营造良好发展氛围,充分保护、调动全市人民干事创业的积极性、主动性和创造性。重庆的发展,不仅要外练经济的"筋骨皮",更要内练思想文化的"精气神"。脚踏实地、团结奋进和开拓开放无疑是重庆发展的比较优势所在。

一、脚踏实地

脚踏实地是扎根重庆发展现实的需要。社会是一个多面而复杂的有机体，其中，经济、政治、文化和生态环境是一个社会的基本领域，它们构成一个社会的基本面貌。人类在这四大基本领域中活动，分别创造出不同类型的文明成果，即物质文明、政治文明、精神文明和生态文明。重庆人应坚持脚踏实地，各类文明一起抓、同时抓，才能真正实现又好又快发展的宏伟目标。

（一）保持脚踏实地的定力

重庆是中国中西部地区唯一的直辖市，从某种意义上说，重庆是中国城乡二元结构的一个缩影，"重庆的问题"在一定程度上说就是中国的问题。因此，重庆人脚踏实地加快统筹城乡改革和发展，对于深入实施西部大开发战略，探索解决我国城乡二元结构路子，加快形成沿海与内陆联动开发开放新格局，努力保障长江流域生态环境安全意义重大。重庆城乡差距大、区域发展不平衡，城市带动农村犹如"小马拉大车"的状况未根本改变，城乡二元结构突出仍然是制约重庆经济社会发展的主要矛盾。这些现状决定了重庆人保持定力，脚踏实地谋发展，最关键的是要搞好城乡统筹，并以此作为实现发展的突破口和见效点，走好一条区别于其他城市独特的发展道路。

正因为重庆集大城市、大农村、大山区、大库区于一体，"三农"既是突出短板，也是最大的潜力。如今，重庆致力于推动乡村产业、人才、文化、生态、组织"五个振兴"，集中力量打好脱贫攻坚、调整农业产业结构、改善农村人居环境、完善农村基础设施和公共服务等硬仗，形成推动乡村振兴的强大合力。

（二）构建脚踏实地的环境

从经济发展这一角度观察，经济发展环境是一个地区思想解放程度、市场发育程度和政府执政水平的具体体现。从一定意义上说，市场经济就是环境经济，哪里的经济环境好，哪里的经济就会充满活力，就能吸引更多的资金、技术和人才等生产要素。经济发展环境已被广泛认同是生产力，是竞争力，是一个地区的发展潜力。经济发展环境有"硬""软"之分。"硬"就是硬环境，包括传统意义上的能源、交通、通信等基础设施建设，以及良好的城市形象、配套齐全的工业园区等；"软"就是软环境，包括高效廉洁的行政行为、快捷良好的公共服务以及以人为本的人文环境等。重庆要实现又好又快的发展，必须"软硬兼施"，特别要努力构建鼓励人们脚踏实地干事业、支持人们脚踏实地干成事业的社会环境。

重庆致力于打造务实高效的政务环境、开明开放的市场环境、公平公正的法治环境、和谐美丽的人居环境，营造国际化法治化便利化营商环境，建设宜居宜业宜游美好城市，热忱欢迎四海客商、八方宾朋来渝投资兴业。

2018年6月12日，重庆市深入推动长江经济带发展动员大会暨生态环境保护大会召开，强调贯彻"共抓大保护、不搞大开发"导向，统筹抓好"建""治""管""改"各项措施，实现"加快建设山清水秀美丽之地"目标，彰显山水自然之美、人文精神之美、城乡特色之美、产业素质之美，让巴渝大地"颜值"更高、"气质"更佳。

2018年7月，国家信息中心发布了2017年6月1日～2018年5月31日全国城市信用排名，在全国省会及副省级以上城市综合信用指数排名中，重庆位居全国第二位。

二、团结奋进

团结奋进是充分激发活力功能、形成最佳局面的体现。活力，原是生态学名词，指生态系统的能量输入和营养循环容量，在一定范围内，能量输入越多，物质循环越快，活力就越高。活力在《现代汉语词典》解释为"旺盛的生命力"。目前约定俗成的活力指身体或精神上的力量或能量。重庆要实现又好又快的发展，要充分发挥活力激发的主要功能。

（一）凸显氛围营造功能

民生实事滚动实施、极大激发创新活力是重庆围绕发展目标，营造良好发展氛围，充分调动全市人民干事创业的主动性、积极性和创造性的两大亮点。在重点民生实事滚动实施上，重庆每年确定一批群众反映强烈、急需解决的重点民生实事，整合资源集中予以解决，做到完成一批增补一批。在极大激发创新活力上，重庆鼓励引导科技人员、大学生创业者等重点群体创业创新，大力扶持小微企业特别是科技型小微企业发展，形成大众创业、万众创新、活力迸发、成果涌现的良好格局。

2018年5月，重庆正式启动农村资源变资产、资金变股金、农民变股东改革（简称"三变"改革），在38个涉农区县（含万盛经开区）各选择1个村试点，在明晰规范产权、优选产业项目、培育经营主体、强化资本运作、注重权益保障、防范管控风险等方面展开全面探索。

（二）凸显力量凝聚功能

恩格斯指出："许多人协作，许多力量结合为一个总的力量，用马克思的话来说，就造成'新的力量'，这种力量和它的一个个力量的总和有本质的差别。"[1] 围绕"科学发展、富民兴渝"总任务，重庆人务实进取，开拓创新，奋发有为，顺利完成"十二

---

[1] 《马克思恩格斯选集》第3卷，人民出版社1995年版，第469页。

五"规划确定的主要目标任务。2016年，全市地区生产总值17558.76亿元，比上年增长10.7%；人均地区生产总值达到57902元，比上年增长9.6%；全市居民人均可支配收入22034元，比上年增长9.6%。[①] 综合经济实力大幅提升，经济结构调整取得显著成效，改革开放取得重要突破，社会事业全面发展，生态环境持续改善，人民生活水平不断提高，全面建成小康社会迈出坚实步伐。大家群策群力、齐心协力，形成了合力效应。

面向未来，重庆以习近平新时代中国特色社会主义经济思想为指引，以高质量发展为目标，以供给侧结构性改革为主线，以大数据智能化为创新发展的路径，以服务人民对美好生活需要为落脚点，全力打好"三大攻坚战"，深入实施"八项行动计划"，扎实抓好经济工作。

三、开拓开放

开拓开放，就是要立足于解决制约重庆发展的突出矛盾和问题，着眼于建立健全保障和促进开放发展的体制机制、体现开放发展要求的条件要素，在解决问题与创新体制机制的结合上进行积极探索。改革开放以来特别是直辖以来，重庆发展通过推动解放思想破除阻力，通过拓宽发展渠道展示群众智慧，优化开放条件增强开拓能力，有效促进了开拓开放。

（一）推动解放思想，破除发展阻力

改革开放以来，重庆经济社会发展取得的成绩是显著的，但离人民群众的愿望和要求还有较大差距。尤其是在思想观念上还

[①] 蓝庆华：《经济社会齐发展"十三五"良好开局》，载于《重庆日报》2017年3月20日。

存在不少不适宜科学发展要求的问题和不足,如"不敢"解放思想、"不愿"解放思想以及"不会"解放思想。发展急切呼唤广大党员干部需要解放思想,实现思想观念的改变和解放。

(二) 拓宽发展渠道,展示市民智慧

人民群众是历史的主人。重庆坚持"以人为本",做到了谋划发展思路问计于市民,查找问题听证于市民,落实任务依靠市民,衡量发展成效由市民评判,发展成果由市民共享,推进经济社会的全面发展,促进城乡的共同富裕,拓宽了发展渠道,从而充分激发了市民群众的积极性、主动性和创造性。

重庆积极构建内陆开放高地,坚持发展第一要务、民生第一目标、稳定第一责任,统筹推进新型工业化、信息化、城镇化、农业现代化,改革发展稳定各项事业取得新进展。[①] 这切合了重庆发展实际,极大地激发了重庆的开拓开放活力。

2018年5月16日,重庆市旅游发展大会召开,强调全面落实总书记对重庆提出的"两点"定位、"两地""两高"目标要求,全力打造重庆旅游业发展升级版,建设世界知名旅游目的地,把重庆旅游搞得红红火火,唱响"山水之城·美丽之地",让八方游客在重庆"行千里·致广大",真正实现旅游让人民生活更美好。

(三) 优化开放条件,增强开拓能力

中国40年的大发展,靠的是大改革大开放。全球视野下的重庆要实现新的跨越,根本出路在扩大开放,最大动力也在扩大开放。只有在开放的条件中,才可能更好地培植经济发展特别是民

---

① 《朝着全面建成小康社会迈出坚实步伐》,载于《重庆日报》2015年11月1日。

营经济发展的土壤,才可能集聚国内外更多的市场要素,并参与更大范围的产业分工,在更高的层次、更宽阔的领域求得发展。

2001年9月,中共重庆市委、重庆市政府正式印发《重庆市实施西部大开发若干政策措施》,涉及财政税收、信贷和融资、土地和资源开发、对内对外开放、人才和科技创新五个方面50条具体政策。2002年8月,重庆市委、市政府决定对外商投资企业采取七项措施改善投资软环境;重庆市政府决定用专项资金帮助中小企业开拓国际市场。2003年12月,世界银行发表《改善投资环境、提高城市竞争力——中国23个城市排名》调查报告,重庆市投资环境位列23个受评城市的第五位,在西部城市中名列第一。

2004年10月,全市发展开放型经济工作会议召开,提出开创大开放促大发展的新局面。2005年10月,第五届亚太城市市长峰会在重庆召开。2006年2月,重庆市首家本地航空公司——重庆航空公司完成工商注册。2007年4月,重庆市政府、四川省政府签订《关于推进川渝合作共建成渝经济区的协议》,川渝携手打造国家新的增长极。2008年11月,重庆两路寸滩保税港区经国务院正式批准设立,成为我国首个内陆保税港区。2009年2月,国务院批准重庆等20个城市为中国服务外包示范城市,将实行一系列鼓励和支持措施,加快服务外包产业的发展。2010年4月,西部地区12个省区市十三方共同签订科技合作框架协议。2011年3月,渝新欧国际铁路联运班列首次全程运行。

2012年10月,世界温泉及气候养生联合会将全球首个"世界温泉之都"称号授予重庆。2013年7月,"中国—中东欧国家地方领导人会议"在重庆举行。2014年12月,重庆市政府出台《贯彻落实国家"一带一路"战略和建设长江经济带的实施意见》。2015年11月,《中华人民共和国和新加坡共和国关于建立与时俱进的全方位合作伙伴关系的联合声明》发表,双方全力支持在中国西部地区的第三个政府间合作项目发展,确定项目名称为"中新(重庆)战略性互联互通示范项目"。

2016年8月,党中央、国务院决定在重庆市设立自贸试验区。重庆自贸试验区挂牌运行以来,为全国自贸试验区建设贡献了"四自一简"(海关监管)、"3C免办"(检验检疫)、"创新推动国际物流大通道建设""创新实施铁路运输信用证结算"等首创制度创新案例。在渝开通的"重庆—吉隆坡—印度"全货运航线,从2018年1月起直飞,这条新航线成为"重庆造"笔记本计算机、手机等产品出口东南亚及印度市场的快捷通道。2018年7月9日至12日,重庆市参加第五届中国—俄罗斯博览会,既凸显了大数据、人工智能等智能产业链和新能源汽车、生物医药等战略性新兴产业集群,又展示了"山水之城·美丽之地"的自然风景,充分展现了重庆市的经济发展前景和良好形象。因此,优化开放环境,增强开拓能力,是重庆发展激发活力的又一宝贵经验。

参 考 文 献

《马克思恩格斯选集》第1~4卷，人民出版社2012年版。

《列宁选集》第1~4卷，人民出版社2012年版。

《毛泽东选集》第1~4卷，人民出版社1991年版。

《毛泽东文集》第1~8卷，人民出版社1993年版。

《邓小平文选》第1~3卷，人民出版社1993年版。

《江泽民文选》第1~3卷，人民出版社2006年版。

《胡锦涛文选》第1~3卷，人民出版社2016年版。

《习近平谈治国理政》第1~2卷，外文出版社2017年版。

常璩：《华阳国志·蜀志》，刘琳校注本，成都巴蜀书社1984年版。

重庆市地方志编纂委员会：《重庆大事记》，科学技术文献出版社1987年版。

重庆抗战丛书编纂委员会：《抗战时期重庆的经济》，重庆出版社1995年版。

重庆市地方志编纂委员会：《重庆市志》第四卷，重庆出版社1999年版。

重庆市人民政府办公室、重庆市地方志办公室：《重庆年鉴》(2001—2015年)。

重庆市人民政府办公厅、重庆社会科学院、重庆市人民政府发展研究中心：《重庆经济年鉴》(2005—2016)，重庆出版社2005~2016年版。

重庆社会科学院、重庆市人民政府发展研究中心：《重庆蓝皮书·中国重庆直辖发展报告（2005—2018）》，重庆出版社2006～2018年版。

重庆市人民政府办公厅、重庆市人民政府发展研究中心、重庆社会科学院：《辉煌历程·重庆直辖十周年经济发展巡礼》，重庆出版社2007年版。

《重庆》课题组：《重庆》，当代中国出版社2008年版。

重庆市人民政府办公厅、重庆市人民政府发展研究中心、重庆社会科学院：《历史丰碑——中国重庆改革开放三十周年纪实》，重庆出版社2008年版。

重庆市人民政府办公厅、重庆市人民政府发展研究中心、重庆社会科学院：《重庆发展六十年》，重庆出版社2009年版。

黄侃如：《一个世纪的历程：重庆开埠100周年》，重庆出版社1992年版。

胡玻、肖长富、王进：《重庆人文精神研究》，西南师范大学出版社2007年版。

孟东方等：《重庆文化发展理论与实践研究》（上、下卷），重庆出版社2010年版。

孟东方等：《社会管理创新研究》，重庆出版社2011年版。

孟东方等：《大学工作学》，人民出版社2016年版。

童恩正：《古代的巴蜀》，重庆出版社1998年版。

王铁崖：《中外旧约章汇编》（第1册），三联书店1957年版。

隗瀛涛、周勇：《重庆开埠史》，重庆出版社1983年版。

吴大兵：《三峡移民精神》，重庆出版社2013年版。

薛新力：《重庆文化史》，重庆出版社 2001 年版。

杨超：《当代中国的四川》（上），当代中国出版社 1990 年版。

俞荣根、张凤琦：《当代重庆简史》，重庆出版社 2003 年版。

周景、刘景修：《近代重庆经济与社会发展》（1876—1949），四川大学出版社 1987 年版。

周勇：《重庆通史》（卷一、二），重庆出版社 2002 年版。

中共中央党史研究室科研管理部：《日本侵华罪行纪实 1931—1945》，中共党史出版社 1995 年版。

中共重庆市委党史研究室：《中国共产党重庆历史大事记》，重庆出版社 2001 年版。

中共重庆市委宣传部、重庆社会科学院、重庆市人民政府发展研究中心：《重庆直辖十年鉴》，重庆出版社 2007 年版。

中共中央宣传部：《习近平新时代中国特色社会主义思想三十讲》，学习出版社 2018 年版。

白文起：《矿产勘察迫在眉睫——重庆市主要矿产资源开采利用情况调查》，载于《中国国土资源经济》2004 年第 17 期。

陈全、张鲁鲁：《先驱举大旗巴蜀起狂飙——纪念中共重庆地方组织创建 80 周年》，载于《红岩春秋》2006 年第 2 期。

陈全、徐术：《顽强奋起迎接解放》，载于《红岩春秋》2006 年第 6 期。

李贵鲜：《关于提请审议设立重庆直辖市的议案的说明——1997 年 3 月 6 日在第八届全国人民代表大会第五次会议上》，载于《人大工作通讯》1997 年 Z1 期。

李坤：《区域经济发展带动重庆农业现代化的实现途径》，载于《社会科学家》2013 年第 6 期。

刘明华：《重庆市非物质文化遗产保护工作的现状与前瞻》，载于《重庆文理学院学报（社会科学版）》2014年第6期。

马述林、艾新全、俞荣新：《重庆经济体制综合改革试点回顾》，载于《红岩春秋》2008年第4期。

孟东方：《关于创设"重庆节"的建议》，载于《科学咨询（决策管理）》2007年第9期。

孟东方：《关于创设重庆学的建议》，载于《领导参阅》2007年第10期。

孟东方等：《中国文化竞争系统研究论纲》，载于《重庆大学学报（社会科学版）》2014年第5期。

孟东方：《构建中国文化竞争系统运行机制的思考》，载于《管理世界》2015年第7期。

孟东方等：《文化学科群创建研究》，载于《重庆大学学报（社会科学版）》2016年第1期。

孙保辉：《重庆市合川区历代风物民俗述论——从〈中华竹枝词〉入手》，载于《重庆教育学院学报》2012年第1期。

吴大兵：《在实践中培育与弘扬重庆人文精神》，载于《重庆行政》2007年第1期。

王燕晶：《成都方言、重庆方言音感差异探源》，载于《剑南文学（经典教苑）》2011年第4期。

杨孝蓉：《开埠对重庆近现代人文精神的影响》，载于《重庆社会科学》2009年第6期。

周勇：《新形象新概括新表达——市委书记汪洋定义重庆读解》，载于《今日重庆》2006年第3期。

张立荣、汪志强：《当代中国政府社会管理创新——以麦肯锡7—S系统思维模型为分析框架》，载于《江汉论坛》2006年第10期。

张凤琦：《论三线建设与重庆城市现代化》，载于《重庆社会科学》2007年第8期。

周勇：《红岩精神研究的几个基本问题》，载于《党的文献》2009年第2期。

章尚正、张睿：《非物质文化遗产的旅游利用模式与原真态保护》，载于《宿州学院学报》2010年第10期。

张全景：《认真学习研究中国共产党的历史》，载于《中共党史研究》2011年第2期。

张剑峰、王燕：《在城市化语境下对都市农业的思考——以武汉为例》，载于《农村经济与科技》2012年第7期。

朱晓静：《重庆公共文化服务的"多元化"取向》，载于《绵阳师范学院学报》2012年第7期。

《渝报》，光绪二十三年第二期。

《发挥直辖优势 实现科学发展》，载于《人民日报》2007年6月15日。

《区域发展差异化 资源利用最优化 整体功能最大化》，载于《光明日报》2015年11月20日。

《重庆市人民政府工作报告》（1998—2018），载于《重庆日报》。

《重庆市国民经济和社会发展第十三个五年规划纲要》，载于《重庆日报》2016年3月21日。

《新时期民族精神和时代精神的生动体现》，载于《重庆日报》2006年4月11日。

孟东方：《有必要创立重庆学》，载于《重庆日报》2007年8月20日。

孟东方：《以"五名"营销城市 提升重庆对外形象》，载于《重庆日报》2008年7月24日。

孟东方：《兼容开放》，载于《重庆日报》2012年9月9日。

孟东方：《创建中国发展学的初步思考》，载于《人民日报》2014年11月30日。

陆远权：《重庆开埠与四川社会变迁（1891—1911年）》，华东师范大学2003年博士学位论文。

李彩：《重庆近代城市规划与建设的历史研究（1876—1949）》，武汉理工大学2012年博士学位论文。

谭志国：《土家族非物质文化遗产保护与开发研究》，中南民族大学2011年博士学位论文。

张涛：《抗战时期重庆与长春城市发展研究》，浙江大学2012年博士学位论文。

参阅中华人民共和国中央人民政府网、中华人民共和国国史网、人民网、中国网、中新网、新华网、光明网、中研网、中国文明网、中华人民共和国文化和旅游部、重庆市人民政府网站、华龙网、重庆统计信息网、重庆新闻网、重庆人大网、重庆市文化委员会网等。

后　　记

　　假如我是一位诗人，我一定写一首长诗来讴歌重庆厚重而灿烂的历史；假如我是一位画家，我一定用最美的色调来描绘重庆美丽而青春的颜值；假如我是一位音乐家，我一定要用优美的音符来歌颂重庆春天的奔放和夏天的炽热；假如我是一位雕刻家，我一定要在坚硬洁白的大理石上刻出重庆直辖市充满青春活力的倩影。然而，我不是诗人也不是画家，更不是音乐家和雕刻家，我和我的团队只有怀着对重庆诚挚的爱，用笨拙的手在电脑上敲打着这部《重庆学》。

　　中央直辖以来，重庆因其先天的自然禀赋和后天的顺势努力，创造了令人瞩目的发展成效，开辟了破解中国城乡二元结构发展的新路径。体制改革、基础夯实、结构优化、社会和谐、活力迸发……重庆实现了建成国家中心城市新的跨越。因此，在科学理论的指导下，从重庆实际出发放眼全国，研究对我国经济社会发展带有普遍表征的重庆现象，它的意义已经大大超越了重庆的时空范围。基于此，我和我的研究团队充盈着感情、携带着追求、满怀着创新、远望着未来，完成了侧重理论的专著《重庆学》。

　　"都云作者痴，谁解其中味！"笔者怀着对重庆的崇高敬意和真挚热爱，从呈送第一篇研究重庆学的资政建议至今，通过十多年的努力，终于完成《重庆学》的写作。透过3000年历史沉淀，

后　记

这本《重庆学》在目前国内的区域研究中，可谓一次积极的探索和有益的尝试，归其旨意如能发挥抛砖引玉之作用，便是我们最大的理性期待。《重庆学》的写作过程，虽然说不上是呕心沥血，但其调研过程之艰辛、写作过程之艰难、推敲过程之艰苦，其中滋味，难以言说。不过，本书敢为天下先，若能引来众多学者和同行的围观，并能提出更好更多的建议和意见，我及我的研究团队将不胜感激。

本书由孟东方提出总体构思，拟订写作大纲，由孟东方任课题组组长，吴大兵、朱勋春、王资博、邓龙奎任副组长，具体分工：孟东方负责绪论、第一章、第二章，邓龙奎负责第三章，吴大兵负责第四章，李思雨负责第五章和英文目录翻译，昝亚青负责第六章，石峰负责第七章，马玉姣、李玲负责第八章，周琴负责第九章，黄意武、韩君平负责第十章，朱勋春、孟翔负责第十一章，王资博、王妙志负责第十二章等收集整理资料并形成初稿；后由孟东方、吴大兵、朱勋春、王资博、邓龙奎等反复修改、改写和重写，邹奇负责封面设计，全书最后由孟东方统稿定稿。

在本书研究和写作过程中，得到了中共重庆市委宣传部、重庆师范大学、重庆工商大学、重庆社会科学院和习近平新时代中国特色社会主义思想研究院、重庆中国特色社会主义理论研究中心的领导和同事们的关心和厚爱，得到重庆市孟东方首席专家工作室和2017年中共中央宣传部文化名家暨"四个一批"人才自主选题项目"中国发展理论与实践研究"的支持。同时，在本书的写作过程中参考了我具体负责组编的《重庆蓝皮书》《重庆经济年鉴》《重庆改革开放三十年》《重庆发展六十年》《重庆市直辖十年鉴》等的内容；引用了《重庆市政府工作报告》《重庆统计年鉴》《重庆市国民经济与社会发展统计公报》等的数据和结论；参考了中共重庆市委、重庆市政府主要领导的文章和讲话，以及有关五年规划的资料。一些研究成果在书中予以注明，一些研究成果在参考文献中予以列入，但有些研究成果在书中未能一一尽注。对我们团队写作有启发观点的作者，在此表示衷心感谢。由于水平有限，书中的缺点、不足难免，请方家批评指正。

  本书的写作确实不容易。就我来说，是"十二年磨一学"从事重庆学创建和研究，特别是近十年持续进行"科学苦工"的心血；对写作组来说，是同仁多年在中国发展理论与实践和重庆发展研究领域辛勤耕耘的成果。

孟东方
2019 年 2 月 28 日